普通高等教育系列教材

信息资源检索与利用

主　编　王红霞　张春蕾
副主编　赵文华　黄　莘　刘桂琴
参　编　袁钰莹　刘安菱　陈思行　杨思达

机械工业出版社

本书介绍了信息资源检索与利用的基础知识和基本方法。全书共十章，内容涉及纸质信息资源的检索、图书馆服务、常用中外文数据库及其使用方法、搜索引擎的基本知识、网络工具书及免费学术资源的利用、信息资源收集与论文写作知识等。

本书可作为大学生文献检索课教学或现代人才信息素质教育的教材，也可作为科研、管理人员工作和学习的参考书。

图书在版编目（CIP）数据

信息资源检索与利用／王红霞，张春蕾主编．—北京：机械工业出版社，2016.10（2023.1 重印）
普通高等教育系列教材
ISBN 978－7－111－54753－2

Ⅰ．①信⋯ Ⅱ．①王⋯ ②张⋯ Ⅲ．①信息检索-高等学校-教材 Ⅳ．①G254.9

中国版本图书馆 CIP 数据核字（2016）第 210208 号

机械工业出版社（北京市百万庄大街22号　邮政编码100037）
策划编辑：常爱艳　　　责任编辑：常爱艳　刘　静　易　敏
责任校对：黄兴伟　　　封面设计：张　静
责任印制：常天培
固安县铭成印刷有限公司印刷
2023年1月第1版　第3次印刷
184mm×260mm · 17 印张 · 417 千字
标准书号：ISBN 978－7－111－54753－2
定价：49.80 元

电话服务　　　　　　　　　　　网络服务
客服电话：010-88361066　　　　机 工 官 网：www.cmpbook.com
　　　　　010-88379833　　　　机 工 官 博：weibo.com/cmp1952
　　　　　010-68326294　　　　金 书 网：www.golden-book.com
封底无防伪标均为盗版　　　　　机工教育服务网：www.cmpedu.com

前　言

现代社会，人们的生活、生产、文化、娱乐方式都在悄悄发生变化。信息流的快速及时，沟通渠道的便利与快捷，使人们增加了对信息资源获取和利用知识的渴求。鉴于这种情况，早在1984年、1985年国家教委下发了《关于在高等学校开设文献检索与利用课的意见》《关于改进和发展文献课教学的几点意见》，1992年国家教育部下发了《文献检索课基本要求》，三份指导性文件明确指出高校必须开设"文献检索与利用"课程。早在1998年，教育部高教司颁布的《普通高等学校本科专业目录》249个专业的培养要求中，有218个专业明确规定："掌握资料查询、文献检索及运用现代信息技术获取相关信息的基本方法。"文件下发后，"文献检索与利用"成为各高校普遍开设的课程。

为了培养大学生检索与利用信息的能力，提高其在现代信息环境下的生存和发展水平，也为了及时更新教材知识内容，让教材真正符合学生发展的需要，基于近年来的学习、研究与教学实践，在认真吸取其他教材长处的基础之上，我们编写了本书。

本书注重文理结合、理论与实践结合以及手工检索与网络文献检索相结合，较详细地介绍了信息检索的基本方法和技巧。全书共十章，内容涉及纸质信息资源检索方法、图书馆服务、常用中外文数据库及其检索方法、搜索引擎的基本知识、网络工具书及免费学术资源的利用、信息资源收集与论文写作知识等。

本书可用作大学生文献检索课教学或现代人才信息素质教育的教材，也可作为科研、管理人员工作和学习的参考书。

编者在本书的编写过程中注重吸纳近年来信息检索领域的新技术、新方法，在以下两方面有所创新：①突出了实用性。根据近年来信息利用中网络资源利用比例逐步增加的态势，在介绍实体资源利用方式方法的同时，本书增加了对网络信息资源的特点、检索技术、检索方法等内容的介绍，将搜索引擎、网络工具书、网络免费学术资源这三部分内容分列成章。②增加了移动数字图书馆的内容。随着智能手机的推广，移动数字图书馆也随之发展，特别是年轻人使用移动工具非常普遍。因此本书特别介绍了移动数字图书馆的内容。

本书由湖北师范大学文献检索教研室的教师编写，全书由王红霞、张春蕾制定编写大纲和编写体例并统稿，最后由王红霞定稿。其中第一章由黄莘编写，第二章、第七章、第八章、第九章由王红霞编写，第三章、第四章由张春蕾编写，第五章、第十章由赵文华编写，第六章由刘桂琴编写。袁钰莹、刘安菱、陈思行和杨思达参与了本书部分书稿的校对工作。

本书在编写过程中，借鉴和吸收了许多专家、学者的真知灼见，在此表示衷心的感谢。由于水平有限，书中错漏之处，敬请各位专家和读者批评指正。

编　者

目 录

前 言

第一章 导论 — 1
第一节 信息社会与信息素质教育 — 1
第二节 文献信息中心——图书馆 — 9
第三节 信息资源的基础知识 — 19
第四节 图书馆有关知识产权的问题 — 30

第二章 信息检索的技术与方法 — 43
第一节 检索语言和途径 — 43
第二节 检索的技术手段 — 47
第三节 信息检索的方法 — 51
第四节 信息检索策略 — 53
第五节 信息检索的基本步骤 — 54

第三章 纸质文献资源的检索 — 60
第一节 纸质文献资源概述 — 60
第二节 纸质图书的检索 — 64
第三节 纸质期刊、报纸的检索 — 76
第四节 纸质特种文献的检索 — 84

第四章 图书馆服务 — 95
第一节 文献借阅服务 — 95
第二节 参考咨询服务 — 104
第三节 移动数字图书馆 — 111
第四节 读者活动服务 — 115

第五章 常用中文数据库 — 121
第一节 数据库基础知识 — 121
第二节 中国知网（CNKI） — 123
第三节 万方数据知识服务平台 — 138
第四节 超星数字图书馆 — 146
第五节 读秀学术搜索 — 150

第六章　常用外文数据库 158
- 第一节　SpringerLink 数据库 158
- 第二节　EBSCO 数据库 163
- 第三节　Elsevier 数据库 170
- 第四节　WSN 数据库 171

第七章　搜索引擎 179
- 第一节　搜索引擎基本知识 179
- 第二节　搜索引擎的利用方法 183
- 第三节　常用的搜索引擎 186

第八章　网络工具书 189
- 第一节　网络工具书概述 189
- 第二节　网络辞书 192
- 第三节　网络百科全书 197
- 第四节　网络年鉴 202
- 第五节　网络手册和网络名录 204
- 第六节　网络参考工具书数据库 206

第九章　网络免费学术资源 212
- 第一节　网络免费学术资源基本知识 212
- 第二节　机构知识库 216
- 第三节　网络公开课 224
- 第四节　开放获取数据库 229
- 第五节　电子印本系统 233
- 第六节　其他免费网络学术资源 237

第十章　信息资源收集与论文写作 244
- 第一节　信息资源的收集整理 244
- 第二节　学术论文的写作要求 249
- 第三节　学术论文的写作程序 254
- 第四节　文献综述与开题报告的撰写 258
- 第五节　论文答辩与论文发表 261

参考文献 264

第一章 导论

自20世纪90年代以来，随着计算机技术、高密度数字存储技术、现代通信技术和网络技术的迅猛发展，人类社会正逐步进入知识经济时代和数字化时代。人们认识到信息是知识经济的基础，谁掌握了信息，谁就掌握了发展经济的主动权。信息素质教育引起各国政府的重视。图书馆作为文献信息的中心和集散地，其地位得到进一步提高，其建设和发展面临前所未有的机遇。

第一节 信息社会与信息素质教育

一、信息社会

1. 信息社会的发展

在人类发展的历程中，社会形态与经济形态总是同步发展的。经济形态是社会形态的一种表现，每一次人类社会形态的重大发展和进步，都伴随着相应的技术革命的发生，伴随着资源在社会经济中的地位及利用方式的变革，伴随着人类思维方式和生活方式的变革。从社会形态上，人类已经经历了原始社会、农业社会、工业社会，现在进入了信息社会（也称知识社会、后工业社会）。这几个社会形态分别对应着人类的原始文明、农业文明、工业文明、信息文明（或后工业文明）。从经济形态上，人类已分别经历了原始经济时代、农业经济时代、工业经济时代和信息经济时代（知识经济时代）。

信息社会是一个历史发展过程，不可能有一个准确的进入信息社会和信息社会结束的时间。比较公认的观点是，信息社会始于20世纪50年代前后。1946年，世界上第一台通用电子数字计算机ENIAC在美国诞生。1957年，苏联成功发射了人类历史上第一颗人造地球卫星。计算机与通信技术的结合，使社会信息化迅猛发展起来。20世纪60年代以来，全球掀起了两次大的信息化浪潮。第一次是以计算机为中心的信息技术应用以及信息产业化、产业信息化的浪潮，其标志是计算机（Computer）、通信（Communication）和内容（Content）三者的结合，可称之为计算机革命和产业革命。第二次是以网络为中心的社会信息化浪潮，其标志是数字化（Digitalization）、信息化（Informationization）和网络化（Net-working），可称之为数字革命和网络革命。美国加利福尼亚门洛未来研究所所长、未来学家保罗·萨福（Paul Saffo）将Internet的变革称为计算机领域的第三次浪潮。第一次浪潮是信息处理，第二次浪潮是信息获取，第三次浪潮是所有计算机联网。

伴随着现代高新技术的飞速发展，以计算机、网络通信技术为代表的互联网技术迅速崛起，推动人类社会在经历了农业社会和工业社会后，开始进入信息社会。信息社会发展的两个阶段是明显的：一是从计算机诞生到计算机普遍应用，人类的信息存储和处理手段有了根本的飞跃；二是从20世纪80年代TCP/IP○诞生，到90年代互联网在全球的应用，再到今天互联网成为普通公众最便利的信息工具，人类的信息传输和获取手段有了根本的飞跃。

什么是信息社会？众说纷纭，至今没有统一的定义，但有一共同的认识，即在高度工业化之后，主要依靠信息进行生产的社会为信息社会。因此，可以认为，在高度工业化之后出现的以计算机、通信、网络等信息技术广泛应用为特征，以信息产业为主导产业，以信息资源的生产、分配和利用为主要目的的社会，就是信息社会。

2. 信息社会的特征

人们对信息社会的认识，也在随着信息社会的发展而发展。信息社会是以知识和信息为基础的社会，以现代信息技术的出现和发展为技术特征，以信息经济发展为标志。20世纪80年代，关于"信息社会"较为流行的说法是"3C"社会——通信（Communication）、计算机（Computer）和控制（Control）以及"3A"社会——工厂自动化（Factory Automation，FA）、办公自动化（Office Automation，OA）、家庭自动化（House Automation，HA）；到了90年代，关于信息社会的特征又加上多媒体技术、信息高速公路、数字化等，现在又有互联网+、大数据、云计算等。

在信息社会中，信息是人类社会赖以存在的要素，人类的主要劳动对象和劳动成果是各种信息。决定人们社会地位和力量的主要因素不再是拥有传统财富的多少，而是信息的拥有量和处理、储存的能力。信息社会的标志是：信息产业高度发达且在产业结构中占据优势；信息技术高度发展且在社会经济发展中广泛应用；信息资源充分开发利用且成为经济增长的基本资源。也就是说，信息的作用及功能达到了史无前例的程度。对信息重要性的认识及对信息技术的把握，对信息资源的开发利用，关乎国家的命运、民族的前途及个人的发展。

"信息"这个概念已被广泛用于自然科学领域、社会科学领域、国家决策机构和人民生活之中，从而扩大了人们对世界的认识。没有信息，没有这种中介和纽带，人类就无法认识世界，更谈不到改造世界。所以，人们把信息、物质和能源并称为人类社会的三大资源，是现代科学技术的三大支柱。

世界各国大批著名的经济学家、未来学家、社会学家、信息科学家等，从20世纪50年代开始对信息社会及其应有的特征进行了大量的分析、论述和预测，普遍认为信息社会的主要特点包括以下几点：

（1）信息成为重要的战略资源。信息成为决定世界政治经济格局的主要因素之一和政治经济的新的权力基础，信息安全将成为国家安全的第一考虑，信息成为衡量国家综合国力和国际竞争力的标志。一个国家如果缺乏信息资源，又不重视提高信息的利用能力，则只能是一个贫穷落后的国家。一个企业若不能实现信息化，就很难提高生产能力，无法与其他企业竞争。在人类社会向信息化时代迈进的今天，能否充分有效地利用各种信息，已成为社会经济和科学技术发展的重要标志。而在现代战争中，若不重视信息资源的获取和利用，就只能被动挨打。

（2）信息产业将成为支柱产业，成为经济增长的主要因素。信息产业虽然不能直接生产出产品，但通过提高企业的生产水平，改进产品质量，改善劳动条件，能够产生明显的经

○ 即Transmission Control Protocol/Internet Protocol的简写，直译为传输控制协议/因特网互联协议。

济效益和社会效益。当今,信息技术几乎渗透到工业和服务业的所有部门,逐渐改变了以制造业为主的工业经济模式,成为当今发达国家经济繁荣的主要推动力。在美国,信息的生产、分配、交换和消费已成为社会经济的主要活动,有 60% 以上的国民生产总值来自信息的生产和分配,1/2 左右的劳动力从事信息工作。

(3) 信息网络成为社会的基础设施。信息化由信息技术、信息产业、信息资源、信息网络等要素综合组成。信息网络属于硬件部分,相当于高速公路,是其他部分发挥效能的物质基础。信息网络的覆盖率和利用率成为衡量一个国家信息化程度的重要标志。进入 20 世纪 90 年代以后,以 Internet 为代表的计算机信息网络技术得到了飞速发展,它已经给很多国家带来了巨大的好处,并加速了全球信息革命的进程。

(4) 信息技术将渗透到各行各业。信息社会是信息技术高度发达的社会,充分利用信息技术,可大幅度提高劳动生产率,大幅度提高自然资源的利用率,经济增长方式实现高度集约化。

(5) 在网络化的信息社会里,地球村逐步形成,世界逐步变小,全球化进程加快。这使得人类的社会活动、经济活动、军事活动以及生活等可以方便地跨越空间障碍。人类社会将走向小型化、分散化和多极化,使人类社会的管理结构和生活方式发生根本改变。

21 世纪将是一个以网络为核心、以数字化为特征的信息化世界。信息化是当今社会发展的新的动力源泉,信息技术是当今世界崭新的生产力。

二、信息素质与信息素质教育

1. 信息素质概念沿革

什么是信息素质呢？"信息素质"也称"信息素养"。信息素质这一概念是从图书检索技能演变发展而来的,对它的认识也经历了一个由浅入深、由点到面不断完善的过程。信息素质（Information Literacy）这一术语最早是由美国信息产业协会主席保罗·泽考斯基（Paul Zurkowski）在 1974 年给美国政府的报告中提出来的,并被定义为:"人们在解决问题时利用信息的技术和技能"。保罗认为,信息素质是人们在工作中运用信息、学习信息技术、利用信息解决问题的能力。1989 年,美国图书馆协会下属的"信息素质总统委员会"对"信息素质"做了进一步解释:"具有信息素质的人,应该能认识到何时需要信息,并拥有确定、评价和有效利用所需信息的能力。"

为迎接信息社会给传统教育带来的挑战,国外早在 20 世纪 70 年代初就开始了信息素质的研究;进入 80 年代,信息素质的含义不断深化,涉及的领域更加广泛;到了 90 年代,人们对信息素质的认识深入到人的整体素质这一层面。

美国图书馆协会认为:信息素质是人们知道什么时候需要信息并找到、评价及有效地利用所需信息的能力。信息素质能力较强的人知道如何学习,因为他们了解知识是如何组织的,知道如何找到信息,他们能够终生学习,因为他们能够发现所有与自己职责相关的或决策所需的信息。

美国大学与研究图书馆协会认为:信息素质是一系列有关个人能意识到信息需要并能找到、评价和有效地利用所需信息的能力。从狭义上看来,信息素质包括各种有效地使用信息技术和信息资源的技能;从广义上看,信息素质是一种自由的艺术,它包括了社会、文化和哲学等内容。信息素质可分为：①**工具素质**：能使用印刷和电子信息资源的有关工具,如计算机、软件等；②资源素质：了解信息资源的种类、形式和查找、检索方法；③社会结构素质：掌握信息的社会地位、作用、影响；④研究素质：掌握利用信息进行有关学科研究的技能；⑤出版和传播信息素质：能利用文本或多媒体报告研究结果。

一个具有较高信息素质的人应该具备查询、搜索、鉴别、评价、使用信息的能力，是具备终身学习能力的人，是能够不断提高自身能力和水平的人。随着人们对信息素质认识的不断深入，信息素质的内涵在不断丰富和扩展。它是一个发展中的概念，是指用计算机和信息技术高效获取、善于利用和正确评价信息的能力。它包括信息学专业基础知识以及对信息的敏感度和信息获取、整理、利用、评价的能力。最初信息素质的定义表现为强调信息要服务于特定的具体问题和任务，即以用户为中心，突出用户对信息源的了解，提出了用户要掌握获取信息的方法和策略等；而20世纪80年代对信息素质的定义则呈现以下特点：明确地将计算机信息处理能力作为信息素质的一个重要组成部分，强调信息素质教育的目标是获得终身学习的能力，信息素质教育需要图书馆界和教育界的通力合作；90年代的信息素质定义则更注重能力的综合性。从社会信息化的角度看，信息素质不仅是一种能力素质，它还是一种基础素质，其主要内涵可概括为四个方面：信息意识素质、信息知识素质、信息能力素质、信息道德素质。

具有信息素质的人主要具有以下几个方面的能力：

（1）运用信息工具：熟练使用各种信息工具，特别是网上信息传播工具。

（2）获取信息：根据自己的学习目标有效地收集各种学习资料和信息，能熟练地运用、阅读、访问、参观、实验、检索等获取信息的方法。

（3）处理信息：能对收集的信息进行归纳、分类、存储记忆、鉴别、筛选、分析综合、抽象概括和表达等。

（4）生成信息：在信息搜集的基础上，准确地概述、综合、改造和表述所需要的信息，使之简洁明了、通俗流畅并富有个性。

（5）创造信息：在多种收集信息交互作用的基础上，迸发创造思维的火花，产生新信息的生长点，从而创造新信息。

（6）信息增效：善于运用接收的信息解决问题，让信息发挥最大的社会效益和经济效益。

（7）信息协作：使信息和信息工具作为跨越时空的交往和合作的中介，成为高效延伸自己的手段，同外界建立多种和谐的协作关系。

（8）信息免疫：浩瀚的信息世界中，信息资源往往良莠不齐，需要正确的人生观、价值观、判别能力以及自控、自律和自我调节能力，才能自觉地抵御和消除垃圾信息及有害信息的干扰和侵蚀，并完善合乎时代的信息伦理素养。

因此，信息素质是指从各种信息源中检索、评价和使用信息的能力，是信息社会劳动者必须掌握的终身技能。信息素质的内涵具体包括：能意识到准确和完整的信息是决策的基础；了解信息需求及问题所在；制定信息检索策略；掌握信息检索技术；能评价信息；能根据实际应用途组织信息；使用信息，将新信息融会到现有知识结构中。

21世纪是信息网络和知识大发展的世纪，也是竞争更加激烈的世纪。世界各国之间的竞争，实际上是综合国力的竞争，而国家的信息化水平、高信息素质人才正是当代综合国力的重要标志之一。2012年12月7日，习近平参观考察腾讯公司时指出，现在人类已经进入互联网时代这样一个历史阶段，这是一个世界潮流，而且这个互联网时代对人类的生活、生产、生产力的发展都具有很大的进步推动作用。21世纪的中国要成为自立于世界民族之林的大国，必须加速推行信息化，加速培养高素质信息人才，这是我国最重要的发展战略选择之一。因此，在信息化社会中，无论是个人还是企业，信息素质都是谋生存、求发展的重要因素。对于个人来讲，只有具备信息素质才懂得在信息化社会中如何去获取、加工、存储、检索和利用信息，使其拥有不断学习和持续发展的能力。对于企业来讲，在全球一体化的市场经济竞争中，信息流已经取代物质流和能源流而居于主导地位，信息的掌握、分析和利用与企业的命运息息相关。

2. 信息素质教育的内涵

有证据表明，在17世纪的德国大学的图书馆已经开展了有关参考书、学习技巧、图书馆使用等方面的讲座，这些图书馆开展的读者教育活动通常被认为是信息素质教育的早期形式。

1983年，美国信息学家霍顿（F. W. Horton）认为教育部门应开展信息素质教育，以提高人们对联机数据库、通信服务、电子邮件、数据分析以及图书馆网络的使用能力。在我国，目前学界一般将信息素质理解为人所具有的对信息进行识别、加工、利用、创新、管理的意识、知识、能力、道德等各方面基本品质的总和。

信息素质教育是根据社会信息环境，培养和提高学生自身的信息意识、信息知识、信息能力，完善信息心理素质，发展个人信息潜能的一种教育活动。信息素质教育主要包括信息意识教育、信息知识教育、信息能力教育及信息道德教育四个方面。

信息意识是信息在人脑中的集中反映，即社会成员在信息活动中产生的认识、观点和理论的总和，是人们凭借对信息与信息价值所特有的敏感性和亲和力，主动利用现代信息技术捕捉、判断、整理、利用信息的意识。同样的信息，有的人善于抓住，有的人却漠然视之。这是由个人的信息意识强弱不同造成的。有无信息意识决定着人们捕捉、判断和利用信息的自觉程度，而信息意识的强弱对能否挖掘出有价值的信息、对文献获取能力的提高起着关键的作用。信息意识强的人，会在其信息意识自觉反映出的强烈的信息需求的促使下，善于从众多的信息中发现对自己有用的信息并始终对信息保持一种积极的态度。

信息知识是人们在利用信息技术工具、拓展信息传播途径、提高信息交流效率中所积累的有关信息的本质、特性、信息运动的规律、信息系统的构成及其原则、信息技术和信息方法等方面的知识，它构成了信息素质的基础。就高校学生来说，应包括计算机应用知识、网络知识、文献检索知识、情报学知识、外语知识、信息法律、道德知识等。高校学生通过这些信息知识的学习，有利于培养良好的信息素质。

信息能力是人们成功地进行信息活动所必须具有的个性心理特征，它构成信息素质的核心，包括理解、获取、利用信息的能力及利用信息技术的能力。理解信息即对信息进行分析、评价和决策，具体来说就是分析信息内容和信息来源，鉴别信息质量和评价信息价值，决策信息取舍以及分析信息成本。获取信息就是通过各种途径和方法搜集、查找、提取、记录和存储信息。利用信息即有目的地将信息用于解决实际问题或用于学习和科学研究之中，通过已知信息挖掘信息的潜在价值和意义并综合运用，以创造新知识。利用信息技术即利用计算机网络以及多媒体等工具搜集信息、处理信息、传递信息、发布信息和表达信息。

信息道德是指人们在信息活动中应遵循的伦理和道德行为规范。它调节着信息创造者、信息服务者、信息使用者之间的相互关系，规范着人们自身的信息行为活动。大学生应掌握信息活动中应遵循的信息法律法规，学会尊重他人的知识产权和个人隐私，自觉坚持公正、平等、真实的原则，自觉抵制不良信息和各种违法信息活动。树立良好的信息道德是有效预防和治理信息环境污染、避免信息窃取与破坏等问题的根本所在。

3. 信息素质教育的发展

早在20世纪80年代初，我国的有识之士就提出：要提高全民利用文献信息的水平，必须把住大学这一关，使未来利用信息最多的群体——大学生增强信息意识和提高利用信息的技能。因此，作为当代大学生，应自觉接受信息素质教育，全面掌握现代信息技术的理论知识和方法，掌握信息的获取、组织、检索、分析和利用方法。随着网络的普及，网上信息素质教育资源日渐丰富，如中国国家图书馆（http://www.nlc.gov.cn）、北京大学图书馆（http://www.lib.pku.edu.cn）、清华大学图书馆（http://www.lib.tsinghua.edu.cn）、武汉大学图书馆（http://www.lib.whu.edu.cn）、华中科技大学图书馆（http://www.lib.hust.edu.cn）等各大学图书馆及一些公共图书馆的主页下，介绍了各种信息资源及其利用方法，用多媒体形式介绍了文献检索方法等，内容从简单的"怎样利用图书馆"到介绍国内外各大数据库及网上信息的获取方法，信息资源十分丰富。

信息素质教育在发达国家从20世纪70年代便开始进行研究，到了90年代更成为教育界和图书馆界的研究热点和重点。

在美国，信息素质教育已成为基础教育的重要内容之一。克林顿连任伊始，就把信息教育作为其工作的重点。他提出的一个目标就是使美国学生12岁能上网（Internet），通过Internet查询自己所需的各种资料，获取各种信息，在知识的海洋中自由邀游。同时，他们在中小学和高等学校中开设了相关课程，并把信息素质教育作为培养终身学习能力的基本要素之一。他们对信息素质教育进行系统研究，并不断总结经验，及时提出改进的意见和建议，如美国的"全国信息素质论坛""21世纪信息素质与教育行为纲领"研讨会和《学生学习标准》等。他们有专门的机构来组织研究工作和推行教育实践，如美国图书馆协会、美国图书馆与信息科学委员会、美国学校图书馆员协会和美国教育与交流技术协会等。可见美国政府对信息素质教育是相当重视的，其结果就是培养了一大批能适应未来世纪发展需要的、有较高信息素质的人才，为美国能在21世纪继续保持其在经济、军事、科技等领域的全球领先地位打下了坚实的基础。在日本，每年一度的信息学水平考试，已成为仅次于高考的全国第二大考试。日本的企业常年开办培训班进行信息素质教育，以提高工人的信息素质。在法国，政府提出高中教育要普及信息素质教育。

由此可见，信息素质教育在发达国家是相当受重视的，在其教育事业中占有重要的位置。相比之下，信息素质教育的研究在我国起步较晚，还没有系统的研究成果。我国的教育规划中提出素质教育、教育信息化和信息技术教育等重大方向性问题，从一个方面反映出我国教育改革的巨大进展，然而信息技术教育只是信息素质教育的重要组成部分，无法取代信息素质教育。目前，我国还没有专门的机构承担研究或推行信息素质教育的重任，也没有全面系统的关于信息素质教育的要求、规范。可以说，从全民信息素质教育的角度来看，我国信息素质教育还处于初级阶段，这种状况和我国信息化建设的整体快速发展态势显然是不相称的。

信息素质教育的水平是一个国家竞争力的体现，当前综合国力的竞争已从传统的自然资源、政治力、经济力等的竞争，转变为主要以包括科技知识在内的信息资源的竞争。我国的信息化建设不能仅靠少数的信息专家来进行，更需要全民的参与，如果我国全民信息素质低下，必然难以驾驭先进的劳动工具，即现代信息技术，就无法长期保持较快的科技、经济等的发展速度并赶超发达国家。因此，对全民实施信息素质教育、提高中华民族信息素质成为当务之急。

4. 信息素质教育的意义

（1）信息素质教育是大学生适应信息化社会的需要。所谓的"信息化社会"，是指以信息、知识为主的产业经济和社会结构，它包括产业信息化和社会生活信息化，是人们通过使用现代信息技术，不断提高自身信息处理能力的过程。在信息化社会中，加速培养高信息素质人才是国家信息化成功之本，是信息社会人们生存立足的基本条件。如果说工业社会的战略资源是资本，那么信息社会的资源就是信息，拥有并驾驭信息可以提高人们对世界生活的理解力，提高人们从事一切活动决策的质量，增强人们社会生活的丰富性。然而处于自然状态下的信息是难以发挥其作用的。只有掌握先进的检索工具及检索技术，才能够在浩瀚的信息海洋中获取自己所需的知识，在复杂的信息板块间获取相互关联的人才能有效地利用信息，使信息发挥其巨大的作用。美国未来学家阿尔温·托夫勒（Alvin Toffler）在《权力的转移》一书中说："谁掌握了知识和信息，谁就掌握了支配他人的权力。"可见，在信息化社会中，信息能力已成为人们在信息社会中避免被淘汰的必备素质。具有信息素质才能自立于信息社会。故而，通过完善信息素质教育建设，使大学生具备良好的信息素质，才能令他们融入并适应信息化社会的发展。

（2）信息素质教育是科教兴国、培养创新人才的需要。当今世界，信息的开发与利用决定国家的科技进步和社会发展水平，国民信息素质滞后会制约国家经济和社会的发展。只有加强大学生信息素质教育，提高他们的信息素质水平，才能为自身与社会创造更多的财富与机会，才能提升国家竞争力。在信息社会里，要想迎接未来科学技术的挑战，最重要的就是要勇于创新。江泽民同志说，创新是一个民族进步的灵魂，是一个国家兴旺发达的不竭动力。生产、传播和利用知识是信息创新的关键。当代大学生信息素质水平将直接影响到他们的创新精神和创新能力，甚至影响到全面建设我国小康社会的步伐。所以，完善信息素质教育，将为培养和造就适应具有创新精神的复合型人才奠定坚实基础。

（3）信息素质教育是大学生自身生存与发展的需要。现代的高等教育提倡培养智能型人才，智能型人才的合理知识结构除了有广博的科学文化知识、系统的专业知识、较强的认识能力和实践能力外，还必须具有追求新信息、运用新信息、传播新信息的意识和能力；具有快速捕捉所需信息、引申创造新知识的能力；具有自我超越、自我学习和勇于开拓的能力。在信息时代，终身学习是大学生必须具备的基本素质，这正是信息素质教育能够赋予他们的一种能力。终身学习能力就是培养大学生独立地进行信息与知识的鉴别、收集、整理和创造的能力。唯有具备良好信息素质的学生，才能主动去获取利用并创造各种知识和信息，才能在激烈的竞争环境中取胜。一个人对所承担工作的胜任程度取决于他的职业能力，而职业能力是职业知识储备的外在形式，知识越丰富，职业能力就越强。大学生良好的信息素质就是其职业能力的基础和提高的保障，因此做好信息教育能促进学生形成良好的职业能力，有利于其储备和运用新的职业知识，有利于其适应自身的生存和发展的需要。加强信息素质教育已成为人们自身发展的迫切需要，也是信息化社会赋予人们自身发展的重任。

(4) 信息素质教育是高校推进素质教育改革的需要。在《中共中央、国务院关于深化教育改革全面推进素质教育的决定》中，将素质教育作为面向 21 世纪振兴中国的战略决策，要求全面推进素质教育的发展。在我国全面推进素质教育的今天，多数学者认为大学素质教育应包含科学素质教育和人文素质教育两个基本方面。而信息素质既跨及科学素质和人文素质，又很难被纳入科学或人文素质的框架中，它是一种综合的、在未来社会具有重要独特作用的基本素质。信息素质教育是大学生素质结构的基本内容之一，是大学素质教育的重要方面。信息素质教育是素质教育的核心内容，是对人的文化素质、信息意识、信息技能、独立学习能力和良好的社会责任等方面的教育，是培养学生的创新精神和造就创新型人才的重要途径。知识创新的基础是认知技能、批判性思维、解决问题的能力与创新精神的紧密结合，正是信息素质教育的出发点和目标，同时也是素质教育的目标和要求。所以，培养学生的创新精神和实践能力离不开对学生进行信息素质教育；而完善信息素质教育课程建设，有利于加强大学生信息素质教育，是社会对高等教育的要求，也是高等教育顺应社会发展、深化教育改革的需要。

5. 信息素质教育的形式——信息检索课的开设

大学的信息检索课是信息素质教育的主要形式。信息素质教育的目标是培养终身学习能力。而信息素质教育自身也是一个终身学习的过程，信息素质教育与终身学习能力是一个相互促进、螺旋提升的关系。尽管我国在义务教育阶段也开设了与信息素质教育相关的信息技术课程，但其内容与信息素质教育的目标和核心都有相当大的区别，因此我国的信息素质教育主要从大学开始，以大学为主，信息检索课教学是其主要形式。1984 年 2 月，教育部印发了《关于在高等学校开设文献检索与利用课的意见》的通知，文献检索课开始在高校作为通识课或必修课广泛开设。1998 年，教育部在其颁布的《普通高等学校本科专业目录和专业介绍》中，对每个本科专业的培养目标都提出了"掌握文献检索、资料查询的基本方法，具有独立获取知识信息的能力"这项要求。随着对课程认识的提高，课程名称也逐渐过渡到信息检索课、信息素质课，尽管课程的目标是提升学生的信息素质，课程内容也以信息素质内容为主，但课程名称大多还是以信息检索课居多。

虽然信息检索课是信息素质教育的主要形式，但信息素质的提升更应该依靠个人的训练和实践。把每一次的检索经历都作为自身能力的积累，把每一次获取信息解决问题的过程都作为信息素质的自我教育，只有这样才能快速有效地提升自身的信息素质，并培养出一种终身学习的能力。

信息检索课的学习方法如下：

(1) 坚持理论与实践相结合，多掌握一些信息知识。信息检索学习的最终目的是能够灵活运用信息技能，获取所需要的知识和信息。而掌握牢固的信息检索基础知识，将为信息技能的积累提供充分的保障。例如，学习信息检索的相关概念，了解信息检索的基本原理及工作流程，掌握常见的信息检索方法，熟悉各种不同的信息检索工具等。只有掌握了这些内容，到了实战阶段，才可以利用前面已学的知识来制定检索策略、构造检索式，广泛查询信息并加以综合分析运用。

(2) 坚持以问题为导向，多一些练习。信息检索的实践性很强，信息检索能力的培养和信息素质的提升，都需要在实践练习中逐步完善提高。在生活和学习中，面对众多的搜索引擎和各类专业数据库，一定要针对实际问题多加练习，对比不同数据库及检索工具的检索结果和使用方法。在此基础上，不断总结不同类型问题检索的一般规律，积累检索经验，提高检索技能。

（3）坚持与专业课程学习相结合，多一些思考。将信息检索与专业课程有机结合起来，把信息检索技能、信息意识和信息道德融入专业课程学习中，增强信息素质和理性思维，在专业教师的讲授下逐步掌握专业课程的主要内容，以此提高自身的自学能力和科研创新能力。此外，也只有具备了深厚的专业知识，检索词的提炼才会更加全面准确，检索技能的提升才会更加显著。

（4）坚持课堂学习与网络在线学习相结合，多一些交流。随着信息环境的发展变化，教材永远跟不上信息环境和人们信息需求的改变。在信息检索的学习过程中，要多关注一些在线环境下的学习资料，了解最新的信息工具和检索技术。例如，着眼于推动全球视野下科研与自主创新的汤森路透 Web of Science™ 在线大讲堂，自 2010 年开办以来，每年都有在线互动的免费课程。通过学习如何利用一流的信息平台，可以有效提升数据库应用技巧，开展高水平的科研与创新。

第二节　文献信息中心——图书馆

图书馆是人类社会发展到一定阶段的产物，人类社会信息交流的需要是图书馆产生的前提，文献的出现是图书馆产生的直接原因，科学技术的发展是图书馆事业发展的根本动力。图书馆是人类的知识宝库，记录着整个人类文明卷帙浩繁的文献资料，被最集中、最全面地收藏在世界各地的图书馆里。英国著名哲学家波普尔（Karl Popper）曾经说过这样的话，大意是如果整个世界文明被毁灭了而图书馆依旧保存着的话，人类将很快重建起自己的文明，但倘若图书馆也被毁灭了，则人类文明的恢复将要再经历一段漫长的时间。波普尔的话最恰当地阐明了图书馆的历史功能和社会功能。今天，随着社会和科学技术的发展与进步，图书馆的教育职能和情报职能越来越受到人们的重视，了解图书馆、充分利用图书馆，已经成为每个在校大学生必须掌握的必备技能。

一、图书馆概述

1. 图书馆的产生

文字的产生和文献的出现，是人类社会进入文明阶段的重要标志。图书馆是人类社会发展到一定阶段的文明产物，它伴随着文字的出现而产生，又随着科学文化的进步而不断变革和发展。当人类意识到需要将经验和知识用文字记录下来以供利用时，最古老的文献便产生了。当人们认识到需要对已产生的文献进行连续不断的收集，并将收集到的一定数量的文献有序地存放在一起，以便长久保存和利用时，最早的图书馆便诞生了。

世界上的一些文明古国，如中国、埃及、巴比伦、希腊、罗马都是图书馆的发源地。据报道，伊拉克考古学家在 1986 年发现了一座公元前 10 世纪的巴比伦王国图书馆，内有大量苏美尔和阿卡德文字的泥版文稿。据文献记载和考古发现，在公元前 7 世纪中叶，亚述帝国就建有尼尼微王宫图书馆，其中保存有大量的泥版文书，内容包括宗教铭文、文学作品、天文、医学等，大都是模拟巴比伦的原作。公元前 6 世纪，希腊在雅典城建立了第一个图书馆。公元前 4 世纪，埃及建立了亚历山大图书馆，是当时埃及的学术中心，共有藏书 70 万卷，几乎包括了所有古代埃及的著作和一部分东方的典籍。

我国藏书事业的发祥要追溯到更远的历史。早在公元前13世纪的殷代，王室就有了保存甲骨文的地方和管理人员，这是我国最早的图书馆的雏形。到周朝已有藏书的机构——"藏室"，而老子就是"守藏室之史"。秦朝的阿房宫曾设立藏书机构，并设有固定的官员——"柱下史"负责管理。到了汉代，由于大规模地收集、整理图书，国家藏书空前丰富，修建了藏书的馆舍——"天禄阁"，并编成我国最早的藏书目录——《七略》，国家图书馆已经初具规模。

2. 图书馆的发展

图书馆自产生以来，至今已有3000多年的历史。这漫长的发展历程大体可分为三个阶段，即古代图书馆时期、近代图书馆时期及现代图书馆时期。每个阶段的图书馆，其形态、特征、作用都各不相同，下面简要叙述。

（1）古代图书馆。古代图书馆源于奴隶社会，发展成熟于封建社会。在我国，考古发掘和研究表明，殷商时代，王室就有了保存典籍的地方，可看作是图书馆的萌芽。秦始皇统一中国后，在咸阳阿房宫设立了宫廷图书馆，聚全国之书，并设御史，负责掌管。汉初，随着封建经济的发展和文化的繁荣，高祖刘邦令萧何接管阿房宫的藏书，并在此基础上建立了当时的国家藏书机构——石渠阁。此后，从三国到隋唐五代，随着政治、经济、文化的发展，特别是雕版印刷术的发明，古代图书馆进入了发展时期。在这一时期，国家藏书有了进一步发展，私人藏书也开始发展起来。三国时期的魏、蜀、吴都有国家图书馆，并设有"秘书监""秘书郎"等官员专门负责管理。从宋代到清代是我国古代图书馆的繁荣时期。宋代，雕版印刷术的盛行和活字印刷术的发明，使社会上的书籍和著作得以广泛的流传，促进了图书事业的发展。宋代书院藏书兴起，其中最著名的四大书院是江西的"白鹿洞书院"、湖南的"岳麓书院"、河南的"应天书院"和"嵩阳书院"。从以上可以看出我国古代图书馆大致可分为官府藏书、书院藏书、私家藏书、寺观藏书的体系。它的主要特点是以藏为主，图书馆文献仅为少数人利用，所以人们普遍称这个时期的图书馆为藏书楼。尽管古代图书馆以收藏和保存图书为主，基本上属于宫廷和神学的附属品，但在漫长的封建社会里，它却为后世积累和保存了大量的文化典籍，对文化的持续发展做出了巨大的贡献。

（2）近代图书馆。近代图书馆是伴随着资本主义生产方式的出现由古代图书馆转变而来的。17世纪中叶英国的资产阶级革命，使资本主义开始在西方萌芽，为图书馆的发展创造了新的条件。资本主义的大机器生产需要有文化有知识的工人掌握大机器生产的技术工艺，新兴的资产阶级不但提倡学校教育，而且兴办向社会开放的近代图书馆，以提高劳动者的科学文化知识。另外，由于工业革命改进了造纸技术和印刷技术，解决了多种书籍快速生产的问题，图书馆的藏书增多，复本增加，为更多的人同时利用图书馆创造了物质条件。在我国，1840年鸦片战争以后，由于受西方资本主义文化的冲击，封建文化日趋没落，学习西方科学文化的思潮日渐兴起，封建时代的藏书楼已不适应社会发展的需要，逐渐走向解体，出现了面向社会开放的图书馆。例如，1902年徐树兰在浙江绍兴仿照西方公共图书馆的模式，创办了古越藏书楼；1904年湖南省图书馆建立，这是我国较早的以"图书馆"命名的公共图书馆；1912年京师图书馆对外开放，随后各省纷纷设立了公共图书馆。但在半封建半殖民地的旧中国，由于国民党的腐朽统治，图书馆事业发展十分缓慢。总的来看，这一时期的图书馆已由私人占有转向社会化，由封闭式的藏书楼转向对社会开放的图书馆。图书馆的藏书不再仅仅为达官贵人享用，重要的是也为庶民百姓提供服务，组织公众利用图书馆的藏书是近代图书馆的特点。图书馆已成为人们社会生活的有力组织者，肩负起文献和知识交流的重任，它除了保存人类文化典籍外，还具有传播科学文化知识、对人们进行社会教育的作用。

（3）现代图书馆。第二次世界大战以后，随着科学技术的发展，图书馆进入一个崭新的发展阶段——现代观念的图书馆。这是图书馆性质、职能的又一次大变革。促使这种变革的历史背景和社会原因是多种多样的：①知识总量空前增加；②随着知识的快速增值，出版物急骤增加；③学科内容交叉渗透，同一学科的文献高度分散；④知识新陈代谢加快；⑤知识的社会价值空前提高。所有这一切，都向传统的图书馆提出了严峻的挑战。为了迎接这种挑战，图书馆必须从观念到技术手段进行一场新的变革。促成这一变革的直接动力，是现代科学技术在图书馆的广泛应用。电子计算机技术、现代通信技术应用于图书馆，改变了储存知识的形式和获取知识的手段，为图书馆的机械化、自动化提供了物质和技术条件；光学记录技术、声像技术在图书馆的应用，造就了图书载体和服务方式的多样化，使图书馆工作建立在全新的技术基础之上，现代技术改变了图书馆的形象，图书馆由近代进入现代的发展阶段。随着图书馆自动化的发展和图书载体的多样化，图书馆工作和图书馆服务也在逐步深化。图书馆不仅为读者提供以卷、册为单位的原始文献资料，而且对其所收藏的知识材料进行深入加工，以满足用户的需要，实现图书馆工作情报化。现代图书馆除了保存文化典籍、普及科学文化知识、继续加强社会教育外，还具有信息的选择、传递、交流以及智力资源的开发等职能，它是科学交流和传递情报的重要渠道，是学术性的服务机构。

（4）未来图书馆——复合图书馆。"复合图书馆"一词最早是由英国图书馆学专家苏顿（S. Sutton）于1996年提出的，它的含义是将纸质与数字、本地与远程等各种信息资源集成于一体的图书馆，是一个同时提供印刷和电子资源无缝隙存取的图书馆，是对传统图书馆和数字图书馆的整合。数字图书馆作为现代技术的产物，固然代表着一种先进文化，但传统图书馆并不就意味着是落后的图书馆，它更多的是代表着一种场所文化，这种场所文化因能满足人们的情感交流和人文关怀的需要而在技术因子无孔不入的数字化时代显得十分难得和不可或缺。传统图书馆主要收藏纸质文献，而数字图书馆收藏的是电子文献。从知识载体的角度来看，二者都只是一元化载体，在满足读者需要方面都有自己的局限和缺憾。复合图书馆是传统图书馆和数字图书馆的整合，其馆藏的知识载体是多元化的，不仅有纸质载体，还有电子载体，而且仍然保留着在传统图书馆已存在久远的特殊知识载体。这样，在满足读者多元化需要方面就有着传统图书馆和数字图书馆所无法比拟的优势。初景利教授认为复合图书馆"不是从传统图书馆到数字图书馆临时性的过渡""它是图书馆存在的基本形态"。他希望"我们不仅仅是接受这样一个概念，更主要的是，应以复合图书馆作为我国图书馆发展的定位"。

3. 图书馆的概念

什么是图书馆？从图书馆的产生和发展可以看出，从古到今的图书馆首先都要收集各种文献，其次都要对所收集的文献按一定的方法进行整理，最后是利用这些文献提供服务。

《图书情报词典》中图书馆一词的解释为，通过文献的收集、整理、存储、利用，为一定的社会读者服务的文化、科学与教育机构。在我国的《普通高等学校图书馆规程》中，规定了高等学校图书馆"是学校的文献信息资源中心，是为人才培养和科学研究服务的学术性机构,是学校信息化建设的重要组成部分,是校园文化和社会文化建设的重要基地"。

因此,现代图书馆可以定义为:是有目的地搜集各类文献信息,进行科学的加工整理、存储,利用各种手段进行传播、利用的文化教育机构。

4. 图书馆的类型

图书馆的类型根据其性质、功能、服务对象、收藏范围等可以有多种划分方法。例如:按服务对象可以分成成人图书馆、儿童图书馆、残疾人图书馆等;按收藏的文献载体类型可以分成普通图书馆、音像图书馆、微缩图书馆、实物图书馆等;按收藏的范围和文种可以分成综合性图书馆、专业性图书馆、中文图书馆、外文图书馆等;按开放性可以分成公共图书馆、单位图书馆、私人图书馆等;按功能可以分成流动性图书馆、保存性图书馆(版本图书馆)。

在我国,主要采用按主管部门、领导系统和读者对象来划分图书馆的类型。因此,我国将图书馆分成公共图书馆、大学图书馆、科学图书馆、专业图书馆、工会图书馆、军事图书馆和少儿图书馆等几个主要类型。

(1)公共图书馆。公共图书馆是各级人民政府投资兴办、面向社会公众开放的图书馆。我国的公共图书馆是按照行政区划建立的,由文化部门主管,一般都建在政治和文化中心所在地。我国公共图书馆分为省(直辖市、自治区)图书馆、地(市)图书馆、县(区)图书馆、乡镇图书馆和街道图书馆。公共图书馆分布广泛,可以满足人们就近利用图书馆的需要。公共图书馆是面向社会服务的主体。

1)国家图书馆。国家图书馆是政府所设立的国家藏书中心,它代表一个国家图书馆事业的发展水平,是面向全国的中心图书馆,负责收集和保存本国出版物,担负国家总书库的职能。国家图书馆也是馆际互借中心、国际书刊交换中心、全国的书目和图书馆学研究中心。国家图书馆属于公共图书馆,不过它保存文献的功能特别突出。

我国国家图书馆的前身是京师图书馆,始建于1909年9月9日,1912年正式对外开放,1916年开始接受呈缴本,1928年7月更名为国立北平图书馆。新中国成立后,国立北平图书馆改名为北京图书馆。1999年2月11日经国务院批准,北京图书馆更名为"国家图书馆",对外称"中国国家图书馆"。

中国国家图书馆分为总馆南馆、总馆北馆和古籍馆,馆藏书籍3119万册,其中古籍善本有200余万册。2008年中国国家图书馆建筑面积为28万m^2,是亚洲规模最大的图书馆,居世界国家图书馆第三位。

2)省(直辖市、自治区)图书馆。这是我国公共图书馆的骨干力量,是我国国家科学、教育、文化事业的重要组成部分。它是由省(直辖市、自治区)人民政府文化行政部门主管的、综合性的、向社会开放的图书馆,是所在省(直辖市、自治区)的文献信息、目录、馆际互借、自动化建设、图书馆学研究和业务辅导的中心。它应同时担负为科学研究和广大群众服务的任务,但以为科学研究服务为重点。它代表着一个地区的图书馆事业的发展水平,是本地区图书馆的表率。

3)地(市)、县(区)图书馆。这是我国公共图书馆的基础,是公共图书馆中数量最大的一部分,联系群众面广,一般都有一定的规模,藏书基础较好,担负着为城镇、乡村经济建设、科学研究和广大群众服务的任务。在普及科学文化知识、丰富群众文化生活、满足群众阅读需求等方面,发挥着十分重要的作用。

(2）大学图书馆。我国大学图书馆主要是指由国家教育部门兴办的，也包括民营高校兴办的图书馆。大学图书馆是学校的图书资料情报中心，是为教学和科研服务的学术性机构，是学校教学和科研工作的重要组成部分，由于收藏丰富、系统、专深，在整个图书馆群体和藏书体系中具有非常重要的地位。许多国家都把图书馆视为学校的三大支柱（师资、教学设备、图书资料）之一，称大学图书馆为"大学的心脏""学校学术活动的中心"。

由于大学有综合性大学、文科或理工科大学、专科性大学之分，大学图书馆也可分为综合性、专科性、文科、理科等各种类型。世界其他一些国家，如美国，还有大学图书馆与学院图书馆，或研究图书馆与大学本科图书馆之分。大学图书馆或研究图书馆主要为教师和研究生服务，学院图书馆或大学本科图书馆则主要为本科生服务。

大学图书馆主要服务对象是本校师生和职工，随着社会信息资源共享的发展，大学图书馆不仅与其他大学图书馆广泛协作，也在不同程度上向社会开放，因此它的公共服务性也在提高。

（3）科学、专业图书馆。科学、专业图书馆属于专门性图书馆，它们往往同时是本专业的信息中心，即图书馆与信息中心一体化。这种专门图书馆是依靠一些专门人才及其所掌握的专业知识，用科学的方法搜集、整理、集存、提供信息资料的机构。在我国，科学、专业图书馆种类多，数量大，馆藏文献专深，是直接为科学研究和生产技术服务的图书馆。它是按专业和系统组织起来的，在一个专业或系统内，形成了一个上下沟通、联系紧密的图书馆体系。

科学、专业图书馆的类型很多，有综合性的，也有专科性的。在我国，科学、专业图书馆主要包括中国科学院系统图书馆、中国社会科学院系统图书馆、中国农业科学院系统图书馆、中国医学科学院系统图书馆、中国地质科学院系统图书馆、中医研究院系统图书馆、政府部门所属研究院（所）图书馆、大型厂矿企业的技术图书馆以及其他专业性图书馆。

在科学、专业图书馆中，历史较久、规模较大的中国科学院文献情报中心、中国农业科学院文献信息中心、中国医学科学院医学情报研究所、中国中医研究院中医药信息研究所等，都是各自系统的中心图书馆，在外文书刊的采购、文献调拨、编制联合目录、馆际协作、图书馆自动化、干部培训等方面，起着组织和推动的作用。

科学与专业图书馆是为科研和生产服务的重要部门，在科学研究、生产建设方面起"耳目""参谋"作用。

（4）其他类型图书馆。除了上述几个主要类型的图书馆之外，还有工会图书馆、少儿图书馆、中小学图书馆（室）等类型。

5. 图书馆的功能

图书是人类知识的记录，图书馆则是人类知识的宝库，是人类的精神家园。图书馆无论在历史上、现实社会、未来社会中，都对人类文明的进步和发展起着不可替代的作用。现代图书馆是信息时代的产物，它正由比较封闭的系统向全面开放的信息系统发展。图书馆的基本功能如下：

（1）收集、整理文献信息。文献信息是图书馆一切服务的物质基础，图书馆都根据各自的功能系统收集相关文献信息。这种收集是主动采访式的、严格选择式的，不论手稿还是古籍，不论图书还是零散资料，不论印刷文献还是其他信息载体，都在图书馆收集之列。凡是图书馆收集的文献信息都要进行科学、规范的整理。一是为了建立便于借阅的藏书排架系统，二是建立多功能的检索系统，使读者通过书本、卡片目录、计算机系统，从书名、作者、主题、分类、出版社等途径迅速准确地查到所需的文献信息。这个过程称为"信息流整序"，即把大量零散的文献信息组织为一个有序的文献信息系统，为查找、利用文献信息提供保证。

（2）保存人类文化遗产。对人类社会形成的文化遗产进行保护可以称得上是图书馆最古老的也最重要的社会职能之一，图书馆的出现正是为了能够更好地记录先辈文化发展的轨迹，对后代进行知识和文化的传递。图书馆是人类文化的宝库，如果国家没有图书馆去记录其文化历史那么国家的发展就会陷入迷茫，失去目标和方向，并最终失去其独特的文化魅力。

（3）推进社会教育。图书馆作为没有围墙的大学和终身大学，是最佳的自学场所，发挥着社会教育的功能。图书馆汇集了各个科目的知识，能够为公众提供丰富的学习内容，所以图书馆的一项重要社会功能就是推进社会教育。图书馆通过开办各种讲座和读书交流活动为人们提供学习的机会，促进公众知识水平的提高。进入新世纪，公众面对的社会竞争进一步加大，为了生存必须不断地学习和更新自身知识的储备，因此其对获取知识的渴求也进一步加剧，对于公众来说虽然有了学习的压力但是让其能够系统地接受学校教育显然是不可能的，他们的学习会受到学习时间和学习形式方面的限制，在此情况下图书馆可利用自身的优势去满足公众接受教育的愿望。图书馆文化教育功能的实现需要借助多样的活动形式，比如进一步开展全民阅读活动，鼓励公民多读书，读好书；图书馆加强对群众的引导，为读者找到自己希望读的书提供便利条件。图书馆要在引领社会风尚、培育文明道德新风方面发挥作用。

（4）传递文献信息。图书馆的收藏是为了被利用，文献信息只有被读者阅读才能发挥其价值。现代图书馆的一项重要职能就是进行文献信息的传递，图书馆拥有丰富的文献信息资源，这是其能够有效传递相关信息的基础。图书馆通过报道推荐、外借、阅览、复制、刻录、邮寄、互借、电子传递等手段，力图最大限度地"为人找书、为书找人"，发挥文献、信息、情报在社会传播主渠道的作用。图书馆还通过情报服务、咨询服务、查新服务、翻译服务等手段，帮助读者获取最需要的信息，加速文献信息的传递，促进科学技术的发展。特别是在科技研发方面，图书馆能够发挥突出作用，不仅能够为科学研究提供必要的研究成果，还可以指导科学研究的方向，为科技工作者提供必要的参考资料。

（5）提供智力支持。图书馆中收藏的资料是人类社会在漫长的发展过程中积累下来的宝贵智力财富，图书馆按照这些资料的特点进行分类整理、加工，规范对资料的管理，并将这些资料合理地使用，帮助公众从中获取知识提高自己的综合素质，为社会发展提供必要的智力支持。

（6）丰富公众文化生活。当下，我国经济有了快速的发展，人民的生活水平不断提高。在物质生活持续改善的情况下，群众对精神层面的追求也日趋迫切，图书馆存储了丰富的图书资源，它本身也是一个面向公众的文化教育机构，图书馆提供的服务可以满足社会公众对精神层面的追求，丰富和活跃公众的业余生活，因此在精神文明建设中，图书馆也发挥着重要的作用。

二、大学生与图书馆

我国在《普通高等学校图书馆规程》中规定，图书馆的主要职能是教育职能和信息服务职能。图书馆应充分发挥在学校人才培养、科学研究、社会服务和文化传承创新中的作用。图书馆的主要任务是：建设全校的文献信息资源体系，为教学、科研和学科建设提供文献信息保障；建立健全全校的文献信息服务体系，方便全校师生获取各类信息；不断拓展和深化服务，积极参与学校人才培养、信息化建设和校园文化建设；积极参与各种资源共建共享，发挥信息资源优势和专业服务优势，为社会服务。大学图书馆不仅是师生开展教学、科研活动的必备条件，也是开展信息素质教育的主阵地，同时也是大学生安排课余时间的知识性休闲场所。

1. 图书馆与人生

图书馆是人类文明财富最主要的收藏场所，千百年来人们给了图书馆数不清的美誉：知识的海洋、知识的宝库、知识的殿堂、通向成才与成功的大门、人类灵魂的宝库、没有围墙的学校、终身大学、自修大学、学生的第二课堂，等等。人类的进步、社会的发展都离不开知识的生产、积累、整理和传播，正因如此，图书馆在人生成长、成才的历程中发挥着特殊的作用。从名人利用图书馆的点滴，我们可以感受图书馆在人生中的作用。

马克思：从1849年移居伦敦后，一直在大英博物馆图书馆学习，写《资本论》阅读了1500种书籍。

列宁：一生都在利用图书馆，不论是在监狱，还是流放，还是侨居国外。在《列宁全集》中引用看过的文献就有16000册。

毛泽东：考入湖南第一师范学校后成为湖南图书馆的常客。他曾回忆"在湖南图书馆的半年是我学习历史中值得纪念的半年""在这里，我看到了世界""一到图书馆就像牛闯进了菜园子，尝到了菜的味道，就拼命地吃一样"。这里是一个伟人的精神源头。1918年毛泽东经李大钊推荐，在北京大学图书馆当过助理员。

哥白尼：1512年波兰科学家哥白尼迁居教区大教堂所在地弗隆堡。在弗隆堡教区大教堂图书馆，他找到可用来准确地弄清埃及古代历法上12个月份的名字的图书，这一发现使其伟大著作《天体运行论》的撰写工作进行得更加顺利。

牛顿：1661年，牛顿考入历史悠久的英国剑桥大学三一学院，看到学院图书馆摆满了各方面的珍贵书籍，阅览大厅四周墙壁上镶着在这所大学里攻读过的有名望学者的半身塑像。"我也要努力奋斗"，牛顿从此立下新的誓言。

富兰克林：美国作家和物理学家，青年时为了博览群书，将几个爱好读书的青年朋友召集起来组成"共读社"，三年后又创办了一个规模更大的费城公共图书馆。有了图书馆，富兰克林毫不吝啬地把全部工余时间献给了它。各种各样的书籍给富兰克林增添了智慧和力量，指引他攀登上科学的顶峰。

拿破仑：一生大部分光阴都是在战场上度过的，即使这样也没有忘记读书。他有一个随军图书馆，常在帐帷之中与书籍为友。无论何时何地，他都带着他的"随军图书馆"参战。正是因为这一强大的后盾，拿破仑才感受到知识的伟大力量，处处展示着卓越的军事才能。

巴尔扎克：8岁时到旺多母寄宿学校读书，由于勤奋好学，被破格允许进图书馆随意借阅书籍。从此他如鱼得水，如饥似渴地苦读。大学毕业后，他白天跑图书馆，晚上整理资料,终于创作了辉煌的巨著——《人间喜剧》。

康有为:在周游世界各国的旅行中,特别喜欢参观当地的图书馆。但是他时刻不能忘怀的还是故国的藏书楼。他在《丹墨游记》中写道:"吾少年十四岁至三十岁读书于是,晨雨夕月,携册而吟,徒倚个徘徊者久之。"以至在30岁时,他几乎读完了著名的中国古代典籍群书,视野拓展,学贯中西。

丁肇中:诺贝尔物理奖获得者,20岁到美国密歇根大学深造。他宁可把整天的时间耗在图书馆里看书也不愿将时间浪费在那些无谓的事情上。

钱学森:在北京师范大学附属中学时代开始养成了常去图书馆的习惯。1929年考入上海交大,图书馆是他每天必去的地方。1935年钱学森留学美国,在加州工学院的17年里,图书馆对他显得更为重要,在他看来图书馆对他的科学研究是不可或缺的。1996年钱学森在给交大百年校庆的贺信中回忆了他这一生与图书馆结下的不解之缘:"……以上就是我这一生和图书馆的联系。可以毫不夸张地说,从一定意义上讲,没有图书馆和资料馆,就没有今天的钱学森。"

钱钟书:1929年投考清华,曾立志横扫清华图书馆,据说是在校借书最多的一位。1935年钱钟书到英国牛津大学攻读,该校拥有世界第一流的图书馆,他在知识的海洋中畅游,尽情阅读文学、哲学、史学、心理学等各方面的书籍。由于钱钟书的知识面极宽,"牛津大学东方哲学、宗教、艺术丛书"曾聘他为特约编辑。

除此之外,歌德、恩格斯、孙中山、李大钊、周恩来、恽代英、冯玉祥、宋庆龄、蔡元培、陶行知、陈寅恪、鲁迅、老舍、吴晗、茅盾、郭沫若、范文澜、华罗庚、陈景润等伟人、名人都与图书馆有着不解之缘。所以著名哲学家张岱年教授曾将图书馆誉为"读书人精神的绿洲,生命的巢穴",而著名学者、复旦大学原副校长蔡尚思先生甚至将图书馆誉为"太上研究院"。可以说,凡历史上为各个学科领域的发展做出某种创造性贡献的人,无一不是利用图书馆博览群书,而成为知识渊博的一代伟人的。

在学生时代,尤其是大学时代,最令人难忘的不外乎听名师讲课与进图书馆博览群书。"读一本好书,就等于和一个高尚的人谈话"。可以说图书馆是大学生生活的重要组成部分,你对图书馆多了解一分、亲近一分,图书馆就会无私地给你多回报一分。即便是普普通通的人,只要有志于学习、有志于进取、有志于成功,一生中总会不断地从图书馆汲取各种营养。

2. 大学生需要利用图书馆

在当今"知识激增"的时代,课堂教学受到教材滞后和专业设置的局限,而图书馆丰富藏书所提供的信息,更明显地表现出新、特、广的优势。高等学校培养学生也由单纯传授知识逐步转向以开发其智能为主,学生接受知识由课堂受教逐步转向以自学为主,并由单纯依靠教师逐步转向更多地利用图书馆。培养学生从图书馆获取知识,不仅是课堂传授知识的延伸和强化,而且也是课堂知识的充实、丰富和拓宽。

实践已经证明,一个人的知识多少和深浅程度,决定一个人才能的大小;凡有才能和建树的人,都有渊博的知识。每个大学生为了适应未来的工作需要和科学不断发展的需求,必须提高获取知识的能力,才能使自己成为所学专业知识扎实、学识渊博、思维敏捷的人才。

一个大学生,要想牢固掌握专业知识而又知识渊博,仅有课堂教育是远远不够的,还必须充分利用图书馆这个大课堂,在茫茫书海中勤奋耕耘,才能使自己达到一个更高的境界。

（1）利用图书馆，养成良好的学习习惯。图书馆是知识的殿堂，是信息知识的集散地，更是众多学生努力学习的最佳场所。中学时代，学生以教室为获取知识的场所，在大学，课堂学时减少，信息量却大大增加，学生大部分时间花费在课前的预习及课后的复习上，而一般高校图书馆都有独立的馆舍，这里环境幽雅，学术氛围浓厚，有宽敞的自习室，优越的阅览条件，为学生创造了一个理想的学习和研究场所。学生应该积极利用这一有利条件，使自己养成潜心读书、专心学习的良好习惯。

（2）利用图书馆，学好本专业知识。中学时代一般是在教师讲授、指导下学习基础文化知识，而进入大学后，由于受课时和教师知识结构等主客观条件的限制，任何一位教师都不可能在课堂上将有关本专业的知识向学生全部讲授。学生要想巩固和深化课堂的知识，就必须自学，这时就可以通过图书馆查阅相关专业的文献资料，补充课堂教学的不足，弥补教材的缺陷，使课堂上所学的知识得到巩固和提高。

（3）利用图书馆，拓宽知识面。当代社会，要求培养的人才应该是知识面广、一专多能，这就要求大学生在具有系统的专业知识外多元化阅读，对知识进行广泛涉猎。培养这样的人才，图书馆起着重要作用。高校图书馆是一座知识的宝库，它所收集的文献资料，涉及各个学科、各个领域，大学生可以进行广泛的涉猎，强化基础知识，拓宽知识面，改善知识结构，有利于大学生形成精深、广博的知识体系，全面提高自身的综合素质，适应社会发展的需要。

（4）利用图书馆，掌握现代化检索手段。以因特网为代表的全球性计算机互联网络，为人们进行学术交流，获取文献信息，开阔眼界、增长知识，起了重要的作用。许多出版公司、数据库生产商、信息检索机构，纷纷推出像文献信息数据库、全文电子期刊数据库等因特网产品，大学生应该充分利用图书馆学会并掌握计算机检索系统，快速获取所需要的信息，培养信息获取能力，进而掌握外界已有的物质条件和科技成果。

3. 大学生要学会利用图书馆

在科学技术突飞猛进的今天，把学生培养成具有合理的知识结构和智能结构的人才，已成为当今高等教育的根本任务。要完成这个任务，必须认识到知识的无限性与个人知识的有限性、学习的短暂性与工作需要的长期性之间的矛盾。因为科学总是在不断发展，而且发展迅速，而大学学习只是一个短暂的阶段。那么如何利用大学这个宝贵的学习阶段获得更为丰富的知识，就成了每个大学生学习的主要任务。

就像一个工具或一个机器，你要利用它就必须了解它，而了解得越多、越深，就越是能发挥它的功能，利用图书馆也是这样。人的一生都在利用图书馆，除了学校图书馆外，还应根据各自的需要了解不同的图书馆。但总的来说，要利用好图书馆，可以从以下几个方面着手：

（1）了解图书馆的性质与服务范围。图书馆的性质不同，其功能就会各有侧重，服务的范围也不同。特别是某些专业的图书馆具有很强的针对性和服务能力。可以根据需要就近取得一些图书馆的读者资格。只有取得图书馆的读者资格才能获得它提供的服务。

（2）了解图书馆的机构设置和馆舍布局。成为一个图书馆的读者后，接下来就要了解它的服务机构设置以及馆舍的布局。图书馆规模越大其功能划分得越细，服务机构星罗棋布，没有基本的了解就难以获得全方位的服务。图书馆的各个机构对应着不同部门，也就对应着不同的服务任务，应当尽量地了解图书馆能提供的服务，最大限度地获取图书馆的服务支持。

（3）了解图书馆的藏书和藏书目录。图书馆是学生获取知识的主要场所，所以应了解图书馆的藏书结构。也就是了解图书馆收藏有哪些类别的书刊资料，其突出特点是什么，以便于自己选择阅读。图书馆目录是馆藏书刊的反映和缩影，通过目录可以了解藏书，目录是打开知识宝库的钥匙。了解图书馆目录，也就是了解图书馆设有哪些目录，以及各种目录的使用方法，把它们作为学习的门径。

（4）了解检索工具的类型和使用方法。工具书能为人们迅速提供各类知识和资料线索，为人们读书治学和查找资料提供方便，因而读书人必须学会使用工具书。工具书的种类很多，应掌握各类工具书的使用方法，为获取各种知识提供方便。图书馆的检索工具既有揭示本馆藏书的，也有揭示其他文献信息的；既有书本式、卡片式、数据库式的，也有网络式的；既有揭示总藏书的，也有揭示某个部门藏书、某种载体文献的，等等。图书馆的检索系统提供了便捷检索手段，可以分别从著者、书名、主题、分类、出版特征，以及各种特征的组合等角度查阅文献信息。各个高校使用的图书馆自动化系统不同，检索系统的功能不同，但基本原理是一致的。

对图书馆的利用是多方面的，但主要是利用它的文献资料，并掌握其利用方法，为今后走上工作岗位打下一个良好的基础。

4．大学生在图书馆的行为规范

图书馆提供了优雅、安静的学习环境，有着浓郁的文化氛围，利用图书馆时要自觉地爱护和维护这个知识的殿堂。大学生在图书馆的行为举止，一方面对其他读者产生影响，另一方面也会影响馆员为读者服务的质量和效率。因此，作为一项基本要求，大学生在利用图书馆的过程中，要遵守一定的行为规范。

（1）遵守图书馆的各项规章制度。各院校图书馆都有一套健全的规章制度。这些规章制度是图书馆进行科学管理的基本依据，其中有些规章制度是馆员的行为规范，有些是读者的行为规范，如图书馆的借阅规则、阅览室阅览制度、图书报刊资料丢失赔偿规定等。这些规章制度是以读者利益为根本出发点的，是为了确保图书馆工作的正常开展和大学生有效利用图书馆而规定的；同时，也是图书馆充分发挥其教育职能和情报信息职能所必需的。优质的服务工作是以有条不紊、依章循规为前提条件的。对于丢失图书的读者若不做任何处理，一来影响到其他读者的阅读，二来丢失图书的现象会愈演愈烈，照此下去，图书馆会失去它所赖以开展服务的物质基础。其他规章也是这个道理。因此大学生要与馆员一道维护规章制度的权威性，做到依章依规利用图书馆，违章应受到相应的处罚。每个大学生要争做遵守图书馆规章制度的模范。

（2）爱护图书馆财物。图书馆的财物包括图书、报刊资料和一切设备，它们是图书馆赖以开展工作的物质条件，理应受到大学生自觉的爱护与保护。爱护公共财物是每个大学生应有的道德修养。但是，有个别人置国家利益、集体利益和其他人的利益于不顾，随意损坏设备用品、撕毁和污损图书报刊资料。更有甚者，极个别人不择手段将书刊盗走，据为己有。这种不良行为侵犯了其他读者的利益，而且极大地妨碍了图书馆工作的正常秩序。对此，馆方一经发现，应依照相应的规章制度对有关人员严肃处理。

图书馆的书刊资料是经过长期的收集而积累起来的知识财富，来之不易。有的书刊在社会上绝版或不再发行，一旦损坏或遗失，则难以补充。对某些大学生读者来说，丢失借来的某一本图书似乎无关紧要，但对图书馆来说，却直接影响到为其他读者提供满意的服务（因为这些读者所需的这些书已经丢失）。因此，图书馆要求读者必须爱护图书馆的财物，只有这样，好的阅览条件才能得以维持。

（3）讲究文明礼貌。图书馆是精神文明建设的重要场所。所有到图书馆来学习的大学生都应自觉地树立讲究文明礼貌的道德风尚，维护安静、幽雅的公共学习环境，要注意遵守公共场所的公德，表现出良好的修养和精神风貌。因此，大学生进图书馆要做到以下几点：

◆ 衣着清洁、整齐、大方，不能只穿小背心、短裤、拖鞋。

◆ 谈吐文雅，举止文明、不抽烟、不随地吐痰、不乱扔纸屑和其他废弃物，不抢占座位、不打架骂人。

◆ 不高声喧哗和嬉戏，走动时脚步要轻，不影响他人。

◆ 注意使用礼貌语言，如"请""谢谢""对不起""辛苦了"，等等。

（4）尊重馆员。之所以将"尊重馆员"单独作为一条提出来，就是因为在这方面还存在着不尽如人意的地方。不尊重馆员的事情时有发生，需要引起读者的注意。

图书馆的服务工作是一种为他人做嫁衣裳的工作。馆员每天都在千方百计地为读者提供优质服务，为创造良好的学习环境而辛勤地工作着，尤其是处于服务第一线的馆员，每天做着"为人找书，为书找人"的工作。一本图书从进馆到拿到读者的手中，中间经过采购、登录、验收、编目、排架等程序，凝结了馆员们的学识、智慧和辛勤劳动，其中有很大一部分付出并非显而易见。这体现出来了馆员甘于默默无闻、乐于服务、乐于奉献的宝贵精神。因此作为读者的大学生，要尊重馆员，要尊重馆员的劳动。尊重，体现在读者的一言一行上。有些读者不尊重馆员，常将"唉！"或"喂！"作为对馆员的称呼，连"老师""同志"等用语也吝于出口。更有甚者，有的读者把馆员称呼为"那个女的！"或"那个妇女！"事实上，诸如此类的读者到图书馆往往不能如愿地借到书刊资料。正如孟子所说："爱人者，人恒爱之；敬人者，人恒敬之。"读者尊重馆员，虚心向馆员求教，便会得到馆员的热情服务，进而能够满意地借到所需的书刊资料。因此，对大学生来说，是否尊重馆员是个人素质高低的表现。

（5）参与图书馆的管理与活动。图书馆与大学生的关系不仅是工作关系、服务关系，也是朋友关系。学生不仅是图书馆的服务对象，也是图书馆工作的监督者和支持者，读者应积极参与图书馆的管理，主动反映自己的意见，密切配合图书馆做好各项调查活动，进而使图书馆不断改进自己的工作，更好地为读者服务。

第三节　信息资源的基础知识

一、信息、资源与信息资源概述

1. 信息概述

20世纪中期以来，科学技术的空前进步使人们对信息的认识和研究逐步建立在科学的基础上，逐步形成了以信息为研究对象的理论——信息论，并迅速发展为一门具有丰富内涵的新学科——信息科学。信息的内涵十分广泛，它涵盖了如消息、报道、通知、报告、情报、知识、见闻、资料、文献等多种含义，围绕信息而出现的信息技术、信息系统、信息产业、信息化社会等相关术语不胜枚举。可见，信息的观念和方法已经渗透到政治、经济、科技、文化、生产等各个领域。但是，到目前为止，人们对信息的概念尚无统一的定论。美国人香农（C. E. Shannon）认为，信息就是消除随机不定性的东西。而另外一位美国著名的科学家维纳（Norbert Wiener）则认为，信息就是信息，既不是物质也不是能量，而是与物质和能量相并列的三大要素之一。他们并没给信息一个确切的定义，而是从信息的作用和地位的角度对信息进行了诠释。

《中国大百科全书》（1993 年）基本上沿用了美国人香农的观点，即信息是用来消除不定性的东西。同时，该书又从哲学的角度对信息进行了解释，认为：信息从本体论意义上说，泛指一切事物运动的状态和运动的方式，包括事物内部结构的状态和方式以及外部联系的状态和方式；信息从认识论上说，是关于事物运动状态和运动方式的反映。对于《中国大百科全书》的释义，有些学者认为，上述意见并没有对信息的本质特征进行界定，信息应该是包括生物以及具有自动控制系统的机器通过感觉器官或者细胞组织，或者具有类似功能的设备部件与外界进行交流的一切内容。

虽然目前理论界对信息的概念还没有一个统一的意见，但是，从人们对信息的认识中，可以概括出信息的一些最基本的性质：①信息的内容是客观的，即信息得以产生的基础是客观的，是不以人们的意志为转移的；②信息的形式是主观的，即信息是人们对客观事物的认知，是通过人们对客观事物判断、推理而形成的；③信息是一切物质的基本属性，任何物质都可以成为信息源，任何物质都可以产生信息，任何物质的运动过程都离不开信息的运动过程。信息的上述性质对信息的属性进行了简单而全面的描绘，是我们研究和探讨信息问题的基本框架和出发点。人们所掌握的原始数据并不能称为信息。原始数据和信息的主要区别就在于：一切信息虽然都是由数据组成的，但并非一切数据都能产生消除不确定性并且有用的信息。原始数据需要经过加工处理而转变为信息，经过交流和传递实现信息的应用。

2. 资源概述

资源是一个动态的概念，它随着社会的发展而不断地延伸。从传统的观点来看，理论界把资源定义为自然界中一切可以创造财富的客观存在形态，如土地资源、海洋资源、煤炭资源、生物资源、环境资源等，"资源是自然界能够带来财富的禀赋"。随着科技的发展和社会的进步，人们发现社会领域的许多事物，如人的智力、信息等，在社会的运行以及生产的增长中发挥着越来越重要的作用，也成了"能够带来财富的禀赋"。因此，资源的定义就发展为"资源是一切对人类社会发展发挥作用的客观存在"。

所谓资源，是指一切可被人类开发和利用的物质、能量和信息的总称，它广泛地存在于自然界和人类社会中，是一种自然存在物或能够给人类带来财富的财富。对于资源人们有着不同的理解，包含的范围也有不同，例如，《中国大百科全书》将其解释为："广泛存在于自然界的能为人类利用的自然要素。它们是社会生产的原料和燃料的来源，或是社会生产力布局的必要条件和场所。"《英国大百科全书》认为自然资源是："人类可以利用的自然生成物及生成这些成分的环境的功能，前者如土地、水、大气、岩石、森林、草场、矿产、陆地、海洋等，后者如太阳能，地球物理的环境机能（气象、海洋现象、水文地理现象），生态学的环境机能（植物的光合作用、生物的食物链、微生物的分解作用），地球化学的循环机能（地热现象、化石燃料，非金属矿物生成作用等）"。联合国环境规划署对资源的定义是："所谓资源，特别是自然资源，是指在一定时期、地点条件下能够产生经济价值，以提高人类当前和将来福利的自然因素和条件。"

在知识经济条件下对某种资源利用的时候，必须充分利用科学技术知识来考虑利用资源的层次问题，在对不同种类的资源进行不同层次利用的时候，又必须考虑地区配置和综合利用问题。这就是"新资源观"，是在知识经济条件下解决资源问题的认识基础。

3. 资源的分类

资源从不同角度有不同的认识，可以区分成不同的类型。

(1) 按资源的性质，可以分成自然资源和社会资源。

1) 自然资源。这一般是指一切物质资源和自然过程，通常是指在一定技术经济环境条件下对人类有益的资源，是人类生存和发展的物质基础和社会物质财富的源泉，是可持续发展的重要依据之一。自然资源可以划分为矿产资源、土地资源、生物资源、水资源、气候资源、空气资源等；自然资源也可以分为有形自然资源（如土地、水体、动植物、矿产等）和无形的自然资源（如光资源、热资源等）。

自然资源具有以下性质：①有限性，是指资源的数量与人类社会不断增长的需求相矛盾；②区域性，是指资源分布的不平衡，存在数量或质量上的显著地域差异；③变化性，是指在地质条件或人类的影响下不断变化；④整体性，是指每个地区的自然资源要素彼此有生态上的联系，形成一个整体。

2) 社会资源。社会资源也称社会人文资源或社会经济资源，是指由人类活动所产生的、能直接或间接促进社会和经济发展的物质成果与精神成果的总和，也就是除了自然资源以外的各种资源。社会资源包括人类创造的物质成果，如城市、耕地、厂房、机器、物品以及抽象的财富资金等；包括人类本身，即人口资源、人力资源和智力资源；包括人类创造的各种精神财富，如文化、信息、知识、政策、法律、社会秩序、品牌、人际关系等，其中知识资源既包括掌握知识和技能的人，也包括脱离人脑存在的科学技术（如发明、专利、图样、文献、数据库）。

自然资源和社会资源都是人类社会和经济活动必不可少的投入，两者的结合才会生产出新的社会财富，促进社会与经济的发展。

(2) 按资源的再生性，可以分成再生资源和非再生资源。

1) 再生资源。再生资源是指在人类参与下可以重新产生的资源，其更新或再生速度大于或等于我们开发利用的速度。再生资源有两类：一类是可以循环利用的资源，如太阳能、空气、雨水、风和水能、潮汐、地热能等；另一类是生物资源，也称为可更新自然资源。对这类资源，应在可能条件下最大限度地综合利用，充分利用其"可再生"的特点。

2) 非再生资源。某些自然资源不能循环再生，或需要漫长的地质时期才能再生，都可称为非再生资源，主要是矿产资源。

再生资源和非再生资源的区分是相对的，如石油、煤炭是非再生资源，但它们却是古生物遗骸在地层中物理、化学的长期作用变化的结果，两者之间可以转化。

(3) 资源的其他类型。

1) 按资源利用的可控性程度，可划分为专有资源和共享资源。专有资源是有明确归属和使用权限的资源，如国家控制的资源、管辖内的资源、部门资源等。共享资源是没有归属权可以共享使用的资源，如公海、太空、空气、公共信息资源等。

2) 按资源的用途，可划分为农业资源、工业资源、信息资源等。

3）按资源可利用的状况，可划分为：①现实资源，即已经被认识和开发的资源；②潜在资源，即尚未被认识，或虽已认识却因技术等条件不具备还不能被开发利用的资源；③废物资源，即传统被认为是废物，而科学技术的使用能使其转化为可被开发利用的资源。

4）按资源产生的部门，划分为政府资源、企业资源、个人资源等。

5）按资源的形态，划分为有形资源和无形资源。有形资源如矿产资源、海洋资源、人力资源、设备资源、资金等，无形资源主要是社会资源，如技能、声誉、投资环境。

4. 信息资源的概述

（1）信息资源的含义。对于如何认识信息资源，国内外都还未形成统一的认识，美国的霍顿认为，当"资源"一词为单数时，信息资源是指某种资源的来源，即包含在文件和公文中的信息内容；当"资源"一词为复数时，信息资源是指支持工具，包括供给、环境、人员、资金等。我国学者邱均平在《论信息资源与社会发展的关系》一文中认为，对信息资源的理解有两种：一种是狭义的理解，认为信息资源是指文献资源或数据资源，包括文字、声像、印刷品、电子信息、数据库等；另一种是广义的理解，认为信息资源是信息活动中各种要素的总称。这既包括了信息本身，也包括了与信息相关的人员、设备、技术和资金等各种资源。实际上，信息资源就其本意来讲，就是信息的资源化或资源化的信息，是经过人类主观处理或加工的、能够传输或传播的、可以对社会生活发挥作用的信息。我国通常使用狭义的信息资源概念。

信息资源是人类在认识世界与改造世界中所生产、整理和记录的有用信息的集合。单独信息不称为信息资源，只有众多信息的集合才能称为信息资源；信息资源不是自然资源，也不是指自然界的信息，是人类在各种活动中创造、获取的信息；信息资源不是杂乱无章的信息堆积，是经过整理的有序的信息集合；信息资源是显现的信息，是可以被描述、记录在各种载体上的信息集合；信息资源是有用的，包括其现实的使用价值和潜在的使用价值。

《关于加强信息资源开发利用工作的若干意见》（中办［2004］34号文件）指出，"信息资源指在国民经济和社会信息化过程中，有利用价值的、数字化、网络化的信息内容"，显然这里强调的是信息化过程中的一种信息资源类型，不够完整；在随后的"信息资源涵盖了传统沿用的文献、情报、知识等概念"，则扩大了信息资源概念的外延。

信息资源、自然资源、人力资源共同构成人类社会发展的资源体系。信息资源是人类历史几千年文明积累起来的最宝贵财富，是取之不尽、用之不竭的源泉。信息构成了信息社会和知识经济时代的基础，在这个新时代信息资源成为生产力要素之一。

（2）信息资源的来源。信息源产生于人类的各种活动之中，包括认识自然界的科学研究，改造客观世界的各种生产实践和技术开发活动，认识和改造人类社会的社会活动、经济活动、军事活动，提高人们生活质量的医疗卫生活动、文化活动、体育活动、娱乐活动，认识和改造人类精神世界的思维活动、教育活动，以及信息的组织、加工活动等。只要有人类的认识活动和实践活动，就会创造出相应的信息，这些信息经过收集、整理和记录就形成了信息资源。人类社会活动的性质、规模和水平决定了社会信息资源的基本结构和状况。

从信息源的角度看，信息资源主要来源于以下几方面：

1）个人。个人的活动、个人作为团体一部分的活动，是信息资源最初的源头，任何科学研究、生产实践、社会经济活动都是基于个人活动的集合。

2）企业。企业的生产活动、技术开发、技术交易、商品流通、金融活动、经营管理活动中产生出大量的企业信息资源。

3）政府和立法机构。政府和立法机构的管理和服务活动，形成大量的法律法规、方针政策、计划规划、组织管理、社会经济发展及统计等信息资源。

4）大学和科研机构。科学研究活动形成自然科学、技术科学、社会科学、人文科学各门类的研究成果，这些研究成果是重要的信息资源。

5）行业和社会组织。各种公共事业机构、学术团体、行业组织、非政府组织等的调查、研究、运行、管理等活动，不断产生各类信息资源。

6）信息服务机构。包括新闻机构、出版机构、发行机构、图书馆、信息研究所、档案馆等，既是信息的传播机构，也是信息资源的组织和生产机构。

(3) 信息资源的基本特征。为了进一步加深对信息资源的认识，为有效地利用信息奠定基础，有必要对信息资源的基本特征进行深入的探讨。概括起来讲，信息资源的基本特征大致包括以下几个方面：

1）信息资源的普遍性、无限性。信息是物质的基本属性，是事物运动状态和特征的反映。因此，它与物质是互相依存的，是不可分的。物质的普通性就决定了信息资源的普遍性。物质不灭，信息资源也就会永恒地存在。信息资源具有无限性，只要有人类活动，就会不断产生新的信息资源。

2）信息资源的传递性。信息一旦产生，就会以各种形式进行传递。信息资源的传递过程一般由五部分组成：信息源；编码；信道；译码；信宿。信息传递可以是无意识的自然传递，如自然界的变化向人类传递的信息；同时也可以是有意识的人为设计的活动，如互联网等。事物之间的相互联系必定在信息的流动中发生。信息资源的传递性表现在人与人之间的信息交换，人与自动机、自动机与自动机之间的信息交换，动物界和植物界的信息交换。同时，人类进化过程中的细胞选择、遗传也可以被看作信息资源的传递与交换。

3）信息资源的时效性。信息的时效性决定了信息资源的时效性，信息资源的时效性是指信息发出、接收以及利用过程的时间间隔及效率。信息资源随着时间和空间的推移，可以不断更新和产生不同的功能，因此具有强烈的时效性，只有及时地加以利用才能充分发挥它的巨大作用。信息资源的时效性在信息的运动过程中具有重要的地位，它会直接影响到信息资源的利用价值。从广义上讲，信息资源的时效性也包括信息本身更新的速度。

4）信息资源的价值性和增值性。信息通过人脑思维或人工技术设备的综合、加工和处理，可以提高其质量和利用价值。信息资源的质量和价值，实际上是对客观事物属性反映的深度和真实程度的认识。虽然信息资源是人类社会的一种重要资源，但信息资源只有被利用才会产生价值，否则，其价值或随时间的流逝而减少，或成为毫无价值的"信息垃圾"。信息资源作为一种生产力要素，其价值在使用中才能得到体现（转化到工艺、产品、计划、决策中），并在开发中不断增值，为社会生产和经济发展带来效益。信息资源的增值需要人力、智力、物力、财力的投入。信息资源的整序、整合也是一种增值过程，当大量无序、不相关的信息被整合成针对特定用途或特定用户需求的信息后，其使用价值就会大大增加。

5）信息资源的可转换性。信息资源自身不能独立存在，必须依附于一定的载体，如图书、报纸、胶片、录音带、光盘、网络服务器等。在不同的载体中，信息会以不同的方式被记录，如文字、图形、磁信号、数字信号等，但信息的意义不变。信息资源可以从一种形态转换成为另一种形态，同样的信息内容可以用不同的信息形式来表现。例如，一项政府新制定的法规，既可以采取会议的形式发布，也可以通过政府网站发布。

6）信息资源的可利用性。信息在宇宙中普遍存在，它不仅可以通过人们的感觉器官来感知，而且可以通过仪表、器械来检测，进而予以识别。信息资源在不同的领域具有多种不同的特性或表现形式，如：客观事物中的各种自然属性；人工设备的技术特征；人类社会的各种社会特征；人脑中反映客观事物认识的思想、知识；人类交流信息过程中的声音、文字、图像以及用各种编码形式记录下来的数据、新闻、情报、信息；等等。各种形式的信息资源又常常以综合的方式表现事物的特征，所谓"多媒体"正是信息资源多样性和综合性的集中表现。

7）信息资源的可共享性。信息与物质、能源等资源相比，具有非消耗性的特点。同一内容的信息可以在同一时间里被若干个用户同时使用，而信息载体本身的信息量并不因此而磨损、消耗、消失。任何物质和能量，当某些人占用了它，别人就无法享用。比如桌上有个苹果，如果张三吃了它，李四、王五等其他人就无法享用这个苹果。而信息则不同，张三把信息告诉李四，张三并不会因此而失去这个信息，而是张三和李四共有这个信息。信息的共享性是信息区别于其他物质资源的特有属性。

8）信息资源的价值的针对性。信息资源的利用具有很强的针对性，不同的信息在不同的用户中体现不同的价值，对有些人是宝贵的财富，可能对另外一些人分文不值。信息资源既是社会的公共财富，又是一种商品，可以用来销售、交换。信息资源在没有被利用时，其价值具有不确定性，因此在投资、开发、贸易中具有一定的风险。

二、信息资源的类型

信息资源涵盖的范围很广，因此很难用统一的标准进行分类。在现实生活中，为了提高信息的利用效率，人们会从不同的角度出发，按照一定的标准将信息资源划分为各种不同的类型。信息资源是一个发展着的有机体，信息资源的类型也是动态发展的，随着科学技术的发展，新的信息资源类型将会不断地涌现，信息的分类标准也有可能发生变化。下面介绍几种常用的信息资源的划分方法。

1. 按照信息资源的表现形式划分

（1）文字性信息。文字是人们为了实现信息交流、通信联系所创造的一种约定的形象符号。广义的文字还包括各种编码，如 ASCII[一]、汉字双字节代码、国际代码与单元代码以及计算机中的二进制数字编码等都是一些符号的约定。这些文字、符号、代码均是信息的表述形式，其内容再现于它们的结构属性中。例如基本笔画的不同组合，字和字母的不同组合，二进制码"0"和"1"的不同排列等，分别代表不同的信息内容。这些文字信息是通过文字所表达的信息内容的语义、语用和语法来组织的。

（2）图像性信息。图像（Picture）有多种含义，其中最常见的定义是指各种图形和影像的总称，它为人类构建了一个形象的思维模式，有助于我们学习、思考问题。图像是客观对象的一种相似性的、生动性的描述或写真，是人类社会活动中最常用的信息载体。或者说图像是客观对象的一种表示，它包含了被描述对象的有关信息。它是人们最主要的信息源。

[一] American Standard Code for Information Interchange 的简称，译为美国标准信息交换代码。

据统计，一个人获取的信息大约有75%来自视觉。例如，视频资料就属于图像信息。

（3）数值数据性信息。数值数据或者称为数字数据（Numerical Data）是数据中的一种。数值数据是"信息的数字形式"或"数字化的信息形式"。狭义的数据是指有一定数值特性的信息，如统计数据、气象数据、测量数据以及计算机中区别于程序的计算数据。广义的数据是指在计算机网络中存储、处理、传输的二进制数字符编码，文字信息、图像信息、语言信息以及从自然界直接采集的各种自然信息等均可转换为二进制数码，网络中的数据通信、数据处理和数据库等就是广义的数值数据性信息。数值（数字）数据一般来说是可以测量、可以计数出来的数据。比如一组青少年的身高体重、某人一个月的成绩等。

（4）声频性信息。声频性信息也称语音性信息。人际语音交流实际上是大脑中某种编码形式的信息转换成的语音信息的输出，是一种最普遍的信息表现形式。比如，音乐也是一种信息形式，是一种特殊的声音信息，它是通过演奏方式表达丰富多彩的信息内容的。

2. 按信息资源的出版形式划分

（1）图书（Book）。图书是通过一定的方法与手段将知识内容以一定的形式与符号，按照一定的体例，记录于一定载体上，用于保存和传播知识的出版物。国际文献标准认为：凡篇幅达到48页以上并构成一个书目单元的文献叫图书。联合国教科文组织的定义是"图书是指不定期的不包括封面在内至少有49页，在某国出版并向公众发行的印刷品"。图书是对已发表的研究成果、生产技术、各种知识和经验的系统总结和组织，有独立的内容体系、一定的篇幅和完整装帧形式，由正规出版社正式出版的出版物。图书的特点是：内容比较成熟，阐述全面系统，便于学习，是系统掌握各学科知识的主要资料。其不足之处是由于出版周期长，导致其内容新颖性不够。图书根据功能可分为阅读性图书和查考型图书两大类。阅读型图书包括教科书、专著、科普读物、丛书、文集等。查考型图书包括词典、百科全书、手册、年鉴、名录等形式的参考工具书和文摘、索引、题录型的检索工具书。国际标准书号（International Standard Book Number，ISBN）是每一种正式出版的图书的唯一标识代码。

（2）期刊（Journal）。期刊俗称杂志，一般是指具有固定题名和统一出版形式，定期或不定期周期性出版的连续出版物。其特点是：内容新颖、信息量大、出版周期短、传递信息快、传播面广、时效性强，能及时反映科学技术和社会生活中的新成果、新水平、新动向。通过期刊可获取最新研究成果和动态。据统计，科研人员从期刊中得到的信息约占65%以上，期刊是十分重要的情报源。公开发行的期刊都具有统一的国际标准连续出版物号（International Standard Serial Number，ISSN）。因每一种期刊的ISSN都是统一的，因此ISSN也常被用作期刊数据库的检索字段。

（3）报纸（Newspaper）。报纸也是一种连续出版物，是"以刊登新闻和时事评论为主的定期连续向公众发行的散页出版物"。报纸与期刊的不同之处主要是发行周期短，报道速度快，有的一天就有数版；报纸文章的篇幅比较短小，内容以新闻、动态报道为主，研究性文章很少，有些知识性报纸则主要刊登面向大众的普及知识。报纸对决策者、经营管理者、研究人员等都是非常重要的信息源。报纸有综合性的，也有专业性的；大部分刊登全文，也有专门刊登文摘的。目前多数报纸都有网络版和光盘式的累积版，查阅相当方便。报纸的类型有以下几种划分方法：①按出版周期分，有日报、双日报、周报、旬报等；②按范围划分，有全国性报纸、地方性报纸、系统性报纸等；③按内容划分，有综合性报纸、专业性报纸。

(4) 会议文献（Conference Paper）。会议文献是指在各种学术会议上交流的学术论文，一般是指国内外各个科学技术学会、协会及有关主管部门召开的学术会议、所发表的论文或报告。按会议的级别和规模可分为国际会议文献、全国会议文献和地区性会议文献。会议文献通常分为会前文献和会后文献两类。会前文献主要是指论文预印本和论文摘要，会后文献主要是指会议的论文汇编。会议文献的特点是内容新颖，专业性和针对性强，传递信息迅速，能及时反映科学技术中的新发现、新成果、新成就以及学科发展趋向。会议文献往往代表着一门学科或专业的最新研究成果，反映着当时的学科发展水平和动态。所以，会议文献一般被视为重要的情报信息源。

(5) 科技报告（Sci-tech Report）。科技报告也称技术报告、研究报告，是关于某项科研工作的情况与成果的正式报告或是对研究工程中每个阶段进展情况的实际记录。其特点是每份报告自成一册，有机构名称、统一编号。例如某科研项目的研究方案、实验记录、数据等都有记录，此外还有主管部门组织有关单位进行的审查鉴定材料。因此，科技报告报道新成果的速度一般快于期刊。但涉及高新技术等领域的科技报告的流通范围一般要受到控制，多数属于"保密"范围。我国出版的《科学技术研究成果公报》，分为内部、秘密和绝密三个级别，由内部控制使用。科技报告的特点是，内容新颖、详细、专业性强、出版及时、传递信息快，发行范围控制严格，不易获取原文。

(6) 标准文献（Standards）。标准文献是指由技术标准、管理标准、工作标准及其他具有标准性质的类似文件所组成的一种特种文献体系。标准文献是对工农业产品和工程建设的质量、规格、检验方法及其技术要求等方面所做出的技术规定的文件形式。它要与现代科学技术和生产发展水平相适应，并且随着标准化对象的变化而不断补充、修订、更新换代。从检索和利用角度讲，标准文献主要是指技术标准（Technical Standards），是一种规范性的技术文件，它是在生产或科学研究活动中对产品、工程或其他技术项目的质量品种、检验方法及技术要求所做的统一规定，供人们遵守和使用。

技术标准按使用范围可分为国际标准、区域性标准、国家标准、专业标准和企业标准五个级别。标准文献的特征是：有统一的产生过程；有明确的适用范围和用途；编排格式、叙述方法严格统一、有统一的代号和编号；具有可靠性和现实性；具有协调性；具有系统性和完整性；具有时效性；具有法规性。一个国家的标准文献反映该国的生产工艺水平和技术经济政策，而国际现行标准则代表了当前世界水平。国际标准和工业先进国家的标准是科研生产活动的重要依据和信息来源。

(7) 专利文献（Patents）。专利文献是各国专利局以及国际性专利组织，在审批专利过程中产生的官方文件及其出版物的总称，不仅包括发明专利申请书和发明专利说明书，也包括有关发明的其他类别的文件，还包括专利局公开出版的各种检索工具书（如专利公报、专利年度索引等）。我国出版的专利文献主要包括：发明专利公报、实用新型专利公报和外观设计专利公报；发明专利申请公开说明书、发明专利说明书；实用新型专利说明书；专利年度索引。从检索和利用角度讲，专利文献主要是指专利说明书，是专利申请人向专利局递送的说明其发明创造的文件。专利说明书的内容比较具体，有的还有附图，通过它可以了解该项专利的主要技术内容。专利公报是各国专利局或国际专利组织报道专利申请审批状况及相关法律、法规信息的定期出版物。报道一定时期内专利申请的公开、公告、专利授权、申请撤销、驳回或专利失效的有关信息，多为周刊。

专利文献有广义和狭义之分。广义的专利文献是指与工业产权有关的所有文献的统称，它不仅包括专利说明书，还有各种专利检索工具、专利公报以及与专利有关的法律文件及诉讼资料等。而狭义的专利文献仅指专利说明书，它是专利申请人向政府说明其发明创造的文件，在说明书中常常论述其发明的目的、发明的技术背景、发明的详细内容及发明创造的效果等。

专利文献与其他各种文献相比，具有新颖性、创造性和实用性的特点，是反映当前最新科技成果的原始记录，被人们称为科技界和经济界的"必读文献"。因此，专利文献已成了获取科技信息重要的来源。

（8）学位论文（Thesis Dissertation）。学位论文是高等学校、科研机构的研究生为获得学位，在进行科学研究后撰写的学术论文。学位论文分学士论文、硕士论文和博士论文。这类文献带有一定的独创性、立论新颖，其数据较全，探索较深，并附有大量参考文献，是一种重要的文献来源。特别是硕士、博士论文，探讨的问题一般具有较高的理论价值。学位论文一般不公开出版，仅由学位授予单位和国家指定单位收藏。我国法定的学位论文收藏单位有三个，即国家图书馆（收藏所有文理科博士学位论文及博士后科技报告）、中国科技信息研究所（收藏理工科的硕士学位论文）、中国社科院文献中心（收藏文科及语言科的硕士论文）。学位论文中极少数也以科技报告、期刊论文的形式发表。

（9）技术档案（Technical Records）。档案是指过去和现在的国家机构、社会组织以及个人从事政治、军事、经济、科学、技术、文化、宗教等活动直接形成的对国家和社会有保存价值的各种文字、图表、声像等不同形式的历史记录（《中华人民共和国档案法》）。技术档案是指生产建设和科学技术部门在技术活动中所形成的有一定具体工程对象或科研对象的技术文件的总称。它一般包括任务书、协议书、技术经济指标、审批文件、研究计划、大纲、技术措施以及设计计算、施工图样等。技术档案是科研生产工作中用以积累经验、吸取教训的重要文献，大多由各系统、各单位分散收藏，一般具有保密和内部使用的特点。档案是各种社会活动真实可靠的历史信息，具有很高的参考价值。

（10）政府出版物（Government Document）。政府出版物一般是指由各国政府部门及其所属机构发表与出版的文献。政府出版物内容广泛，既有基础科学、应用科学的，也有政治、社会、经济、文化等社会科学方面的。政府出版物大多可分为行政性文件和科技文献两大类。行政性文件包括政策、法令、会议记录、决议、统计等，科技文献包括科技报告、科普资料和公开后的技术档案等。政府出版物对于了解一个国家的政治、科技、经济政策及其演变情况有重要的参考价值。政府出版物一般不在书店出售且多数受到"保密"规则的控制。为了快速查找政府出版物，各国政府出版物的出版机构一般会拟定各自的检索工具。

某些国家的政府出版物习惯使用某种颜色的封面，形成诸如白皮书、蓝皮书、绿皮书、红皮书等称呼。政府出版物内容可靠，有极高的权威性。通过政府出版物，可以了解某一国家的科技政策、经济政策、法令、规章制度、科技活动、科技成果等。美国政府出版物数量最多，每年有几千篇公开。

（11）产品资料（Product Literature）。产品资料是指世界各国厂商为新制产品的推销而印发的宣传性资料，一般包括产品目录、产品样本、产品说明书、厂商介绍等内容。其中，产品样本通常对定型产品的性能、构造、用途、使用方法及产品规格都有具体说明。产品样本在技术上较成熟、数据较可靠，而且大都附有外观照片、结构图等，直观性强。产品样本对订货、研制、外贸和引进设备等有较强的参考价值，因此，往往受到厂商和设计人员的重视。但是，这类文献信息来源极不稳定，加之产品在不断更新，因此，对产品资料的收集和利用要注意其时效性。

3. 按信息资源的存储体划分

（1）印刷型（Printed Form）。印刷型也称纸介型（Paper Type），是一种以纸介质为载体、以书写或印刷方式为记录手段而形成的文献类型。它是一种技术含量低、个人使用相当方便的文献，也是最常用的一种文献。图书、期刊、报纸、档案、技术标准、专利说明书、产品说明书、广告等都可以以印刷型的形态出现。

（2）微缩型（Micro Form）。微缩型信息资源是以印刷型文献为母本，以光学材料和技术生成的信息载体形式，已有一百多年的历史。在全息照相技术出现之前，一般只是将文字、图像等信息符号进行一种等比的缩放。其优点是：体积小，存储密度高，易保存和传递、价格低、管理方便。其缺点是：需要专门的阅读器，且设备比较昂贵，检索与阅读不便。微缩型信息资源常被用来保存一些具有移动价值的材料。例如，中国国家图书馆的缩微文献阅览室，主要收藏美国、日本等国的政府出版物和一些解密资料。

（3）声像型（Audio-visual Form）。声像型也称视听型，它使用电、磁、声、光等原理、技术将知识、信息表现为声音、图形、图像、动画、视频等信号，给人以直观、形象的感受。它在描述自然现象和实验现象方面具有不可替代的表现力，比如大至天体星云，小至原子结构。在语言学习方面，这类文献也有其独到之处。例如，唱片、录音带、录像带、电影片、电视片等都属于声像型信息资源。声像型信息资源是一种非文字形式的文献，能直观、形象、多维地记录和再现信息。

（4）电子型（Electronic Form）。计算机对数据进行存取与处理，完成文献信息的数字化后，即形成电子型文献及形形色色的电子出版物，它们包括电子图书、电子报刊、电子新闻、电子会议录等。电子型信息资源的版本也是多样的，有磁带（Magnetic Tape）版、磁盘（Floppy Disc）版、光盘（CD-ROM）版、联机（Online）版以及最新的网络（Network）版。电子型文献不仅具有存储密度高、存取速度快的特点，而且具有电子加工、编辑、出版、传送等种种功能。电子型信息资源随着计算机和数字技术的普及，在信息资源体系中越来越重要，由于它在存储、携带、加工处理、传输、共享等方面具有其他信息资源无法达到的便利性，今后将成为信息资源的主体。网络型信息资源也是电子型信息资源的一种，是指以数字形式存储在各种网络服务器（也包括部分客户端）上，通过网络传输、获取和利用的信息资源。电子型信息资源只有变成网络型信息资源才能发挥出它的最大作用。

4. 按信息资源的生产过程和加工程度划分

（1）一次信息（一次文献）。一次文献习惯上称为原始信息或第一手资料，是人类社会实践中直接产生或得到的各种数据、概念、知识、经验及总结，是作者（信息生产者）以本人的研究成果为基本素材而发表的著作、演讲、谈话等，或其集合体。一次文献包括各种阅读性图书、报刊、会议录、研究报告、专利说明书、技术标准、学位论文，以及一些不公开发表的实验记录、备忘录、技术档案等。

一次文献的特点是论述比较具体、详细和系统化，有观点、有事实、有结论。一次文献能直接在科研、教学、生产、设计中起到参考和借鉴作用，是科学技术交流中主要的信息源。

(2) 二次信息（二次文献）。二次文献也称检索工具，是人们对一次文献进行加工、整理、重组、提炼或压缩之后得到的产物。它是人们为了便于管理利用一次文献而编制和积累起来的工具性文献，如各种文摘、索引、目录、题录等，用于提供一次信息的检索线索。

(3) 三次信息（三次文献）。三次文献是对有关领域或一次文献和二次文献进行广泛深入的分析综合后得到的产物，是在一次、二次文献基础上的一种再生性文献，例如各种综述、述评、学科总结、百科全书、年鉴、手册、文献指南等。

(4) 零次信息（零次文献）。零次信息是未经发表和有意识处理的最原始的信息，如会议或谈话记录、书信、笔记等。零次信息一般是通过参加报告会、口头交谈、参观展览或现场等途径获取。零次信息是一种无须支付费用就可获得的信息，如果能迅速对其价值做出判断，并立即付诸行动，往往会产生意想不到的效益。所谓靠"一句话"发了财，靠"一个点子"救活了企业，就是零次信息的运用。

除了上述的分类外，信息资源还有多种形式的分类，如：信息资源按照其性质可以划分为自然信息资源和社会信息资源；按信息资源的内容可划分为科学信息、技术信息、管理信息、生产信息、金融信息、市场信息、文化信息、生活信息、教育信息、军事信息、外交信息等；按照信息资源内容的表现形式可以划分为文献型、数据型和多媒体信息资源；按照信息的传输方式可以划分为网络信息资源、非网络信息资源；按照信息资源的生产途径和发布范围可以划分为商用电子资源、网络公开学术资源和特色信息资源；按信息控制使用与发行方式可以分为公开信息、内部信息、保密信息等；按信息的可保存性可以分为正式记录的信息、非正式记录的信息；按信息产生的时间顺序可以分为先导信息、实时信息、滞后信息；等等。

三、信息、知识、文献的概念及相互关系

1. 信息、知识、文献的概念

(1) 信息。世界是物质的，物质的运动产生了信息；宇宙间时时刻刻都在产生着信息。信息普遍存在于自然界、人类社会和思维领域。信息是事物运动的状态与方式，是物质的一种属性。在这里，"事物"泛指一切可能的研究对象，包括外部世界的物质客体，也包括主观世界的精神现象；"运动"泛指一切意义上的变化，包括机械运动、化学运动、思维运动和社会运动；"运动方式"是指事物运动在时间上所呈现的过程和规律；"运动状态"则是事物运动在空间上所展示的形状与态势。

信息的内容组成是：自然界与人类活动事实及人类对它们的认识和创造。信息存在的物理形式是：载体记录和媒体传播。我国《辞海》对信息的释义是：音讯、消息；通信系统传输和处理的对象，泛指消息和信号的具体内容和意义。

信息是物质存在的一种形式、形态或运动状态，与能源、材料共同构成支配人类社会的三大因素。

(2) 知识。知识是人类在改造客观世界的实践中所获得的对客观事物本质和运动规律的认识。知识具有实践性、规律性、渗透性、继承性。它是人们在社会实践中积累起来的经验。人们对事物由表及里、由现象到本质、由感性到理性的认识深化，便形成了知识。知识是信息的一部分，是一种特定的信息，是由信息提炼、转化而成的，是经过人类认识、挑选、系统和深化了的信息，即知识是精炼化、系统化的信息。知识的表现形式就是信息，是

可利用的信息。

（3）文献。为了把人类知识传播开来和继承下去，人们用文字、图形、符号、声频、视频等手段将其记录下来，或写在纸上，或摄制在感光片上，或录到唱片上，或存储在磁盘上。这种附着在各种载体上的记录统称为文献。按照我国《文献著录 第1部分：总则》（GB3792.1—2009）的定义：文献是指"记录有知识的一切载体"。根据文献的定义，可以看出构成文献的三要素：要有一定的知识内容；要有用以保存和传递知识的记录方式，如文字、图表符号、视频、声频等技术手段；要有记录知识的物质载体，如纸张、感光材料、磁性材料等。这三要素缺一不可。

2. 信息、知识、文献的相互关系

事物发出信息，信息经人脑加工形成知识。人们正是通过对不同信息的获取来认识不同事物，只有将自然现象和社会现象的信息经过加工，上升为对自然和社会发展客观规律的认识，这种再生信息才构成知识。知识是经人脑思维加工而有序化的人类信息。知识信息被记录在载体上，形成文献。文献又是存储和传递知识、信息的介质。文献与知识既是不同的概念，又有密切的联系。文献必须包含知识内容，而知识内容只有记录在物质载体上，才能构成文献。文献经过传递、传播、应用于理论与实际而产生信息。可见，信息包含知识，知识包含文献，它们之间可以相互转化。

第四节 图书馆有关知识产权的问题

以计算机、网络通信技术为代表的因特网迅速崛起，使数字图书馆成为21世纪图书馆事业的主旋律。现代图书馆在文献资源数字化过程和信息服务中涉及诸多版权保护问题。

一、知识产权概述

知识产权（Intellectual Property）来源于18世纪德国人Johann Rudolf Thmneysen提出的"Intellectual Openly"。1967年世界知识产权组织（WIPO）成立后，知识产权开始在世界范围内广泛使用，字面含义为"智力财产权"或"智慧财产权"。知识产权作为一种财产权，是法律赋予知识产品所有人对其智力成果所享有的某种专有权，是从法律上确认和保护人们在科学、技术、文学、艺术等领域中从事智力活动而创造的精神财富所享有的权利。知识产权旨在调整因智力成果的取得、使用、转让和保护等产生的各种社会关系，保障知识产权创造者的合法权益，鼓励人创造性的智力活动，促进科学、技术与社会经济的发展。

知识产权通常分为两种，即版权（又称著作权）和工业产权。版权是指法律授予作品作者的专有权利，是指著作权人对其文学、艺术和社会科学、自然科学、工程技术等作品享有的署名、发表、使用以及许可他人使用和获得报酬等项权利，包括作者具有的人身权利（又称精神权利）和财产权利（又称经济权利）。根据《中华人民共和国著作权法》第十条的规定，人身权是作者对作品享有的精神权利，包括发表权、署名权、修改权和保护作品完整权等；财产权是作者对作品享有的经济权利，包括作品的使用权和获得报酬权，即复制权、发行权、出租权、展览权、表演权、放映权、信息网络传播权、摄制权、改编权、翻译权、汇编权以及许可他人以上述方式使用作品并由此获得报酬的权利。精神权利只授予自然人。人们公认的世界上第一部成文的版权法是1709年英国的《安娜法》。关于著作权保护的对象，按照《保护文学和艺术作品伯尔尼公约》第二条第一款的规定："'文学和艺术作品'一词包括文学、科学和艺术领域内的一切成果，不论其表现形式或方式如何，诸如书籍、小册子和其他文字作品；讲课、演讲、讲道和其他同类性质作品；戏剧或音乐戏剧作品；舞蹈艺术作品和哑剧作品；配词或为配词的乐曲；电影作品和以类似摄制电影的方法表现的作品；图画、油画、建筑、雕塑、雕刻和版画作品；摄影作品和以类似摄影的方法表现的作品；与地理、地形、建筑或科学有关的插图、地图、设计图、草图和立体作品。"

工业产权则是专利权与商标权的统称，根据《保护工业产权巴黎公约》第一条第二项的规定："工业产权的保护对象是专利、实用新型、工业品外观设计、商标、服务商标、商号、产地标记或原产地名称以及制止不正当竞争。"工业产权中的"工业"应广义理解，也就是工业产权不仅适用于工业本身，也同样适用于商业、农业和采掘业等。

知识产权是一种无形资产，具有财产权的特征。因此世界各国不仅制定国内法，如专利法、商标法、版权法等专门法规对其加以保护；而且通过缔结一系列国际公约和条约形成知识产权国际保护的法律体系。根据《建立世界知识产权组织公约》第二条第八款的规定，知识产权的保护范围包括：关于文学、艺术和科学作品的权利；关于表演艺术家的演出、录音和广播的权利；关于人们努力在一切领域的发明的权利；关于科学发现的权利；关于工业品式样的权利；关于商标、服务商标、厂商名称和标记的权利；关于制止不正当竞争的权利；以及在工业、科学、文学或艺术领域里一切其他来自知识活动的权利。随着科学技术的迅速发展，知识产权保护对象的范围不断扩大，内容会越来越丰富，特别是网络技术、数字技术的普遍使用，诸如域名、网页、数字作品、电子数据库等新型的智力成果也是当今世界各国所公认的知识产权的保护对象。

我国《民法通则》将知识产权作为与所有权、债权、人身权并列的一项重要民事权利，其范围主要包括著作权、专利权和商标权。著作权与版权在我国是同义语；专利权包括发明专利权、实用新型专利权和外观设计专利权；商标权包括商品标记权和服务标记权。这些构成了我国知识产权的三个核心内容。与图书馆现代化建设相关的知识产权主要有著作权即版权、计算机软件所有权和专利权。其中，版权与图书馆的现代化建设更是有着直接的关系。

目前，与我国图书馆现代化建设相关的知识产权法律法规主要有《中华人民共和国著作权法》（简称《著作权法》）、《中华人民共和国著作权法实施条例》（简称《著作权法实施条例》）、《实施国际著作权条约的规定》、《信息网络传播权保护条例》、《关于制作数字化制品的著作权规定》、《计算机软件保护实施条例》及相关司法解释等。我国承认的国际知识产权法律法规主要有《保护文学和艺术作品伯尔尼公约》、《世界知识产权组织版权条约》（WCT）、《保护表演者、音像制品制作者和广播组织的国际公约》（《罗马公约》）、《世界知识产权组织表演和录音制品条约》（WPPT）等。

二、图书馆现代化中的版权问题

近年来，国内图书馆通过购买、自建和共享馆藏的方式，建设了多种基于网络的数字化信息库。这些信息库极大地方便了读者，也使国内的信息数字化和信息资源共享迈上了一个新的台阶。但是图书馆在采集、加工、传播数字化信息时，会涉及众多拥有版权的、以多种载体形式发行的作品的数字化、传播及共享，不可避免地涉及知识产权保护的问题。

信息资源建设是数字图书馆工程的基础和核心，丰富的信息资源是数字图书馆健康发展的前提与保障。数字图书馆资源建设中的知识产权问题涉及"进口"和"出口"两大问题，其中主要集中在资源库建设时的信息采集过程和已建资源库的利用过程中的知识产权上。如何既保护著作权人的正当权益，又保护公众广泛获取知识信息的权益，已引起图书馆界、版权界、著作权人的高度重视。

1. 信息加工中的知识产权问题

数字图书馆开展网络服务，首先要将信息资源进行数字化加工。数字图书馆进行信息资源加工包括馆藏资源数字化和网络资源馆藏化两个方面，前者是对传统的馆藏资源进行数字化处理，后者是对网络资源进行组织加工开展网络导航服务。在此，主要讨论一下对传统的馆藏资源进行数字化处理所遇到的知识产权问题。

馆藏资源的数字化是依靠计算机技术把以一定的文字、数值、图像、声音等形式表现的信息输入计算机系统并转换为二进制数字编码，以运用数字信息的存储技术进行存储，并根据需要再把这些数字化的信息还原成原来的信息形式。作品的数字化过程仅为一种中间技术过程，纯属机械性代码变换，没有原创者以外第三人的创造性劳动。数字化的作品与传统作品的区别仅在于作品的存在形式和载体的不同，作品的表现形式不会因数字化而有丝毫改变，也不会因数字化丧失"独创性"和"可复制性"。所以，数字化后的作品与原作品应为同一作品，其著作权仍然属于原著作权人。换句话说，将作品数字化是著作权人的专有权利。

作品的数字化属于复制。早在1886年签订的《保护文学和艺术作品伯尔尼公约》第九条第一款就规定："受本公约保护的文学艺术品的作者，享有批准以任何方式和采取任何形式复制这些作品的专有权。"这是在国际公约中最早对复制权做出的规定。从这一规定可以得出这样的结论：复制允许"以任何方式和采取任何形式"进行，当然也包括"数字化"的方式在内。我国2006年《最高人民法院关于审理涉及计算机网络著作权纠纷案件适用法律若干问题的解释》第2条规定："受著作权法保护的作品，包括著作权法第三条规定的各类作品的数字化形式。在网络环境下无法归于著作权法第三条列举的作品范围，但在文学、艺术和科学领域内具有独创性并能以某种有形形式复制的其他智力创作成果，人民法院应当予以保护。"复制权是著作权人一项重要的财产权，也是著作权保护的基础。未经著作权人许可将其享有著作权的作品进行数字化处理，毫无疑问侵犯了著作权人的复制权。

数字图书馆对馆藏作品进行数字化处理，对于已经进入公有领域的作品，尽可以根据需要进行数字化转化，因著作权有保护期的限制，进入公有领域的作品不再受著作权人支配，公民可以自由使用。另外，根据《著作权法》第二十二条第八款的规定，"图书馆、档案馆、纪念馆、博物馆、美术馆等为陈列或者保存版本的需要，复制本馆收藏的作品"，属于合理使用，数字图书馆对馆藏进行数字化处理不必取得版权人的许可，也不必支付报酬，但是，在进行数字化转化时，必须尊重作者的署名权、修改权，保护作品的完整权。

2. 信息组织中的知识产权问题

数据库是数字图书馆信息资源组织的主要形式，数据库有狭义和广义之分，狭义数据库是指电子数据库，即"按照一定的数据模型在计算机系统中组织存储的互相联系的数据组合。"《保护文学和艺术作品伯尔尼公约》议定书专家委员会对数据库的广义理解为："所有的信息（数据事实等）的编纂物，不论其是以印刷形式、计算机存储单元形式，还是其他形式存在，都应视为'数据库'。"

《欧盟数据库指令》对数据库的定义为："'数据库'一词的含义包括文学、艺术、音乐或其他形式作品的汇集，或是其他资料，诸如文本、录音资料、图像、数字、事实和数据的汇集；数据库应包括经系统或有序的编排并能分别存取的独立作品、数据或其他资料的汇集。"因此，在数字图书馆中，可以将广义的数据库理解为创作者对已经存在的作品、作品片段、数据或其他资料，应用一定的技术手段进行选择、修改、汇编、整理、编排并通过电子形式表达出来的信息实体。

数字图书馆建设的核心是信息资源数据库的建设，开发的数据库主要为书目数据库和全文数据库。书目数据库开发过程中不涉及版权问题，主要是尊重作者的人身权利。全文数据库的开发，问题就要复杂些，除进入公有领域的作品外，在使用作品原文时必须获得著作权人的许可。在数据库建设中，数字图书馆扮演着双重角色，既是最大的版权作品使用者，又是活跃的版权作品传播者和数据库制作者。在此主要论述数字图书馆作为数据库的制作者所应受到的知识产权保护。

数据库信息种类繁多，数量庞大，在搜集、组织和整理过程中需要开发者投入大量的时间、精力和资金，并在用户使用过程中会带来价值增值，因此，它受到适应的法律保护是必然的。同时，由于数据库保护问题还是一个新课题，需要进一步的研究、探索，在很多国家，目前还难以做出具体规定。如何加强对数据库的版权保护，引起了国际社会的高度重视，对数据库及其内容给予保护的呼声日益高涨。

（1）数据库的版权保护。

1）具有独创性的数据库，受版权保护。独创性也称原创性（Originality 或 Intellectual Creation），强调数据库必须是开发者自己的智力创造物。数据库由版权作品选编、汇集而成时，属于汇编作品而受版权保护；有的数据库由不受版权保护的材料组合而成，但因在材料的选择和编排上具有独创性，而构成智力创作成果时，也可以作为版权法意义上的编辑作品加以保护。上述两种数据库所受的保护与一般文学艺术作品没有本质区别。

我国《著作权法》第十四条规定："汇编若干作品、作品的片段或者不构成作品的数据或者其他材料，对其内容的选择或者编排体现独创性的作品，为汇编作品，其著作权由汇编人享有，但行使著作权时，不得侵犯原作品的著作权。"尽管这一规定是明确汇编作品的著作权归属，但事实上也就在法律上赋予了汇编作品的著作权。显然，数据库具有一定的作品的形态，并具备构成著作权作品的可复制性条件，如果在"对其内容的选择或者编排"上有独创性而构成《著作权法》意义上的一部"作品"，数据库就是《著作权法》中的汇编作品，是受《著作权法》保护的。也就是说，尽管我国《著作权法》没有直接提到数据库的著作权保护，但可以把符合作品要求的数据库归入汇编作品予以著作权保护，《著作权法》第十四条就是数据库著作权保护的法律依据。

2）不具备独创性的数据库也可受版权保护。辛勤采集（Industrious Collection）原则又称"额头出汗"（Sweat of the Brow）原则。根据该原则，在开发数据库时，只要开发者在收集、选择、组织资料时，确实付出了辛勤劳动，投入了一定的经费、时间，使用了一定的技术手段，则该数据库就应受到版权保护。

3）对数据库内容的特别保护。版权法对数据库的保护不及构成数据库的数据或其他材料，这在有关国际条约和各国立法中均有明确的规定。虽然数据库的内容不具备版权保护的资格，却存在受保护的需要。《欧盟数据库指令》对数据库提供了一种混合保护——版权保护和特别保护。其第三章第七条第一款规定，数据库特别保护的对象并不是数据库的内容。数据库受特别保护的条件是，数据库的制作者在收集、核实或描述数据库的内容方面进行了相当数量或质量的实质投入，包括时间、金钱、智力、资源等投入。

（2）图书馆数据库的版权问题。图书馆在馆藏资源建设中开发的数据库主要是书目数据库与文摘数据库和全文数据库。我国《著作权法》第三十三条规定，"作品刊登后，除著作权人声明不得转载、摘编的外，其他报刊可以转载或者作为文摘、资料刊登，但应按照规定向著作权人支付报酬"。据此，若著作权人未声明不得转载、摘编，图书馆可将其作品摘编进数据库。对于是否应向著作权人支付报酬，《著作权法》第二十二条第二款规定"为介绍、评论某一作品或者说明某一问题，在作品中适当引用他人已经发表的作品"，可不经著作权人许可，不向其支付报酬。图书馆若仅仅是开发二次文献报道型数据库且非为商业性目的，应无须取得著作权人许可并向其支付报酬。因此，书目数据库和文摘数据库（文摘字数不得超过原文 1/3）的开发制作过程中不涉及版权问题（主要是摘录、照录和选编），只是在收集、选取信息资料时必须注意尊重原作品版权人的发表权、署名权、修改权、保护作品完整权、使用权、获得报酬权等一切权利。对全文数据库而言，由于全文数据库一般都是把文献全文输入计算机，因此除进入公有领域的作品外，在使用作品原文时，必须获得版权人的许可。

对于引进、购买已有版权的以盈利为目的的商业性数据库，如篇名数据库、文摘库、联合目录库，以及全文数据库等，应按照合同约定取得权利人授权。如果是在线数据库，通常在使用中会受到卖方的技术性限制，例如只允许在局域网如校园网供本校读者使用。如果图书馆建立了本地镜像，则受到的技术性限制较少，此时图书馆必须遵守合同中约定"合理使用"数据库范围的规定，如用户的性质、复制的方式、复制内容的范围等，保证资源仅在限定条件下被使用，否则将会侵犯数据库出版商的权利并承担违约责任。

数据库的版权保护主要包括两个方面：①对数据库本身的保护，即数据库创作者对数据库整体享有著作权；②对数据库中信息的保护，即原作品的著作权不得侵犯。未经许可复制或实施其他侵权行为，将可能构成双重侵权，即既对数据库创作者侵权，又对数据库内原作品侵权。数据库的制作者依法享有版权人的一切权利，在网络空间对数据库的非授权使用、非法套录、篡改、盗版等行为除了侵犯数据库的版权以外还可能触犯反不正当竞争法、商业秘密法等其他法律法规，甚至触犯刑律。国际上一些大型文摘检索工具如《化学文摘》（CA）、《科学引文索引》（SCI）等都拥有版权，不能随意复制。

（3）数据库的合理使用。综合国内研究成果，数据库的下列使用行为应该合理使用：

1）图书馆为保存目的和损毁替代目的复制全部或部分数据库内容。

2）图书馆为方便使用，修改、整理合法拥有的数据库。

3）图书馆联机套录他人数据库用于教育和科研。

4）研究者为分析储存的作品而使用数据库，如统计词频或其他类似的目的数字图书馆用户服务的重要手段是网络导航服务和电子公告（BBS）服务，这类服务中涉及众多版权问题。

3. 信息传播中的知识产权问题

数字图书馆的信息资源经过加工组织，上载其服务器上通过互联网向公众传播，涉及信息的上载、发布、传输、存储、下载等诸多环节。这种新的传播方式在给作品使用者带来极大便利的同时，也为如何保护作品权利人提出了新的课题，即应当如何控制作品在网络上的传播，才能达到使用者和版权人各自利益的平衡。知识产权是权利人对其智力成果所享有的人身权和财产权的总称，是一种合法的垄断权。有人说："没有合法的垄断，就不会有足够的信息产生；有了合法的垄断，又不会有太多的信息被使用。"信息的网络传播与知识产权的保护之间存在一定的矛盾，信息传播的速度越快、传播的范围越广，信息产生的规模效益越大，知识产权保护所遇到的困难就越大。明确信息网络传播的性质和恰当处理好信息网络传播中涉及的知识产权，对数字图书馆的建设和发展至关重要。

WCT第八条规定："文学和艺术作品的作者应享有专有权，以授权将其作品以有线或无线方式向公众传播，包括将其作品向公众提供，使公众中的成员在其个人选定的地点和时间可获得这些作品。"这种专有权被称为"向公众传播的权利"。与此相对应，WPPT也对表演者和录音制品制作者对其享有版权邻接权的录音制品授以"因广播和向公众传播获得报酬的权利"，这种权利是"一次性合理报酬的权利"。这一权利的明确，为版权所有人对其作品、表演者和录音制品制作者对其录音制品增加了一项专有权，即未经版权所有人、表演者和录音制品制作者的许可，不得将其作品或录音制品"上网"和在"网上"传播。《著作权法》第十条第一款第十二项进一步明确规定了著作权人的信息网络传播权，"信息网络传播权，即以有线或者无线方式向公众提供作品，使公众可以在其个人选定的时间和地点获得作品的权利"。

通过网络实现跨地域向公众提供作品和数字化制品，使公众可以在其个人选定的时间和地点获得作品和数字化制品，这是数字图书馆最大的优势所在，也是数字图书馆提供服务的最主要方式之一。因此，数字图书馆进行信息网络传播时，对享有著作权的作品，要获得著作权人的信息网络传播权的许可；对具有自主知识产权的作品，要保护好自身的信息网络传播权，以促进自身的健康发展。

4. 数字图书馆用户服务中的知识产权问题

以用户需求为导向是数字图书馆建设的宗旨，不断满足用户的信息需求是数字图书馆持续发展的源泉与动力。检索服务和咨询服务是传统图书馆用户服务的核心，在数字时代，网络导航服务和电子公告服务成为数字图书馆用户服务的核心。以网络为基础的数字图书馆用户服务是传统图书馆服务在网络时代的延续与发展，网络导航服务和电子公告服务是传统检索服务和咨询服务的改进和优化，用户界面是开展网络导航服务和电子公告服务的基础。

（1）用户界面中的知识产权问题。用户界面是数字图书馆与用户交流的窗口，是组成数字图书馆的网页。数字图书馆就是由一系列网页组成的网站。网页可以是一则消息，几篇文章，甚至整本书；网页的内容可以是文字、图形、录音、动画或它们的组合。数字图书馆由众多网页组成，数字图书馆根据用户的需要，把众多网页分门别类，使每个网页主题鲜明，内容翔实，再用超文本链接将各个网页连接起来，使之成为一个整体。用户界面设计是数字图书馆开展用户服务的主要内容，是数字图书馆个性化服务和集成化服务的体现。

网页的制作首先是一个技术问题，但是网页的制作绝不仅仅是个技术问题，更重要的是知识产权的问题。如果网页上没有了知识产权，它就不可能成为数字图书馆在网络空间的财富。一篇或多篇文章可以组成网页，但现实生活中，众多网页往往是文字、图形，甚至音频、视频等一些多媒体信息组成的图文并茂的制品，是不折不扣的多媒体制品。它的设计涉及众多作品的授权问题以及自身的知识产权保护问题，可以说，数字图书馆用户界面的设计与知识产权的保护是缠绕在一起的，须臾不可分。数字图书馆用户服务要想顺利开展，就必须拥有众多网页的知识产权，或者至少获得了使用这些材料的充分的许可。

按照著作权法原则，利用他人具有著作权效力的作品从事新的创作事先要取得授权许可，通常是在协商基础上向权利人支付一定费用，然后在使用该作品时被宣布"免费"。对于每一部用于多媒体创作的受保护作品，创作者必须从相应的权利人取得各种各样的权利。厘清在先作品的著作权状态，取得权利人授权是多媒体创作不可缺少的重要环节。具体来说，数字图书馆用户界面的设计至少获得权利人以下权利的授权：

1）复制权。数字图书馆用户界面设计利用作品，首先要取得作者复制权的授权。数字图书馆需要的复制权包含三层含义：①将作品数字化的权利，作品只有数字化后才能在网页上使用，作品数字化属于复制，前面已谈及；②将作品复制在网页所在服务器上的权利，因网页上的内容都在服务器上形成了复制件；③授权用户下载、浏览网页内容的权利，用户下载、浏览网页内容都会在其计算机内存中形成永久或暂时的复制件，没有这种授权就会让用户要么无法访问，要么陷入侵犯版权的法律责任之中。

2）发行权。"发行权，即以出售或者赠予方式向公众提供作品的原件或者复制件的权利"。用户访问网页时，会在其计算机内形成网页内容的复制件，这种效果与发行向公众提供作品的复制件是一样的。因此，数字图书馆需要发行权的理由与上述复制权的第三层含义是一致的。

3）改编权。数字图书馆进行网页设计，大多需对原作品改动后才能使用。"改编权，即改变作品，创作出具有独创性的新作品的权利"，因此，数字图书馆需获得版权人改编权的授权。

4）信息网络传播权。数字图书馆信息传播具有全球性，不受时空的限制。"信息网络传播权，即以有线或者无线方式向公众提供作品，使公众可以在其个人选定的时间和地点获得作品的权利。"为了谨慎起见，数字图书馆最好获得现有技术条件下的信息网络传播权。

5）精神权利。由于制作多媒体网页需要大量使用甚至修改他人的作品，标出它们的出处及作者是一个棘手的问题。"署名权，即表明作者身份，在作品上署名的权利。""修改权，即修改或者授权他人修改作品的权利。"由于数字图书馆信息量大，在多媒体网页中署名权频繁行使对网页的完整性也有损害，所以，数字图书馆不仅要获得版权人经济权利的授权，还要获得精神权利的授权。

数字图书馆的所有网页并不是无序排列和组合的，在内容上，需要投入大量的人力物力来采集、整理、编录有关信息，在页面的形式上，要体现独特构思，包括逐级页面、检索栏目、检索项目和检索方式等，这一切与汇编作品极为类似。而对网页的选择和安排，是具有相当大的智力创作成分的，因此，可以将数字图书馆的所有网页视为一个整体，只要其内容选择或安排构成智力创作，就认定为汇编作品。汇编作品受版权的保护。

《著作权法》第三十六条规定："出版者有权许可或者禁止他人使用其出版的图书、期刊的版式设计。"数字图书馆对其网页和网页的整体设计享有著作权，未经其许可，他人不得抄袭和使用其网页。

（2）网络导航服务中的知识产权问题。网络资源的分散无序导致用户获取信息的困难与不便，建立网络信息导航系统是数字图书馆有效开展用户服务的重要内容。所谓网络信息导航系统，就是利用超链接技术把网络上的相关学科资源进行搜集、评价、分类、组织和序化整理，并对其进行简要的内容解释，建立分类目录式资源组织体系、动态链接、学科资源数据库和检索平台，发布于网上，为用户提供学科信息资源导引和检索线索的导航系统。它将某一学科的网络资源由分散变为集中，由无序变为有序。它的建立将方便不同类型的用户查询其关注的网络信息资源，节省用户的时间和网络通信费用。数字图书馆网站由许多网页组成，并通过超链接将各个网页连接起来而成为一个整体，如通过"首页链接""友情链接"等建立热门站点链接、网络专业信息指南系统和指引库等，从而使用户可以跳跃式访问存在于不同服务器中的信息。

超链接是指使用超文本标志语言（Hyper Text Markup Language，HTML）编辑包含标记指令的文本文件，在两个不同的文档或同一文档的不同部分建立联系，从而使访问者可以通过一个网址访问不同网址的文件或通过一个特定的栏目访问同一站点上的其他栏目。

超链接技术使得数字图书馆不仅可通过网络向用户提供自身的信息，还可以将人们普遍感兴趣的他人信息地址嵌入自己的页面，从而使用户不必记忆众多的网址就可以"顺藤摸瓜"，获得其所需的信息。超链接涉及作品的复制权、网络传播权，一般是通过电子邮件联系确认后进行。

关于未经许可的超链接的知识产权，目前有较明确规定的法律依据有：①我国2006年12月8日起施行的《最高人民法院关于审理涉及计算机网络著作权纠纷案件适用法律若干问题的解释》，其第四条规定，"提供内容服务的网络服务提供者，明知网络用户通过网络实施侵犯他人著作权的行为，或者经著作权人提出确有证据的警告，但仍不采取移除侵权内容等措施以消除侵权后果的，人民法院应当根据民法通则第一百三十条的规定，追究其与该网络用户的共同侵权责任"，第八条规定，"网络服务提供者经著作权人提出确有证据的警告而采取移除被控侵权内容等措施，被控侵权人要求网络服务提供者承担违约责任的，人民法院不予支持"。②《信息网络传播权保护条例》，该条例第二十三条规定："网络服务提供者为服务对象提供搜索或者链接服务，在接到权利人的通知书后，根据本条例规定断开与侵权的作品、表演、录音录像制品的链接的，不承担赔偿责任；但是，明知或者应知所链接的作品、表演、录音录像制品侵权的，应当承担共同侵权责任。"

除上述司法依据外，关于未经许可的超链接的知识产权，相关著述较多，目前较一致的看法如下：

1）内链。内链是指绕过被链网站的主页而直接链接其分页，有两种形式：①视框链接，也叫"加框链接"，这种链接采用加框技术，即用网页设计技术将链接的内容加框后，链接至链接者的网页页面。②埋置链接，也叫"深埋链接"，这种链接采用埋藏链接技术，使浏览者跳过被链接网站的主页直接链接到被链网站的某个分页。这两种链接都使浏览者在设链者网页上点击被链信息时，绕过被链接方网站的主页和广告，直接访问该网站的具体内容，并且不改变用户地址栏设链者的网址，致使用户误以为是设链者网站本身提供的信息。视框链接侵犯了版权人向公众传播的权利，埋置链接则是一种典型的不正当竞争行为。

2）外链。外链是设链者链接被链者网址，即对其他网站主页的直接链接，用户通过点击该网址进入被链者下面所属的信息资源。即设链者仅仅提供有关信息的路径，用户访问的是该信息所在的网站。外链的常见形式是首页链接和友情链接。

目前，对于外链较一致的看法是，"对于将其他网站的主页进行链接的行为，只要被链接网站没有在主页上明示不准，并以开新窗口的方式进行链接，就应当认为不是侵权"。因此，外链属于正常的链接。数字图书馆在组织和管理网上资源时，如果只是链接到被链接用户的首页网址上，即揭示信息的有效路径，而没有复制"被链接对象"，则不存在对知识产权人作品的使用，不会涉及知识产权问题。需要注意的是，如果被链接的内容本身存在侵权行为，则为侵权。

总之，图书馆在使用信息链接时应充分考虑链接的合法性，对链接方式进行认真选择，要事先评估链接的知识产权风险，并通过有效的方式加强与被链者的沟通，取得许可，及时发现并断开侵权链接，规避知识产权风险。

（3）电子公告服务中的知识产权问题。BBS 原是英文 Bulletin Board System 的缩写，其中文意思就是"电子公告板系统"，一般简称为 BBS。BBS 是网络环境下数字图书馆开展用户服务的重要形式，利用 BBS 可以开展信息咨询服务，扩大服务范围，延长服务时间，提高服务质量。依照网络创作功能分析，BBS 是一个由多人一起参加的讨论系统，任何人都可以对某个感兴趣的问题进行讨论，自由地发表自己的意见与见解，并且能够和其他人直接进行沟通，具有交互性、异步性、自由开放性等特点。

BBS 的运作机制与传统的纸张出版发行系统和无线电传播系统有本质上的区别，它的产生和发展较多涉及了版权问题，特别是他人利用 BBS 侵犯版权人的精神权利问题及版权信息管理问题。

1）BBS 和精神权利保护。BBS 的迅速发展得益于本身的交互性和自由开放性，但这也为作者的精神权利保护带来了挑战。在 BBS 中摘录、交叉引用他人的观点是非常普遍的现象，使信息的可靠性受到影响，对权利人造成精神损害。如果没有作者以个人名义向公众承诺其发布信息的可靠性，人们就会怀疑 BBS 上信息的真实性，进而对数字图书馆信息的可靠性产生怀疑。在网络环境下，对权利人进行精神保护有助于保证公众获得真实、可靠的信息。

2）数字图书馆中 BBS 的管制。数字图书馆开展 BBS 服务，这种行为介于出版者和传播者之间。用户向数字图书馆所运营的 BBS 上传信息并在网络上传播的过程是完全自动的，数字图书馆无法对这些信息行使编辑控制权，这是数字图书馆与传统出版者的区别。虽然数字图书馆在用户发布信息前不能对其内容进行审查，但对于已经发表的信息却可以行使一定的编辑控制权。因此，数字图书馆与传统的传播者也有一定的区别。

根据 BBS 自身的独特运行机制，对数字图书馆规范的核心应当是在信息发表后的一段合理时间内审查并行使编辑权力的义务。这包括以下三层含义：①在信息发表前，数字图书馆由于不能审查信息内容，因此不承担法律责任。②数字图书馆必须在信息发表后的一段"合理时间"按"表面合理标准"对信息内容进行审查，如发现有不当之处应予以删除。③如 BBS 经营者超出"合理时间"后怠于履行审查义务或应该发现并删除不当内容却因疏忽而没有发现或删除，则数字图书馆应依情况承担法律责任。

5. 数字图书馆中知识产权的管理与保护

数字图书馆的知识产权保护主要通过法律来实施，知识产权保护水平的高低直接关系到数字图书馆事业的发展。网络技术、数字技术、通信技术的飞速发展，使用户获取信息变得非常自由、方便，用户通过计算机和互联网能便捷地查询、复制、增删网上的信息资源，而且人们难以区分作品的原件和复印件，难以区分原创作者、出版者、收藏者和提供者。这就使得盗版等非法使用的侵权案时有发生，给数字图书馆的知识产权保护带来了巨大的冲击和严峻的挑战。为了保护权利人的合法权益，鼓励知识创新，预防和打击侵权行为的发生，必须建立一套完善的知识产权保护机制，采取切实可行的保护措施，以保障数字图书馆的健康发展。

（1）著作权集体管理。数字图书馆资源建设和用户服务涉及对大量作品和其他资料的使用，如何解决这样大规模作品使用行为的授权问题，倍受各国著作权法学界和图书馆界的关注。要求数字图书馆逐一地取得作者同意、取得使用许可、逐一地支付费用是不现实的，因而可能会制约相关产业的发展速度。而著作权集体管理制度则能有效地实现著作权人个人无法行使的权利，给数字图书馆提供一种合法利用他人作品的途径，在著作权人与数字图书馆之间起到沟通的桥梁作用。

所谓著作权集体管理，是指著作权人、邻接权人授权著作权集体管理组织管理他们的作品的权利，即监视作品的使用，与未来作品使用者洽谈使用条件，发放作品使用许可证，在适当的条件下收取使用费并在著作权人之间进行分配。《著作权法》第八条规定："著作权人和与著作权有关的权利人可以授权著作权集体管理组织行使著作权或者与著作权有关的权利。著作权集体管理组织被授权后，可以以自己的名义为著作权人和与著作权有关的权利人主张权利，并可以作为当事人进行涉及著作权或者与著作权有关的权利的诉讼、仲裁活动。著作权集体管理组织是非营利性组织，其设立方式、权利义务、著作权许可使用费的收取和分配，以及对其监督和管理等由国务院另行规定。"2002年《最高人民法院关于审理著作权民事纠纷案件适用法律若干问题的解释》第六条规定："依法成立的著作权集体管理组织，根据著作权人的书面授权，以自己的名义提起诉讼，人民法院应当受理。"从以上的规定可知，著作权集体管理组织应是著作权人自愿参加的、非营利性的组织，并可以以自己的名义提起诉讼。

对著作权集体管理组织的性质，各国著作权法的规定有两种类型：一种是民间性团体，另一种是官方或半官方的机构。根据各国建立著作权集体管理组织的实践及世界知识产权组织对著作权规定的基本原则，建立民间性的还是官方或半官方性质的机构，取决于各国政治、经济、法律的状况和传统。

（2）版权的技术保护措施。在新技术条件下，数字化技术使低成本复制成为可能，复制的精确度非常高，增加了获取作品的各种途径，并且快捷方便，其传播成本几近为零。未经授权而使用、改编、复制的风险大大增加，每一个使用者都可能成为潜在的侵权人和传播者。所以，权利人仅仅享有控制作品在网上传播的权利还不够，还必须借助一定的技术措施实现自己的权利。

在数字版权立法尚不完善的情况下，国内外的普遍做法是采用新技术手段来保护版权，限制非授权传播。版权的技术保护措施，是指版权人主动采取的，能有效控制进入受版权保护的作品并对版权人权利进行有效保护，防止侵犯其合法权利的设备、产品或方法。美国对技术保护措施的定义是"任何能有效地控制进入受版权保护的作品并能有效地保护版权人权利的技术措施"。而欧盟的解释是"技术保护措施是指设计用于阻止侵犯版权以及与数据库有关的特殊权利的设备、产品或方法"。根据各国立法实践来看，技术措施可以分为两类：控制访问的技术措施和控制作品使用的技术措施。

根据WCT第十一条的规定："作者和其他版权人有权为行使各项版权而采用技术保护措施，以限制未经其许可或未经法律许可的行为。"在现有技术条件下，数字图书馆可采用以下技术措施对其著作权加以保护：

1）防火墙技术。该技术是一种使用很广泛的网络安全技术，其工作原理是在被保护网络与外部网络之间设立一道屏障（即防火墙），在此检查进出被保护网络的信息是否被准许通过，或用户的服务请求是否被允许，从而阻止非授权用户的进入和对信息资源的非法访问。

2）访问控制技术。该技术是确定合法用户对计算机系统信息资源所享有的权限。例如，某些用户对某一信息的使用权限是只能阅读，而另一些用户对这些信息则可以修改、复制，该技术可以防止非法用户的入侵、合法用户使用非权限内信息资源以及以非法方式使用信息资源。最常用的访问控制技术是"设置口令"和"身份验证"。

3）密码技术。该技术对信息的保护方式是将信息加密，使非法用户不能解读，因此信息即使被窃取也不易被识别。发送者利用加密密钥将信息进行加密，然后把加密后的密文发给接收者；接收者收到密文后，再用解密密钥将密文恢复成原来的信息（明文）。

4）数字水印技术。密码加密方法可以加密文本信息，保证其传输的安全，但如果要对图像、视频、声音等多媒体数字信息进行加密，密码加密技术就很难胜任了，于是出现了数字水印技术。该技术是用信号处理方法在数字化的多媒体信息中嵌入隐蔽的标记，这种标记通常是不可见的，只有通过专用的检测器或阅读器才能提取。近几年随着数字水印技术的不断发展，它在数字作品版权保护方面正发挥着举足轻重的作用。

数字图书馆在实行技术保护措施时应该注意采取的技术措施只能是防御性的而不是攻击性的，只可以给作品保护设置一道安全屏障，不可以采取过激的技术手段对故意或无意侵权者的计算机系统进行破坏，如对非法用户计算机实施病毒、摧毁其硬盘上的数据，以免造成制止侵权行为以外的不应有的损害。

（3）版权的法律保护措施。为实现版权保护的目标，不仅要授予合格的知识产品创造者某些专有权，而且要保证这些权利得到有效实施。版权财产的间接性决定了该类权利必须通过行使才能实现权益，而权力则是保障权利实现的基本力量。为了保证权利人更好地实施其权力，法律规定了相应的制度和措施。

1）法定赔偿。所谓法定赔偿，是指针对网络著作权纠纷案件，由国家以法律或司法解释的形式规定一定幅度的赔偿数额，在被侵权人损失额和侵权人侵权获益难以确定，且不能通过其他方法确定侵权人的赔偿数额时，由法院依被侵权人的请求，根据侵害情节等具体因素，在法定幅度内确定具体的赔偿金额的一种赔偿制度。法定赔偿对知识产权损害赔偿制度具有重要意义：一方面，有利于人民法院对知识产权案件的审理，加快办案的速度，提高办案的质量；另一方面，有利于充分保护权利人的合法权益，严厉打击和制裁侵权行为。

2）诉前保全的临时措施。在知识产权审判案件中，经常发生由于没有采取措施，致使侵权行为不能中止，侵权制品、设备等证据灭失的情况。为解决这一问题，诉前保全的临时措施就被提了出来。在英美著作权法里，有"临时禁止令"的规定。在欧洲大陆法系国家、日本等的民事诉讼法里有关于"假处分"和"假扣押"的规定。所谓临时措施，是指法院做出判决之前为了制止某种有威胁性的或可预料的伤害事件的发生，或在某种重大损害事件很可能出现的场合，法院应申请人的申请，发布的一种要求被申请人停止某种行为或者进行某种行为或者扣押、封存被申请人的财产、证据的强制措施。

《著作权法》第五十条规定："著作权人或者与著作权有关的权利人有证据证明他人正

在实施或者即将实施侵犯其权利的行为,如不及时制止将会使其合法权益受到难以弥补的损害的,可以在起诉前向法院申请采取责令停止有关行为和财产保全的措施。"第五十一条规定:"为制止侵权行为,在证据可能灭失或者难以取得的情况下,著作权人或者与著作权有关的权利人可以在起诉前向人民法院申请保全证据。"诉前保全的临时措施使身处网络侵权纠纷的著作权人在起诉前有权申请法院采取强制措施,一方面可及时制止侵犯著作权的行为,避免侵权行为的延续和损害后果的扩大;另一方面可防止侵权人在权利人起诉前销毁、隐匿有关证据,解决了网络著作权侵权纠纷诉讼中举证困难的问题。

法定赔偿和临时措施是保护版权人权利的民事措施,为使权利人的权利得到有效保护,还必须依靠相应的行政措施和刑事措施,形成完整的、综合的法律保护体系。

(4) 权利限制规则。著作权法的宗旨是平衡信息创造者、信息使用者以及信息提供者之间的利益,因此在设定著作权人权利的同时,也规定对著作权人加以适当限制或例外。权利限制的目的在于协调社会公众利益与著作权人利益之间的关系。所采取的主要法律方式是:合理使用与法定许可。

对于公有信息(不适合著作权法保护的作品、已到保护期限的作品、超出地域制约的作品),由于不受著作权法的保护,成为社会的共有财富,可以自由使用。而对于受版权法保护的信息,海量授权是不可能也不现实的。为此,著作权法规定对作品非盈利目的的使用若符合合理使用原则,则不需版权人授权,也不需支付许可使用费,否则需依法取得版权人授权并支付使用费;若符合法定许可或强制许可制度,则不需版权人授权但需支付费用。

1) 合理使用。合理使用是指在某些法定情况下,使用人可以不经作者或其他版权人的同意或许可,不向其支付报酬而自由使用已发表的作品,但应注明作者姓名、作品名称或出处,并且不得侵犯版权人依照著作权法享有的其他权利。合理使用是著作权法对著作权人专有权进行限制的主要方式。

判别作品的合理使用标准有四项:

◆ 使用的目的和性质。即是否为商业目的而使用,是否具有商业性质。为评论、新闻报道、教学或科学研究使用作品为合理使用。

◆ 作品的性质。不同类型作品的版权利用形式不同,使用合理与否的界限也不同。若作品能带来巨大的经济效益,如畅销书或电影,那么对其使用的限制较严格。

◆ 被使用部分的数量和性质。采用作品的非实质部分,且数量很少,才属合理使用。

◆ 潜在的市场效果与作品的市场价值。即使用行为对作品的潜在市场价值有无重大不利影响,使用不能大幅度削减创作者或出版者对其作品在商业销售中的盈利。

我国《著作权法》第二十二条列举了合理使用的十二种情况,包括出于教学、学习或研究、新闻报道、公务使用、介绍、评论等非盈利性目的的少量复制、少量引用、表演和广播,以下几种适用于图书情报机构:

◆ 为个人学习、研究或者欣赏,使用他人已经发表的作品。

◆ 为介绍、评论某一作品或者说明某一问题,在作品中适当引用他人已经发表的作品。

◆ 学校课堂教学或者科学研究,翻译或者少量复制已经发表的作品,供教学或者科研人员使用,但不得出版发行。

◆ 图书馆、档案馆、纪念馆、博物馆、美术馆等为陈列或者保存版本的需要,复制本馆收藏的作品。

◆ 对设置或陈列在室外公共场所的艺术作品进行临摹、绘画、摄影、录像。

2）法定许可。法定许可是指在法律规定的范围内，可以不经过著作权人的许可而使用其作品，但需向著作权人支付一定数额的法律认为合理的报酬的法律制度。法定许可是也著作权制度下的一种权利限制，其实质是将著作权中的某些权利从绝对权利降为可以获得合理使用费用的相对权利。在法定许可的情况下，著作权人只享有报酬权而不享有禁止权。

法定许可减少了著作权人的信息成本和谈判成本，减少了作品传播与利用中的阻滞，从而扩大了作品的潜在市场和权利人的受益机会，于国家、著作权人以及社会公众都有益。同时，接受法定许可，更有利于平衡著作权人与社会利益的冲突，在一定程度上防止权利的滥用和过度垄断，使更多的读者受益。

《保护文学和艺术作品伯尔尼公约》及我国《著作权法》都确立了法定许可制度，《信息网络传播权保护条例》第八条和第九条结合我国实际，规定了两种法定许可：①为发展教育设定的法定许可；②为扶助贫困设定的法定许可。据此可以认为网络传播作品可以全面适用法定许可制度，图书馆可以利用这一权利，即对于发表一段时间后的作品，只要著作权人没有声明"未经许可不准使用"，图书馆就可以进行不事先授权的数字化利用，但要按法律规定支付报酬。需注意的是，法定许可仅适用于已发表的作品，且不得侵犯著作权人的其他各项人身权与财产权；对于未发表的作品，使用者必须事先征得著作权人的许可。

【思考题】

1. 开展信息素质教育的意义是什么？
2. 谈谈你对信息检索课的认识。
3. 目前我国图书馆的分类是怎样的？
4. 大学期间你准备怎样利用好图书馆？
5. 简述信息资源的基本特征。
6. 文献信息资源的类型有哪些？
7. 著作权集体管理的概念是怎样的？
8. 我国《著作权法》第二十二条列举了合理使用的十二种情况，适用于图书情报机构的有哪些？

第二章 信息检索的技术与方法

信息检索工具是把众多的各类信息资源进行分析加工后，按照一定的特征标识排检组织而形成的信息集合体。信息检索就是分析一些既定标识，从信息集合中选择信息。具体的信息检索过程中，检索途径、检索技术、检索策略、检索步骤方面的知识掌握和利用，对于检索效果会有很大的影响。

第一节 检索语言和途径

一、检索语言

1. 检索语言的概念

检索语言就是信息组织和信息检索时所使用的语言（包括自然语言）。检索语言是文献信息标引的规则和标准，标引人员可用它来标引文献以便将文献整理、加工、存储于检索系统中，同时，检索人员可用它来表达检索课题信息的内容，以便把特定文献从检索系统中检索出来。因此，检索语言就是一种把文献的存储与检索联系起来、把标引人员和检索人员沟通起来的约定人工语言。

2. 检索语言的功能

通过分析信息存储和检索的全过程可以看出检索语言大致有以下四点主要功能：

（1）对文献的信息内容及其外表特征加以规范化的标引。

（2）对内容相同及相关的文献信息加以集中或揭示其相关性。

（3）可使文献信息的存储集中化、系统化、组织化，便于检索者按一定的排列次序进行有序化检索。

（4）便于将标引用语和检索用语进行相符性比较。

3. 检索语言的分类

（1）分类检索语言。文献分类的实质是按照知识体系分类和概念逻辑的方法，对文件的信息进行区分和归类。分类语言的词表即为分类表，它是由众多类目按照一定的知识分类和概念逻辑秩序，并考虑文献分类的需要而构成的体系。其中，类目是组成分类语言的基本单元，每一个类目都是一个相同事物构成的集合，体现单一的概念意义或复合的概念意义，表达这些概念意义的自然语言词语为类目名称或类名。

由于分类语言通常采用字母或数字符号来构词，因而表达这些概念意义的分类语言词语就是类目的号码，即类号，通过自然语言的类名，可以直接地理解类目的含义，借助形式化符号的类号，可以系统地揭示与组织文献信息。

文献分类的意义在于，根据文献信息的内容特征和分类词表，把相同内容的文献集中起来，同时，又把不同内容的文献信息区别开来，以实现相关集中的功能。

分类检索语言的类型有体系分类法、组配分类法、混合式分类法。

分类检索语言中使用较多的是体系分类法，其主要特点是按学科、专业集中文献，并从知识分类角度揭示各类文献在内容上的区别和联系，提供从学科分类检索文献信息的途径。体系分类法具有按学科或专业集中系统地向人们揭示文献资料内容的功能，这对于希望系统掌握和利用某一专业范围文献的用户而言，无疑是有效的。

例如：《中国图书馆分类法》中，经济类的设置如下：

    F——经济（大类）

    F2——经济计划与管理（二级类）

    F25——物资经济（三级类）

    F250——物资经济理论（四级类）

    F250.1——物资管理（五级类）

    ……

（2）主题语言。

1）概念。主题语言是指以自然语言的语词为字符，以规范化或未经规范化的名词术语为基本词汇，以概念之间的形式逻辑作为语法和构词法，用语词字顺排列的一类检索语言。主题语言以参照系统显示概念之间的关系。

2）类型。主题检索语言包括标题词语言（标题法）、单元词语言（单元词法）、叙词语言（叙词法）和关键词语言（关键词法），它们可统称为主题法系统。

（3）自然语言。

1）概念。自然语言检索就是将千百年来存在于人类社会生活中自然形成的非正式语言，通过一定的语言处理技术，使之应用于信息检索系统的信息组织、标引与输出。而就信息用户而言，自然语言检索则主要反映在提问输入和对话接口的语言检索方式上。

2）特点。对信息检索领域来说，采用自然语言的方式，可以有效解决潜在语义表达上的不匹配因素。自然语言的语言思维形式对信息的表达对应性较强，因而有利于形成在语言无损耗意义上的排序输出问题。

自然语言检索用词是从信息内容本身抽取的，主要依赖于计算机自动抽词技术完成，辅以人工自由标引（非依据词表的标引方法），是非规范词（Uncontrolled Term）。

3）自然语言的标识。

① 关键词：直接从信息资源名称、正文或文摘中抽出的代表信息主要内容的重要语词。这部分有时由人工自由标引进行，如期刊论文中的作者关键词，而大部分则由计算机标引系统自动完成。

② 题名：信息资源的名称，如论文篇名、图书书名、网站名称等。

③ 全文：从资源的全部内容中自动抽取、查找，是目前网上各类搜索引擎使用得最多的方法。

④ 引文：将文献所引用的参考文献的作者、篇名、来源出版物抽取出来进行标引。

此外，还有责任人（作者）、摘要等。

4）缺点。自然语言检索系统对同义词、近义词、多义词和其他一些与其相关的词语没有进行规范和统一，词间缺乏有机的联系。当用户提问的检索概念具有多种表达形式时，采用单一的关键词或自然语言索引词匹配方式势必会影响查全率。自然语言检索系统的选词没有严格限制，词量过多过杂，这势必会影响查准率。

二、检索途径

信息检索，如果找到适合的检索入口也就是检索途径，可以节省检索用户的检索时间，提高检索效率。信息检索途径与信息的外部特征和内容特征相关。信息的内容特征是信息所论及的事物、提出的问题、涉及的基本概念以及信息内容所属的学科范围；信息的外部特征包括题名、责任者、责任者单位以及某种特殊信息自身的标识，如专利文献的专利号、标准文献的标准号、科技报告的报告号等。

据信息外部特征和内容特征，信息检索途径主要分为两大类：以文献信息的外部特征为检索途径和以文献信息的内容特征为检索途径。

1. 以文献信息的外部特征为检索途径

（1）题名。根据文献信息题名来检索文献信息，可查找图书、期刊、单篇文献。检索工具中的书名索引、会议名称索引、书目索引、刊名索引等都提供了从题名进行文献检索的途径，如书名目录、期刊目录、期刊联合目录等。

题名途径是一种重要的、最直接、最方便的检索途径，也是国家标准《图书在版编目数据》（GB/T 12451—2001）中明确规定的四大检索途径之一。

（2）责任者。这是根据文献信息的责任者姓名来查找文献信息的一种途径。责任者分为个人责任者、团体责任者、专利发明人、专利权人、合同户、学术会议主办单位等。责任者检索工具包括作者目录、个人作者索引、团体作者索引、专利权人索引等，一般按字顺编排，通过责任者字顺查找文献线索。

以责任者为线索来检索文献，可以系统、连续地掌握他们的研究水平和研究方向，同一著者的文章往往具有一定的逻辑联系，同时，责任者途径能满足一定的族性检索要求。已知课题相关责任者姓名，便可以依责任者索引迅速、准确地查到特定的资料。责任者也是《图书在版编目数据》（GB/T 12451—2001）中明确规定的四大检索途径之一。

（3）号码。这是通过信息的某种代码来检索信息的途径。常见的号码检索途径有：图书的 ISBN、期刊的 ISSN、专利号、报告号、合同号、索书号等。许多文献具有唯一性或一定的号码特征，如专利号、文摘号、ISBN、电子元件型号等，根据各种号码编制成了不同的号码索引，在已知号码的前提下，利用号码途径能查到所需文献，满足特性检索的需要。利用号码检索，需对号码的编码规则和排检方法有一定的了解，在此基础之上可以从号码判断文献的种类、出版的年份等，有助于文献检索的顺利进行。号码途径一般作为一种辅助检索途径。

（4）其他途径。还有一些辅助性检索途径，如出版发行者等。出版发行者项是文献固有的外部特征，利用出版发行者途径作为辅助性检索途径，可以迅速缩小检索的范围，找到特定的满足需要的文献。此外，还有一种根据引证关系建立起来的检索途径，即引文。从严格意义上来说，引文也是一种外部特征途径。这种途径是将文献写作过程中的引文作为组织检索系统的依据，供用户从引证关系入手对文献进行检索。还有一些专业辅助检索途径，如分子式索引、动植物索引、药物名称索引等。

以文献信息的外部特征为检索入口来检索文献信息的方法，其优点为：排列与检索方法以字顺或数字为准，比较机械、单纯，不容易错检或漏检，若已知书名、刊名、作者姓名或号码，则可直接判断该文献的有与无。

2. 以文献信息的内容特征为检索途径

文献的内容特征是指文献所载的知识信息中隐含的、潜在的特征，如分类、主题等，内容特征作为检索途径更适宜检索未知线索的文献。

（1）分类途径。分类途径是以课题的学科属性为出发点，按学科分类体系来查找文献信息，以分类作为检索点，利用学科分类表、分类目录、分类索引等按学科体系编排的检索工具来查找有关某一学科或相关学科领域文献信息的方法。通过分类途径可以把同一学科的文献信息集中检索出来，但一些新兴学科、边缘学科的文献信息难以给出确切的类别，易造成误检和漏检。因此，从分类途径查找文献信息一定要掌握学科的分类体系及有关规则。

分类检索途径在我国具有悠久的历史。许多目录大多以分类方法编排，也称为体系分类途径。体系分类索引是指利用文献的体系分类法所建成的索引系统。其检索的关键在于正确理解检索工具中的分类表，将课题划分到相应的类目中。利用这一途径检索文献，首先要明确课题的学科属性、分类等级，获得相应的分类号，然后逐类查找。按分类途径检索文献便于从学科体系的角度获得较系统的文献线索，即具有族性检索功能。它要求检索者对所用的分类体系有一定的了解，熟悉分类语言的特点，熟悉学科分类的方法，注意多学科课题的分类特征。分类途径同样是《图书在版编目数据》（GB/T 12451—2001）中明确规定的四大检索点之一。

（2）主题检索。这是指以课题的主题内容为出发点，按主题词、关键词、叙词、标题词等来查找文献。以主题作为检索点，利用主题词表、主题目录、主题索引等按主题词的字顺编排的检索工具来查找有关某一主题或某一事物的文献信息，能满足特性检索的需求。主题途径也是《图书在版编目数据》（GB/T 12451—2001）中明确规定的四大检索点之一。

主题途径在我国的使用没有像分类途径那样普及。利用主题途径检索时，只要根据所选用主题词的字顺（字母顺序、音序或笔画顺序等）找到所查主题词，就可查得相关文献。主题途径具有直观、专指、方便等特点，不必像使用分类途径那样，先考虑课题所属学科范围、确定分类号等。主题途径表征概念较为准确、灵活，不论主题多么专深，都能直接表达和查找，并能满足多主题课题和交叉边缘学科检索的需要，具有特性检索的功能。

（3）分类主题索引。分类主题索引是分类途径与主题途径的结合。分类主题索引吸收了分类法的原理，先按某一分类表来组织，在各类目之下再按字顺排列款目。

3. 检索途径的选择

在进行文献检索时，只有根据课题的需要，选择特定的检索工具，再选用相应的检索途径，才能获得相关的文献。

在实际检索过程中，要根据实际情况，选择恰当的检索途径。

（1）对清楚知道文献全名的，可采用题名检索。

（2）对清楚知道文献学科属性的，可选用分类检索。

（3）对清楚知道ISBN中代表区域语言和出版社数字或者书名数字的，可采用ISBN检索或出版社检索。

(4) 对清楚知道文献内容特征的,可采用主题词检索。主题词途径以规范化词语作为检索标识。

(5) 对清楚知道文献责任者的,可采用责任者检索。

第二节　检索的技术手段

信息检索过程实际上是将检索提问词与文献记录标引词进行对比匹配的过程。为了提高检索效率,计算机检索系统常采用一些运算方法,从概念相关性、位置相关性等方面对检索提问实行技术处理。

一、布尔逻辑检索

布尔逻辑检索是用布尔逻辑算符将检索词(关键词、主题词)、短语或代码进行逻辑组配,凡符合逻辑组配所规定条件的为命中文献,否则为非命中文献。它是文献检索中最常用的经典的检索方法,目前多种检索系统都支持布尔逻辑检索。

在检索过程中,用于表达词与词之间逻辑关系的算符就称为布尔逻辑运算符。布尔逻辑检索分为三种逻辑关系:逻辑"与"、逻辑"或"、逻辑"非";分别用 AND、OR、NOT 表示。

1. 逻辑"与"

逻辑"与"的运算符为"AND"或"*",逻辑"与"的表达式为 A AND B 或 A * B。满足 A 同时满足 B 的文献"命中"。

逻辑"与"的几何解释是:包含 A 同时包含 B 的部分,即 A 与 B 的公共面积部分,如图 2-1 所示。用于表达两个或两个以上检索词(关键词、主题词)之间的相交关系或限定关系运算。逻辑"与"检索能增强检索的专指性,使检索范围缩小,有助于提高检索的专指度和提高查准率。

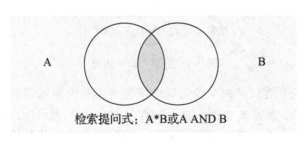

图 2-1　逻辑"与"运算

例如,检索式"图书编目 AND 图书分类"表示所要查找的文献必须同时出现"图书编目"和"图书分类"这两个关键词,才满足检索者的查找要求,只出现其中一个关键词的文献不能作为检索结果输出。

2. 逻辑"或"

逻辑"或"的运算符为"OR"或"+",逻辑表达式为 A OR B 或 A + B。满足条件 A 或者条件 B 的"命中"。

逻辑"或"的几何解释是:包含 A 或者包含 B 的部分,即 A 和 B 包含的面积相加,如图 2-2 所示。

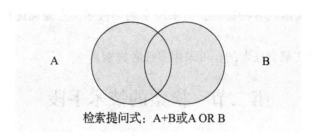

图 2-2 逻辑"或"运算

逻辑"或"表示它所连接的两个检索词只要其中任何一个出现在结果中就满足检索条件。例如，检索式"图书 OR 档案馆 OR 博物馆"表示在所要查找的文献中，只要出现"图书""档案馆"或"博物馆"三个关键词中的任何一个或多个，该文献均为检索命中结果。逻辑"或"用于表达两个或两个以上检索词（关键词、主题词）之间的并列关系，适合连接有同义关系或相关关系的词。显然，逻辑"或"操作可以使检索范围扩大，提高检索结果数量，保证较高的查全率。

3. 逻辑"非"

逻辑"非"的运算符为"NOT"或"－"，逻辑表达式为 A NOT B 或 A－B。"命中"文献是满足条件 A 排除条件 B。

逻辑"非"的几何解释是：包含 A 不包含 B 的部分，即面积 A 去掉包含面积 B 的部分，检索范围减小。逻辑"非"运算如图 2-3 所示。

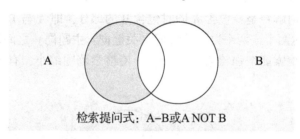

图 2-3 逻辑"非"运算

逻辑"非"表示它所连接的两个检索词应该包含第一个检索词而不包含第二个检索词才满足检索条件。例如，检索式"预算收入 NOT 税收收入"表示用户需要的是论述国家预算收入但不涉及税收收入的文献或资料。逻辑"非"操作排斥某些检索词的出现，因此也起到缩小检索范围的作用。

二、截词检索

所谓截词检索，是指在检索时使用词的一个局部（某些位置上的字符被截去）进行检索匹配，并认为凡满足这个词局部中的所有字符要求的记录，都为命中结果。截词检索需要使用专门符号（截词符），指定截词的具体位置和截断字符的数量。按照截词位置的不同，截词检索分为右截词检索、左截词检索和中间截词检索三种。

1. 右截词检索

右截词检索又称"前方一致检索"，允许检索词尾部有一定的变化。例如，检索式

"brows＊"将会检索出包含 browse、browser、browsers browsing 等词汇的结果。这里,"＊"表示多个字符的截断。

2. 左截词检索

左截词检索又称"后方一致检索",允许检索词的前端有若干变化。例如,检索式"＊magnetic"能够检索出含有 magnetic、electromagnetic、paramagnetic、thermomagnetic 等词汇的结果。

3. 中间截词检索

中间截词检索又称"屏蔽",允许检索词中间某个字符位置有变化(如有关单词拼写差异或单复数的不同等)。例如,检索式"organi？ation"可检索到含有 organization 和 organisation 的结果,而"wom？n"可检索到含有 woman 和 women 的结果。这里"？"表示一个字符的截断。

一般来说,右截词检索在技术上容易实现,在检索系统中也比较常见,而左截词检索实现起来比较困难,中间截词检索只适用于有限个字符的截断。截词检索实际上是一种隐含的逻辑"或"(OR)运算,能提高查全率,扩大检索结果,是防止漏检的有力手段,对西方语言信息尤为适用。

三、位置检索

利用布尔逻辑算符对检索词进行逻辑组配时,未限定检索词之间的位置关系,会影响某些课题的查准率并容易造成误检。为了弥补其不足,一般检索系统都提供文中自由词检索功能,也称全文检索(Full Text Searching)功能。全文检索利用文献记录中任何有实义的关键词、词组或字符串作为检索词,词与词之间的位置关系可以用位置运算符来表达。位置运算符的使用进一步强化了对概念的限制,比布尔逻辑运算符更能表达复杂的概念,并避免 AND 逻辑组配产生的词义含糊或误检。

对全文检索的运算方式,不同的检索系统有不同的规定,主要差别有两点:规定的位置算符不同;位置算符的职能和使用范围不同。经常使用的位置算符主要有以下几种:

1. With 算符

W 算符是 With 的缩写,表示在此算符两侧的检索词必须按输入时的前后顺序排列,不能颠倒。所连接的词之间除可以有一个空格、标点或连接号外不得夹有任何其他单词或字母。

例:intelligent(W)robot？

Wn(或 nW)表示在此算符两侧的检索词必须按输入时的前后顺序排列,不能颠倒,但允许在连接的两个词之间最多插入 n 个单元词。

例:检索式"北京(4W)大学"可以检索出包含"北京大学""北京科技大学""北京地区的大学""北京协和医科大学"等内容的相关信息,检索式"北京(2W)大学"在上面的命中结果中,则只有包含"北京大学""北京科技大学"两个词汇的信息才符合检索要求。

2. Near 算符

N 算符是 Near 的缩写,A(N)B 表示此算符两侧的检索词必须紧密相连,所连接的词之间不允许插入任何其他单词或字母,但词序可以颠倒。A(nN)B 表示 A、B 两词间可插

入不多于 n 个的单词（n 为整数），而且词序可变。在计算机信息检索系统中，存在一些如 of、this、and、for、on、to、are、from、that、with、as、in、the、would 等不允许出现在检索式中的词，称为系统禁用词，可用 Near 运算符来表示。例如 A（1N）B 包含 A in B 和 B of A 等情况。

例：cotton（N）processing

检索结果包含 cotton processing、processing cotton。

例：cotton（2N）processing

检索时，包含 cotton processing、processing of cotton、processing of Chinese cotton 等的文献记录都会被命中。

3. adj 算符

adj 算符是 adjacency 算符的缩写，表示在此算符两侧的检索词必须按所列词序排列，不能颠倒，两词之间不允许有其他的词或字母，相当于短语检索。

例：intelligent（adj）robot

检索结果中只能出现包含 intelligent robot 的文献记录。

四、字段检索

字段检索即指定检索词出现的字段，检索时，系统只对指定字段进行匹配运算。信息检索系统的限制检索技术一般是通过限制检索词在命中结果记录中的出现位置（主要指记录的不同字段位置）来实现的，字段检索就是限制检索技术的一种。字段检索的目的主要是提高检索的准确率。

对于文献型数据库来说，一条文献记录通常设置或包含几十个不同的字段。如标题或题名（Title）、关键词（Keyword）、文摘（Abstract）、分类号（Classification Code）、作者（Author）、使用语言（Language）、出版年（Publication Year）等。在信息检索系统中，用户的某一检索要求通过指定检索词在某个字段出现的情况，来实现字段检索。西文数据库和中文数据库常用的字段名称及代码如表 2-1 所示。

表 2-1 西文数据库和中文数据库常用字段对照表

西文数据库常用字段		中文数据库常用字段
字段名称	字段代码	
Abstracts	AB	文摘
Author	AU	作者
Corporate Source、Organization、Company	CS	机构名称
Descriptor、Subject	DE	叙词/主题词
Document Type	DT	文献类型
Full-text	FT	全文
ISBN	ISBN	国际标准书号
ISSN	ISSN	国际标准连续出版物号
Journal Name、Publication Title	JN	期刊名称

(续)

西文数据库常用字段		中文数据库常用字段
字段名称	字段代码	
Keyword、Topic	KW	关键词
Language	LA	使用语言
Publication Year	PY	出版年
Title	TI	题名

第三节 信息检索的方法

信息检索的方法有多种，分别使用于不同的检索目的和检索要求。归纳起来，常用的信息检索方法有常用检索法、引文检索法、循环检索法、浏览检索法。

一、常用检索法

常用检索法又称常规检索法、工具检索法。它是以主题、分类、作者等为检索点，利用检索工具获得信息资源的方法。根据检索需求，常规检索法又分为顺查法、倒查法和抽查法。

1. 顺查法

顺查法是根据检索课题的起始年代，利用选定的检索工具，按照从旧到新、由远及近、由过去到现在顺时序逐年查找，直至满足课题要求为止的查检方法。利用这种方法查找前需摸清课题提出的背景及其简略的历史情况，了解和熟悉问题的概况。这种方法比较费力、费时，工作量大，多在缺少评述文献时采取此法。因此可用于事实性检索。

2. 倒查法

与顺查法相反，倒查法是按照检索课题的时间范围，利用一定的检索工具由近到远、从现在到过去回溯查找文献信息的一种方法。这种方法多用于检索新课题或有新内容的老课题，及对某课题研究已有一定的基础，需要了解其最新研究动态的检索课题。检索的重点在近期信息上，只需查到基本满足需要时为止。其优点是省时省力，灵活性大，效率高，且检出的都是最新文献，新颖性高，可对某学科或研究课题的最新动态及发展水平一目了然；其缺点是容易产生漏查，查全率、查准率低。

3. 抽查法

它是针对某学科发展特点和发展阶段，抓住该学科发展较快、文献信息发表较多的年代，抽出这段时间进行检索的一种方法。它是根据学科发展的特点而采用的一种有效的检索方式。其优点是能获得一批具有代表性、反映学科发展水平的文献，检索效果和效率较高，但使用这种方法必须了解和熟悉学科发展的特点及历史背景，方可得到满意的检索结果。

二、引文检索法

引文检索法是利用文献之间的引用关系查找相关文献的方法，包括追溯法和引文索引法两种。

1. 追溯法

追溯法又称扩展法、追踪法，是一种传统的文献检索方法，即利用参考文献进行深入查找相关文献的方法。这种方法利用文献后所附的参考文献逐一追查被引用文献，然后再从被引用文献所附的参考文献目录逐一扩大检索范围，依据文献引用与被引用之间的关系获得内容相关的文献，这是一种扩大信息来源的最简捷的方法。通过追溯法获得的文献，有助于对论文的主题背景和理论依据等有更深的理解，在检索工具短缺的情况下，采用此方法可获取一定数量的相关文献。但是作者引用的参考文献往往有限，且多与作者观点相同，同时追溯的年代越远，所获取的文献越陈旧，故检索结果系统性差，漏检、误检率都高。

2. 引文索引法

引文索引法是从被引论文开始查找引用它的全部论文的一种检索方法。这种方法通过先前文献被后来文献的引用情况，来说明文献之间的相关性及先前文献对当前文献的影响力。

追溯法是向前回溯检索的过程，所查文献会越来越老；而引文索引法则是向后追踪检索的过程，查找获得的文献是越来越新的。在实际检索中，采用哪种检索方法最合适，应根据检索条件、检索要求和检索背景等因素确定。

三、循环检索法

循环检索法又称交替法、综合法、分段法，它分期、分段交替使用追溯法和倒查法这两种检索方法以达到优势互补，以获得理想结果。具体步骤是：先利用检索工具查得一批相关文献，然后再利用这批文献所附的参考资料进行追溯查找，从而得到更多的相关文献，如此交替使用，直至满足检索需求为止。这种方法具有前两种检索方法的优势，但前提是原始文献必须收藏丰富，否则会造成漏查。

四、浏览检索法

浏览检索法又称直接查找法，就是检索者从本专业最新核心期刊或其他文献中直接阅读原文或浏览目次而获取原文的方法。它允许用户根据检索系统事先设定好的目录体系逐层浏览信息资源，直到找到需要的信息资源为止。这种检索方法不需要专门的检索技巧，适合于对检索系统不熟悉的初学者或者检索目标不明确的用户进行广泛浏览。

在期刊数据库中浏览检索法用得比较多。此类浏览主要从以下几方面进行：

（1）按照浏览目录对期刊进行浏览，期刊可能按学科、地域、级别等多种方式进行分类。

（2）对特定期刊内的卷期进行浏览。

（3）浏览期刊某一卷期内的论文信息，包括题名、作者等。

（4）对具体的论文进行浏览。

因为浏览检索法查得的文献往往不全面、不系统，且局限性较大，所以不能作为查找文献信息的主要方法。

第四节　信息检索策略

一、检索策略概述

执行检索是有过程、分步来完成的，检索步骤的科学安排称为检索策略（Retrieval Strategy），它是为实现检索目标而制订的全盘计划或方案。特别是在计算机检索中，策略问题是明确提出来的，必须慎重考虑，因为它可能要完成的是一个比较复杂、精细的检索课题，又是在人与机器的对话、交互中实现的。

检索策略简单地说就是检索的整体规划或方案，整个检索的过程就是选择检索策略模型、拟定策略细节、实施检索策略、修改检索策略的过程。也有人把检索策略理解为检索式，也就是确定多个检索词之间的逻辑组配关系和检索顺序。为了达到理想的检索效果，我们的检索不应该是无目的的或者随意的，特别是对于专业文献检索人员或者对于复杂的检索课题而言，更应该重视检索策略的问题。要对整个检索过程进行科学合理的安排，检索的每个环节都要严格执行既定的检索策略，并通过对检索策略的不断调整，使检索结果逐渐接近检索要求，获得较好的检索效果。

二、主要的检索策略模型

检索策略模型中比较有代表性的是美国人鲍纳（Charles Bourne）提出的五种联机检索策略。虽然现在的信息环境已经发生了很大改变，但是万变不离其宗，鲍纳提出的检索策略模型同样对现在的网络信息检索有重要的指导意义。

1. 最专指面优先策略

这一策略是指在检索时首先选择所有主题概念中最专指的概念进行检索，在检索结果比较多的情况下再把其他概念加入到检索式中去，进一步提高查准率。这种检索策略专指度较高，有利于提高检索的查准率。

2. 最低登录量优先策略

登录量可以表示索引词或检索词在数据库中的使用次数，我们可以通过登录量来预估可能的检索结果数量。最低登录量优先是指登录量最小的主题概念优先进行检索，然后再视情况（检索结果或者用户需求）决定是否增加新的主题概念以及如何增加。这一检索策略的优点也是检索的专指度高，这一点与最专指面优先策略类似，但是最低登录量优先策略更适合于计算机检索中分辨主题概念的登录量。不过登录量的多少和检索要求的吻合度并没有必然的联系，检索量少并不能代表检索结果与检索要求的匹配度高。

3. 积木型策略

这一检索策略要求首先将检索课题分解成若干主题概念，对每个分解出来的主题概念尽可能穷尽其同义、近义以及相关词，将这些词用布尔逻辑算符"或"或者"OR"进行连接，组成针对每个主题概念的子检索式。然后将这些子检索式通过逻辑算符"与"或者"AND"进行连接，组成总检索式进行检索。这种检索策略类似将多个积木块拼接在一起，组成完整图案，因此称为积木型检索策略。积木型检索策略的优点是组配原理比较简洁，易于理解和运用,通过一次检索即可获得所需检索结果,而且只要运用得当查全率也相对较高。但是这一优点同时也是缺点,这种组配方式交互性差,在检索未能达到预定目标时往往难以准确确定问题的原因,因此不利于对检索的改进和优化。

4. 引文珠形增长策略

这一检索策略要求首先从检索课题中较为核心或专指的主题概念进行检索,这样做的目的是能够检出一篇以上的文献。然后浏览并分析检出的这若干篇文献,从中选出新的符合检索要求的主题概念作为检索词添加到检索式中,再次进行检索,以便检出更多的文献。接下来用户可以重复以上步骤,不断扩大检索范围,直到达到预期的检索要求。

这一检索策略相对于积木型检索策略而言交互性非常好,更加灵活,而且通过在检索过程中不断进行有针对性的分析判断,完善检索,使检索词的选择更加有针对性,有利于达到检索结果的最优化。但是这种检索策略需要对检索结果进行分析,组配方式也要多次调整,因此检索过程会比较长。

5. 逐次分馏策略

这一检索策略首先是通过专指度不太高的主题概念进行检索,检索到一批范围较大的文献集合。然后对初次检索的文献集合采取多种缩检策略,缩小检索范围,提高检索式的专指度和检索结果的精确度。

这种检索策略可以实现查全率和查准率的较好平衡,不过这需要我们在对检索进行限制和限定时选择合适的尺度和策略。

通过以上的论述可以看出,这几种检索策略模型各有优劣,没有绝对完美的检索策略模型,只要选择合理,运用得当,不管哪种策略都能取得较好的检索效果。在检索过程中不能把这几种策略孤立起来看待,应该把它们结合起来综合利用,特别是对于一些比较复杂的检索课题更是如此,要充分发挥各策略的优点,扬长避短。

三、检索策略的制定原则

(1)要对信息需求有准确的理解,包括课题检索的目的、信息需求的类型、检索结果的处理等方面。

(2)要准确掌握和正确认识各种主客观条件,包括本机构的软硬件条件、检索系统情况、人员技术水平等。

(3)要合理把握查全率和查准率的平衡,在保证检索结果全面的同时,还要尽可能做到准确,尽量减少无关信息。

(4)还要把握效益原则,在保证检索结果高质量的前提下,尽量减少用户经济成本和时间成本的消耗。

第五节 信息检索的基本步骤

不论是手工检索工具,还是各种数据库检索系统或网络搜索引擎,在利用它们进行相关信息的检索、查询时,其检索步骤一般是大同小异的。一次比较完整的信息检索作业基本上都要经历以下主要步骤(或流程)。

一、分析检索课题，明确信息需求

从本质上讲，用户信息查询需求的产生，是信息检索与信息检索系统存在的基础，而满足用户的信息需求，则是建立信息检索系统的出发点，也是信息检索系统发挥效用的归宿。因此，一次信息检索操作的启动，首先是从分析、表达用户检索需求开始的。具体说来，对用户信息检索需求的分析，主要应该包括：

1. 明确检索的目的

这即用户是为了什么样的目的或工作任务而需要查询检索系统的。例如，是为了申请专利，还是为了编写教材或撰写综述文章，抑或是为了了解某一领域或学科的最新进展等。检索目的的不同，将直接影响到后面检索策略的制定。

2. 检索请求的内容特征分析

这主要涉及对用户信息查询请求所属的学科范围与主题范围的确定，需要使用的主要概念及其相互关系的分析，以及相关名词术语的选择等。一般来说，这个环节比较花费时间与精力，并且可能需要运用到较多的专业知识。

3. 检索请求的形式特征分析

这主要包括信息检索所要获取的检索结果数量的估计（如文献篇数等）、所要求的文献的语种、年代、类型（如期刊论文、调查报告、学位论文、会议论文、国际/国家/行业标准、政府文件、法律法规文本等）。相对于内容特征分析的困难与慎重，形式特征的分析则比较简单和明确，但形式特征分析的重要性也是显而易见的。

从理论上来讲，用户的信息需求分为潜在的需求、认识到的需求与表达出的需求等不同存在状态。由于受到多种因素的影响与制约，用户没有或不可能把自己所有的潜在需求转化为认识到的需求，更没有把所认识到的需求都转化为表达出的需求并进而向检索系统提问，不论是用户个人，还是专业检索人员，要把一个信息检索需求分析、表达清楚，有时并不是一件容易的事。这里，我们不妨引用古希腊哲学家柏拉图的一句名言说明之："人们要询问的，既不是他知道的，又不是他不知道的。如果他知道，则没有必要再问；如果他不知道，则他也不知如何去问。"可见，用户的信息需求分析有确定性的一面，更有模糊或不确定性的一面，而后者会对后续的检索操作产生较大的负面影响。如果分析得不好，有可能导致此后的整个检索过程完全失败，并需要回到起点，重新启动新一轮的检索操作。

二、选择检索工具，了解检索系统

用户的信息检索请求经过深入分析形成比较准确、完整的表达之后，接下来就进入相关检索工具/系统的选择。在对众多检索工具/系统全面了解的基础之上，确认本次检索所要使用的对口工具/系统（一个或多个）。进一步地，还需要对选中的工具/系统进行详细了解，具体包括：

（1）检索工具或检索系统的研制者情况。

（2）检索工具或数据库的收录范围，通常会涉及学科主题、信息/文献类型、使用语言种类、年代跨度等许多方面。

（3）索引或数据库的标引处理规则及所使用的词表（如有）。

(4) 检索工具或系统提供的主要检索途径及相应功能。

(5) 其他必要说明。

如果是书本式检索工具书，上述这些信息通常会出现在检索工具正文内容之前的前言、编制说明、使用凡例等部分；而对于各类联机查询系统，则可以通过在线阅读、浏览其提供的帮助文件来获取，例如在检索屏幕上点击［Help］、［Search Tips］、［Example］、［在线帮助］等类的按钮，就可以非常方便、及时地得到系统提供给用户的各种系统使用说明、检索帮助或指导性信息。

三、确定检索途经，选定检索方法

检索文献信息时是以文献的某种特征作为出发点，按一定的途径进行查找的。检索途径的选择取决于两个方面：一是待查课题的已知条件和课题检索深度的要求；二是所使用的检索工具本身能够提供的检索途径。

选择检索途径一般遵循以下原则：

(1) 如果是系统收集资料，一般对查全率要求高，最好选择分类途径。

(2) 如果是解决一个技术问题或仅知课题主题概念，应选择主题途径。

(3) 如果已知同行学者姓名，应选择责任者途径。

(4) 如已知文献的专利号、标准号、科技报道号等，应选择号码途径。

选择检索方法是指选择实现检索计划的具体方法和手段。文献信息检索的各种方法，均有其优缺点，究竟在检索时使用哪种方法，应根据检索条件、检索要求、检索背景等一些具体情况而定，不能一概而论。实际检索过程中选用哪一种方法，要根据课题研究的需要以及所能利用的检索工具和检索手段。

(1) 如果检索工具缺乏或根本没有，研究课题涉及面又不大，对查全率不做较高要求，可采用由近及远追溯法。追溯的起点最好是所附参考文献较多的文献，还有一些信息研究成果，如评论、综述等。

(2) 如果检索工具较齐备，研究课题涉及的范围大，可采用常用检索法或循环检索法。

(3) 如果研究课题属新兴学科或知识更新快的学科，可采用倒查法。

(4) 如果研究课题对查全率有特别要求，一般采用顺查法。

(5) 如果已掌握了课题发展规律、特点，一般可采用抽查法。

四、实施检索策略，浏览初步结果

在正式检索之前，应对检索途径、方法做认真的检验和修订，以保证其合理性和有效性。首先，利用文献指南或其他工具查一查有无相关的专题书目，以免重复他人做过的文献收集工作。其次，要灵活运用各种检索方法和途径，尽量利用各种累积索引。此外，要注意用其他情报源或书目进行辅助检索，以保证检索结果的完整性。当发现查出新文献的机会越来越少时，检索工作基本上可以结束了。

对于检索后获得的检索结果，认真阅读其著录格式，辨认文献类型、文种、国别、责任者、题名、内容、出处等非常重要，检索工具为了节省篇幅，有关文献出处的名称几乎全部采用缩写，如果要索取原文就必须将其恢复成全称。对于西文期刊，可使用该检索工具的

"引用期刊一览表"之类的索引对照转换。注意,这个往往不是每期都有,但可以用该检索工具的年刊或期刊的"引用期刊一览表"。

在确定了哪些文献需要阅读原文时,就要与收藏文献信息机构联系,索取原文。索取原文时,必须利用检索工具中的缩略语、全称对照表将缩写刊名变成全称,然后通过馆藏途径和其他途径获取原文。

五、调整检索策略,获取所需信息

检索是一个多步骤的过程。在实际检索中,由于人为因素(如理解力、知识面、所站角度等)的影响,事先拟定的检索表达式不切合所查数据库或检索工具的实际文献组织方式,有时只能查到极少甚至根本查不到文献,而有时又查到了过多的文献。这就需要通过一定的方法进行扩检或缩检。

1. 扩展检索的方法

扩展检索用于检索结果为零或结果太少时。从检索词的角度看,扩展检索多用同义词、一词的多种写法、布尔逻辑检索中的 OR 等方式进行。另外检索系统的关联检索、相关关键词检索也是常用方式。从检索的主题出发主要有以下方式:

(1) 从部分向整体转化。用户提出的检索要求属于局部,必须检索整体内容才能取得较好的效果。例如检索"旋转餐厅",通过扩大检索"活动建筑物",可以检索出多篇文献,其中就有关于旋转餐厅的文献。

(2) 相似转化。转化后的内容与检索要求内容不完全一样,但是它们相近或相似。例如检索"大跨度钢桁架结构",从研究内容中得知用户所述的钢桁架结构是用于传送原木,其受力情况和结构与钢桁架桥相似,故改为"钢桁架桥"检索,获得较满意的检索结果。

(3) 相反转比。有的课题正面检索效果不理想,检索其反面内容却效果很好。例如检索"喷涂×环境×净化",结果查到零篇,改为"喷涂×环境×污染",就会有许多检索结果。

(4) 等效转化。有的课题需要一定的内容转化才能检索,但是,转化后的词义不改变课题基本内容。例如检索"人力×泵",结果查到零篇。后来对课题内容进行全面分析。"人力泵"实际上可以转化成"手摇泵""脚踏泵"。可采用检索式:"手,泵"和"脚×泵"。

(5) 引文检索。引文检索是在初步检索得出的文献中找出引用关系的文献,再来查找原文,不断地进行扩展检索的方法。比如查找"人民政协协商民主的生态系统"方面的文献时,资料很少,从查找出来的论文《人民政协协商民主有利环境的思考》着手,查与这篇论文有引用关系的文献,就可以找出更多的参考文献。

2. 缩检的方法

在检索过程中有的课题检索范围太大,需要缩小范围,才能获得较好的检索效果。例如检索"喷气发动机焊接",分析得知检索意图不是喷气发动机整体焊接,而是发动机叶片的焊接,而且发动机的材料由镍合金组成。因此用"镍合金焊接"检索,可以获得比较有参考价值的文献。

另外在检索中利用下位词、专指的词、单元词合并为词组、精确检索、各种限度检索都可以缩小检索范围。利用布尔逻辑中的 AND 和 NOT 也可以达到缩检的目的。

六、分析评价检索操作与检索结果

一次完整的信息检索作业的最后环节是对本次检索进行分析与评价,主要涉及以下一些方面的内容:检索结果分析,检索系统功能的评价与认识,检索操作中存在的主要问题,等等。

一般地,在对检索操作和检索结果进行分析和评价时,需要涉及并使用到许多评价指标。目前,信息检索研究人员通过检索评价试验已经提出许多适用于不同情况下的评价指标体系。其中,最为常用和重要的两个检索效果评价指标是查全率(Recall Ratio,简称 R)和查准率(Precision Ratio,简称 P)。

(1)查全率。查全率是指系统在进行某一检索时,检出的相关文献量与系统文献库中相关文献总量的比率,它反映该系统文献库中实有的相关文献量在多大程度上被检索出来。其计算公式如下:

$$查全率 = \frac{检出相关文献量}{文献库内相关文献总量} \times 100\%$$

例如,要利用某个检索系统查某课题,假设在该系统文献库中共有相关文献为 100 篇,而只检索出 75 篇,那么查全率就等于 75%。

(2)查准率。查准率是指系统在进行某一检索时,检出的相关文献量与检出文献总量的比率,反映每次从该系统文献库中实际检出的全部文献中有多少是相关的。其计算公式如下:

$$查准率 = \frac{检出相关文献量}{检出文献总量} \times 100\%$$

如果检出的文献总篇数为 100 篇,经审查确定其中与项目相关的只有 80 篇,另外 20 篇与该课题无关,那么,这次检索的查准率就等于 80%。显然,查准率是用来描述系统拒绝不相关文献的能力。有人也称查准率为"相关率"。

查全率与查准率是评价检索效果的两项重要指标。查全率和查准率与文献的存储与信息检索两个方面是直接相关的,也就是说,与系统的收录范围、索引语言、标引工作和检索工作等有着非常密切的关系。

(1)影响查全率的因素:检索时检索策略过于简单;选词和进行逻辑组配不当;检索途径和方法太少;检索人员业务不熟练和缺乏耐心;检索系统不具备截词功能和反馈功能,检索时不能全面地描述检索要求等。

(2)影响查准率的因素:索引词不能准确描述文献主题和检索要求;组配规则不严密;选词及词间关系不正确;标引过于详尽;组配错误。

(3)其他:检索时所用检索词(或检索式)专指度不够,检索面宽于检索要求;检索系统不具备逻辑"非"功能和反馈功能;检索式中允许容纳的词数量有限;截词部位不当;检索式中使用逻辑"或"不当等。检索者的知识水平、业务能力、工作经验,特别是检索技术的熟练程度和外语水平也是影响检索效果的主要因素。

实际上,影响检索效果的因素是非常复杂的。实验表明,查全率与查准率是呈反比关系的。要想做到查全,势必要对检索范围和限制逐步放宽,则结果是会把很多不相关的文献也带进来,影响了查准率。企图使查全率和查准率都同时提高并不是很容易。强调一方面,忽视另一方面,也是不妥当的。应当根据具体课题的要求,合理调节查全率和查准率,保证检索效果。

一次成功的信息检索操作涉及多方面的知识与技能，其中，与检索课题有关的专业知识与学科知识、检索系统知识以及基本的检索技能是最为关键的。对整个检索作业进行认真的分析、评价与总结，对于检索者来说，是一种非常必要的反省与学习，有利于自身检索水平的提高。

【思考题】

1. 信息检索的途径有哪些？
2. 什么叫布尔逻辑检索？布尔逻辑检索有哪些主要方式？
3. 什么叫截词检索？截词检索主要有哪几种？
4. 什么叫字段检索？字段检索主要有哪些？
5. 主要的检索策略模型有哪几种？
6. 什么叫查全率？什么叫查准率？
7. 简述信息检索的主要步骤。

第三章 纸质文献资源的检索

第一节 纸质文献资源概述

自从发明了纸张,纸质文献就成为信息记载和传递的主要工具,也是人们获取知识的重要手段。随着社会的进步和科学技术的发展,非印刷型文献资源载体不断出现,但纸质文献仍是重要的文献形式,是图书馆、档案馆等文献管理单位馆藏的主要成分,它的生产和利用已经形成了一个相当完善和稳固的体系。

一、纸质文献资源的含义和类型

纸质文献资源(Printed Materials),也称印刷型文献,是以纸张为存储介质,以印刷为记录手段生产出来的文献。印刷方法有铅印、胶印、油印、石印、雕刻木印等。印刷型文献是文献的传统形式,主要包括图书、小册子、期刊、报纸、会议录、地图和乐谱等,与电子出版物相对应。

纸质文献的类型多种多样,根据不同的标准可以有多种划分方法。

1. 按文献编撰方法和出版特点划分

按文献编撰方法和出版特点划分,可将纸质文献划分为图书、期刊、报纸、特种文献等。

(1) 图书。图书是人类积累、存储和传播知识的重要文献,也是人们系统了解和掌握一门学科知识的最基本文献。它是用文字、图表或其他符号记录在纸介质上,具有一定篇幅并制成卷册的非连续刊行的出版物。它一般由封面、书名页、目次、正文、版权页组成,结构严谨,自成体系。其内容特征是主题突出、全面系统、知识成熟可靠,是人们系统了解某些知识门类,查找各种事实、数据、资料来源的重要工具。其缺点是出版周期长,信息流通速度慢,所反映的知识内容有"滞后"现象,不便于读者查找最新、最近的信息。但作为一种较系统完整又成熟定型的出版物,图书在科学领域有不可替代的重要作用。

(2) 期刊、报纸。期刊和报纸,也称为连续出版物(Serial Publication)。它作为连续出版的情报源,是大学生和研究人员最常使用的一种情报资料。这种文献的特点是:以相同的刊物名称,连续地分册或分期出版。连续出版物包括:期刊(Periodical)、报纸(Newspaper);年度出版物(Annual),如年鉴、指南等;学术团体成系列的报告(Records)、汇刊,成系列的会议录以及连续出版的专著丛书等。这一类出版物通常有编号和年、月标志,准备长时期、定期或不定期连续出版,而又不预先规定出版的卷、期数或期限。定期出版的刊物的刊期有周刊、旬刊、半月刊、月刊、双月刊、季刊、半年刊和年刊。期刊的内容广泛,知识新颖,出版周期短,信息含量大,流通范围广,作者与用户人数多,是获取和传递信息、交流思想最快的平面媒体和最基本的途径之一。

（3）特种文献。特种文献又称非书非刊资料，是出版形式比较特殊的文献的总称，主要包括专利文献、会议文献、科技报告、政府出版物、学位论文等。特种文献内容广泛，而目前的文献发表却"时滞"严重，使得零次文献越来越受到重视，逐渐成为一种重要的情报信息源。

2. 按文献加工深度分

按文献的加工深度，可将纸质文献划分为一次文献、二次文献、三次文献和零次文献。

二、纸质文献资源的性质特点

纸质文献资源的揭示与组织必须从文献的四个基本要素着手，即信息内容、载体材料、记录符号和记录方式。信息内容是文献最基本的要素，它所表达的思想意识、知识信息是文献的内涵与实质。在信息内容上，纸质文献与其他文献一样，是人类知识财富的物化。载体材料是文献的外在形式，是信息内容赖以存在的依附体，是信息内容得以传播的媒介。纸质文献的载体材料就是纸张。纸张作为文献载体已有相当长的发展历史。携带轻便、成本低廉、阅读方便的特性使它受到人们的欢迎并保持了长久的生命力。记录符号是揭示信息内容的标识、表达知识情报的手段，包括文字、图表、视频、音频等。纸质文献的记录符号通常为文字和图表。记录方式即信息内容被存储到载体材料上的方式，如手写、印刷、拍摄、磁录等。纸质文献的印刷方式经历了铅印、油印、胶印、木版印刷到电子自动化印刷的发展演变过程，印刷术的提高及装订技术的进步使印刷型文献的产量和类型飞速发展。

纸质文献是知识的存在形式。人类在改造自然、改造社会的伟大实践中所获得的重要认识成果，最终都要撰写成文并记录于载体。所以，纸质文献不仅是知识的记录和存储，而且是人类知识得以继承和延续的工具及人类文明发展史的见证。

传递信息知识是纸质文献的又一特征。文献中的信息最终是要被人们利用的，这种利用表现在纵向和横向两个方面。从纵向看，纸质文献起着承上启下的作用，为人类科学文化的继承提供了条件；从横向看，纸质文献是人们信息传递和思想沟通的纽带，方便各类信息的共享和知识的融合。

纸质文献资源不同于一次性消耗的其他物质资源，一般来说，纸质文献资源可以多次重复使用，可以进行复制和传递。纸质文献资源也不简单地等同于各收藏单位纸质文献的总和，因为相同信息的重复积累并不能导致总的信息量的增加。现代社会中，纸质文献资源具有数量庞大、增长迅速、形式复杂、文种多样、内容交叉等特点。纸质文献资源的价值是潜在的，所产生的社会效益和经济效益也是间接的、潜移默化的。

纸质文献所载的文献信息是一种相对固化的信息，因为纸质印刷品上所记载的信息一般是无法改变的，不像光盘、磁盘，可以对内在的信息进行修改、删除或添加。纸质文献是目前数量最为庞大的文献类型，与电子文献相比，具有无可比拟的优点，也存在明显的缺点。

1. 纸质文献的优点

（1）携带、书写、保存方便。这是千百年来纸质文献被人类所公认的最大特征。纸质的印刷型文献符合广大读者的阅读习惯，方便灵活，不受时间、地点的限制，读者可同时参照阅读多种文献。

（2）直观性。纸质文献的直观性是人类选择阅读的一个重要因素。纸质文献的阅读使用无须借助计算机或其他任何工具，只要文献存在并可获得，就可以随时随地阅读。

（3）不可替代性。以纸质为载体的艺术作品具有不可替代性。例如，绘画是人类最重要的一种艺术作品，是人类文明的重要组成部分，从古到今，绝大多数绘画作品都是以纸张为载体的。虽然现在计算机也可绘图，但那只是一种机械的描绘，缺乏应有的艺术韵味。作为收藏品的纸质文献也是不可替代的，纸质文献的收藏价值很高，除了它宝贵的文献内容，其装帧的精致、用纸的考究、油墨的芬芳也是人们乐于收藏的理由。纸质文献的用纸用墨艺术是一种文化现象，例如"书香门第"等成语，就是纸质文献衍生来的。历史悠久的纸质文献是珍贵的文化遗产。

（4）权威性。纸质文献经过千年的洗礼，已建立了完善发达的编辑、生产、发行系统。在科学评价功能方面，各书刊出版部门都建立健全了学术评审委员会或类似机构来保证出版文献的学术水平。纸质文献的生产和传播常会受到道德审查和政治审查，对保护普通社会人群、保护社会伦理和社会道德、保持社会稳定有积极的作用，因而纸质文献传播的信息能够得到多数人的接受和认同。

（5）受法律保护，具有强大的生命力。目前已有较健全的法律法规，纸质文献的知识产权和版权受到了法律的保护。另外，从目前看，全世界每年出版图书370万种，期刊13万种，会议文献100多万篇，专利文献、技术标准、产品资料100万件以上，其中至少90%以上仍然是以印刷型为主的纸质文献。事实证明，纸质文献有巨大的市场潜力和强大的生命力，其存在和发展是客观和必然的。

2. 纸质资源的缺点

（1）文献信息量有限。纸质文献的存储空间和文献本身所含的信息量都受到了不同程度的限制，而电子文献数据的大容量储存可以节省空间。

（2）不便于大量复制。纸质文献容易变质和自然老化，并且其知识内容的复制需要大量的人力和时间。

（3）容易造成资源浪费。纸质文献以优质木材为原料，既耗费人类的森林资源，又因制作纸张造成的污染破坏人类的生存环境。

（4）信息检索不便。许多相关的知识内容需要负载于大量纸质载体上，不利于人们的检索和利用。

三、纸质文献资源的分类与排架

为了能够快速检索文献资源，就要依据特定的分类体系，对文献资源进行组织和整理，将其有序地排列在书架上。分门别类地组织可以使学科相同、内容相近的书籍相对集中在一起，形成一个完整的藏书系统，方便文献资源整理归类和查找借阅。

1. 文献资源的分类

书刊分类是指以书刊内容所反映的学科属性及其他特征为标准，将书刊按类并系统地进行组织的方法。我国大学图书馆通常采用《中国图书馆分类法》（简称《中图法》）、《中国科学院图书馆图书分类法》和《中国人民大学图书馆图书分类法》，美国图书馆通常使用《美国国会图书馆图书分类法》和《杜威十进分类法》。以下介绍在我国使用最广泛的《中图法》。

《中图法》采用的是混合制号码，由汉语拼音字母和阿拉伯数字组合构成，包括类目表、标记符号、说明和注释、类目索引等。其中，最重要的当属类目表，它包含五大部类，五大部类依次为：马列主义、毛泽东思想、邓小平理论（A）；哲学、宗教（B）；社会科学（C~K）；自然科学（N~X，除去 W）；综合性图书（Z）。五大部类下分 22 个基本大类，由 22 个基本大类依次向下层层展开，划分出若干个下级类目，每个类目都代表一类知识范围，用类目名称界定和代表这类知识范围并用类号表示，并依此不断向下划分，形成一个主系分明的网状结构，直至将人类所有知识全部包括，并用相应的类目类号表示。22 个基本大类名称如下：

A 马克思主义、列宁主义、毛泽东思想、邓小平理论
B 哲学、宗教
C 社会科学总论
D 政治、法律
E 军事
F 经济
G 文化、科学、教育、体育
H 语言、文字
I 文学
J 艺术
K 历史、地理
N 自然科学总论
O 数理科学和化学
P 天文学、地球科学
Q 生物科学
R 医药、卫生
S 农业科学
T 工业技术
U 交通运输
V 航空、航天
X 环境科学、安全科学
Z 综合性图书

2. 纸质文献资源的排架

对文献进行分类编目就是为了给一种书刊一个特定的索取号，必须是"一（种）书一号"，不能出现"同书异号"和"异书同号"。根据索取号，对文献进行分类排架，读者就能从馆藏书刊中快捷地检索到自己需要的资料，并了解相关资料（集中同一学科的书刊）。

索取号又称分类排架号，是表示一文献在分类收藏中位置的号码。它是文献排架、用户检索和藏书清点的依据。一个完整的索取号通常由分类号、书次号、辅助区分号组成。

分类号是依据书刊的学科主题划分的，同一学科主题的书刊，分类号相同。

书次号就是为了确定同类中各种书的排列次序而编制的号码，又称同类书区分号。书次

号一般要求：取号简易，号码简短，适合实际使用的需要。国内常用的同类书区分主要有按种次号排和按著者号排两种。

种次号是指根据同类书分编的先后，以每一种书为单位顺序编制的号码。著者号是指代表著者姓名的号码，一般须通过一定的著者号码表获得。著者号码表是一种以著者姓名的音或形为依据，按照一定的取号方式编制的表。我国的著者号码表大致分为查号法、拼号法两种。著者号的优点是：可集中同著者的著作；如采用统一著者号码表，有可能实现书次号的规范化。但使用著者号需熟悉著者号码表，以及解决著者号相同或同一著者情况下不同种文献的进一步区分问题等。目前国内影响最大的著者号码表是《通用汉语著者号码表》，笔者所在馆的中文图书和非书资料的著者号采用的是著者的四角号码。

期刊合订本的分类一般采用《中国图书馆分类法·期刊分类表》，也可采用《中图法》，细分至二、三级类目即可。例如，《中国图书馆学报》，入 G25。

在国内图书馆报纸管理实践中，综合性报纸一般不按其内容进行分类标引和排架，而是依照"地区→报纸名称→年代""报纸名称→年代"或者年代→地区→报纸名称"等进行排架。专业性报纸可采用《中国图书馆分类法·期刊分类表》进行分类标引和排架。例如，《法制晚报》，入 D9。

图书馆的藏书，无论是在书库中还是在阅览室里，一般都是依据分类法的组织体系，按索取号从上到下、从左到右的顺序排架的，即先排列分类号码，如分类号码相同再排列著者号码。通过对书刊进行分类加工和分类排架，不仅能将内容相同的书排在同一个书架上，而且能将内容相近的图书集中在相邻的书架上。一方面使于读者查找到更适合自己的图书；另一方面便于读者查看各学科类目中收藏的所有图书，帮助读者开阔视野，助力教学、科研。

第二节 纸质图书的检索

图书作为保存文化和传播知识的载体，具有重要的文献价值。在信息技术快速发展、信息载体日益多样化的今天，了解图书的基本知识、掌握查找图书资源的相关技巧非常必要。

一、图书检索的基本知识

狭义的图书信息检索，包括检索书目信息，即书名、作者、出版信息（不含图书收藏信息部分）、价格等，馆藏图书还有索取号、馆藏地点、是否在馆、预约等信息。其次是检索图书的内容。

有的标准文献目录或者汇编、会议录、学位论文等篇幅较大，也以图书形式出版。所以，广义的图书信息检索应该包括检索某些标准文献、会议文献和学位论文。对于社会科学的检索课题而言，图书通常是最重要的信息源。但是图书的内容比较陈旧，所以对于自然科学的检索课题而言，图书的重要性不如期刊、学位论文和专利信息。

由于《著作权法》对于图书的保护程度远远超过期刊、报纸、专利、标准等其他信息，图书的作者和出版社一般不愿意无偿提供电子图书，即使出版社愿意，也会在纸本图书出版一年甚至更久后才提供电子文件给电子图书公司加工。因此，电子图书数据库的更新比专利和期刊慢。图书的同期出版数量也比期刊和专利少得多，我国目前每年出版图书 20 多万种，但是中文数据库和全世界专利文献每年递增 100 万篇以上。况且与成熟的期刊数据库和专利数据库相比，由于检索字段少，加工深度不够，目前图书信息的检索功能和效果远远不及期刊和专利数据库。

二、纸质图书的类型和特征

1. 纸质图书的类型

纸质图书的类型多种多样。按知识内容可分为社会科学图书、科学技术图书等；按语种可分为中文图书、日文图书、英文图书等；按作用范围可分为一般图书、工具图书、教科图书、科普图书等；按知识内容的深浅程度可分为学术专著、普及读物、儿童读物等；按制作形式可分为写本、抄本、印本等；按著作方式可分为著、编著、编、译、汇编等；按装帧形式可分为精装、平装、线装等；按出版卷帙可分为单卷、多卷等；按刊行情况可分为单行本、抽印本等；按制版印刷情况可分为刻印本、排印本、照排本、影印本等；按版次和修订情况可分为初版、再版、修订版等。

2. 纸质图书的特征

图书与其他文献相比，无论是从外部标志，还是从内容分析上来说，其自身都具有一定的特征。

（1）单本的独立性。每一本书通常都有自己独立的书名，拥有明确、集中的主题，独立而完整的内容。

（2）内容的系统性。图书一般是针对一定的主题，根据观点，按照一定的结构体系，系统有序地介绍有关内容。

（3）观点的稳定性。图书的内容一般不像报纸、杂志那样强调新闻性和时效性。图书往往侧重于介绍比较成熟、可靠，在一定时间内相对稳定的观点。

（4）篇幅的灵活性。图书的篇幅可以根据需要灵活掌握。但是，篇幅的灵活性并不意味着随意性。

（5）出版时间的机动性。图书的出版与期刊的按月或按季度定期出版不一样，它通常根据事先制订的年度出版计划和长期出版规划，合理、机动地安排出版时间。

（6）封面、扉页可显示其外部特征。不用详细阅读图书，从图书的封面及扉页上就可以获得诸如书名、作者、出版社、出版年、出版时间、版次、ISBN、价格等外部信息特征。

三、纸质图书的选择标准

面对茫茫书海，读者（包括图书馆的采购人员）可以从内容和外部特征两方面鉴定图书的优劣和真伪。

1. 从图书的内部特征判断图书的优劣

（1）著作者。对著作者情况的了解，有助于判断他的作品所反映的学科范围及著作的知名度，从而做出是否选择的判断。

（2）出版社。权威出版社所出版的图书有质量上的保障。权威出版社包括国家级出版社、历史悠久的知名出版社、有影响的特色出版社等。

（3）版次及时间。图书的出版时间越近，其内容越新颖；版次、印次、印数反映图书符合社会需要的情况，通常多版次、多次印刷、印刷量大的图书，多数是受到人们欢迎的图书。

（4）其他。内容提要、目录、序（前言）、跋（后记）等其他内容也可作为读者选书的标准。

1）内容提要。内容提要介绍图书的主要内容、主要论点及学术地位、科学价值，可供了解图书内容时参考。

2）目录。目录是整个图书内容的大纲，揭示图书的基本内容及体系。图书目录中的章、节名称基本反映了该书的主要学术论点，是了解图书的重要依据。

3）序（前言）。在图书的正文前，常有一定篇幅的序或前言，主要介绍图书的内容要点、作者的学术地位、图书的学术价值。

4）跋（后记）。许多图书在正文结束后还有跋或后记，其内容主要是说明图书编辑、出版的经过，对图书内容及责任者等做补充说明，对了解图书也有很大的帮助。

2. 从图书的外部特征判断图书真伪

（1）看封面。盗版书的封面是以正版书为蓝本，经照相翻拍制版印制而成。因其翻拍底片颗粒大，容易造成图案色彩层次不清，色比度差。封面文字，尤其是笔画较多的字，会模糊不清，清晰度差。而印在封底的图书条码则会黑白不明，防伪标志则被印成漆黑一团，看不清是何物。此外，书的封面环衬、扉页用纸质量的好坏，也可识别一本书的真伪。

（2）看正文。盗版书的正文印刷有两种方式：①以正版书全文照排印刷，印出的正文与正版一样，但笔画较多的字，则会模糊不清。②按正版书重新排版印刷，但此法因印刷技术、设备、校编以及时间所限，很容易造成正文错乱、质量低劣等问题。

（3）看版权记录。版权记录是一本书的身份证，它忠实地记载了一本书的来龙去脉。它一般印在书的扉页上，内容包括：①书名（或图片名）；②著作者（或绘制者）、编辑者、翻译者的姓名（或笔名、单位名称）；③出版者、印刷者和发行者的名称；④开本、插页、印张、字数；⑤出版年月、版次、印次、印数；⑥书号、定价。盗版者为掩人耳目，常将正版书的版权记录擅做"技术"性处理，故容易造成记录不全、颠倒不一或记录错误。

（4）看装帧。它涉及装订方式、装帧技术等。在装订方式中，由于骑马订和无线胶粘订方法简单，速度快，成本低，盗版者大都采用此种装订方式。盗版书大都在技术、设备条件差的小厂装帧，致使其书封面与正文不谐调，书脊凹凸不平，内页斜切不齐以及较厚的图书牢固性差，常发生掉、散页问题。

四、纸质图书的检索工具

1. 古籍检索工具

《古籍著录规则》（GB/T 3792.7—2008）将古籍定义为："主要指1911年以前（含1911年）在中国书写或印刷的书籍。"查找古籍的流传情况，主要利用史志目录、公私藏书目录、《四库全书总目》、古代丛书目录、古籍版本目录和古籍善本目录，以及网上搜索等。

（1）史志目录。东汉班固根据《七略》编写的《汉书·艺文志》，开创了史志目录的先河。此后史家修史都仿效班固做艺文志或经籍志。

要了解某书在从西汉到清末的历代艺文志或经籍志中是否著录，除了直接查找二十五史中的艺文志、经籍志外，比较常用的工具书是《艺文志二十种综合引得》，由哈佛燕京学社引得编纂处编，1933年出版。《艺文志二十种综合引得》将书名与作者用中国字庋撷法混合编排。通过查阅，可以了解某人有哪些著作，某部古籍在哪几部书目中有过著录，这些著作是否还存于世或者大约何时亡佚。由于中国字庋撷法不常用，上海古籍出版社1991年在重印时新编了四角号码索引和汉语拼音索引，与《食货志十五种综合引得》合为一册出版。

（2）公私藏书目录。历代的公私藏书目录也可反映古籍的流传和存佚情况。反映官方所收图书情况的书目有宋代的《崇文总目》、明代的《文渊阁书目》等。在私人藏书家编撰的书目中，较有影响的有宋代晁公武的《郡斋读书志》、陈振孙的《直斋书录解题》、明代黄虞稷的《千顷堂书目》等。近年来，公私藏书书目都得到了系统整理。现代出版社1987年开始出版的《中国历代书目丛刊》、中华书局1990年起开始出版的《清人书目题跋丛刊》等书中，均收录了我国现存的主要公私藏书目录。

（3）《四库全书总目》。古籍在流传过程中，有些亡佚了，有些流传至今。要查考流传至今的古籍，主要利用清代永瑢、纪昀等编的《四库全书总目》（也称《四库全书总目提要》）。该书揭示了《四库全书》中收录的和虽然未收录但"无碍"未毁的图书的提要，基本上反映了从先秦至清乾隆年间尚存于世的重要著作。

《四库全书总目》收书3500余种，抄七部，分别收藏在故宫的文渊阁、沈阳文溯阁、圆明园的文源阁、承德避暑山庄的文津阁、镇江的文宗阁、扬州的文汇阁与杭州的文澜阁，称为"七阁"。在纂修期间，对收录《四库全书》的书籍和一些"无碍"但又未收进的书籍，都分别编写内容提要，后来由总纂官纪昀把这些提要分类编排，汇成了《四库全书总目》，又称《四库全书总目提要》，简称《四库提要》，这是我国历史上最大的一部解题目录。"总目"按经、史、子、集四部编排，各部下分若干类及其子目。类序和子目按语详述了学术渊源、流派间的关系及分类的理由，各书注明版本来源并附有提要，说明成书经过、著者简历、著述体例、版本沿革、学术价值等。为了便于查检，纪昀又对《四库全书总目》进行了精简和浓缩，形成《四库全书简明目录》二十卷。后人也对《四库全书总目》做了纠谬、订补和续修工作，产生大量的成果。1997年，中华书局出版了《钦定四库全书总目》（整理本），对《四库全书》进行了现代标点，广泛收集研究《四库全书》的历代成果，在各条下以页下注形式标出，方便了各类读者的使用。此外，查现存古籍还可用清张之洞的《书目答问》（1876年，中华书局1963年重印）及《书目答问补正》、孙殿起的《贩书偶记》（上海古籍出版社1982年版）及《贩书偶记续编》等书目。

（4）古代丛书目录。

1）《中国丛书综录》。这是查找古籍丛书最常用的工具书，上海图书馆编，中华书局于1959～1962年出版，上海古籍出版社于1982～1983年再版，2007年3月新版。

该书是最重要的一部古籍丛书目录，具有较高的使用价值。第1册是《总目》，即丛书分类目录，共收录2797种丛书，包括38891种著作。第1册分"汇编""类编"两部分：汇编收综合性的丛书；类编收专科丛书，分经、史、子、集四类。第2册是《子目》，即子目分类目录。将《中国丛书综录》所收的全部古籍按经、史、子、集四部编排。每部古籍下注明在哪些丛书中收入了这部古籍。该册供查找古籍所属丛书之用。可按类查出某部古籍及其收在哪部或几部丛书内，然后通过第 1 册，获知这些丛书为哪些图书馆收藏，从而找到这部古籍。第 3 册是《索引》，包括《目书名索引》和《子目著者索引》，与第 2 册配合使用。江苏广陵古籍刻印社 1981 年出版了阳海清编撰的《中国丛书综录补正》，南京大学 1982 年刊行施廷镛主编的《中国丛书目录及子目索引汇编》，考订和补正了《中国丛书综录》中存在的错误和疏漏。

2)《中国丛书广录》（阳海清编撰，湖北人民出版社，1999 年）补充了中国出版的古代丛书，可与《中国丛书综录》配合使用。凡《中国丛书综录》已收录者，该书不再收录，只收录书名、版本或子目多寡不同者。该书上册是总目，包括丛书分类简目、丛书分类详目、丛书书名索引、丛书编纂者、校注者刊刻者索引；下册是索引，包括子目分类索引、子目书名索引、子目著者索引。

（5）古籍版本目录。版本是一书在流传过程中形成的各种本子。例如书写或印刷的形式、年代、版次、字体、装订、内容的更改等，都形成不同的版本。检索古籍离不开对版本的查考。除利用前面提到的《书目答问》《贩书偶记》《中国丛书综录》等外，还可利用专门的版本目录。

查找古籍版本常用的书目是《增订四库简明目录标注》（清邵懿辰撰，邵章续录，上海古籍出版社 1979 年重印），对《四库全书简明目录》中每一种古籍传世版本都做了标注。

（6）古籍善本目录。善本是指具有历史文物性、学术资料性、艺术代表性而又流传较少的古籍。查找古籍善本最重要的工具书是《中国古籍善本书目》（上海古籍出版社，1986～1996 年）。该书收录了全国 782 个单位（包括各级公共图书馆、博物馆等）的藏书 6 万种，约 13 万部，按经、史、子、集、丛书五大部分类排列。该书是新中国成立以后编辑的第一部全国性的古籍善本书目，也是迄今为止最完备的全国性善本书目。线装书局 2005 年出版了翁连溪编校的《中国古籍善本总目》（全七册），所收目录比《中国古籍善本书目》增加了 15% 左右，仅经部就增加了 785 种。同时还增加了行款、白口、黑口、左右双边等版本信息，四角号码书名索引，以及带有索引字头的笔画检字和拼音检字，为不熟悉四角号码检索法的读者提供了便利。

王重民所撰的《中国善本书提要》（上海古籍出版社，1983 年）收录了北京图书馆、北京大学图书馆、美国国会图书馆收藏的古籍 4400 余种。每书记载书名、卷数、行款、版框，并注明收藏地点。1991 年，书目文献出版社出版了《中国善本书提要补编》，收录新发现的王重民先生的遗稿。

（7）古籍的网上搜索。随着我国数字化技术的发展和数字图书馆建设步伐的加快，中国古籍目录和古籍全文数据库越来越多。国学网上的"网上主要中文古籍数据库调查统计表"对网上主要中文古籍数据库做了报道，其中有不少是书目数据库，如国学宝典文献检索系统、国图普通古籍书目数据库、国图善本古籍书目数据库等，虽然不少是实验性质的内部检索系统，但已成为古籍数字化馆藏的导航工具。中国国家数字图书馆的"中国古籍善本书目联合导航系统"，既可按经史子集分类导航，也可按收藏地点分地区导航，或按宋元明清分期导航。查找北京大学图书馆的古籍，在"北京地区——教育系统——北京大学"的"藏书列表"中列出了 486 页 4859 条古籍书目，点击一条书目还可以了解该书在其他图书馆的收藏情况。此外,《四库全书总目》《书目答问补正》等目录,也能在国家图书馆网站上查找到其电子版。

近年来,一些重要古籍均有了全文版。例如《四库全书》可以在国家图书馆的网站上查找到。上海图书馆古籍书目数据库收录了上海图书馆收藏的中文普通古籍数据、丛编子目数据和善本古籍数据。"学苑汲古——高校古文献资源库"(http://rbsc.calis.edu.cn/aopac)是中国高等教育文献保障系统(CALIS)的特色库项目之一,也是汇集高校古文献资源的数字图书馆。由北京时代翰堂科技有限公司开发的"瀚堂典藏数据库"(http://www.hytung.cn)以出土文献类数据为基础,陆续纳入包括儒、释、道的各类传世文献,涵盖文、史、哲等专业的教学和研究工作中所应用到的专业古籍文献数据。此外,中国台湾的古籍收藏也非常丰富。中国台湾"中央研究院"汉籍电子文献(旧称瀚典全文检索系统)包含了二十五史、阮刻十三经等,也是有影响的古籍全文数据库。

2. 近代图书的检索工具

查找近代图书最重要的工具书是《民国时期总书目》(北京图书馆编,书目文献出版社,1986~1997年)。该书目以原北京图书馆(今中国国家图书馆)、上海图书馆、重庆图书馆的馆藏为基础编撰,收录了1911年至1949年9月间我国出版的中文图书124000余种,基本反映了民国时期出版图书的全貌,但不收线装书和少数民族图书。《民国时期总书目》按学科分成20卷出版,每一分册按分类编排,按学科检索,后附按汉语拼音字母顺序编排的书名索引。与《民国时期总书目》可以配套使用的还有《(生活)全国总书目》(平心编,生活书店1935年版)、《抗战时期出版图书书目(1937—1945)》(重庆市图书馆,1957~1959年)和《解放区根据地图书目录》(中国人民大学图书馆编,中国人民大学图书馆,1989年)。

查找近现代出版的丛书主要用《中国近代现代丛书目录》(上海图书馆1979年印行)。该书收录上海图书馆所藏1902~1949年间全国各地出版的丛书5549种,按丛书书名首字笔画顺序编排。《中国近代现代丛书目录索引》(上海图书馆1982年印行)提供按子目的书名,子目的著、译、编辑和选注者等,查找所属丛书的线索。

查找近现代图书还需要注意利用一些大的出版机构的图书目录。例如,《商务印书馆图书目录》(商务印书馆,1981年)收录了1897~1980年出版的图书;《中华书局图书目录》(中华书局1981年、1987年出版),收录了1949~1986年该社出版的图书。该书第二编改名为《中华书局图书总目》,收录1912~1949年该社出版的图书。《生活·读书·新知三联书店图书总目:1932—1994》(曹鹤龙、李雪映编,三联书店1995年版),收录了1932年7月至1994年12月间由生活书店、读书出版社、新知书店以及三联书店出版的图书4441种、连续出版物163种、丛书259种。

在网络上同样可以查到有关近代图书的目录,包括民国时期的部分图书全文电子版。中国国家图书馆民国图书资源库首批推出了民国图书6229种、6453册全文影像资源,供读者通过互联网进行浏览和研究。由中国国家图书馆和上海图书馆等单位共同建设的中国近代文献联合目录(http://search.library.sh.en/lhml),收录了中国晚清至民国时期政治、军事、外交、经济、教育、文化、宗教等各方面的文献,均为中国国家图书馆和上海图书馆等单位已经全文数字化的内容,可获取全文影像,首批共推出2万余种。由浙江大学图书馆牵头,国内16家图书馆参加的"高等学校中英文图书数字化国际合作计划"（http://www.cadal.zju.edu.cn/index.action），除了提供古籍书目，也提供民国图书的全文检索。

1998年，我国台湾启动了"数位博物馆专案计划"，成为"数位典藏计划"的开端。2001年，"典藏数位化专案计划"开始。2002年，"数位典藏科技计划"启动，并于2008年与"数位学习科技计划"合并为"数位典藏与数位学习科技计划"。10多年来，台湾一直致力于将文化资产资源发展成为数字化典藏，旨在将包括台湾博物馆、图书馆、档案馆在内的文化机构的珍贵典藏进行数字化，以呈现出台湾文化的多样性，从而促成数字化内容与技术在研究、教育、文化与产业发展等多个领域内的发展，并为这种持续发展整合资源、建构体系、创作内容、孕育环境。"数位典藏与数位学习科技计划"采取由上而下的策略，为计划的实施提供了强大的人力、物力和财力支持。2013年，数位文化中心接收该计划，统筹负责数字化成果的研究、发展等。截至目前，"数位典藏计划"已经取得了丰厚的成果，在社会文化、学术研究、产业经济以及教育学习等方面都产生了重要价值。"数位典藏计划"针对不同社群，能够通过多样的传播渠道来提高数字化文化资产应用的空间，深化普及对社会的影响，并缩小不同区域、机构等在数字化方面的差距；该计划凭借公众授权机制，使数字化典藏的成果成为学术公共资产，极大地推动了学术知识的普及化以及研究资源的共享；在产业经济方面，将数字化的典藏素材运用到商业价值链的资源转换中，为数字化藏品增加了商业附加值；而在教育学习方面，数字化典藏的众多成果被转化成为符合小学课程架构的教材或高中教材，充分地融入课堂教学，对于终身学习的社会目标的达成意义重大。

3. 现代图书的检索工具

查找中华人民共和国成立以后出版的图书，主要用《全国总书目》《全国新书目》《中国国家书目》《全国科技图书总览》《新华书目报》等检索工具。

（1）《全国总书目》。《全国总书目》由出版界老前辈胡愈之先生亲自倡议编纂，根据全国所有出版单位向中国版本图书馆缴送的、公开发行的出版物样本编辑，是集全国出版物之大成，也是图书馆、出版发行、科研等部门及广大图书爱好者必备的资料工具书。从新中国成立以来，依据图书的出版时间分年度编纂，每年一本，由中华书局出版。该书目所收录的是公开出版发行或具有正式书号（ISBN）的图书，比较全面、系统地反映了我国历年图书出版的概貌，是具有年鉴性质的综合性、系列性的中国国家书目。

《全国总书目》收录自1949年以来全国当年出版并只限国内发行的各种文字的初版和改版图书，1956年以后由中国版本图书馆根据各出版单位呈缴的样本汇编而成，依据《中国图书馆分类法》的分类体系编排。该书目每年出版一套数据检索光盘，收录当年图书目数据约十多万余条，每条书目数据包含书名、著者、出版者、关键词、主题词、分类号、ISBN、内容提要等，可为用户查找已出版图书，也可为图书馆、出版社及文献收藏单位的图书分类、编目、建立书目数据库提供服务。

我国出版的内部发行图书一律由《全国总书目》编辑部另行编录。如果要查找未公开出版的图书，可用《全国内部发行图书总目1949—1986》（中国版本图书馆编，中华书局1988年出版），该书目收录了1949年10月至1986年12月出版的内部发行图书18301种，包括这一时期用外国语言文字出版的图书、少数民族语言文字图书和盲文图书。

可与上述书目配套使用的还有：反映了新中国成立以后到 1992 年重要图书的《中国图书大词典》（湖北人民出版社）；反映 1993 年及以后各年的图书出版情况的《中国图书年鉴》；反映最新出版信息的《全国新书目》和《中国图书在版编目快报》。

(2)《全国新书目》。《全国新书目》1950 年创刊。原由中国版本图书馆编辑，中华书局出版，现由国家新闻出版广电总局主办，《全国新书目》杂志社编辑出版，及时报道全国每月新出版的图书。该书目 1958 年 9 期以前为月刊，后改为旬刊，"文革"中停刊。1972 年 5 月开始恢复，试刊 5 期，1973 年正式出版为月刊，2005 年改版为半月刊。该书目每期报道新书和将出版图书的信息 1500 余条，辟有书业观察、新书选介、书评、新书摘、新书视窗、好书商情等栏目。《全国新书目》与《全国总书目》两者是相辅而行的，前者的职能在于及时报道，而后者是前者的累积本。

(3)《中国国家书目》。《中国国家书目》1985 年开始编辑，是年刊，1987 年首次出版。1987~1994 年版均由北京图书馆《中国国家书目》编委会主编，书目文献出版社出版，1995~1998 年版由华艺出版社出版。该书从 1988 年起建立了计算机中文文献数据库。从 1992 年起采用计算机编制累积本，并开始编制回溯本。目前，《中国国家书目》光盘（1988~1997 年）、《中国国家书目》回溯光盘（1949~1974 年）、《中国国家书目》回溯光盘（1975~1987 年）已投入使用。印刷版与光盘版内容相辅相成，光盘版的数据半年更新一次。年报道量约 3 万条。

它是全面、系统揭示报道中国出版物全貌的工具书。收录范围是本国领土范围出版的所有出版物以及世界上用我国语言出版的出版物。因此，《中国国家书目》的报道范围远远大于《全国总书目》。其收录范围是汉语普通图书、连续出版物、地图、乐谱、博士论文、技术资料、非书资料、少数民族文字图书、盲文读物以及中国出版的外文图书。

到目前为止，《中国国家书目》的出版已实现印刷版与光盘版并行，现行书目数据与回溯书目数据衔接，成为检索新中国成立以来图书出版情况的权威性书目。通过《中国国家书目》可查到我国（包括台湾、香港、澳门）出版，并由国家图书馆通过接受缴送、购买、交换、受赠、征集、调入等渠道入藏的各种语言、各种载体和各种类型的出版物，包括内部发行或限国内发行的出版物；也可查到我国著者在国外发表的著作，海外华侨和外籍华人著述以及国外出版的中文出版物。

(4)《全国科技图书总览》。该书是全面反映每年全国科技出版社、大学出版社、综合出版社出版的科技书、工具书、综合性图书、经济管理书、中专以上教材和初中以上职业培训教材的大型工具书，由中国出版工作者协会（现中国出版协会）科技出版委员会组织编纂。

该书收录齐全，囊括全国每年出版的科技书、工具书和教材，每本书都有作者、译者、出版单位、页码、定价，大部分书有内容提要，便于选书、查书；出版时差短，当年出书情况，第二年就汇总出版介绍，图书大多在市场流通，可供购买；本书备有两套检索手段，可以把相同和相近的书放在一起，便于比较选择，方便检索。

(5)《新华书目报》。如果要查找即将出版的新书信息，主要利用预告书目，如《新华书目报》，以及各地主办的书目报，如《上海新书目》《江苏新书目》等，报道各个地区的图书出版情况，可作为《新华书目报》的补充。

《新华书目报》由新华书店总店主办，公开发行，分《社科新书目》和《科技新书目》两种，报道最近出版和即将出版的新书。报道内容含书业新闻及述评、新书预告、近期重点图书介绍等。

(6) 出版社目录。出版社目录是各出版社为向读者宣传本社图书而编辑出版的目录，通常为非公开发行，只报道本社出版的图书，分图书内容简介和征订目录两种，并附当期检索目录。

(7) 网上书店。以美国于1995年创建的亚马逊网上书店为起点，二十几年来，各国网上书店迅速发展，我国第一家网上书店是杭州市新华书店网站，于1997年建成。影响较大的还有当当网上书店等。

1) 亚马逊网上书店。由杰夫·贝索斯（Jeff Bezos）创办的全球第一家网上书店——亚马逊网上书店（www.amazon.com）以其丰富的购书品种、优惠的价格（折扣率20%～50%）、完善的结算制度、高效的配送服务赢得了国内外几千万客户，成为美国最大的电子商务品牌。

2) 当当网上书店。当当网上书店是于1999年11月建成的中文网上书店，网上展示20多万种图书的全部详细书目信息。现在的当当已从早期卖书扩展为综合性网上购物商城。

查找1949年后中国港澳台地区收藏和出版的图书，可以到中国台湾"国家图书馆"（www.ncl.edu.tw）、"国立台湾大学图书馆"（www.lib.ntu.edu.tw）、台湾"中央研究院"图书馆（aslib.sinica.edu.tw/）、香港公共图书馆（www.hkpl.gov.hk）、香港中文大学图书馆（www.1ib.cuhk.edu.hk）、澳门"中央图书馆"（www.library.gov.mo）、澳门大学图书馆（www.library.umac.mo/）等网站查到有关信息。

4. 外文图书目录

在检索外文图书文献信息中，在版书目是必不可少的工具书。世界上很多国家都出版在版书目，其中主要的有：《美国在版书目》（Books in Print）、《惠特克在版书目》（原《英国在版书目》）（Whitaker' Books in Print）、《国际在版书目》（International Books in Print）、《德文图书在版书目》（Verzeichnis Lieferbarer Bucher）、《法文图书在版书目》（Les Livres Disponibles）、《意大利图书在版书目》（Catalogo dei Libri in Commercio）、《西班牙文图书在版书目》（Libros en Venta en Hispanoam'ericay Espana），等等。这些在版书目提供了绝大部分目前在版（出版社有库存）的图书的详细信息，可供图书馆和书商使用。

长期以来，在国内获取国外英文图书出版信息最常用的工具是营业书目。例如，《美国在版书目：著者、书名、丛书》（Books in Print：an author-title-series index to the PTLA，简称BIP）和《美国在版书目主题指南》（Subject Guide to Books in Print），这两种书目专门收录美国出版的或在美国发行的英语图书，是《出版商年报》（Publishers' Trade List Annual，PTLA）的索引本，可以按著者、书名和主题进行检索。BIP系列的书目是以盈利为目的的综合性书商书目，只登记和通报在市场上销售的书，没有选择性和推荐性，其收录的图书并不说明其质的优劣和适用程度。

可以通过Bowker公司的网站了解BIP网络数据库的具体信息，或通过Global Books in Print（GBIP）查找。该数据库是在线的图书书目检索系统，包括世界上43个国家、25万个出版商、1300万种图书的书目数据，包括在版书、绝版书、新书预告、视听资料，以及多个书评刊物提供的数百万条全文书评,提供关键词、著者、题名、ISBN、分类、装帧、价格等40多个检索入口,以进行查找。该数据库不断更新与报道每年图书、期刊价格上升变化情况,绘有直观、清晰的统计图;提供多种链接,如本地图书馆的馆藏的链接、网络书店的链接等,便于用户制定正确的购书决策。

查找英国或英语区图书出版信息也可在 Global Books in Print 中查找。此外,《英国在版书目》(British Books in Print,1874年创刊,年刊,简称 BBIP)揭示了每年在英国书业市场上正在发售的图书,也包括在该国经销的他国出版物。例如2005年出版的 British Books in Print 2006,在 Dialog 数据库群则是430号文档,可以查找截至2007年1月约160万条书目记录,提供20多种检索入口,但该库2007年以后没有继续增加书目记录,因而主要用于回溯性检索。查找英国图书的另一途径是利用《英国国家书目》(British National Bibliography,London: Bibliographic Service Division, British Library,1950年创刊,周刊,简称 BNB)。该书目以英国图书馆版本局(Copyright Receipt Office of the British Library)所收到的图书为基础,包括英国、爱尔兰出版、发行的图书和新版期刊,以及部分政府和学术团体出版物。

五、检索示例

1. 检索课题:要求检索1919年以前的古诗词的图书,要找到收藏地点并借阅

(1)分析课题。此类书籍数量繁多,最好采用分类途径结合主题途径。

(2)检索步骤。首先确定分类号,利用《中国图书馆分类法》类目简表(第5版),确定分类号为"I2";还可以使用百度搜索"1919年以前的古诗词的图书的分类号",然后,查到1919年以前的古诗词分类号为 I222,如图3-1所示。回到湖北师范大学图书馆主页,选择"自助服务入口"的"目录检索",打开页面,在下拉列表选择"索取号",在文本框中输入 I222,单击"检索"按钮,查询结果的书名多数不包含"古诗词",表明了分类途径具有超越书名限制的族性检索功能。节选部分查询结果如图3-2所示。

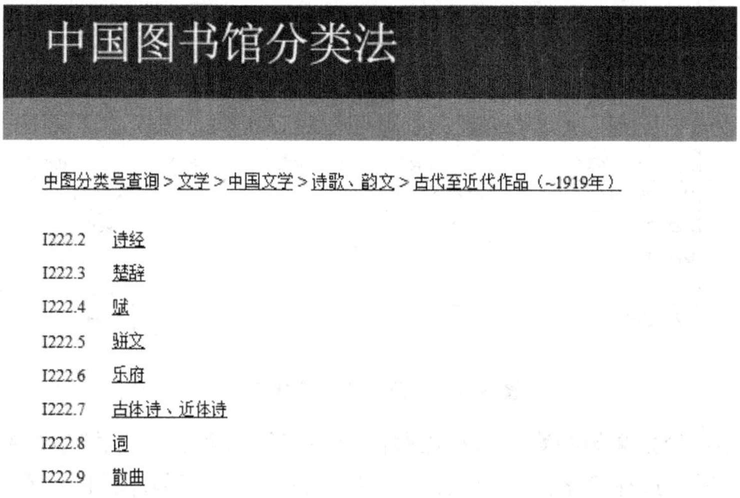

中国图书馆分类法

中图分类号查询 > 文学 > 中国文学 > 诗歌、韵文 > 古代至近代作品(~1919年)

I222.2 诗经
I222.3 楚辞
I222.4 赋
I222.5 骈文
I222.6 乐府
I222.7 古体诗、近体诗
I222.8 词
I222.9 散曲

图 3-1 古诗词分类号

SULCMIS OPAC 湖北师范大学图书馆书目检索系统

目录检索 分类导航 读书指引 新书通报 读者荐购 提醒服务 我的图书馆

快速检索 高级检索

检索：任意字段关键词 新检索 在结果中检索 返回主检索界面

检索条件：索取号前方一致=I222 结果数：1172

第1/59页 上一页 下一页 转到第 1 页 排序方式：出版年 降序排列 排列

序号	题名	责任者	出版者	出版年	索取号	馆藏	可借	相关资源
1	诗集传	(宋) 朱熹注；赵长征点校	中华书局	2011	I222.2/2540/-1	5	3	
2	饮水词笺校	(清) 纳兰性德撰；赵秀亭，冯统一笺校	中华书局	2011	I222.849/2489/-3	1	0	
3	元好問詩編年校注	(金) 元好問著；狄寶心校注	中華書局	2011	I222.746/1043/1	16	8	
4	婉约词·豪放词	苏轼等著；洪江注释	万卷出版公司	2011	I222.82/4443	5	4	
5	国学必读诗歌经典	帅宏威编著	西苑出版社	2011	I222.72/2435	10	8	
6	宋词三百首译注评	毕宝魁著	辽海出版社	2011	I222.844/2232	5	4	
7	才下眉头 却上心头：李清照的诗词情愫	杨莹骅著	中国华侨出版社	2011	I222.844/4741	5	3	
8	唐诗宋词元曲大全集	雅瑟主编	新世界出版社	2011	I222/7011	5	4	
9	楚辞大全图解	屈原，王红旗，孙晓琴著	武汉大学出版社	2011	I222.3-64/7771	5	4	

缩小范围

分类：收起
· 文学(1172)

文献类型：收起
· 中文普通图书(1172)

典藏地点：收起
· 湖北师范学院图书馆(1173)
· 文献检索室(37)
· 流通自科书库(41)
· 外文保留本室(1)
· 流通社科书库(479)
· 中文借阅（三）室(2)
· 中文阅览室(1)
· 湖师学者文库(13)
· 保留本室(891)
· 现刊阅览室(1)
· 期刊室(1)
· 中文借阅（一）室(585)
· 文学院(371)
· 政法学院(15)
· 流通二线书库(60)

图 3-2 部分查询结果

最后，选择《诗集传》条目，单击“题名”项，显示该书的详细信息和典藏地点，如图 3-3 所示，到相应的典藏地点，根据“索取号 I222. 2/2540/ - 1”就能找到该书，直接借阅。

诗集传 / (宋) 朱熹注；赵长征点校. —北京：中华书局，2011
16, 331页；22cm. — (中华国学文库·第一辑)

ISBN978-7-101-07716-2 (精装)：CNY25.00
I. ①诗集传 II. ①朱熹②赵长征 III. ①诗经-注释 IV. ①I222.2

相关资源

藏书情况

馆藏地	索取号	登录号	卷期	年代	状态	借阅类型
文学院	I222.2/2540/-1	A1075985			仅供阅览	中文图书
文学院	I222.2/2540/-1	A1206849			仅供阅览	中文图书
文理学院	I222.2/2540/-1	A1313404			可供出借	中文图书
文理学院	I222.2/2540/-1	A1313405			可供出借	中文图书
文理学院	I222.2/2540/-1	A1313406			可供出借	中文图书

图 3-3 《诗集传》详细信息

2. 检索课题：查找高等教育出版社出版的有关“财务管理”方面的新书

（1）分析课题，选择检索方法和工具。利用印刷型工具书和计算机检索工具都可以检索图书。选择计算机检索工具检索更为便捷，一般可利用图书馆的联机公共查询目录（OPAC）检索系统、图书馆联合目录检索系统和网上书店等检索工具检索。

（2）确定检索途径和检索词。首先，可以从"主题"或"题名"的途径检索，即检索在内容或题名中包含"财务管理"的所有图书，此处确定检索词为"财务管理"和"高等教育出版社"。另外也可从分类途径检索，可以分类号"F275"或"F810.6"作为检索词，因为《中图法》一般将"财务管理"类图书集中类分在这两个类目里。

上述途径均可使用，但主题途径检索的结果更为直接。以下简述主题途径检索的方法。

（3）检索方法和步骤。由于该类图书馆有多种检索途径，利用 OPAC 的高级检索查询更准确。在湖北师范大学图书馆 OPAC 上查找（检索时间 2016 年 6 月 21 日），取得检索结果，如图 3-4、图 3-5 所示。

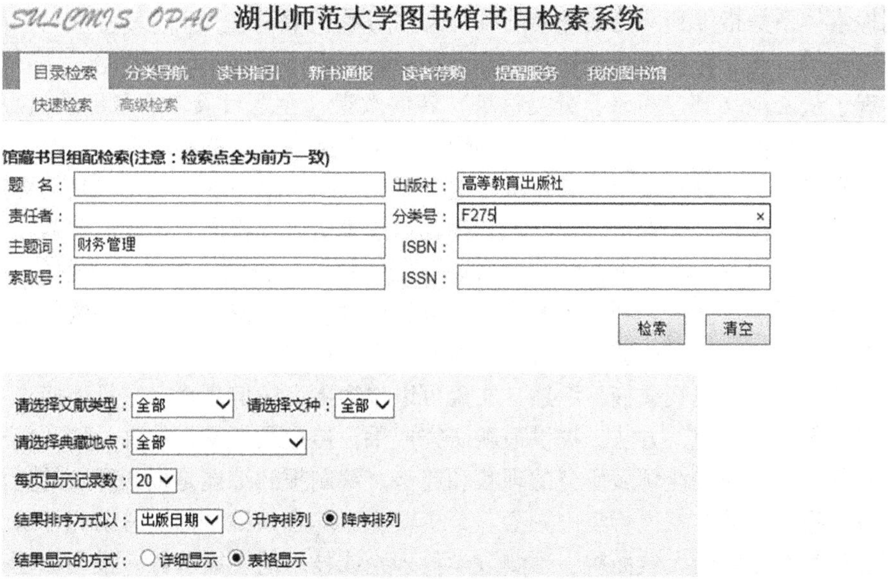

图 3-4　OPAC 高级检索界面

图 3-5　OPAC 高级检索结果

第三节 纸质期刊、报纸的检索

一、期刊、报纸检索的基本知识

1. 期刊、报纸检索体系

期刊和报纸都是最新信息的载体，建立和完善报刊检索体系，可以使广大读者在茫茫的报刊中迅速地查准查全自己所需的文献资料，从而满足读者需要，有效地提高期刊、报纸的利用率。

报刊检索体系是指报刊阅览室编制的各种文献目录、索引、文摘、参考资料汇编、编者按、课题综述等。建立完善的检索体系是开发利用报刊文章的重要环节，检索体系使得报刊的管理实现了从宏观（刊名目录、分类目录）转向微观（主题目录、篇名目录），从粗放转向精细，向读者提供了一把打开报刊宝库的钥匙，从而提高报刊的利用率。

建立检索体系，一是要编制刊名目录，这是报刊文献的第一次开发，也是阅览室最基础的工作；二是编制主题目录索引。编制报刊主题目录索引可以将同一主题但分散在各个报刊的文献资料集中在同一标题之下，使读者从这一主题就可以查到有关某一主题的相关资料。编制主题目录索引是提高报刊利用率的重要环节，通过它可以使馆藏的报刊资料与科研更紧密地联系起来，使广大读者迅速获得自己所需要的文献资料。

另外，还可以编制报刊文摘、综述。文摘可以包容更大的信息量，它具体摘录了报刊中的思想观点、数据、原理、方法，提供最新研究成果，传递最新情报信息，使人们通过文摘迅速地了解某一学科或专业领域研究的现状和趋势。编制报刊综述是报刊开发的更深层次的劳动，它对于报刊相关文献进行集中融会、分析鉴定、综合归纳并加以总结和评价，概括出各学科领域和某个专题的大致面貌，预测该学科理论或技术的发展趋势。报刊综述是一种被高度浓缩的、优化组合后的精纯信息，不同类型的读者可以各取所需，确定自己深入阅读的目标。编制报刊综述不必求全、求广，但需要选择重点，并与编制文献有机结合起来。

2. 期刊、报纸的类型和特征

期刊种类繁多：就其内容而言，大体可划分为学术性期刊、专业性期刊、情报性期刊、检索性期刊、政治理论性期刊、时事报道性期刊、宣传性期刊和普及性期刊等；就其形式而言，一般有周刊、旬刊、半月刊、月刊、双月刊、季刊和半年刊等。

期刊具有多种特点：内容广泛，知识新颖，出版周期短，情报含量大，流通范围广，作者与读者人数众多。不同种类的期刊内容几乎汇集了人类的一切知识成果。它涉及社会的经济、政治、思想、科学技术、文化教育、文学艺术以及社会生活中的广泛领域。它发表文章快，出版周期短，及时反映新理论、新技术、新方法、新动向，迅速传播最新的知识情报信息。它能连续发表有关专题的研究成果，开辟学术讨论园地，提供参考资料，开阔视野，启迪创造思路，交流思想见解，探讨共同关心的问题。因而，期刊倍受人们青睐。

报纸，在国外有的被称为新闻纸。它是一种以刊载新闻和评论为主的定期出版物，以时事、政治、经济、现实新闻为主，并兼容其他内容。它是时代的晴雨表，具有宣传、报道、评论、教育、参考咨询等多种社会职能，为社会绝大多数人每天阅读的必需品，也是各种信息情报知识的来源之一。由于报纸所特有的时事性、普及性、大众性，以及与社会生活息息相关,所以它拥有最多的读者,其出版量都是其他各种文献难以相比的,同时,因其发行广泛、传递迅速、信息量大,成为社会科学工作者的重要情报来源。在近百年的历史发展进程中,报纸文献已成为人们最为重视的一种文献类型。由于报纸文献所刊载的信息、情报能迅速、准确地反映现实社会以及科研和生产力的发展,因此,它的利用率居于其他文献类型之首。

报纸有日报、双日报、三日报、周报、旬报等不同出版周期之分;有综合性、专业性不同内容之分;有不同行业、不同学科、不同单位、不同对象之分;还有全国性、地方性不同范围级别之分等。许多大型报纸出版社,在出版单张报纸的同时,还按月出版大开本合订本报纸、小开本合订本报纸,还有的出版缩微本印刷型报纸,以供图书馆等收藏单位长期保存参考。

报纸和期刊既有相同之处,又有不同之处。相同的方面是:有统一的名称,有常设的编辑机构,定期连续出版,每期汇集许多文章、报道、资料和信息。不相同的方面是:报纸时间性更强,出版周期更短,以最快的速度宣传报道最新的消息;内容更加广泛;版面较大,多为对开或四开,以单张散页形式出现;出版量大;发行较快;拥有读者面广,人数多,超过任何出版物。

在当今各种信息载体中,期刊、报纸独具特色。它们的出版形式多样,出版方式灵活,出版周期可长可短,刊载内容丰富多彩。这些都使得期刊、报纸成为传递人们社会生活、生产活动和学术研究信息,满足不同读者不同需求的极好载体。期刊和报纸无疑是现今人类不可缺少的十分重要的知识宝库。为了便于广大读者及时、准确地在浩如烟海的报刊文献中寻查到自己所需的文献,就需要相应的报刊检索工具。

二、期刊、报纸的检索工具

1. 中文报刊的检索工具

(1)《1833—1949 全国中文期刊联合目录》。该目录第 1 版由原中国第一中心图书馆委员会全国图书联合目录编辑组编辑,1961 年编成。鉴于部分内容缺失,1981 年,书目文献出版社出版了《1833—1949 全国中文期刊联合目录》(增订本),收录了我国 50 个省市级以上图书馆所藏新中国成立前出版的中文期刊近 2 万种。1994 年,书目文献出版社又出版了《1833—1949 全国中文期刊联合目录》(补编本),由北京图书馆、上海图书馆编著。该书补收了清末至民国时期的期刊 16400 余种,主要是珍贵的革命刊物,国民党的党、政、军刊物,抗日战争时期伪满、伪华北、汪伪政权的军政机关刊物,中小学教育刊物,儿童刊物,文艺刊物等。

(2)《中国期刊文献检索工具大全》(1949~1989 年)。吴嘉敏主编、全国 15 所高校和上海图书馆等单位合编的这本大全的问世,填补了我国这一时期期刊检索工具的空白。该书收集了新中国成立以来 40 年间国内正式发行的以期刊论文为主体的检索性书刊 1500 种,收录时间之长、范围之广,实属空前。

该书除了按照国际标准著录外,还分别从文献性质、编写方法及其形式等 15 个方面对所收检索书刊进行介绍并分别做出客观、公正的评价。多角度的介绍和评价使得书刊利用者能够充分地了解各种检索书刊,选择其中最适合的一种刊物。该书脉络分明,对所收检索刊物的改名、继承、合并、沿革等事项做出了详细描述,使得读者能够按图索骥,找准连续关系,有顺序地利用它们。这本大全是检索国内期刊文献的总钥匙。

(3)《全国报刊索引》。《全国报刊索引》是国内出版的以题录形式报道国内报纸、期刊论文的大型检索刊物。

1951 年,山东省图书馆开始编辑出版《全国主要期刊重要资料索引》,1955 年转交上海报刊图书馆接办，并增加了报纸部分，改名为《全国主要报刊资料索引》。1959年，上海报刊图书馆并入上海图书馆，由上海图书馆继续编辑出版。"文革"时期停刊，1973年复刊时改为现名。从1980年起，《全国报刊索引》分为"哲学社会科学版"（简称社科版）和"自然科学技术版"（简称科技版）同时出版，均为月刊。

《全国报刊索引》（社科版）收录了国内公开和内部发行的中文期刊2000余种、中文报纸160多种；《全国报刊索引》（科技版）收录了国内公开和内部发行的中文期刊3000多种；两种版本每年1月号和7月号均附有引用期刊一览表。

从1998年起，《全国报刊索引》年报道量达到35万条以上，报道速度也快，时差仅为1~3个月。因而，便于扩大检索范围（尤其是报纸上发表的文章）和缩短时差，优于其他检索工具。从1984年起，《全国报刊索引》还发行电子版。

（4）《中文科技资料目录》。《中文科技资料目录》（简称《中目》）是在1977年石家庄"全国科技情报检索刊物协作会议"的推动下，通过统一协调和有关单位的努力，由一些专业情报所联合编辑出版的、报道国内科技文献的一套题录性检索刊物。该目录取材于国内出版的期刊论文、会议录等，是报道国内科技文献的主要支柱。

该刊共31个分册，内容涉及医药卫生、中草药、船舶工程、铁路、农林等多个方面。不同分册的出版单位是不一样的，其收录文献的侧重点也不一样。比如医药卫生分册，是中国医学科学院医学信息研究所编辑出版，月刊，每期收录国内500种左右中文医学期刊及与医学有关期刊的论文和会议论文、内部交流汇编论文等5000多篇。而铁路分册，是原铁道部科学技术信息研究所编辑出版，双月刊。但不同分册在内容编排结构、著录格式、检索途径等方面都是一样的。

该刊每期包括"编辑说明""分类目次""学科分类""本刊学科分类类名索引""主题索引首字字顺目次表""主题索引""本期引用期刊一览表""国内期刊入藏单位代号"等。2005年新增加了"分类指南""学科前沿报道"等。所收文献采用学科分类，并附主题索引，每年末期编有年度主题索引。

主题索引按每篇文献的内容，选定其研究报道的主要论点标引一个或多个规范化的主题词，主题词采用倒置形式。主题词后面只列目录顺序号。为了加强主题词的专指性，采用规范化的限定词加以组配，组配符号为"——"。主题词均按汉语拼音字序排列；同音字按四声区别；同声字按笔画排列；第一个拼音字序相同时，依次按第二、第三等拼音字序排列；多音或多声字按使用习惯排列。主题词前冠有英文字母，均按汉字排列，顺序排在同音主题词之后，并忽略倒置符号。主题词前冠有拉丁字母或希腊字母，均按汉字排列，顺序排在同音主题词之后。常用的拉丁文缩写，按拉丁字母顺序排列。

（5）《中文核心期刊要目总览》。这是由北京大学图书馆和北京高校图书馆期刊工作研究会编辑，北京大学出版社出版，收编包括社会科学和自然科学等各种学科类别的中文期刊。《中文核心期刊要目总览》已于1992年、1996年、2000年、2004年、2008年、2011年出版过6版，主要是为图书情报部门对中文学术期刊的评估与订购、为读者导读提供参考依据。第7版（2014年版）于2015年9月由北京大学出版社出版。它是国家社会科学基金项目"学术期刊评价及文献计量学研究"中的一个子课题"中文核心期刊评价研究"的研究成果。该书由各学科核心期刊表、核心期刊简介、专业期刊一览表等几部分组成，不仅可以查询学科核心期刊，还可以检索正在出版的学科专业期刊，是图书情报等部门和期刊读者不可或缺的参考工具书。

(6)《中国报刊总目》。《中国报刊总目》原名《中国邮发报刊大全》《中国报刊大全》。该工具书由《中国报刊总目》编辑部编，人民邮电出版社出版，1985年首次发行。每年一套，分上、下册：上册主要介绍邮发报刊的情况，下册介绍非邮发报刊的情况；每册的前半部分介绍报纸，后半部分介绍杂志。它是目前了解我国报刊出版发行情况最完备的工具书。

(7)《港澳台报刊目录》。该目录由中国图书进出口总公司编印，是目前国内收录港、澳、台地区出版报刊最全面的一种征订目录。所收报刊按香港、澳门和台湾三部分分别编排，不仅包括用中文出版的报刊，而且也包括用英文出版的报刊。

此外，《中国近代期刊篇目汇录（1857—1918）》（上海图书馆编印，上海人民出版社，1980～1984年）、《辛亥革命时期期刊介绍》（丁守和主编，人民出版社，1982～1987年）、《五四时期期刊介绍》（中共中央马恩列斯著作编译局研究室编，人民出版社，1958～1959年）等反映了部分新中国成立前的中文期刊出版情况。作为补充，主要的手工检索工具还有《中国当代期刊总览》《中国期刊大全》和《中国期刊》。

需要指出的是，每年均有报刊创刊或停刊，要注意用《中国出版年鉴》中的"新报刊简目"栏目和各学科年鉴中的报刊介绍栏目捕捉报刊出版的动态信息。

2. 外文报刊的检索工具

(1)《国外科技资料目录》。《国外科技资料目录》是我国出版的检索国外科技情报的大型题录式系列检索刊物，它的创办可上溯到1957年《国外期刊论文索引》，后改名为《科技文献索引（期刊部分）》，1965年它与另一套题录刊物《科技文献索引（特种文献部分）》合并出版，包括30个分册，每期将期刊论文和特种文献分开排列，1966年停刊，1973年以后，有些分册陆续复刊，以《国外科技资料索引》的名称出版；在此基础上，1977年以后经过协调，统一命名为《国外科技资料目录》，最多时出版37个分册。该刊近些年来变化较大，有些分册已陆续改为文摘刊物，有些分册已经停刊或与其他刊合并，目前保留部分分册。

该刊正文按《中图法》分类编排，每期主要包括：分类目次、正文、主题索引首字字顺目次表、主题索引等。此外，每年第一期还附学科分类类名索引、供稿单位名单、收编期刊名单等。自1988年起采用国家标准《检索期刊条目著录规则》（GB 3793—1983）进行著录。它的编排结构、著录格式、检索途径及方法与《中文科技资料目录》基本是一致的。

(2)《外国报刊目录》。《外国报刊目录》（Directory of Foreign Newspaper and Periodicals）由中国图书进出口总公司编辑出版，是一种外国报刊综合目录，1999年出版了第9版。其宗旨是向国内各界，特别是图书馆界、学术界、科技界、教育界、文化界和企业界，提供外国报刊的全面情况，反映国外报刊的出版动态，是了解和选订国外原版报刊的参考依据。

本目录分为两册，一是分类本（正文），二是索引本。分类本基本按《中国科学院图书馆图书分类法》体系按类集中编排，共42大类188小类。各类下再按国家和地区代号的字顺依序排列。分类本中含有分类表、国家和地区代号表、各国和地区货币名称缩写一览表。索引本是按数字、拉丁字母、汉字、日文假名等顺序排列的报刊名称索引（其中俄、保加利亚文拼写成拉丁字母）。报刊名称和刊号构成一条索引。它供查找刊号之用，不能作为选订外国期刊的依据。使用时首先依据刊名利用索引本查找刊号，再通过刊号在分类本中找到所查刊，从而就可了解它的情况，以便选订。

(3)《乌利希期刊指南》。《乌利希期刊指南》（Ulrich' Periodicals Directory）由美国Bowker公司出版，创始于1932年，起初名为《期刊指南：当前国内外被选期刊的分类指南》；这一名称沿用到1938年的第3版。1943年的第4版以期刊部主任乌利希的名字命名为《乌利希期刊指南：在选期刊指南—美国版》（侧重点是欧洲之外的期刊信息，这主要是由于第二次世界大战期间欧洲期刊信息来源匮乏）。在 1943 年到 1965 年，名称又改为《乌利希期刊指南》。在 1965 年的第 11 版本叫作《乌利希国际期刊指南》；该名称一直沿用到 2000 年第 39 版，此后恢复到较早的《乌利希期刊指南》，并与 1988 年出版的《不定期连续出版物与年刊指南》合并。虽然封面和名称都曾不断变化，但乌利希数据库始终保存着自 1932 年以来世界各国期刊的重要信息。

《乌利希期刊指南》是全球权威性的期刊书目数据库，收录了来自 200 个国家 14 万个出版商的期刊资料，包括 29 万种期刊的详细书目数据，是全球权威性的期刊书目数据。大量期刊目次、著名专家评论，使用户在购买前就清楚地了解期刊内容。有超过 40 个检索条件，使用户能准确地找到合适的期刊；用户可链接到已购买的数据库，直接看到文献全文，也可链接到图书馆的馆藏进行检索；可查到期刊价格、14 万个出版商资料、获得文摘或全文的方式；检索结果可制成清单，然后通过邮件传输、打印、储存、编辑，方便共享。其数据每星期更新。

《乌利希期刊指南》检索方式包括快速检索与高级检索两种，可以按照 ISSN、关键词、学科主题、完整刊名、刊名中的关键词等快速查找，也可以按照学科主题、ISSN 或 CODEN 码⊖、出版国别、语种、分类号、电子版提供商等多种方式浏览。该指南可以用于查找和期刊有关的各类问题，如期刊刊名的变更情况，期刊被文摘索引数据库收用的情况等。

（4）美国《化学文摘》（CA）。美国《化学文摘》是当今世界上公认的大型文摘检索工具，也是目前世界上应用最广泛、最为重要的化学、化工及相关学科的检索工具，被誉为"打开世界化学化工文献的钥匙"。

美国《化学文摘》由美国化学文摘社（Chemical Abstracts Service，CAS）编辑出版。现每年出版 2 卷，每卷 26 期，全年共出版 52 期。CA 自 1907 年创刊以来，从出版周期到类目设置，从文摘著录格式到索引的编排使用，都在不断地调整变化而不断完善。

CA 报道的内容几乎涉及了化学家感兴趣的所有领域，其中除包括无机化学、有机化学、分析化学、物理化学、高分子化学外，还包括冶金学、地球化学、药物学、毒物学、环境化学、生物学以及物理学等诸多学科领域，也包括美国等近 50 家专利机构的全文专利资料以及 CA 1907 年至今的所有内容。

CA 目前有四种出版类型：印刷版、光盘数据库、联机数据库、网络数据库。其中 CA 网络版数据库 SciFinder Scholar 是目前全世界最大、最全面的化学和科学信息数据库。

（5）美国《工程索引》（EI）。美国《工程索引》（Engineering Index，EI）是检索工程技术领域文献的主要工具，为世界上著名的三大检索工具之一。EI 创刊于 1884 年 10 月，由美国工程情报公司（The Engineering Information Inc.）编辑出版。从 1906 年起，由美国工程杂志工程公司出版。从 1919 年起，美国机械工程师协会（American Society of Mechanical Engineer）购买了《工程索引》的所有权，以工程科学图书馆（Engineering Science Library）定期收到的工程技术出版物作为收录报道的来源文献。从 1934 年起，由工程情报公司负责编辑出版至今。1962 年，创办了《工程索引月刊》（Engineering Index Monthly），每月一期，每年一卷，同时每年年终又集中月刊内容出一套年刊。

⊖ CODEN 为 Code Number 的简写，国际刊名代码。

EI 收录文献范围广泛，收录了工程技术类期刊、会议录、技术报告、科技图书等 5100 多种出版物；专业覆盖应用物理、光学技术、航空航天、土木、机械、电工、电子、计算机、控制、石油化工、动力能源、汽车船舶、采矿冶金、材料等领域；各学科纯理论研究和专利文献一般不收录。EI 收录文献质量高，是工程类科技论文的一种评价性工具。中国大部分高校和研究单位都将 EI 核心版（印刷版）收录的文献认定为高质量科技论文。EI 出版形式呈多样化，除印刷版年刊、月刊外，1969 年开始编制计算机检索磁带供给 Dialog 等大型联机信息服务公司进行国际联机检索服务，20 世纪 70 年代开始出版光盘。1995 年开始，推出基于 Web 方式的网络信息集成服务产品系列，称为 EI Village。

EI 年刊和月刊的内容及编排格式完全相同，只是月刊报道及时，年刊到年底才能编辑出版，是全年度的文献累积本。同一条文摘在年刊与月刊中的文摘号并不相同。在年度索引中年刊文摘号前加字母 A（Annual），月刊文摘号前加字母 M（Month）。

EI 印刷版年刊全年共 10 本左右，分文摘正文和索引两大部分。文摘正文以 EI 使用的规范主题词字顺排列，所有文摘按其内容在最恰当的一个主题词（叙词）下。EI 文摘正文收录的每篇文献，其内容无论涉及多少个主题词，其文摘在 EI 文摘正文中均只出现一次，不重复。对于存在多个主题的文献记录，将在年度主题索引中得以体现，它们的题目及文摘号会重复出现在相关主题词之下。

（6）美国《科学引文索引》。美国《科学引文索引》（Science Citation Index，SCI）由美国科学信息研究所（Institute for Scientific Information，ISI）在美国费城创办。SCI、EI、ISTP（《科技会议录索引》）是世界著名的三大科技文献检索系统，是国际公认的进行科学统计与科学评价的主要检索工具，其中以 SCI 最为重要，创办人为尤金·加菲尔德（Eugene Garfield）。

50 多年来，SCI 数据库不断发展，已经成为当代世界最为重要的大型数据库，被列在国际六大著名检索系统之首。另外，ISI 还陆续出版了《社会科学引文索引》（SSCI）和《艺术与人文引文索引》（A&HCI）。SCI 不仅是一部重要的检索工具书，也是科学研究成果评价的一项重要依据。它已成为目前国际上最具权威性的用于基础研究和应用基础研究成果的重要评价体系。它是评价一个国家、一个科学研究机构、一所高等学校、一本期刊，乃至一个研究人员学术水平的重要指标之一。

SCI 所收录期刊的内容主要涉及数、理、化、农、林、医、生物等基础科学研究领域，选用刊物来源于 40 多个国家，50 多种文字，其中主要的国家有美国、英国、荷兰、德国、俄罗斯、法国、日本、加拿大等，也收录部分中国刊物。

SCI 以其独特的引证途径和综合全面的科学数据，通过统计大量的引文，然后得出某期刊某论文在某学科内的影响因子、被引频次、即时指数等量化指标来对期刊、论文等进行排行。被引频次高，说明该论文在它所研究的领域里产生了巨大的影响，被国际同行重视，学术水平高。由于 SCI 收录的论文主要是自然科学的基础研究领域，所以 SCI 指标主要适用于评价基础研究的成果，而基础研究主要成果的表现形式是学术论文。所以，如何评价基础研究成果也就常常简化为如何评价论文所承载的内容对科学知识进展的影响。

SCI 也是文献计量学和科学计量学的重要工具。通过引文检索功能可查找相关研究课题早期、当时和最近的学术文献，同时获取论文摘要；可以看到所引用参考文献的记录、被引用情况及相关文献的记录。

（7）美国《生物学文摘》（BA）。《生物学文摘》（Biological Abstracts，BA）是供查阅生命科学文献的信息检索刊物。1926年创刊，半月刊。原由美国生物学会联合会编辑，生物学文摘公司出版。自1964年起由生物科学信息公司（BIOSIS）编辑出版。1980年起与原《生物研究索引》结为姐妹刊，后者同年改名为《生物学文摘/报告·评论·会议录》，简称BA/RRM。两刊每年摘录世界科技期刊9000多种，以及研究报告、评论、会议文献、专利文献和图书、报道文摘或题录50多万条，内容涉及生物学、生物医学、农学、食品科技、心理保健和环境等领域。出版形式有印刷本、缩微品、计算机磁盘和磁带版。BA每期文摘按类目字顺编排，配有著者、生物系统、生物种属和主题等几种期索引和卷索引。

（8）英国《科学文摘》（SA）。英国《科学文摘》（Science Abstracts，SA），是科学技术方面的综合文摘，是查找物理、电气工程、电子学、通信、控制工程、计算机与信息技术等方面的常用检索工具之一。SA创刊于1898年1月，由英国电气工程师学会（The Institution of Electrical Engineers，IEE）（现国际工程技术学会）编辑出版。

SA的刊名和内容变更多次，现在分三个分辑出版，每辑均按分类编排。

A辑：物理文摘（Science Abstracts Series A：Physics Abstracts，简称PA），半月刊。B辑：电气与电子学文摘（Science Abstracts Series B：Electrical & Electronic Abstracts，简称EEA），月刊。C辑：计算机与控制文摘（Science Abstracts Series C：Computer & Control Abstracts，简称CCA），月刊。

SA除了印刷版外，还出版有缩微型和机读型（磁带、光盘）版本，我们通常称SA光盘为INSPEC光盘。SA也可以通过联机数据库进行检索，如Dialog、STN等。20世纪90年代以后，随着计算机技术的发展，又出现了INSPEC Web网络版。

（9）荷兰《医学文摘》（EM）。《医学文摘》（Excerpta Medica，EM）是当今世界上唯一用英文出版的大型医学文摘，是世界上最有影响的二次文献之一；因在荷兰出版，通常称作荷兰《医学文摘》，涵盖了更多欧洲和远东地区的文献。

该刊由阿姆斯特丹1946年建立的一个国际性非营利机构医学文摘基金会（Excerpta Medica Foundation）编辑出版，1947创刊。现由荷兰阿姆斯特丹的艾斯维尔（Elsevier）科学出版社编辑出版，从属于艾斯维尔生物文献数据库（Elsevier Bibliographic Databases）。

《医学文摘》是医学领域世界著名的四大检索工具之一，其他三者为美国《医学索引》（Index Medicus，IM）、美国BA、美国CA。

《医学文摘》收集内容广泛，不仅包括基础医学和临床医学，还包括与医学相关的许多领域（生物医学工程、卫生经济学、医学管理、法医学等）。创刊第一年只有8个分册，目前有42个分册，各分册的文摘统一用英语刊出，每一个分册代表一个学科。

各分册根据其学科的大小和收录文献量来确定年卷期的多少，每年出1~4卷不等，每卷出8期、10期、12期不等。收录期刊达5400余种，其中属于纯医学类的有3000种左右，这类期刊中的大部分论文都以文摘形式报道；属于与医学相关学科类的有2400余种，对这类期刊的论文只选有关文章做摘录。EM与IM所收集期刊的交叉量为1700余种。

EMBASE是由Elsevier Science B.V.出版的荷兰《医学文摘》的光盘版，提供世界范围内的生物医学和药学文献，该库报道文献的速度较快，与纸本原始期刊的时差小于20天，已被认为是世界上关于人类医学和相关学科文献的一种重要的综合性的索引，与 MEDLINE[①]光盘数据库的使用方法相似，需要注意的是该库具有不同于 MEDLINE 的独立主题词表系统（EMTREE），EMTREE 是对生物医学文献进行主题分析、标引和检索时使用的权威性词表，包含超过 45000 条药物与医学索引术语、200000 条同义词（包括所有的 MeSH[②]术语）配以 17 个核心的药物关联词、47 个投药途径关联词和 14 个疾病关联词，检索的网罗度和专指度超过 MeSH，并每年更新，用 EMTREE 提供的主题词检索可以提高文献的查准率和查全率。

EMBASE. com 是 Elsevier 公司 2003 年推出的一个新产品，是将 EMBASE（1974 年推出）中九百多万条生物医学记录与六百多万条独特的 MEDLINE 记录（1966 年推出）两者强强联合，形成全球最大最具权威性的生物医学与药理学文献数据库。EMBASE. com 囊括了 70 多个国家和地区出版的 5000 多种刊物，覆盖各种疾病和药物信息，尤其是它所涵盖的大量欧洲和亚洲医学刊物。其优势如下：同步检索超过 1500 万条 EMBASE + MEDLINE 记录，且结果无重复；每天新增 2000 多条记录；EMBASE 记录在收到原始刊物后 10 个工作日内即会录入库内；检索途径多，检索者可根据自己需要进行检索，如快速检索、高级检索、字段检索、药物检索、疾病检索、文章检索；同时，EMBASE. com 通过主要 STM 出版商[③]可链接至全文。

三、检索示例

1. 检索课题：检索关于知识经济与创新方面的研究论文

检索步骤：

第一步：分析课题，选择检索工具。

该课题是关于知识经济和创新方面的研究，可以选择报道知识经济和创新方面的检索工具进行查找。《全国报刊索引》（哲学社会科学版）是综合性的检索工具，因此可选择该检索工具进行查找。

第二步：确定检索途径。

《全国报刊索引》（哲学社会科学版）可提供分类途径和著者途径检索，根据课题需要，确定用分类途径检索。查分类目录有 F 经济，进一步确定分类号与类目为 F06、经济学分支科学。

第三步：采用倒查法，逐年查找《全国报刊索引》（哲学社会科学版）。

以《全国报刊索引》（哲学社会科学版）2000 年第 3 期为例进行检索，检索结果为：

① 00304846 知识经济与创新/吕乃基（东南大学科学与技术研究中心）//科技导报. —1999，（3）. -23-25。

② 00304848 创新是知识经济的生命线/蔡德成//科学对社会的影响. —1999，（3）. -33-35。

第四步：根据文献线索，获取原始文献。

[①] MEDLINE 是美国国家医学图书馆创办的，是当前国际最权威的生物医学文献数据库。

[②] Medical Subject Heading 的简写，是美国国家医学图书馆编制的《医学主题词表》。

[③] S 即 Science（科学），T 即 Technology（技术），M 即 Medicine（医学）。

根据文献线索，可分别在期刊《科技导报》1999年第3期第23～25页、《科学对社会的影响》1999年第3期第33～35页上查到原始论文。

2. 检索课题：检索近两年来有关高血压研究的论文

检索步骤：

第一步：分析课题，选择检索工具。

本课题涉及文献研究、实验研究及临床各科等方面，所需文献为近两年，故应选择期刊类中医药综合性检索工具，如《中文科技资料目录》（医药卫生）。

第二步：选择检索途径。

本课题涉及的方面虽多，但主题单一，可以采用主题途径。《中文科技资料目录》（医药卫生）附有主题索引，可用主题途径进行查找。

第三步：选择检索词。

根据题意，可选"高血压"为主题词。

第四步：查得文献线索。

用检索词"高血压"查《中文科技资料目录》（医药卫生）主题索引，得文摘号，再用文摘号查到文摘内容和文献出处。

第五步：获取原始文献。（略）

第四节 纸质特种文献的检索

本节简单介绍纸质专利文献、标准文献、会议文献、学位论文、科技报告的相关检索知识，有关特种文献的相关内容，在本书第九章《网络免费学术资源》中还有介绍。

一、纸质特种文献的基本知识

1. 特种文献的内涵

特种文献这个术语出现于20世纪70年代，最初从英文"Grey Literature"翻译而来。人们将公开发行的文献确定为"白色文献"，将不公开发行的秘密文献取名为"黑色文献"，于是，一些介于黑白之间既不公开发行也不是秘密的文献就被称为"特种文献"。至今国际上对"特种文献"尚无统一的定义，武汉大学1991年1月出版的《英汉—汉英文献信息词典》的解释是："特种文献就是利用访问、会议、报告、通信等非正式的科学交流手段提出，但尚未正式出版的文献。"

综合起来，特种文献是指出版发行和获取途径都比较特殊的科技文献，一般是指图书和期刊以外的各种信息资源，包括专利文献、标准文献、会议文献、学位论文、科技报告、政府出版物、技术档案、产品资料等。特种文献特点鲜明、内容广泛、数量庞杂，涉及科学技术、生产生活各个领域，从不同角度及时反映国内外科技发展的最新水平和未来发展趋势，以及科研成果的最新研究情况，具有独特的科技参考价值。

2. 纸质特种文献的类型

（1）专利文献。专利文献作为十大文献信息源之一，与其他科技文献相比，具有独特的信息效用，具有专有性、地域性和时间性。随着人们对知识产权保护的认识，专利文献越来越显示出其重要性，新产品的开发、项目的引进等都需要进行专利检索。

(2) 标准文献。标准文献具有一定的法律约束力，它是从事科研、生产、设计、管理、产品检验、商品流通等的共同依据。标准文献都有一定的格式要求，这就使标准文献具有体裁划一、逻辑严谨、统一编号等形式特点。它包括标准（Standard）、规范（Specification）、技术要求（Requirement）等。随着科技发展和时间的推移，旧标准文献失去时效而被新标准文献代替，更新较快。

(3) 科技报告。科技报告是科研及生产单位对其研究、实验、试制和推广工作的进度、进展报告或总结材料，也包括成果报告、查新报告。一般具有技术性强、内容完整、介绍详细、数据可靠、情报价值高等特点。目前，全世界每年产生的科技报告达上百万篇，其中又以美国的科技报告数量最大，约占总数的80%，而且质量较高。在美国的科技报告中，最引人注目的是美国政府四大报告（AD报告、PB报告、DOE报告和NASA报告㊀），它们所报道的文献量占全美科技报告的80%以上。综上所述，特种文献特性的模糊性，出版形式的不固定性和时效性，内容的保密性和隐蔽性，给特种文献的检索带来一定的困难。随着人们对特种文献价值的认识，这种信息源在当代社会的重要性日益显现。目前世界上已出现了若干专门控制特种文献的大型网络开发系统，而且市场回应率普遍较高。

(4) 学位论文。这里的学位论文可广义地理解为博士、硕士的学位论文及毕业答辩的相关资料，本科生的毕业设计（论文）资料，学生参加的各种竞赛方案及相关资料等。学位论文特别是博士、硕士学位论文，都是在导师的悉心指导下，在掌握坚实的理论基础和系统深入的专门知识后，针对某个技术问题而做的专题论述，具有独到的见解和一定的创新性，这类资料一般选题新颖、引用资料广泛、论述系统，且属于专项性的研究，并详细记载着所研究问题的理论和实践背景，研究的方法、成果、结论及参考文献，并通过图表及详细数据说明了当前学术方向的最新动态，是一种重要的原始研究成果，对科研工作有较大的参考作用和较高的情报价值。

(5) 政策管理性文件。这即各级政府下发的政策性文件、行政命令、规章制度等。这类文献能准确提供有关方针、政策及具体措施，指导各项工作顺利开展。这些文献对今后的发展方向起着决策性的作用。

(6) 会议文献。会议文献包括会前、会中、会后文献，其中会后文献尤为重要。据统计，全世界每年召开各种学术会议近万个，产生会议文献数十万篇。通过学术会议，科研人员可以面对面地交流和讨论科技工作中的新进展、新成果，公布他们在学科中的新发现，提出他们新的研究课题和新的设想，所以学术会议文献是进行学术交流和传播科技信息的重要信息源。

(7) 内部刊物（内部资料）。内部刊物（内部资料）是指那些具有一定的保密性，有特定读者使用的文献。这些文献主要由一些科研机构、大学编印，在本部门或本系统内部流通，重点介绍本单位研究动向、国内外学科发展态势、研究成果、课题进展等方面情况。它们能反映出科研的最新动态和有关部门的最新研究成果，也能反映出有关协作研究的具体情

㊀ AD报告由美国国防技术情报中心（DTIC）负责收集整理和出版，报告内容以国防部各个合同户的研究报告为主，A原先为Armed、D则为Document之意，现在则可理解为入藏报告（Accession Document）。PB即美国商务部出版局。NASA即美国国家航空航天局。DOE是美国能源部。

况，其内容特殊，且传递及时，具有其他文献所不具备的情报价值。

（8）其他资料。例如专利技术资料、翻译手稿、未刊稿等。

3. 纸质特种文献的特征

（1）前沿性。信息内容的前沿性是特种文献最为重要的特征。它的内容多是该学科中的最新研究进展、新成果、新动态以及对本领域有重大影响的事件。它专业性强，多在本领域内交流。

（2）灵活性。它的刊期不规律，印刷数量小，信息量大，不拘一格，形式多样，通过非正式渠道发行，流通面窄但内容丰富。

（3）时效性。在现有文献类型等级结构中，特种文献比其他文献传播信息速度更为快捷。它能以方便的形式、快捷的速度将信息传播给有关科研人员和行业内。

二、纸质特种文献的分类标引

关于它们的分类，从原则上看与普通图书分类并没有什么两样，但由于出版形式特殊，所以分类方法有所区别。以下介绍比较常见的几种特种文献的分类标引方法：

1. 专利文献的分类标引

专利文献包括专利汇编、专利公报、专项专利等。涉及社会科学、自然科学及工程技术多个学科的专利文献汇编分别归入社会科学总论类、自然科学总论类和工业技术类中的专利类，专项专利及专科专利汇编则根据学科性质各入其类，并依文献类型进一步复分。有关专利研究的文献则依内容性质入有关各类。例如，《实用新型专利公报》，入 T-18（依据《中图法》，下同）；《纯生物纸浆生产工艺专利》，入 TS743-18；《发明和实用新型专利申请文件撰写案例剖析》，入 G306.3。

为了在数量庞大、文种多样、重复交叉严重的专利文献中迅速、准确地找到所需的资料，各国大都编有自己的专利分类表，如《美国专利分类表》（Classification of US Patents）将专利文献分成 346 个大类，45000 个小类。《日本专利分类表》包括 114 个大类，1092 个中类，23466 个小类。《英国专利分类表》分为 44 个类组，《德意志联邦共和国专利分类表》分为 89 个大类，法国等使用的《国际专利分类表》分为 8 个部，120 个类，613 个复分类，51000 多个小类，等等。各国专利局对专利说明书都根据专利分类表进行分类登记。一般除主要分类号外，还对跨类的给以辅助分类号。检索时，只要通过专利分类表确定分类号后，就可以找到专利号。因此，一般图书情报部门收藏专利文献时，都不必重新按照自己使用的分类法进行分类。

2. 标准文献的分类标引

目前出版的技术标准文献，主要分单件出版（一号一件）和汇编出版两种。汇编出版的大都是书本式，应与一般图书一样进行登记、编目、分类。单件出版的大都是薄薄的几页，所以一般都将几件集中在一起装盒或装订，然后进行登记、编目和分类，也可以按原来的标准编号单独管理。

标准文献的归类方法有分散和集中两种。具体到每一个图书情报部门如何处理，则应结合具体情况选择一种，并一贯执行。

3. 会议文献的分类标引

会议文献是指在一定范围的学术会议上宣读的论文或报告加以编排出版的文献。分类时，各种出版形式的会议文献有着各自不同的处理办法。凡属专题性论文集应该按照学科性质归入有关各类，然后加"论文集"复分号。例如，《电子自旋共振的生物应用》一书，就是根据 1972 年在美国华盛顿召开的"电子自旋共振的生物应用讨论会"的论文汇编而成的会议录。因此归入"生物电磁学论文集"（Q-53）。凡属连续性会议录，则应按照会议主题的内容性质归入有关各类，然后加"会议录"复分号。例如，国际营养学第六次会议录归入"营养学会议录"（R151-53）。

凡通过某些学术机构以丛书、丛刊形式出版的会议录，应先以丛书、丛刊的内容性质取汇总分类号，然后再以会议录的内容性质取分类分析号。例如，《化学进展丛刊》就应以"化学丛刊"取汇总分类号（06-51），《环氧树脂_会议记录》就应以"环氧树脂"取分类分析号（TQ323.5），必要时，再加"会议记录"复分号（Q323.5-53）。

凡通过期刊、科技报告出版的会议录，一般就随着期刊、科技报告归类。如有必要，也可以用分类分析的办法。

4. 学位论文的分类标引

学位论文由于数量大，收藏单位少，为了便于读者查阅，最好是单独管理，单独编制目录。所以分类时，就宜根据比较详细的分类法进行。归类的根据仍与图书一样，以内容性质为主。例如，关于小麦栽培的学位论文归入"农业科学"之下。至于排架，可以根据分类号排，也可以根据顺序号（登记号）排。如果根据顺序号排，一定要编制一套分类目录。

5. 科技报告的分类标引

科技报告是关于某一专题的科学技术研究的成果报告，或者是对研究过程中每个阶段进展情况的实际记录。其特点是一个报告单独一册，有机构的名称，有统一的连续编号。科技报告按其名称可以分为报告书（Report，R）、札记（Notes，N）、论文（Papers，P）、备忘录（Memorandum，M）、通报（Bulletin）等。科技报告的分类方法大致有以下三种。

第一种方法是汇总分类，就是说以整套报告为对象，如美国国家航空航天局的报告《NASA》分入"航空、宇宙飞行"（V），然后对每一件报告再给一个分类分析号。

第二种方法是分散分类，即以每一件报告为对象。这种方法适用于只收藏少量的，甚至个别几件科技报告的图书情报部门。

第三种方法是以标题来代替分类。原因是：一方面由于科技报告的进书量非常大，而人力物力有限；另一方面由于现行分类表都比较粗，不适宜每件科技报告的分类要求，最好是采用《汉语主题词表》。

至于每个单位采用哪一种办法进行分类，应该根据具体情况而定，并且要求始终如一，统一标准，否则容易混乱。

三、纸质特种文献的检索工具

为加强对特种文献信息资源的开发利用，首先，要建立健全检索系统的报道体系，所有收藏特种文献的单位应将自己所收藏的不涉及保密的特种文献开启尘封，放到网络上来，为用户利用提供方便。

1. 专利文献检索工具

（1）中国专利公报。中国专利公报由国家知识产权局出版发行，共有三种：《发明专利公报》《实用新型专利公报》和《外观设计专利公报》。这三种专利公报创刊于 1985 年，都属于文摘型检索工具，现为周刊，每年为一卷，目前都已有光盘。

三种专利公报内容编排分述如下：

1)《发明专利公报》报道一周内出版的发明专利的公开说明书文摘和审定说明书及授权公告的题录。其编排结构为：发明专利公开说明书文摘（按公开号顺序排列），发明专利审定说明书题录（按审定号顺序排列，1993年起取消），发明专利授权公告题录（按IPC⊖分类号排列），发明专利事务和索引部分。其中索引部分是用来查找专利说明书文献或题录的主要工具。

2)《实用新型专利公报》报道一周内出版的实用新型专利申请说明书的文摘（1993年起取消）和授权公告题录（1993年改为文摘）。其编排结构为：实用新型专利公告说明书文摘（按公告号顺序排列），实用新型专利授权公告题录（按IPC分类号排列），专利事务和索引部分。

3)《外观设计专利公报》报道一周内出版的外观设计专利说明书全文（1993年起取消设计图）和外观设计专利授权公告题录（1993年起改为全文）。其编排结构和使用方法同《实用新型专利公报》。外观设计专利的分类使用的是《国际外观设计分类表》。

(2)《中国专利索引》。《中国专利索引》由国家知识产权局出版。它是中国专利公报的分年度累积本，是题录型检索工具。该索引由《分类号索引》《申请人、专利权人索引》和《申请号、专利号索引》三个分册组成。

三个分册的内容编排分别是：

1)《分类号索引》将发明、实用新型和外观设计专利分别根据IPC号或国际外观设计分类号编排。分类号相同的情况下，按申请号（或专利号）递增顺序排列。其内容依次为IPC号（或外观设计分类号）、公开号（或授权公告号）、申请号（或专利号）、申请人（或专利权人）、专利名称、刊登该专利文献的专利公报的卷期号。

2)《申请人、专利权人索引》以申请人或专利权人姓名或译名的汉语拼音字母顺序进行编排。为了方便查找，以阿拉伯数字或英文字母等非汉语字为首的，均集中编排在该部分内容的最前面；日文汉字及计算机用以外的汉字起首的，均放在该部分内容的最后面。

索引按发明专利申请公开、发明专利权授予、实用新型专利和外观设计专利授予四部分编排。内容依次排列同《分类号索引》，只是把申请人（或专利权人）放在第一项。

3)《申请号、专利号索引》以申请号或专利号的顺序编排。内容依次排列同《分类号索引》，只是把申请号（或专利号）放在第一项。

(3) 年度分类文摘。中国专利文献出版社还出版了年度分类文摘。该文摘共分8个部类，以A~H部类编排，与《国际专利分类表》中的8个部类相吻合，帮助读者从分类角度查阅文摘内容。

另外，《IPC关键词索引》和《国际专利分类表》也是专利文献的检索工具，在检索专利文献时都要使用。

2. 标准文献检索工具

标准文献常以单行本发行，主要的检索工具是标准目录，一般采用专门的分类体系。

⊖ IPC 为 International Patent Classification 的简写，即国际专利分类。

（1）《中国标准文献分类法》。《中国标准文献分类法》（Chinese Classification for Standards，CSS）由原国家技术监督局编制，1989年由中国标准出版社出版，是我国标准文献的专用分类法。

《中国标准文献分类法》的类目设置以专业划分为主，适当结合学科分类。序列采取从总到分、从一般到具体的逻辑系统。类目结构采用二级编制形式，一级类目设置以专业划分为主，共划分为24个大类，以单个英文字母作为标识符号；二级类目设置采取非严格等级制的分类方法，以便充分利用类号，保持各类文献量的相对平衡，用阿拉伯数字作为标记符号。

（2）《中华人民共和国国家标准目录及信息总汇》。它由国家标准化管理委员会编制，由中国标准出版社出版。它的收录对象为中国国家标准、推荐性国家标准和行业标准。标准分上下两册出版，全文都有中英文对照。

该检索工具的正文按专业分类顺序编排，分类采用"中国标准文献分类法"，它适用于我国除军工外的全部标准文献，按专业划分，分类由一级和二级类目组成。该目录每年上半年出版新版，载入截至上一年度批准发布的全部现行国家标准文献，同时补充载入被替代、被废止的国家标准目录及国家标准修改、更正、勘误通知等相关信息，是广大科技人员查阅技术文献的工具书。

它包括五大部分：国家标准专业分类目录；被替代国家标准与对应标准对照目录；被废止的国家标准目录；国家标准修改、更正、勘误通知；索引。

正文前的分类目录给出分类、类目及标准著录的页码。正文后附有"标准顺序号索引"，它按标准顺序号编排，给出标准所在页码。

（3）《中国国家标准汇编》。它由中国标准出版社编辑出版。该汇编收录公开发行的全部现行国家标准，按专业分类分成若干分册，从1983年陆续分册汇编出版，是一部大型综合性国家标准全集，按国家标准顺序号编排。自1995年出版了第196分册起，分册的出版已大致与国家标准单行本的出版同步，即当年汇编出版上一年度制、修订发布的国家标准。《中国国家标准汇编》是查阅国家标准（原件）的重要检索工具，它在一定程度上反映了新中国成立以来标准化事业发展的基本情况和主要成就。

（4）《中国国家标准分类汇编》。它由中国标准出版社编辑出版。这是一部大型国家标准全集，收集全部现行国家标准，按专业类别分卷。1993年开始陆续出版，中国标准文献分类法一级类分卷（有些一级类合卷出版），每卷按二级类号顺序分若干分册，每个二级类内按标准顺序号排列。

《中国国家标准分类汇编》共有15卷：综合卷（A）；农业、林业卷（B）；医药、卫生、劳动保护，环境保护卷（C，Z）；矿业卷（D）；石油，能源、核技术卷（E，F）；化工卷（G）；冶金卷（H）；机械卷（J）；电工卷（K）；电子元器件与信息技术卷（L）；通信、广播、仪器、仪表卷（M，N）；工程建设，建材卷（P，Q）；公路、水路运输，铁路，车辆，船舶卷（R，S，T，U）；食品卷（X）；纺织，轻工、文化与生活用品卷（W，Y）。各卷是独立的，出版的先后并不按一级类的字母顺序。

每一分册中附有"本分册国家标准的使用性质和采用程度表"。表中根据《国家标准清理整顿公告》注明每个标准的使用性质，对于调整为行业标准的国家标准，在汇编中仍然收入。其中的"采用程度"一栏指出了该国家标准采用国际标准或国外先进标准的程度，便于读者了解该国家标准与国际标准或国外先进标准的关系，便于企业了解依据该国家标准生产的产品的质量水平，有利于在国际市场上展开贸易和竞争。此外，每卷各分册中均附有该卷（类）"二级类分册分布表"及"各分册内容介绍表"。

（5）网络检索。中国标准文献可上网检索，主要的标准网站有中国标准服务网（http://www.cssn.net.cn）、中国国家标准咨询服务网（http://www.chinagb.org），通过 ISO 在线地址（http://www.iso.org）可得到 ISO 的活动、标准工作进展、新标准的制定及标准文献的题录或文摘信息。其中，中国标准服务网（http://www.cssn.net.cn）由中国标准化研究院主办，设有标准查询、标准服务、标准出版物、标准化与质量论坛、WTO/TBT[一]中国技术法规、合格评定、标准与企业等栏目。

3. 会议文献检索工具

（1）我国传统会议文献检索工具。检索会议文献的工具有多种，在许多综合型、专业型的检索工具中对会议文献都有大量的报道。查找会议文献主要利用专门的检索工具，以下介绍检索我国召开的学术会议及其论文的主要工具《中国学术会议文献通报》。

《中国学术会议文献通报》由中国科技信息研究所主编，科学技术文献出版社出版，创刊于 1982 年，一开始发行季刊、双月刊，从 1986 年起改为月刊。该刊是检索我国召开的学术会议及其论文的主要工具。现已出版《中国学术会议论文库》（CACP）。它收录了全国 100 多个国家级学会、协会及研究会召开的学术会议论文，报道自 1985 年以来的论文题录。该刊除了报道会议论文的全貌外，还有会议预报、会议一览、学术动态、文献通报等有关会议的各种信息。

该《通报》以文摘、简介和题录三结合形式报道了全国科学技术会议论文，每期报道 2000 条左右。所报道的论文按会议名称集中排列，还附有年度的主题索引和会议名称索引。其结构主要包括目次和正文两大部分，目次主要由会议名称及页码组成，指引有关会议论文及会议消息在正文的位置，所收论文归入有关会议名称下。正文按《中图法》分类编排。每年第一、二期后还附有该年度各学会学术会议预报。

著录的内容有：论文题目、著者（著者单位）、会议录名称或会议名称、会议地点、会议录出版单位或会议主办单位、会议录出版日期或会期、会议论文在会议录中的页码或会议论文页数。

（2）国外会议文献检索工具。

1)《1976—1978 西文科技会议录联合目录》。

1981 年，北京图书馆联合目录编辑组编辑、书目文献出版社出版了《1976—1978 西文科技会议录联合目录》，这是一本了解会议录出版与国内馆藏的工具书。它收录全国 129 个图书馆最近数年收藏的西文科技学术会议录 4976 种。

正文按《中图法》的类目排列，著录项目有：类号、会议名称、召开机构、书名、编者、出版单位、页数、馆代号和中文译名等。索引部分按会议名称字顺排列，没有正式会议名称和机构名称的会议录按书名字顺排列。

2)《科技会议录索引》（Index to Scientific & Technical Proceedings，ISTP），由美国科学

[一] 世界贸易组织《技术性贸易壁垒协议》。

情报研究所（ISI）编辑出版，创刊于1978年，发行月刊，也出版年度索引。《科技会议录索引》是当前报道国际重要会议论文的权威性刊物，它不仅是一种经典的检索工具，也是当前世界上衡量、鉴定科学技术人员学术成果的重要评价工具。

《科技会议录索引》报告的学科包括生命科学、物理、化学、农业、生物和环境科学、临床医学、工程技术和应用科学等各个领域。它每年报道的内容囊括了世界出版的重要会议录中的大部分文献。ISI 出版《科技会议录索引》的光盘版和网络版。光盘版的检索方法与 SCI 光盘版相同。网络版 Web of Science Proceeding（ISTP&ISSHP[①]）的检索方法与 SCI 网络版相同。

3)《会议论文索引》（Conference Paper Index，CPI），由美国剑桥文摘社编辑出版，创刊于1933年，从1978年起使用现刊名，发行双月刊，也出版年度累积索引。它是一种常用的检索工具，报道世界科技、工程和医学、生物学科等方面的会议文献，年报道文献量约8万篇。除印刷型版本外，也有电子版本，在 Dialog 联机检索系统中为77号文档。

4)《近期国际科技会议》（Forthcoming International Scientific and Technical Conferences），由英国 ASLIB 出版，创刊于1966年，发行季刊。该刊主要预报本年内即将召开的国际和英国的科技会议情况，包括会议名称、会议日期、会议地点和主办单位等信息。

5) 美国《在版会议录》。美国《在版会议录》（Proceedings in Print）由美国《在版会议录》公司出版，1964年创刊，双月刊。主要报道美国国内外举办的科技会议及其出版的会议录。该刊有三种索引：会议录编者索引、会议主题索引、会议举办单位索引。通过上述索引可查获某一学术会议上发表的论文是否在会议结束后出版。若会后没有正式出版，则注明仅有预印本，若会后以会议录或期刊形式出版，则分别注明会议录或期刊的名称、日期和页码。《在版会议录》是检索会后文献的重要工具。

6) 其他途径。由于国外每年召开的会议和出版的会议录数量甚多，还有不少会议的出版消息，可以从其他途径和方法获得。例如，查找国外专业学（协）会的会刊；查找各国主要图书情报单位的馆藏目录或联合目录；查找文献、索引类刊物，如美国 EI 1980年卷本中就附有《1980年 EI 数据库摘引会议文献目录》（Conference Publications Abstracted and Indexed in the 1980 EI Database）；查阅书店编印的订购目录，也可了解一部分会议文献的出版情况，如光华出版社编印的《外文专业会议录征订目录》等。

4. 学位论文的检索

（1）传统学位论文检索工具。

1)《中国学位论文通报》是我国自然科学类学位论文的权威性检索工具，于1985年创刊，由中国科学技术情报研究所编辑，科学技术文献出版社出版发行。它以题录、简介和文摘结合的形式，报道该所收藏的我国高等院校和科研机构的博士和硕士论文。

该刊现为双月刊，每期内容包括分类目录、IE 文和索引。分类目录按《中图法》分类，共设9个大类和18个子类。正文的著录内容是分类号、顺序号、论文题目、学位名称、文种、著者姓名、学位授予单位、总页数、发表年月、文摘、图表及中国科学技术情报研究所馆藏资料索取号等；索引部分有"机构索引"和"年度分类索引"。

[①] ISSHP 为 Index to Social Science & Humanities Proceedings 的简称，即社会科学与人文会议录索引。

检索者可按分类途径查找所需文献，按馆藏索取号向中国科学技术情报研究所借阅。过去未曾报道的论文，补收在《中国博士硕士学位论文通报》中。

2)《国际学位论文文摘》（Dissertation Abstracts International）是查找国外博士论文的检索工具。该刊于1938年创刊，刊名几度变更，1969年7月第30卷改用现名，由大学缩微品国际出版公司出版。目前该刊分为三个分册：A辑是人文与社会科学；B辑是科学与工程；C辑是欧洲文摘。该刊报道美国、加拿大等国500多所大学的博士论文。

该刊的文摘较详细，平均每条约350字，它基本反映了论文的主要内容。文摘款目按分类编排，前有分类目次表。对工程技术人员而言，B辑最有用，其次是C辑。B辑分生物科学、地球科学、卫生与环境科学、物理科学、心理学共五大类。物理科学之下分自然科学（化学、数学、物理……）、应用科学（工程、计算机……）等。B辑各篇论文摘要的著录内容是论文题目、订购号、著者姓名（全称）、颁发的学位名称、授予学位的大学名称、授予学位的年份、总页数、导师姓名（全称）、论文内容摘要。B辑正文后有两种索引：关键词题目索引与著者人名索引。

(2) 网络学位论文检索工具。我国主要的学位论文检索数据库有：万方数据资源系统（www.wanfangdata.com.cn）、国家科技图书文献中心 NSTL（www.nstl.gov.cn）、中国知网（www.cnki.net）。国外主要的学位论文检索数据库有 PQDT 博硕士论文数据库（proquest.calis.edu.cn）等。

5. 科技报告的检索

(1) 我国传统科技报告检索工具。《科学技术研究成果公报》于1981年创办，是国家科技部发布重要科学技术研究成果信息的政府出版物。2001年《科学技术研究成果公报》进行了改版，侧重报道国内最新应用技术研究成果及相关信息。该刊的办刊宗旨是为科研、生产、投资一线服务，及时通报国内最新的行业研究成果，在内容上面向新兴领域的技术发展、面向传统产业的技术升级、面向思维创新、面向科技成果的产业化要求，具有灵活、及时、新颖、专业和翔实的特点，可为科学研究的计划、立项与实施提供决策信息。

2002年《科学技术研究成果公报》刊载项目覆盖农林、工业、医药卫生和基础科学四大类共20个国民经济行业的最新（2000~2001年及部分2002年）应用技术研究成果。

工业技术成果涉及：一般工业技术、矿业工程、石油天然气工业、冶金工业、金属学与金属工艺、机械仪表工业、能源动力与原子能技术、电工技术、无线电电子学和电信技术、自动化技术、计算机技术、化学工业、轻工业和手工业、建筑科学、水利工程、交通运输、环境科学等众多成果及其相关信息。

其中，化学工业成果包括：石油工业技术、农药、染料、化肥、涂料、橡胶、胶黏剂、表面活性剂、催化剂及其载体、高分子材料、医药及其中间体、硅酸盐工业等众多成果及其相关信息。

(2) 国外传统科技报告检索工具。

1)《宇航科技报告》。《宇航科技报告》（Scientific and Technical Aerospace Reports, STAR）创刊于1963年，半月刊。它由美国NASA编辑出版，是当前报道世界航空宇航及其相关学科和工艺技术方面科技报告的文摘型检索刊。它主要收录NASA报告、NASA专利、学位论文和专著以及美国其他政府机构、研究单位、公司企业、大专院校的科技报告，也报道国外发表的科技报告。同时，它也转载相当数量的 PB、AD 和 DOE 报告。STAR 使用统一编号形式"N + 年代 + 顺序号"。

2)《文摘通讯》(Abstract Newsletters)，由美国国家技术情报局（NTIS）出版，它按学科分成 26 个专题，按周出版，以文摘形式报道 NTIS 最新发行和有较大使用价值的报告。

3)《技术札记》(Tech Notes)，由美国国家技术情报局出版，它主要报道来自美国政府六大部门科研单位收集的技术上有推广价值的科技报告、技术发明和数据表格等，内容分为 12 个学科，按月出版。

4)《能源研究文摘》(Energy Research Abstracts，ERA)，由美国能源部科技情报中心主办，创刊于 1976 年，发行半月刊。它是 DOE 报告的主要检索工具。ERA 收录能源部部属科研机构和各大学等一切与能源有关的科技文献，但以科技报告为主。ERA 的文摘是按能源方面的主题分类编排的，共有 40 个一级类（First-level Subject Categories）和 284 个二级类。在每期文摘的卷首分别以数字和字顺两种形式列出两级类目。ERA 的文摘条目的著录项由两部分组成，一部分是文献篇名和一些文献的外表特征，另一部分是文摘内容。

(3) 网络科技报告检索工具。我国主要的科技报告检索数据库有万方数据资源系统（www.wanfangdata.com.cn）、国家科技图书文献中心 NSTL（www.nstl.gov.on）、中国知网（www.cnki.net）、中国资讯行（www.bjinfobank.com）等。

国外主要的专利检索数据库有美国国家经济研究局的研究报告文摘（www.nber.org）、网络计算机科学技术报告 NCSTRL（www.ncstrl.org/）、国家环境研究委员会的科技报告（www.cnie.org/rle/crs_mail.html）等。

四、检索示例

1. 分类途径

检索课题：查折叠式自行车方面的专利。

检索程序：

第一步：分析课题，确定 IPC 号。

根据该项课题的要求，首先确定 IPC 号。利用 IPC《使用指南》，查得"自行车·折叠式或装配式"，分类号为：B62K15/00。

第二步：选择检索工具。

选用中国专利公报和《中国专利索引》的"分类号年度索引"逐年查找。

第三步：根据卷期号查对应的专利公报，得专利文摘。

第四步：索取专利说明书。

2. 申请人、专利权人途径

检索课题：查湖北师范大学在国内申请了哪些专利？哪些专利已经授权？

检索程序：

第一步：分析课题，确定检索途径。

根据该项课题的要求，确定湖北师范大学为专利申请人或专利权人，应从"申请人、专利权人"途径查找。

第二步：选择检索工具。

选用中国专利公报和《中国专利索引》的"申请人、专利权人年度索引"逐年查找。

第三步：根据卷期号查对应的专利公报，获取专利文摘。

第四步：索取专利说明书。

【思考题】

1. 简述纸质文献资源的含义和类型。
2. 简述纸质文献资源的特点。
3. 中文书刊的主要检索工具有哪些（至少3种）？
4. 如果你要在网上购买最新图书，可选择哪些网站（至少3种）？
5. 简述纸质特种文献的特征。
6. 简述科技报告分类标引的几种方法。

第四章 图书馆服务

图书馆一词，源自"libraria"，含义为藏书之所。图书馆作为资源的集中地，是人们获取资源、汲取知识的重要场所。对于读者来说，在图书馆获取文献资源是项基本技能，也是评价一个人信息素养的一个重要指标。现代图书馆在其资源表现形式和服务方式上都较早期的图书馆有了很大的不同。掌握现代图书馆的文献检索工具和检索方法是十分重要的，同时掌握这门技术对个人的生活和今后的终生学习也很有帮助。实体图书馆依据其馆藏和工作人员的素质提供相应的服务。要想有效而充分地利用图书馆，除了了解有关图书馆的基本知识、图书分类、图书馆目录和图书馆的文献信息源以外，还应了解图书馆提供的各项服务。

第一节 文献借阅服务

文献借阅是图书馆传统的、最基本的服务方式。主要包括文献外借、馆内阅览等。除需要保护的文献，如古籍、珍稀文献、孤本等只提供馆内阅读外，其他文献通常均可以外借。读者需要了解图书馆馆藏资源的组织和图书借阅流程。

一、文献外借

外借是将馆藏文献在一定期限内借给读者馆外利用的服务方式。读者根据自己的需要借出自己挑选的书刊，在规定的期限内享受使用权利，承担保管义务。这种方式便于读者自由安排读书研究时间，充分利用文献。

外借服务是图书馆最基本的读者服务形式之一。对许多读者来说，唯一与图书馆直接接触的地方就是外借处。在大学图书馆服务工作中，外借是读者最常使用的方法之一。外借服务方式由于方便读者自由阅读，受到读者的普遍欢迎，成为传统图书馆最基本的服务方式之一。外借方式有如下几种：

1. 个人外借

这即凭借阅证以个人读者的身份在图书馆外借处外借图书。个人外借是最主要和最基本的外借方式，能满足读者千差万别的需要。为了有区别地组织各类藏书供各种读者外借，一般按藏书类别、文种和读者成分，设置各类外借处。在整个外借服务中，以个人外借形式流通的图书品种和数量，在所有外借中占有最大比例。

2. 集体外借

集体外借包括单位外借和小组外借，是指由专人负责，代表小组或单位向图书馆外借处集体外借批量书刊，以满足集体读者和单位读者共同阅读的需要。集体外借形式外借的书刊品种多、数量大、周期长,在一定时期内可以交换调阅大量书刊,减少个人读者往返图书馆借还图书的时间和困难。对于图书馆来说,便于合理分配有限的图书,缓和了供求矛盾,节省了接待读者的时间。这种方式在高校图书馆外借服务中经常采用。

3. 预约借书

读者向图书馆预约登记某种指定需要而暂时借不到的图书,待该书到馆后按预约顺序通知读者借书。无论何种情况下的预约借书,对于降低拒借率、满足读者特定需要都是行之有效的外借服务形式,受到读者的普遍欢迎,并引起图书馆界的重视。在高校系统,预约借书备受学生读者的青睐。但是预约借书是个人外借的一种补充手段,一般不用于集体或馆际借书。

二、馆内阅览

多数图书馆都提供馆内阅览的服务项目,读者可以在馆内利用馆藏书刊资料进行学习和研究。馆内阅览是指图书馆利用一定的空间和设施,组织读者开展图书文献阅读活动的一种服务方式。

1. 馆内阅览的作用

(1)便于读者广泛使用丰富的馆藏书刊资料。阅览室备有图书、期刊、报纸、文摘、书目、索引等,经常供读者使用。馆藏中一部分不宜外借的书刊资料,例如,古籍善本、稀有资料以及大部头的丛书和各科工具书,如字典、词典、百科全书、年鉴、手册等都可供读者在阅览室阅读,还有一些特殊资料,如缩微资料、视听资料,由专设的阅览室提供设备,供读者使用。

(2)可以调节图书供求矛盾,更好地满足读者的需要。在借阅工作中经常会遇到在一段时间里许多读者都需要使用某些书刊资料的情况。馆藏书刊资料复本数量有限,如采用外借方式只能照顾到少数读者的需要,而且由于外借图书的借期较长,书刊周转速度缓慢,势必使这些书刊的供求矛盾十分突出。在这种情况下,把冲突性强的书刊放在阅览室内,只限馆内阅览,不供外借,就能够保证大多数人的阅读需要。从事科研工作的读者所需要的书刊资料范围广泛、品种多、数量大,并且往往由此及彼。看了一种资料得到启发,又需要看第二种资料,按照一般外借方式,是不可能满足需要的。为了给这类读者解决问题,只能采用馆内阅览的办法。

(3)阅览室能为读者进行学习和研究提供便利条件。阅览室不仅为读者提供适合学习研究的比较安静舒适的环境和较好的设备,又备有一些必要的参考资料和工具书供读者使用,而且读者还可以得到工作人员的辅导和各种帮助。所以,阅览室对于方便读者进行学习和研究,对于图书馆开展宣传辅导、参考咨询等工作有着重要作用。

2. 阅览室的类型

阅览室的类型很多,根据高等学校图书馆的性质及读者对象概括分为以下几种:

(1)按藏书的知识门类划分。按藏书的知识门类划分,可为科学技术阅览室、哲学社会科学阅览室和文艺阅览室等。

1)科学技术阅览室:陈列自然科学技术领域的重要书刊资料及有关工具书。

2）哲学社会科学阅览室：陈列马克思、恩格斯、列宁和斯大林的著作，毛泽东著作等我国老一辈革命家的重要著作；还有哲学、社会科学等书籍和重要地方文献资料等。

3）文艺阅览室：陈列文学、艺术等书刊资料。

（2）按读者对象划分。

1）教师阅览室。教师阅览室一般以本学校专业特点为基础，重点收藏专业用书及教师参考书；突出其专业特点，也可作为图书馆样本书库，读者对象为教职工及高年级学生，以方便读者、环境幽雅、收藏文献种类齐全为特点，它是教师学习研究的最佳场所。

2）学生阅览室。根据学生学习特点及不同年级学生的不同需求，学生阅览室以学生学习参考用书为主，兼顾思想性、趣味性、普及科普性知识等特点，向学生全面开放，以开放时间长、方便读者学习为特点，是学生学习的理想选择。

（3）按特定任务划分的阅览室。例如，科技文献检索室，有国内外各种科技文献检索工具，如文摘、书目、索引、馆藏书刊目录、本地区及全国性的联合目录，供科研人员查找资料、寻求线索、解答咨询。又如为配合某项科研、生产任务而临时设置的专题阅览室等。

（4）按语言文字划分的阅览室。例如，外文期刊阅览室、少数民族文字书刊阅览室等。

（5）电子阅览室。在图书馆的文献资源中，数据库资源占据了非常重要的比例，数字资源的利用必须依赖硬件设备。电子阅览室可以为读者解决这些问题，可以提供给读者利用馆内所有数字资源的条件。与传统的阅览室服务相比，电子阅览室具有极为强大的服务功能优势。从馆藏文献资源的角度看，电子阅览室的建立和发展极大地提高了图书馆的文献保障能力，使图书馆的阅览范围从单纯的图书和期刊阅览扩展为电子出版物和网络信息阅览；从文献载体形态看，传统阅览室是全数字化了的磁光介质载体；从服务的方式看，实现了传统手工操作向自动化、网络化和智能化的转变；从服务的范围项目看，电子阅览室提供的多媒体阅览服务项目是传统阅览室所无法比拟的；从服务深度看，电子阅览室为读者提供了深入文献内部的情报检索和知识深层次服务；从服务的读者对象看，从局限于本馆读者扩展到所有的网上读者。

阅览室的种类很多，各种阅览室都有不同的特点和作用，有产生和发展的条件，而不是一成不变的。一个图书馆究竟需要设置哪些阅览室，要根据本院校的专业特点，图书馆的性质和任务，藏书的多少以及馆舍大小、人员、设备等条件而定；也可以根据实际情况，把各种划分方法有选择地结合起来，灵活运用。例如，较大型的图书馆设立的外文科技期刊阅览室，就是按文种、知识门类和出版物类型几种划分方法相结合组成的。

三、图书馆馆藏书目查询系统

馆藏书目查询系统 OPAC 是利用计算机终端来查询基于图书馆局域网内的馆藏数据资源的一种现代化检索方式，通过联机查找为读者提供馆藏文献的线索。OPAC 检索系统除了能够满足馆藏书刊查询外，还可以实现馆藏书目查询、新书通报、图书预约、图书续借、借阅情况查询等一系列功能。读者可访问图书馆网站上的馆藏书目检索系统链接或者到图书馆使用检索机进行馆藏目录 OPAC 检索。下面是对笔者所在馆各种模块功能的详细介绍，希望读者能了解并掌握 OPAC 的功能和使用方法，提高利用图书馆资源的效率。

1. 目录检索

读者利用 OPAC 系统查出所需文献及其索取号，再借阅即可。在系统中检索书目信息时可根据书名、著者、书号、分类和主题等途径。通过书目查询，即可了解某种藏书馆藏情况，如果在馆，系统会提醒可借阅。读者可凭借书号入室或入库取书，办理借阅手续。

目录检索栏目为读者提供简单检索、全文检索和多字段检索三种方式。简单检索执行单一途径索引检索，检索途径有题名、责任者、主题词、ISBN/ISSN、订购号、分类号、索取号、出版社、丛书名、题名拼音和责任者拼音，查询模式分为前方一致、完全匹配和任意匹配，如图 4-1 所示。

多字段检索和全文检索可利用各检索途径进行组合检索、布尔逻辑检索和限制检索，提高了查准率。读者查询书刊时，在选定检索入口后，输入检索内容，选择查询模式，按回车键或单击"检索"按钮，即开始检索。检索后，屏幕会显示命中数及查询结果一览表，包括题名、索取号、作者、出版信息和出版年代等；在结果左侧，有一栏分类限制检索，读者可根据结果的数量再进行限制检索；单击任何一条记录，系统将进一步显示该项记录完整的书目信息和机读编目（MARC）格式，如图 4-2 所显示的是《职业规划：自我实现的教育生涯》这本书的详细书目信息，读者可根据系统提示的馆藏地和书刊借阅状态（分为可借与借出）到相应的馆藏地借阅；如果馆藏图书已全部借出，读者还可完成预约申请。

2. 分类导航

进入分类导航栏目，读者可以通过系统提供的《中图法》树形学科分类导航菜单，逐级进行学科细分，浏览相关学科、相关主题的馆藏书刊书目信息。如果用户欲了解某一学科入藏的书刊信息，即可选择分类浏览，如图 4-3 所示。

3. 读书指引

读书指引栏目下包含了热门借阅、热门评价、热门收藏等子栏目，如图 4-4 所示。其中，热门借阅是根据系统设置的统计开始时间、排行方式、记录数量、数据更新周期等进行统计的。此栏目统计分为分类统计和排行榜统计两种，在分类统计中读者单击分类，可以得到相关分类的统计结果；在具体排行榜统计中单击某本图书，可以查看此书的详细情况。

热门评价和热门收藏是根据读者对图书的评价进行各种统计。

4. 新书通报

新书通报是对最后入藏的新书进行通报，方便读者了解图书馆又增添了哪些新书、新书的具体情况如何。读者可根据此栏目的具体选项，选择不同的条件定位到相关新书，如图 4-5 所示。

5. 读者荐购

读者荐购栏目只有在读者正常登录的情况下才能使用，主要分为荐购历史、表单荐购、详细征订目录三个子栏目，如图 4-6 所示。在读者成功荐购以后，根据应用服务设置，系统会以邮件方式通知读者他所荐购的书籍情况，具体请参看应用服务设置。

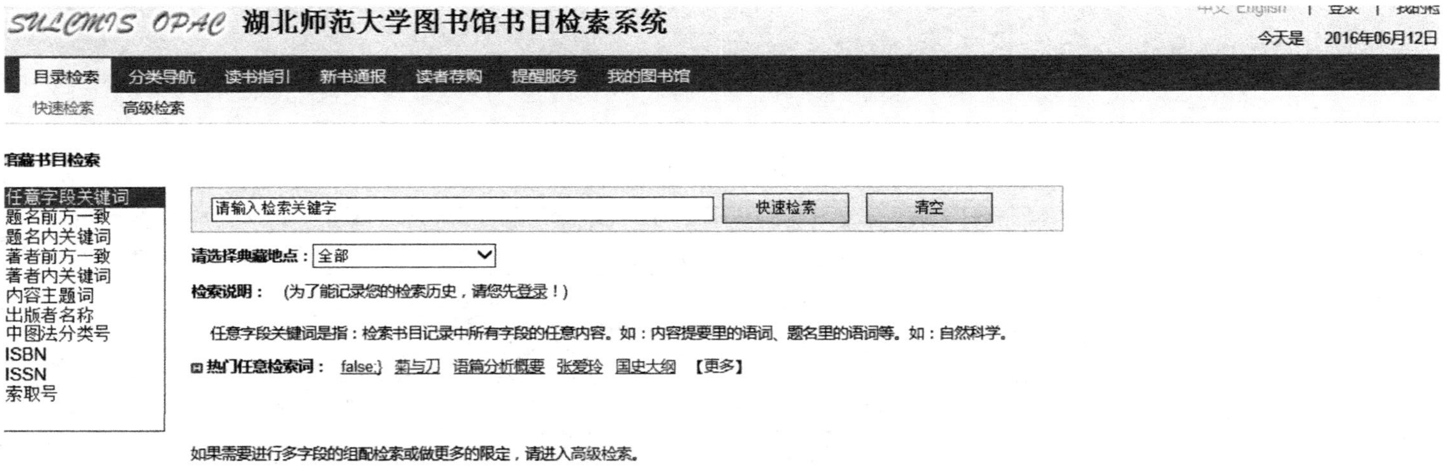

第四章 图书馆服务

图 4-1 目录简单检索界面

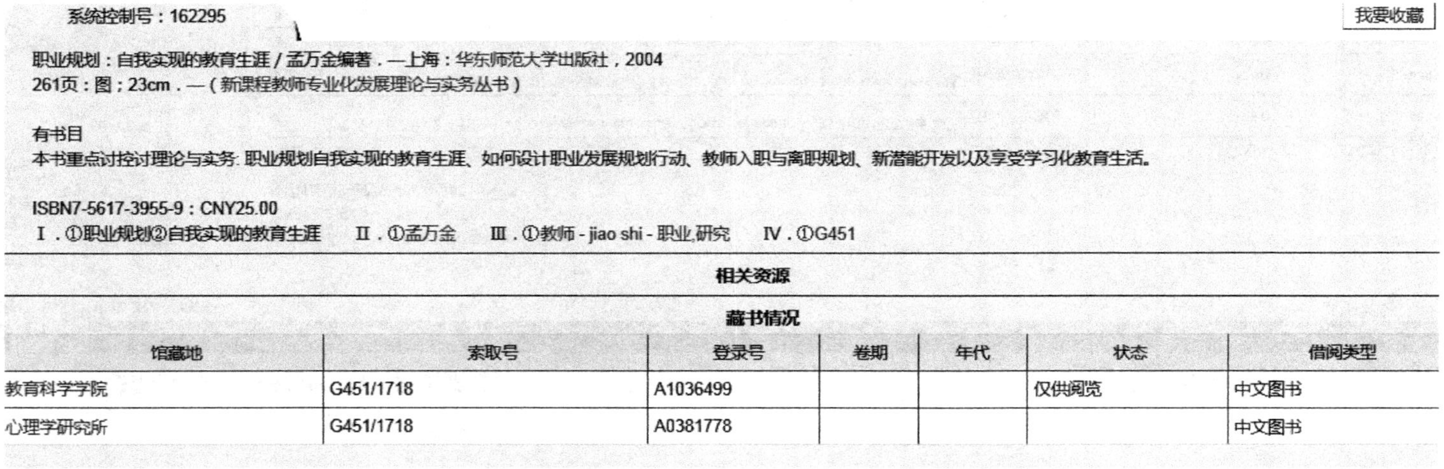

图 4-2 《职业规划：自我实现的教育生涯》的详细书目信息

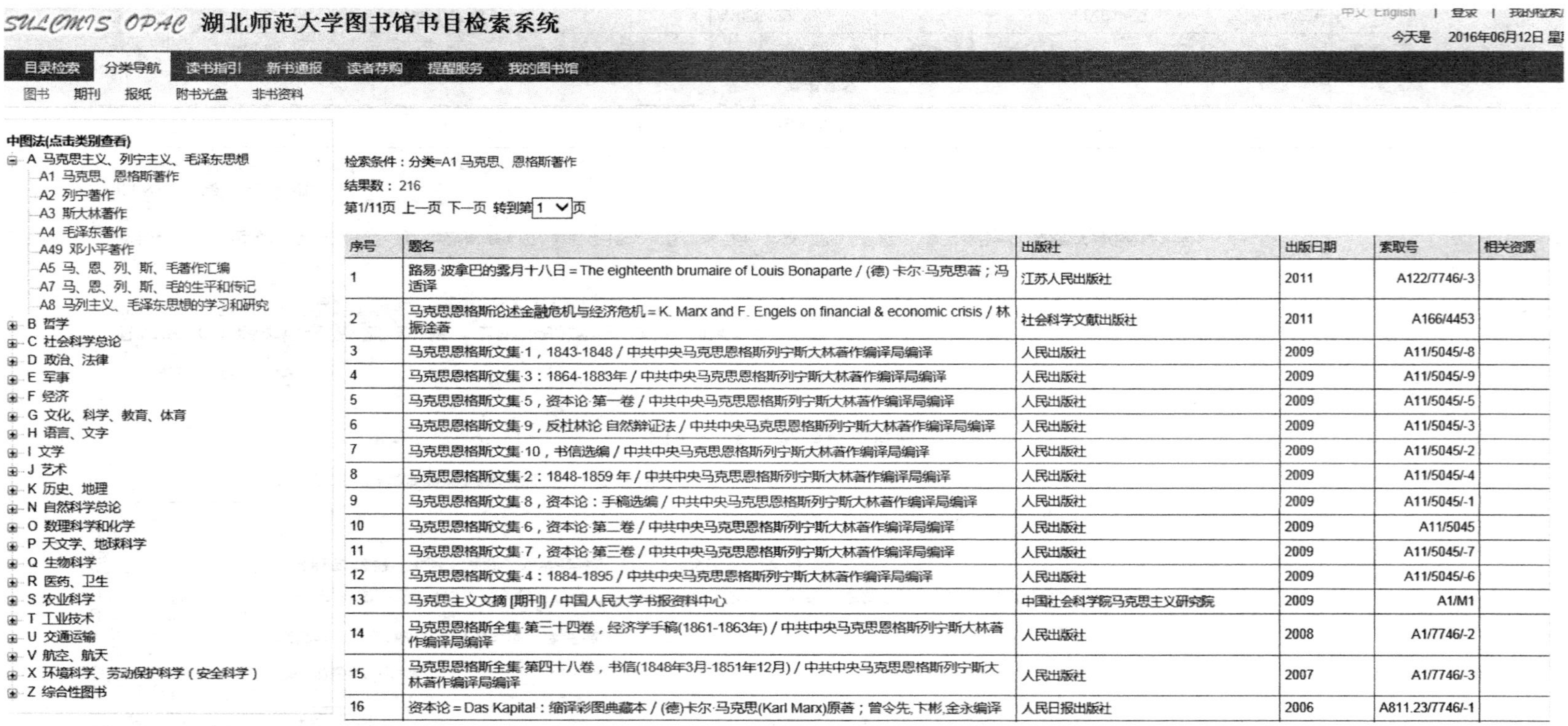
SULCMIS OPAC 湖北师范大学图书馆书目检索系统
中文 English | 登录 | 我的检索
今天是 2016年06月12日 星
目录检索 分类导航 读书指引 新书通报 读者荐购 提醒服务 我的图书馆
图书 期刊 报纸 附书光盘 非书资料
中图法(点击类别查看)
A 马克思主义、列宁主义、毛泽东思想
A1 马克思、恩格斯著作
A2 列宁著作
A3 斯大林著作
A4 毛泽东著作
A49 邓小平著作
A5 马、恩、列、斯、毛著作汇编
A7 马、恩、列、斯、毛的生平和传记
A8 马列主义、毛泽东思想的学习和研究
B 哲学
C 社会科学总论
D 政治、法律
E 军事
F 经济
G 文化、科学、教育、体育
H 语言、文字
I 文学
J 艺术
K 历史、地理
N 自然科学总论
O 数理科学和化学
P 天文学、地球科学
Q 生物科学
R 医药、卫生
S 农业科学
T 工业技术
U 交通运输
V 航空、航天
X 环境科学、劳动保护科学（安全科学）
Z 综合性图书
检索条件：分类=A1 马克思、恩格斯著作
结果数：216
第1/11页 上一页 下一页 转到第 1 页
序号 题名 出版社 出版日期 索取号 相关资源
1 路易·波拿巴的雾月十八日 = The eighteenth brumaire of Louis Bonaparte / (德) 卡尔·马克思著；冯适译 江苏人民出版社 2011 A122/7746/-3
2 马克思恩格斯论述金融危机与经济危机 = K. Marx and F. Engels on financial & economic crisis / 林振淦著 社会科学文献出版社 2011 A166/4453
3 马克思恩格斯文集·1，1843-1848 / 中共中央马克思恩格斯列宁斯大林著作编译局编译 人民出版社 2009 A11/5045/-8
4 马克思恩格斯文集·3：1864-1883年 / 中共中央马克思恩格斯列宁斯大林著作编译局编译 人民出版社 2009 A11/5045/-9
5 马克思恩格斯文集·5，资本论·第一卷 / 中共中央马克思恩格斯列宁斯大林著作编译局编译 人民出版社 2009 A11/5045/-5
6 马克思恩格斯文集·9，反杜林论 自然辩证法 / 中共中央马克思恩格斯列宁斯大林著作编译局编译 人民出版社 2009 A11/5045/-3
7 马克思恩格斯文集·10，书信选编 / 中共中央马克思恩格斯列宁斯大林著作编译局编译 人民出版社 2009 A11/5045/-2
8 马克思恩格斯文集·2：1848-1859 年 / 中共中央马克思恩格斯列宁斯大林著作编译局编译 人民出版社 2009 A11/5045/-4
9 马克思恩格斯文集·8，资本论：手稿选编 / 中共中央马克思恩格斯列宁斯大林著作编译局编译 人民出版社 2009 A11/5045/-1
10 马克思恩格斯文集·6，资本论·第二卷 / 中共中央马克思恩格斯列宁斯大林著作编译局编译 人民出版社 2009 A11/5045
11 马克思恩格斯文集·7，资本论·第三卷 / 中共中央马克思恩格斯列宁斯大林著作编译局编译 人民出版社 2009 A11/5045/-7
12 马克思恩格斯文集·4：1884-1895 / 中共中央马克思恩格斯列宁斯大林著作编译局编译 人民出版社 2009 A11/5045/-6
13 马克思主义文摘 [期刊] / 中国人民大学书报资料中心 中国社会科学院马克思主义研究院 2009 A1/M1
14 马克思恩格斯全集·第三十四卷，经济学手稿(1861-1863年) / 中共中央马克思恩格斯列宁斯大林著作编译局编译 人民出版社 2008 A1/7746/-2
15 马克思恩格斯全集·第四十八卷，书信(1848年3月-1851年12月) / 中共中央马克思恩格斯列宁斯大林著作编译局编译 人民出版社 2007 A1/7746/-3
16 资本论 = Das Kapital：缩译彩图典藏本 / (德)卡尔·马克思(Karl Marx)原著；曾令先,卞彬,金永编译 人民日报出版社 2006 A811.23/7746/-1

图 4-3　分类导航

SULLOPAC 湖北师范大学图书馆书目检索系统

中文 English | 登录 | 我的检索
今天是 2016年06月12日星期

| 目录检索 | 分类导航 | 读书指引 | 新书通报 | 读者荐购 | 提醒服务 | 我的图书馆 |

热门借阅 | 热门评价 | 馆员学者的最新推荐

热门借阅——2016年5月 图书借阅排行

查询排行榜

排名	借阅次数	书名	索书号
1	10	武大当国 : 北洋军阀统治时期史话 : 1895~1928 / 陶菊隐著	K258.2/T747/-3
2	9	我们仨 [传者] / 杨绛著	I267/4727/-2
3	8	没有凶手的杀人夜 / (日)东野圭吾著 ; 袁斌译	I313.45/4064
4	7	杨绛全集 戏剧文论卷 / [杨绛]	I217.62/4727
5	6	看见 / 柴静 [著]	I267.1/2257
6	6	你与世界, 只差一场旅行 = Escaping the ordinary / 滕阳 李秦著	I267.47/476
7	6	濒死之眼 / (日)东野圭吾著 ; 匡译	I313.45/4064/-7
8	5	汤姆·索亚历险记 = Adventures of Tom Sawyer / (美)马克·吐温著 ; 吴钧注释	H319.4/6436/-1
9	5	近代中国社会的新陈代谢 / 陈旭麓著	K250.7/7444
10	5	简爱 = Jane Eyre / (英)夏洛蒂·勃朗特(Charlotte Bronte)著 ; 祝庆英译	I561.44/4432/-23
11	5	素红文集 / [素红著]	I216.2/4421/-14
12	5	三行情书 / 北川理惠著 ; 杨索洁译	I313.25/1221
13	5	细米 / 曹文轩著	I247.5/5504/-1
14	5	平凡的世界 / 路遥著	I247.57/6732/-2
15	5	他们最幸福 = A thousand paths to happiness / 大冰著	I267/4032/1
16	5	欧·亨利小说全集 / (美)欧·亨利著 ; 张经浩译	I712.44/0022/-13
17	5	一个人的ави天气 [专著] / 青山七惠著	I313.45/5024/2/-3
18	5	王朝明细胞饭 / 许葆云著	I247.5/3841
19	5	何兆武汉译思想名著 / 帕斯卡尔等著 ; 何兆武译	C53/4642
20	5	魔戒 / (英)J.R.R.托尔金著 ; 邓嘉苑, 石中歌, 杜蕴慈译	I561.45/5228/-2

图 4-4 读书指引

图 4-5 新书通报

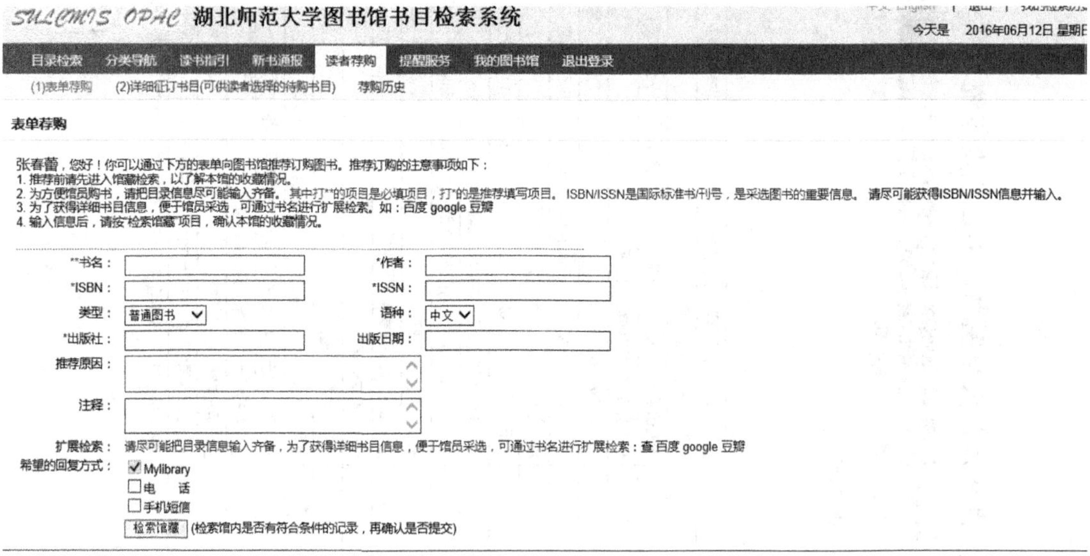

图 4-6 读者荐购

6. 我的图书馆

读者首次登录"我的图书馆",必须修改初始密码。输入正确的图书证号、密码,登录进入"我的图书馆",如图 4-7 所示。

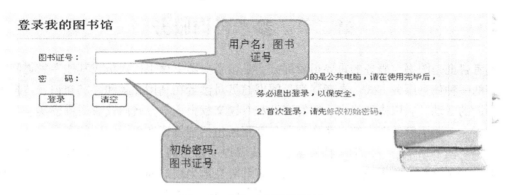

图4-7 登录"我的图书馆"

进入"我的图书馆"后,单击每一项可以看到详细信息,如图4-8所示,可进行相应操作。

(1)"个人信息"项:显示用户的个人信息。在此用户还可以修改个人密码、修改个人联系信息和所适用的借阅规则(如最大借阅册数、借阅期限、是否允许预约、是否允许续借等)。

(2)"当前借阅情况和续借"项:可以让用户了解其借阅现状,并可续借。在续借时,勾选所需续借图书,单击"续借"按钮,即可完成续借。续借注意事项:只有在图书超期前,方可进行续借;每册图书只能续借一次。

(3)"催还图书信息"项:显示已经存在超期的所借书刊,读者应及时归还超期书刊,否则在书刊存在超期情况下读者将不能再借阅书刊,而且书刊滞纳金按日期速增,将造成不必要的损失。

(4)"挂失或自停"项:读者可以不到图书馆,而通过网络进行挂失或自停。

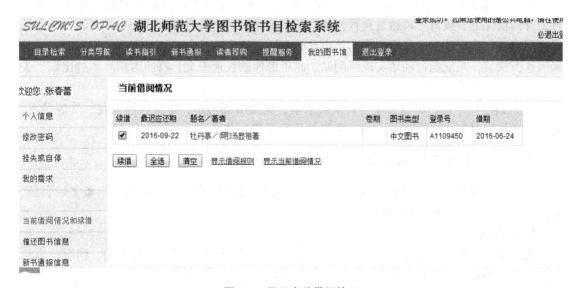

图4-8 显示当前借阅情况

第二节　参考咨询服务

参考咨询是图书馆服务的重要组成部分，是读者向图书馆工作人员或其他专家提问并获得解答的一种信息服务方式。参考咨询是图书馆员对读者在利用文献和寻求知识、情报方面提供帮助的活动。它以协助检索、解答咨询和专题文献报道等方式向读者提供事实、数据和文献线索。有些国家的图书馆参考咨询服务甚至还包括解答读者生活问题的咨询（《中国大百科全书　图书馆学·情报学·档案学》）。或者说，参考咨询是参考咨询馆员以文献为依据，通过编制资料或利用检索工具等方式，有针对性地为用户揭示、检索和传递知识信息的信息服务工作。目前，大型图书馆参考咨询服务的主要工作有以下几种：

一、答复咨询

所谓"答复咨询"，就是对读者提出的一般知识性问题，如事实、数据等，通过查阅各种载体的工具书及有关的书刊资料等，直接给予答复；或者指引读者自己查阅有关的工具书及其他书刊资料求得问题的解决。咨询方式可以分为以下几种：

（1）现场咨询。当读者在利用图书馆资源与服务的过程中遇到问题时，都可以到图书馆咨询台向值班工作人员咨询，也可以向其他工作人员咨询。

（2）在线咨询。最常见的是 FAQ（Frequently Asked Questions），即常见问题解答，是把咨询中常见的、具有共性的问题建立基本问题咨询库，再有同类问题即由计算机自动给出问题的答案。例如图书馆开馆时间、资源分布、网络资源查找、本馆 OPAC 的使用、办证等。另外在线咨询还可以以电子邮件和留言板为手段提供咨询服务，在图书馆主页设置电子邮件或"留言板"的链接，用户将咨询问题以表单的方式提交给咨询馆员，咨询馆员在最短的时间内，以相同的方式如 Web、可视白板等，将答案送给咨询用户。

（3）智能化自行检索咨询服务。自行检索咨询是指在参考咨询形成的课题结果确认能够公开的情况下，读者可以通过自行检索直接获得文献的一种咨询方式。当读者编写检索程式有困难时，由系统自动分析课题构建出比较合适的检索表达方式。当用户执行了确定的检索表达方式后，系统能自动地实现跨网站、跨资源库的快速查询，将所需信息经过比较、去重、排序后交给检索用户。

（4）请求单咨询。由读者填写咨询请求单，提交给图书馆，由咨询馆员逐一受理请求，并在读者指定时间内交给有关咨询专家解答后反馈咨询结果。

二、用户教育与培训服务

图书馆开展多层次、全方位的知识讲座与培训，能帮助读者更好地利用馆藏文献资源、各类数据库使用方法和网络学术资源。

1. 阅读辅导

阅读辅导又叫"阅读指导"或"读者辅导"，是图书馆对读者的阅读目的、内容、方法技能等给予积极影响的教育活动。其目的在于提高读者的阅读能力和阅读效益，使读者学会利用图书馆。阅读辅导的内容主要包括：指导读者利用图书馆、图书馆目录和参考检索工具以及微机查询终端，指导读者阅读利用文献。其中阅读利用文献的指导又分为阅读内容的指导和阅读方法的指导。口头交谈、实地指导、举办讲座、印发辅导材料等都是常用的阅读辅导方式。

2. 用户培训

其主要组织形式是开设系统培训课程，因人因事因地组织学习班、短训班等，还可根据用户的学历、业务水平和情报利用能力分为初级教育、中级教育、高级教育等不同层次。初级教育主要是通过引导潜在用户参观图书馆，使其对图书馆的作用与服务内容、措施等有初步的了解；中级教育以开设情报检索与利用入门课程的形式，使用户初步掌握情报检索、利用的技能；高级教育则以讲授有关的高级课程为主，培养用户的综合科学研究能力，使其在掌握有效利用情报和方法与技能的基础上，熟悉有关学科的一般及专门的研究方法。

一般图书馆都会定期、不定期地举行用户培训讲座，为广大读者开展系列讲座，目前开展的用户培训活动主要包括以下内容：网络资源特征及利用知识，各种专业数据库特征及检索利用，有关检索工具介绍及投稿常识，常用软件的使用及相关知识，有关文献检索与利用的相关知识；高校图书馆还会开展新生入学培训、针对不同院系资源检索的专场培训以及中外文数据库使用培训等。培训通知一般都会在图书馆网页发布。为了培养大学生的信息素养，高校图书馆还针对本科生和研究生开设文献检索课程，学生可在本校教务网络管理系统中查看课程详情，并选修该课程。

读者培训历来是图书馆参考咨询工作的一个重要组成部分。传统的参考咨询读者教育的主要内容是指导读者如何查找文献信息和指导各种印刷型检索工具的使用。在网络环境下，读者培训的形式发生了重大变化，其内容也更加广泛。例如在图书馆主页对每一种引进的电子资源进行介绍和做出评价；向读者免费开设短期培训和各类讲座，包括图书馆系统、电子资源和数据库检索、实例演示、机读目录检索、工具书使用、网络工具及电子工具书应用、馆藏分布与借阅、新生入馆教育及各种专题讲座等。读者培训还包括对读者进行网上培训：利用网络技术进行网上用户教育，如高校图书馆一般在网上以"1小时（或半小时、90分钟）讲座""网络教程""网络教室"等开展网络用户培训。网络用户教育内容丰富多彩，如中国期刊网使用教程、EI（SCI等）使用教程、免费试用数据库及信息资源介绍、电子邮件、FTP⊖文件传输及中外文数据库介绍等。

三、馆际互借、文献传递服务

1. 馆际互借服务

进入20世纪后，由于世界上大量出版物的不断涌现，任何一个图书馆只依靠自身的馆藏已不能满足读者的广泛要求，必须依靠图书馆之间的资源共享、相互协作来保障资源的提供，这个共识推动了馆际互借的产生。馆际互借作为图书情报部门合作和资源共享的一种重要方式，在20世纪60年代欧美国家非常盛行。我国馆际互借这项业务开展得较晚，一直到1995年左右才在各高校之间开展，有的地方或称之为"通用借书"，主要是相邻的几个高校图书馆之间允许少数专家学者共享纸型文献。近年来，随着互联网的普及，以及电子文献、网络文献的迅速增长，馆际互借工作也迈上了一个新的台阶；通过各种联合目录数据库和图书馆

⊖ FTP 为 File Transfer Protocol（文件传输协议）的简称。

的 OPAC，可以了解其他文献机构的馆藏，并通过网络发出馆际互借请求、用电子邮件进行文献传递，大大加快了文献传递的速度，扩展了馆际互借的范围，缩短了获得文献资料的时间。

馆际互借是指图书情报机构之间根据事先订立并保证遵守的互借规则，相互利用对方的藏书，满足读者特殊需要的外借服务形式，是文献资源共享的一种传统形式。馆际互借通常只满足重点读者的特殊需要，不满足一般读者阅读的要求。从形式上看，它是图书情报机构之间相互借书，实际上是一个馆扩大其读者的藏书利用范围，因而是文献流通工作的深入与发展。这种互借形式不仅运用在地区范围和国土范围内馆际间，而且发展到国际范围内馆际间，打破了馆藏资源流通的部门分割界限，也打破了读者利用馆藏资源的空间范围界限，实现了不同范围内的藏书资源共享，成为外借服务形式的一种发展趋势。

2. 文献传递服务

文献传递服务是传统馆际互借服务在网络环境下的延伸和拓展。图书馆的文献传递是指用户为获取已出版的某种特定的文献，向图书馆提出申请，图书馆馆员从其他文献中心获得用户所需要的文献原文后，通过互联网、邮寄等方式以最快的速度传递给读者的服务。这种服务使馆藏的范围扩大，使有些资源虽不为我所有，但可以为我所用，充分满足读者对文献信息的需求，提高文献保障率。

用户请求文献传递的注意事项如下：①在任何文献系统检索文献，首先应该考虑本校是否有相应馆藏，没有才考虑文献传递。②在各文献系统检索的文献首先考虑在线直接请求文献传递。根据各文献系统的要求需要注册的请根据提示在线注册或者到图书馆的相应部门进行注册认证。③对在线请求文献传递不熟悉的用户，无论在哪个系统检索到文献，均可根据所在图书馆的文献传递要求，填写"文献传递服务登记表"，通过图书馆的馆际互借员进行文献传递。读者需要填写的内容如图 4-9 所示，用户在检索需要传递的文献时，可参考此图的要求，记录所需的文献信息。

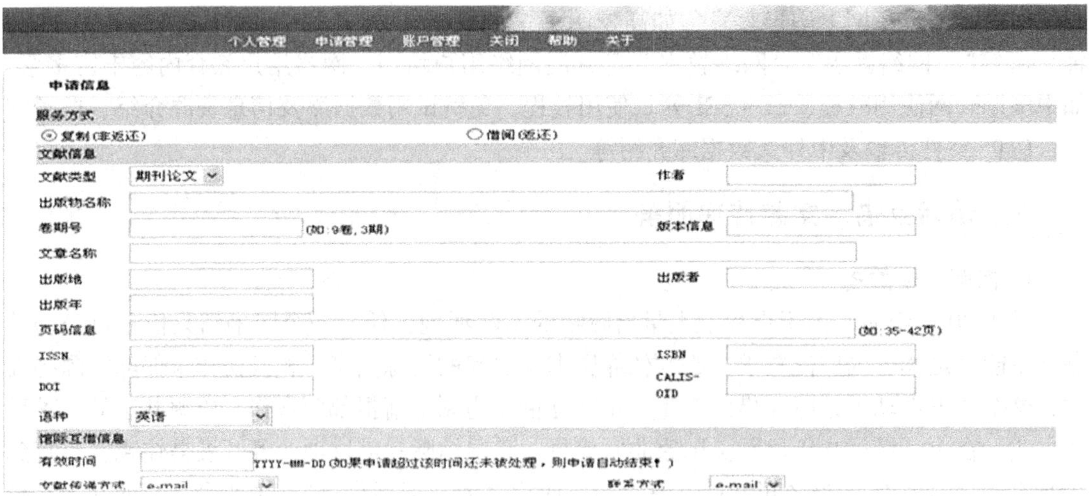

图 4-9 读者需要填写的内容

目前，开展该项服务的主要有高校系统图书馆、万方数据知识服务平台、中国知网、重庆维普公司、国家图书馆、国家科技图书文献中心、中国科学技术信息研究所等。下面主要介绍 CALIS、CASHL 和 NSTL。

（1） CALIS（http://wwwcalis.edu.cn）。CALIS（China Academic Library & Information System），中国高等教育文献保障系统，是经国务院批准的我国高等教育"211 工程""九五""十五"总体规划中三个公共服务体系之一。CALIS 的宗旨是，在教育部的领导下，把国家的投资、现代图书馆理念、先进的技术手段、高校丰富的文献资源和人力资源整合起来，建设以中国高等教育数字图书馆为核心的教育文献联合保障体系，实现信息资源共建、共知、共享，以发挥最大的社会效益和经济效益，为中国的高等教育服务。从 1998 年开始建设以来，CALIS 管理中心引进和共建了一系列国内外文献数据库，包括大量的二次文献库和全文数据库；采用独立开发与引用消化相结合的道路，主持开发了联机合作编目系统、文献传递与馆际互借系统、统一检索平台、资源注册与调度系统，形成了较为完整的 CALIS 文献信息服务网络。迄今参加 CALIS 项目建设和获取 CALIS 服务的成员馆已超过 3500 家。CALIS 的检索地址为：http://opac.calis.edu.cn 或者 http://www.yidu.edu.cn。

1）检索系统介绍。CALIS 联合目录公共检索系统（以下简称 OPAC）采用 Web 方式提供查询与浏览，分为简单检索和高级检索。简单检索提供题名、责任者、主题、全面检索、分类号、所有标准号码、ISBN、ISSN 共八个检索项。高级检索如图 4-10 所示，提供多条件的逻辑关系检索，同时提供字段内的"前方一致""精确匹配"和"包含"三种匹配方式的检索选择。

有关 CALIS 检索系统的其他说明如下：

① 多库分类检索。OPAC 中的数据按照语种划分，可分为中文、西文、日文、俄文四个数据库；按照文献类型划分，可分为图书、连续出版物、古籍等。

② 二次检索。单击"二次检索"按钮，可返回检索页面，用户可修改检索条件重新进行检索。不提供对结果集的二次检索。

③ 排序功能。检索结果分库显示，单一数据库中的检索结果少于 200 条方提供排序，默认的排序优先次序是题名、责任者、出版社。检索结果超过 200 条则不提供排序功能。

④ 检索历史。保留用户发出的最后 10 个检索请求，用户关闭浏览器后，检索历史将清空。

⑤ 多种显示格式。检索结果分为多种格式显示，即简单文本格式、详细文本格式、MARC 显示格式。前两种格式对所有用户免费开放，MARC 显示格式只对 CALIS 联合目录成员馆开放，查看或下载 MARC 记录均按照 CALIS 联合目录下载费用标准收取。

⑥ 多种格式输出。对所有用户提供记录引文格式、简单文本格式、详细文本格式的输出，此外，对 CALIS 联合目录成员馆还提供 ISO 2709、MARC 列表的输出。提供发送到电子邮箱与直接下载到本地两种输出方式。输出字符集提供常用的 GBK、UTF-8、UCS2 三种。用户可根据自己的需要进行选择。

⑦ 浏览功能。提供对题名、责任者、主题的浏览，此外，古籍数据还提供四库分类的树形列表浏览。

⑧ 收藏夹功能。对有权限的用户保存用户的检索式与记录列表，目前该功能不对普通用户开放。

⑨ 馆际互借。OPAC 系统提供用户直接发送请求到本馆的馆际互借网关，用户无须填写书目信息。

2）怎样进行馆际互借

① 已在 CALIS 馆际互借成员馆注册的用户操作流程如下：

利用简单检索或者高级检索查询记录，对需要借阅的记录单击"馆藏"列中的"Y"，显示该记录的"馆藏信息"，如图 4-11 所示，查看用户所在馆是否有馆藏。如果有馆藏，用户可以到本地图书馆进行借阅；如果没有馆藏，在"馆藏信息"页面的底端，单击"请求馆际互借"按钮，进入注册馆的馆际互借网关，输入馆际互借的用户名与密码，直接进入提交页面，填写补充信息，发送馆际互借请求。

② 尚未在 CALIS 馆际互借成员馆注册的用户推荐流程如下：

利用简单检索或者高级检索查询记录，对需要借阅的记录单击"馆藏"列中的"Y"，显示该记录的"馆藏信息"，查看用户所在馆是否有馆藏。如果有，用户可以到本地图书馆借阅，如果没有馆藏，在"馆藏信息"页面的底端，单击"发送 Email"按钮，采用 Email 方式向馆际互借员发送馆际互借请求。

3）CALIS 文献传递的其他细则

① 注册申请。用户携带身份证、借阅证（或教师证、工作证）直接到自己所在高校图书馆负责文献传递工作的老师处提交注册申请。

② 服务周期。普通文献传递请求，在一个工作日内做出响应，三个工作日内送出文献，遇节假日顺延。加急文献传递请求，在一个工作日内做出响应并送出文献，遇节假日顺延。如需转到其他图书馆获取文献，则服务时间有一定顺延。

③ 收费标准。文献传递费用构成部分：文献查询费 + 复制、传递费 + ［加急费 + （邮寄费）］。

文献查询费：文献传递服务网内成员馆为 2 元/篇；国内文献传递服务网外图书馆为 5 元/篇；国外查询文献为 10 元/篇。

复制、传递费：从国内 CALIS 协议馆获取文献为 1.00 元/页（复印 + 扫描 + 普通传递）；从国内其他图书馆或国外获取文献按照文献提供馆实际收取的费用结算。

加急费：10.00 元/篇。

注意：需要邮寄的文献所产生的费用由用户自付；CALIS 的收费标准在不同时期可能会有所不同，此标准仅作参考。

（2）CASHL（http://www.cashl.edu.cn）。CASHL（China Academic Social Sciences and Humanities Library），中国高校人文社会科学文献中心，是教育部根据高校人文社会科学的发展和文献资源建设的需要引进专项经费而设立的。其宗旨是组织若干所具有学科优势、文献资源优势和服务条件优势的高等学校图书馆，有计划、有系统地引进国外人文社会科学期刊，借助现代化的服务手段，为全国高校的人文社会科学教学和科研提供高水平的文献保障。这是全国性的唯一的人文社会科学外文期刊保障体系，不仅可以为高校教学科研服务，也成为全国其他科研单位文献获取的基地。可为用户提供的服务内容有：高校人文社科外文期刊目次数据库查询、高校人文社科外文图书联合目录查询、高校人文社科核心期刊总览、国外人文社科重点期刊订购推荐、文献传递服务以及专家咨询服务等。项目建设内容分为以下两部分：

1）建设高校人文社会科学外文期刊的文献资源的保障体系，以若干所高校图书馆的馆藏为基础，全面、系统地收藏国外人文社会科学重点学术期刊。预计总引进量为 12000 种，

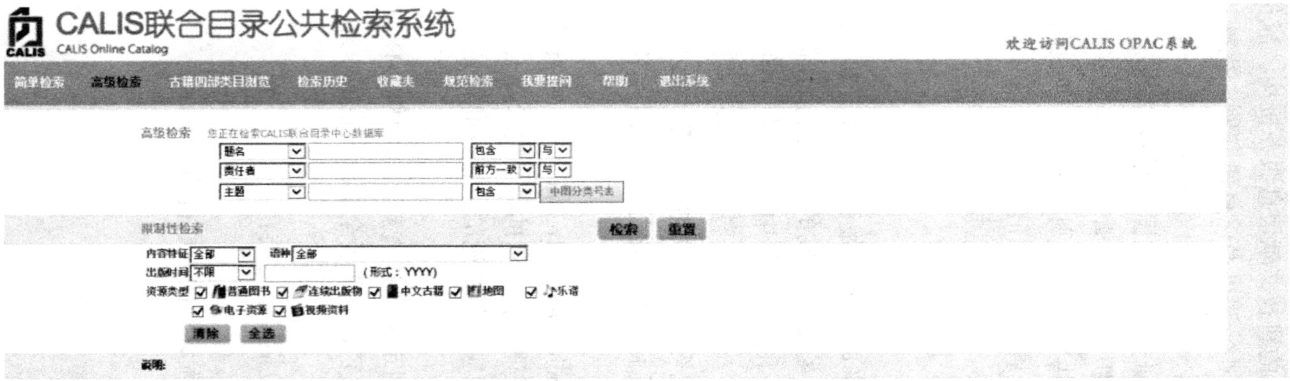

第四章 图书馆服务

图 4-10 OPAC 高级检索

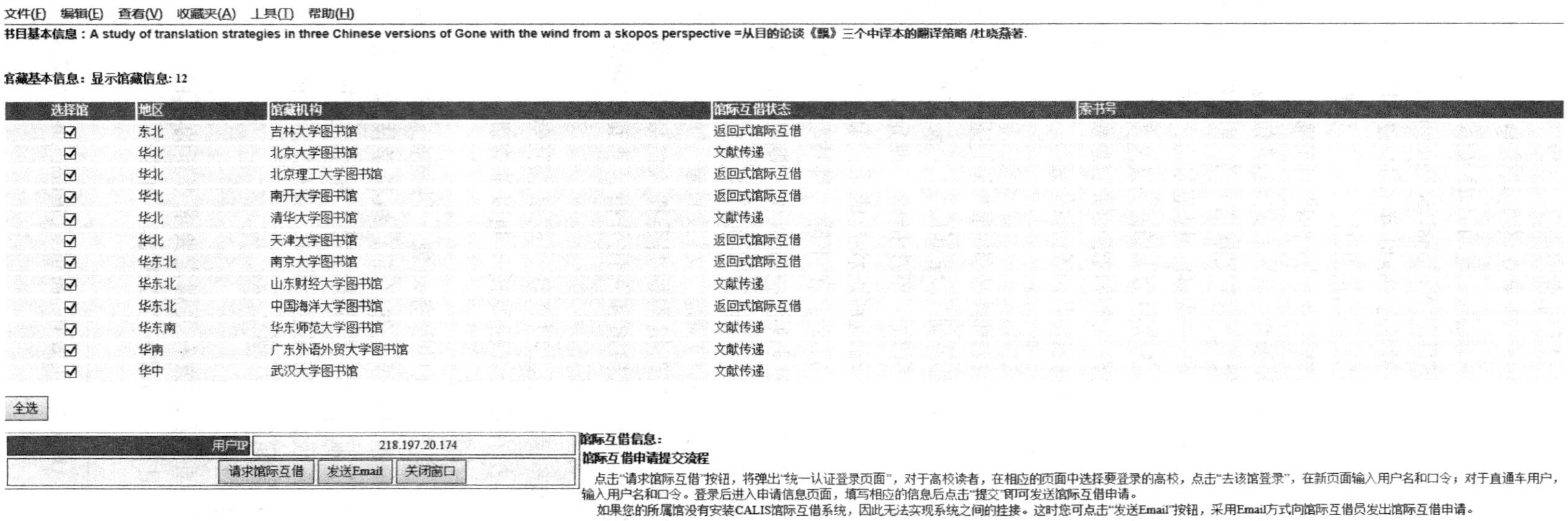

图 4-11 显示该记录的"馆藏信息"

109

其中 SSCI 和 AHCI[一]所列的核心为 2528 种，以及其他重点学科所需的期刊为 9000 多种。

2）依托 CALIS 已经建立的文献信息服务网络，建设"高校人文社科外文期刊目次数据库"，全面揭示文献信息，进而开展文献传递服务。

（3）NSTL。NSTL（National Science and Technology Library，国家科技图书文献中心）是根据国务院领导的批示于 2000 年 6 月 12 日组建的一个虚拟的科技文献信息服务机构，成员单位包括中国科学院文献情报中心、工程技术图书馆（中国科学技术信息研究所、机械工业信息研究院、冶金工业信息标准研究院、中国化工信息中心）、中国农业科学院图书馆、中国医学科学院图书馆。网上共建单位包括中国标准化研究院和中国计量科学研究院。NSTL 设办公室，负责科技文献信息资源共建共享工作的组织、协调与管理。根据国家科技发展需要，按照"统一采购、规范加工、联合上网、资源共享"的原则，采集、收藏和开发理、工、农、医各学科领域的科技文献资源，面向全国开展科技文献信息服务。其发展目标是建设成为国内权威的科技文献信息资源收藏和服务中心，现代信息技术应用的示范区，同世界各国著名科技图书馆交流的窗口。

3. 科技查新

科技查新是在我国科技体制改革进程中萌生并发展起来的一项情报咨询工作。20 世纪 80 年代后期，各级科研管理部门为了提高科研立项、成果鉴定与奖励的严肃性、公正性、准确性和权威性，采取了不少措施，制定了一系列管理办法和规定。其中，为避免科研课题重复立项和客观正确地判别科技成果的新颖性而设立了科技查新工作。科技查新在科技立项和验收、科技成果的鉴定和评价、科技奖励评定、技术引进等科技活动中扮演着"把关人"的角色。近年来我国科技查新机构不断增加，主要分布在图书馆和情报机构，我国许多大学图书馆都设有教育部科技查新工作站。

（1）科技查新的概念。科技查新（Novelty Retrieval of Science and Technology）是指具有查新业务资质的查新机构根据委托人的要求，围绕委托人提请查新项目的科学技术要点，针对创新点进行文献检索和对比分析，查证其新颖性并给出相应查新结论的信息咨询服务。查新结论也称查新报告。

科技查新包括立项查新、成果查新等。其中新颖性的判定是科技查新工作的核心任务。新颖性是指在接受查新委托日期以前查新项目的科学技术内容部分或者全部没有在国内外出版物上公开发表过。

（2）科技查新的服务对象。科技查新的服务对象主要包括以下七类：

1）申报国家级或省（部）级科学技术奖励的人或机构。
2）申报各级各类科技计划、各种基金项目、新产品开发计划的人或机构。
3）各级成果的鉴定、验收、评估、转化。
4）科研项目开题立项。
5）技术引进。
6）国家及地方有关规定要求查新的项目。
7）其他（如博士论文开题、评审等）。

[一] AHCI 为 Arts & Humanities Citation Index 的简写，即艺术人文引文索引，是美国 ISI 建立的引文数据库之一。

(3) 查新委托人需要提供的资料。查新委托人除了应该熟悉所委托的查新项目外，还需要据实、完整、准确地向查新机构提供查新所必需的资料，具体包括：

1）查新项目的科学技术资料及其技术性能指标数据。具体包括：科技立项文件（如立项申请书、立项研究报告、项目申请表、可行性研究报告等）；成果鉴定文件（如项目研制报告、技术报告、总结报告、实验报告、测试报告、产品样本、用户报告等）；申报奖励文件（如奖励申报书及其他有关报奖材料等）。

2）课题组成员发表的论文/申请的专利。

3）中英文对照的查新关键词。

4）与查新项目密切相关的国内外参考文献。

(4) 科技查新的基本程序。

1）查新委托人提出查新申请，填写查新检索委托单，提交相关技术资料。

2）查新机构受理，并签订查新合同。

3）查新机构根据查新委托人的课题进行检索。

4）撰写查新报告。查新人员如实地根据检索结果和对比分析结果起草查新报告，并由查新专家审核查新报告。

5）向查新委托人出具正式查新报告。

第三节　移动数字图书馆

一、移动数字图书馆的概念

移动数字图书馆是指将无线通信网络和数字图书馆系统结合起来，读者不受时间和空间的限制，通过使用各种移动终端设备和无线通信网络，就可以方便、灵活地实现对图书馆数字资源的浏览、下载和阅读的一种新兴的图书馆服务。

移动数字图书馆不仅具备数字图书馆的功能，而且其资源具备"移动"功能。这种"移动"功能主要体现在，用户不需要依赖个人计算机来进行数字资源的检索、浏览、下载和阅读等，用户只需通过手机、iPad、MP3、MP4、个人数字助理、笔记本电脑等手持移动终端设备，就可以获得数字资源的查询、浏览、下载、阅读等服务。移动阅读作为数字阅读的深层次化应用，解放了需要计算机、网络以及固定地点才能进行数字阅读的约束，大大满足了用户数字阅读的移动性和随意性。图书馆引进移动数字阅读，势必会扩大用户对数字资源的使用，提升数字资源的利用率，增强图书馆的服务能力。

移动数字图书馆的建设将是信息领域的一场变革，也将是图书馆事业发展的一个新阶段。移动数字图书馆的建设将进一步扩大图书馆的服务范围，大力提升图书馆服务于社会的水平，体现图书馆在时代发展中的价值。促进阅读、提高阅读率、提升文化素质、创造学习型社会，是移动数字图书馆建设的最终目的。

二、移动数字图书馆服务内容

目前国外已有几百家大学和公共图书馆开始提供第四代（4G）网络下多样化的移动数字图书馆服务，服务内容非常丰富，包括移动数字图书馆网站、书目检索系统、移动馆藏、导引视频等。通过对国内移动数字图书馆开展的相关服务的总结和归纳，移动数字图书馆的服务内容早期主要集中在利用短信实现图书预约、查询、借还等服务，后来逐渐发展为信息通报、业务与查询、阅读与服务、个性化定制等方面。

1. OPAC 移动书目检索

移动书目检索是移动数字图书馆的核心功能所在，这也是目前移动数字图书馆开通的最主要的服务。移动书目检索涉及检索入口、检索条件及检索结果的展示，系统可为读者提供馆藏目录，读者可办理预约、续借等业务。

2. 电子书下载与外借服务

这是指在移动终端上使用馆藏电子资源，实现用户的在线阅读和离线阅读。目前，国内外部分图书馆已开始提供电子书下载服务。弗吉尼亚大学图书馆的电子文本可供校内外用户下载、阅读，耶鲁大学法学院移动数字图书馆提供了教学影片的下载服务。我国的北京大学图书馆引进了150套型号分别为 N516 精华版和 N518 商务版的汉王电纸书，实现了手机免费全文阅读与下载。根据美国图书馆协会数据显示，有55%的美国公共图书馆提供电子书借阅服务。我国的首都图书馆和上海图书馆在2010年和2011年相继推出了电子书外借服务。

3. 移动参考咨询服务

移动参考咨询包括实时咨询、移动导航、定题跟踪服务等。微博、博客、QQ、Twitter、Facebook、Skype 等与终端用户实时交流与服务，通过移动终端实现即时获取图书馆概况、到馆路线、服务内容、最新活动等信息。国外的一些大学图书馆还将服务拓展到其他领域，如提供校园公交线路查询、社区服务、预订车位等服务。2010年，11%的美国大型公共图书馆使用 Facebook 向用户提供信息服务。国内的北京邮电大学图书馆推出了基于物联网的手机服务，该项目于2009年12月启动，与北京邮电大学网络技术研究院合作开发，通过 Wi-Fi 和 RFID[①]技术，可以用手机作为读者卡为读者提供实时架位导航服务，同时在网络上提供图书电子架位导航服务。

三、移动数字图书馆服务模式

1. SMS 模式

短信服务简称 SMS，基于短信的服务模式是图书馆利用手机短信的服务平台为读者提供的主动推送式服务，如读者借阅情况查询、图书预约、图书到期提醒、读者证挂失等。这种服务方式对软硬件的要求较低，只要具有短信收发功能的手机都可使用此业务。美国的弗吉尼亚大学图书馆、里士满大学图书馆和芬兰的赫尔辛基理工大学图书馆最先提供 SMS 服务。在国内，2003年北京理工大学在汇文管理系统的基础上，自行开发了手机短信通知系统，率先在国内推出基于 SMS 模式的手机图书馆服务平台。目前，我国的移动数字图书馆几乎都实现了手机短信服务。

2. WAP 服务模式

WAP（Wireless Application Protocol）即无线应用协议，是一项开放的、通用的、全球性的网络通信协议。目前，不少图书馆建立了移动版门户网站，用户登录后可以随时随地利用图书馆资源，包括查询开馆时间、搜索主题指南等。美国波尔州立大学图书馆于2001年利

[①] Wi-Fi 即 Wireless-Fidelity 的简称，直译为无线保真，是一种允许电子设备连接到一个无线局域网（WLAN）的技术。RFID 是 Radio Frequency Identification 的简称，直译为射频识别。

用 WAP 模式向读者提供服务，美国斯科基市公共图书馆是 WAP 建设的范例，包括图书馆相关、咨询馆员、阅读、研究等栏目内容。2006 年，湖南理工学院在国内率先开通 WAP 手机服务，随后，越来越多的高校图书馆和公共图书馆也都开通了此项服务。于世英在 2012 年年初对国内 820 所院校的移动服务进行调查，发现共有 59 所图书馆提供 WAP 服务。从 2006 年起，清华大学图书馆引进美国 ExLibris 公司的 Metalib 系统，整合电子资源的检索平台，经过本地化开发后完成近 500 个异构电子资源的整合检索；2008 年，推出清华大学无线移动数字图书馆系统（Tsinghua Wireless and Mobile Digital Library System，TWIMS）；2010 年，完成异构电子资源数据库在 WAP 网站状态的监控。清华大学图书馆 WAP 网站体现了移动互联网和传统互联网融合的设计思路，截至目前，一个完善的 WAP 网站基本成熟，取得了较好的用户反馈。国家图书馆 2008 年推出了集短信服务、WAP 网站、手机阅读等服务于一体的移动数字图书馆，它在移动资源的丰富性方面表现得尤为突出，提供了 20 余种报纸和 1000 余种图书。读者通过具有上网功能的手机，可以脱离计算机随时随地访问手机图书馆网站，从而方便地进行文献检索、个人信息查询、借阅信息查询、图书到期或逾期信息查询、图书预约或续借手续办理等，同时还可以访问图书馆电子资源、在线阅读、在线咨询、定制个性化互动服务，甚至还有数据库资源下载等功能，实现与图书馆自动化和数字化系统的交互操作。

3. 其他服务模式

（1）i-Mode 服务。i-Mode 是由日本 NTT DoCoMo 公司于 1999 年 2 月推出的移动互联网商业模式，曾是全世界最成功的移动上网模式，提供无线数据传输服务，这是一项基于 PDC[①]的手机增值服务。i-Mode 巧妙地绕过了 WAP 的标准壁垒，采用分组交互叠加技术，使用 HTML 编辑网站，使 WAP 网站转化为 i-Mode 网站，图书馆通过该技术开发 OPAC 查询系统，提供预约、续借等服务。

（2）J2ME（Java 2 Micro Edition）服务。J2ME 是一种高度优化的 Java 运行环境，可以较为完善地解决 WAP 的不足，有效地减少网络流量，为上网手机提供丰富的图像以及电子商务内容，使服务功能尽量最大化，但是目前并不是所有手机都支持 Java 虚拟机。

（3）基于客户端软件的模式。基于客户端的实现模式是图书馆为读者提供的个性化软件服务，读者在使用时，需下载软件到手机上，再进行功能操作。手机客户端是一种地学浏览器/服务器（G/S）模式，比 WAP 的浏览器/服务器（B/S）模式更方便快捷，采用的是 J2ME 技术。读者只要通过手机移动设备下载安装应用程序（App）客户端，即可轻松实现获取各类活动信息、查询馆藏书目、续借图书、下载电子图书、阅读手机端提供的各类报纸杂志、手机观看视频等功能。例如，超星移动图书馆就是通过下载其 App 客户端实现多项功能。

四、移动数字图书馆的服务功能

1. 统一检索功能

移动数字图书馆需要对本馆内的种种异构资源通过采用统一的检索界面和检索语言，从而可以跨库、跨平台对所有馆藏电子资源进行统一检索。统一检索功能的实现可以为用户提

[①] PDC 是 Personal Digital Cellular 的简称，直译为私人数字蜂窝，是一种由日本开发及使用的第二代（2G）移动电话通信标准，后逐渐被第三代（3G）技术如 W-CDMA 或 CDMA2000 淘汰。

供统一搜索服务。在手持移动设备下就可以使不同种类、不同结构的文章进行统一显示，同时还可以根据手持移动设备屏幕大小来使搜索结果自动与屏幕适应，更好地将馆藏资料显示出来。通过统一检索功能，有效地推动了图书馆整合各类电子资源的进程，确保了检索效率的提高。

2. 全文阅读功能

移动数字图书馆全文阅读功能可以为读者带来更大的便利，不仅能够实现对图书馆电子资源的随时随地查阅，而且还能够有效地提高图书馆电子资源的使用效率。但在当前图书馆发展过程中，由于移动数字图书馆还存在许多不完善的地方，不仅数字资源存在多样化，而且资源系统和数据格式都不一致，阅读浏览器也存在较大的差异，这就导致资源检索和展示具有较大的难度，目前各图书馆都没有开通全文阅读功能。

3. 文献传递功能

文献传递功能为读者精读和研读文章带来了较大的便利。在统一检索界面上进行文献传递栏目的设置，这样读者对自己需要进一步精读和研究的文章则可以通过点击文献传递按钮来将其自动发送到邮箱。

4. 个性化搜索功能

在统一检索界面进行个性化搜索条件设置，这样只需要通过关键词的组配即可以搜索到自己所需要的文章。同时个性化搜索还具有历史浏览自动保存和收藏功能，这样就可以直接点击上次检索的命中条数来进行再次搜索，有效地提高了检索的速度；更为手机用户带来较大的便利，使其能够更方便地进行资料的查找，不仅避免了输入的麻烦，而且查找速度也大幅度提高。

5. 后台管理功能

移动数字图书馆利用后台管理模块来实现对图书馆的管理。这个功能对于高校图书馆来讲具有更大的便利性。因为可以利用后台管理模块来对开学时学生访问移动数字图书馆和离校时办理离校手续的读者信息进行批量导入，批量对读者的权限进行设置。同时认证授权操作也可以通过后台管理模块进行。将链接发到读者手机上，然后读者点击链接后即可在手机上生成认证标记，这样就不需要每次都输入用户名和密码才能登录，可以直接登录，给访问带来了较大的便利性。

五、移动数字图书馆未来的发展趋势

随着数字图书馆技术和移动通信技术的逐渐成熟，拓展移动信息服务与图书馆服务的结合，建立交互式参考咨询服务机制，打造多样化的信息服务模式已是必然趋势。移动数字图书馆服务将是用户获取信息的主要渠道，图书馆以丰富的资源为基础，根据读者的需求提供丰富多彩的个性化内容服务，将是未来移动数字图书馆的发展目标。

数字图书馆发展的最终目标是实现所有知识和资源的普遍访问，其宗旨就是要突破传统图书馆受时间、空间、区域等条件的束缚，为用户提供无处不在的信息资源服务。为实现这一美好的理想，一代又一代人在不断地探索、研究、为之奋斗。在计算机和信息等技术的推动下，在众多同仁的努力下，传统图书馆发生了根本性变化，新一代图书馆即数字图书馆应运而生，图书馆服务的领域、方式和管理手段等发生了前所未有的变化。在图书馆发展的历史长河中，作为知识文明的信息传播者，十分幸运而又充满活力的新一代图书馆人，通过努力，完成了图书、期刊等资源从手工管理向自动化管理的转变，他们也紧跟图书馆现代化、数字化、网络化发展的步伐，"白手起家"，从无到有进行了数字资源的创建和积累，使传统图书馆实现了向数字图书馆的转变。

移动数字图书馆是虚拟化和现实化的结晶，比传统图书馆更加方便、快捷，而且占用空间小。移动数字图书馆收藏着大量的文字、数字、图片、影视、音频等数字化的信息资源，内容形式广泛，能够满足用户的需求。

近些年来，国内外专家和学者在手机等移动设备上实现了馆藏资源检索、到期短信提醒、预约借书、续借服务、个性化服务等，开通了图书馆新闻、公告、新书通报等手机信息服务，这就是手机图书馆或移动图书馆1.0。由于在实际应用中存在资源数据库系统不一致、数据格式不同、移动终端的系统和浏览器多样、移动终端的显示规格不同、移动运营商之间的不兼容（多制式访问、认证、计费等方式）等问题，所以要想实现真正意义上的移动数字图书馆，就要彻底解决以上问题。建设真正意义上的移动数字图书馆要做到以下几点：①实现所有数字资源的全文阅读；②支持所有用户，兼容国内大部分厂商的平板电脑和软硬件设备；③操作容易，简单实用，实现无阅读器方式的阅读；④功能足够强大，解决各种资源的统一检索、统一调度和全文阅读等问题。

第四节 读者活动服务

一、读者活动的作用

书刊借阅、信息咨询等文献信息服务是图书馆的阵地服务和传统服务，为了适应社会的发展，近年来，各类图书馆尤其是公共图书馆，大力拓展了服务领域，延伸了服务内容，在开展读书活动的同时，还开展了讲座、展览、培训等知识普及类活动和影视欣赏、文体比赛、文艺展演等多种形式的读者活动，肩负起了培育区域文化、开发休闲时间的新功能。读者活动已经成为图书馆读者服务工作的重要组成部分，是图书馆延伸服务的主阵地。图书馆举办读者活动的目的，不仅在于吸引读者前来图书馆，更重要的是要教导读者如何利用图书馆的各种资源。其作用如下：

1. 读者活动是图书馆改变传统形象的契机

在"以读者为导向"的服务理念下，结合企业界的营销观念，主动规划符合读者需求的读者活动，以拓展图书馆的服务与资源，一改以往图书馆"重藏轻用"的传统，主动积极地争取读者参与，创造图书馆的新形象。

2. 读者活动是图书馆争取新读者的重要举措

过去图书馆常以提供阅览空间的方式，吸引读者到馆内读书。通过与读者的互动活动，则可吸引更多民众参与到图书馆来，使之真正地认识图书馆，扩大图书馆服务的范围，发挥图书馆的教育功能。

3. 读者活动是图书馆发挥终身教育功能的需要

在信息多样化的时代，民众汲取新知识已不是仅仅通过印刷型资料。一场演讲、一次展览，都能使人悠游于信息的海洋中，获得心灵的恬适和满足，图书馆可实现信息资源的长期与稳定保障，是充分满足读者终身教育的最好课堂。

二、读者活动的类型

读者活动类型多样并可以无限衍生,目前大致有以下几种:

1. 阅读推广活动

2006年中共中央宣传部等11个部门联合倡议发起全民阅读活动以来,我国图书馆界的阅读推广活动蓬勃开展,受到广大读者的欢迎和好评,取得了良好的社会效益。但是和国外图书馆的阅读推广活动相比,仍有改进的空间。下面结合对国外图书馆阅读推广活动的了解,提出若干建议,期冀对改进图书馆阅读推广活动有所助益。

(1)整合图书馆、出版商、学校等各方力量。国外图书馆阅读推广活动的一个显著特点是:图书馆只出力不出资,资金来源多元,主要出自出版商、基金会、感兴趣的其他公司。例如由美国国会图书馆主办的国家图书节,每年所需经费大概150万~175万美元,主要来自出版商。英国则出现了一个专门为阅读推广服务的公司——开卷公司和一个独立的慈善机构——阅读社,还有多家信托基金会扶持阅读推广活动,成为阅读推广活动重要的经济支撑。和国外相比,国内的图书馆阅读推广活动的经费来源比较单一,主要有两块:一是图书馆经费,二是图书馆服务商——主要是图书发行商和硬件设备提供商的赞助费。大型图书馆或许能拉到赞助,中小图书馆则可能纯粹占用采购资源的经费。由于全民阅读活动是中宣部等16个部门联合发起的,各文教系统都有阅读推广的任务,所以出版社、各类学校只偶尔和图书馆合作搞阅读推广,大多数情况下是独立行动。由此带来的弊端是:一些出版社搞阅读推广,铺张浪费,商业气息浓厚,奋力宣传自产畅销书,把滞销积压的书大量赠送给基层图书馆,有损阅读推广的形象,导致人们对阅读推广反感;一些学校里搞阅读推广,主要方式是作家签售,掏学生腰包,也导致广大学生、家长对阅读推广反感;图书馆的阅读推广立场端正,重视图书的品质,却因为出版社和学校的独自行动,而拉不来出版社的赞助,请不来宁愿到学校签售的作家。

因此,建议政府相关部门整合阅读推广的各方力量,统一进行阅读推广活动,让图书馆发挥主力作用,公正地推荐图书,让出版社赞助和捐书,杜绝中小学的签售活动,让学生参与图书馆的阅读推广活动。同时,呼吁各种文化基金会支持图书馆的阅读推广活动,号召图书馆以申请项目的方式争取基金会的赞助。如此,便可以盘活各类资源,发挥各类机构的长处。

(2)图书馆应建立专门负责阅读推广的常设机构。目前国内图书馆阅读推广活动的基本操作方法是:每年4月23日——世界图书和版权日之前,图书馆的行政主管部门层层动员、层层督促。阅读推广活动搞多大规模,花多少钱,意图达到什么效果,全听行政指令。阅读推广活动通常定位为节日工程、形象工程,而不是定位为常规的图书馆基础服务,图书馆往往临时抽调精干人员,举全馆之力,以突击应对的方式开展阅读推广活动,短暂的活动期间,阅读推广服务过度,影响其他业务的开展,破坏图书馆幽静的环境,容易赢得临时读者的欢迎,却引起长期固定读者群的反感。参与举办活动的图书馆员,因为是临时参与,不将活动视为岗位工作,往往不重视经验教训的记录,活动一结束,就全部忘掉,第二年换了人,又从头摸索做起。反观美国的图书馆阅读推广,通常设专门的阅读推广办公室,如美国国会图书馆从1977年运行至今的专门负责推动全民阅读的机构是"图书中心",隶属于图书馆服务部下的合作和拓展项目部,有四位专职人员,包括主任、项目官员、通信官员、项目专家，活动经费全部来自企业和其他部门的捐款和赞助，只有专职人员的薪水由国会图书馆拨款。建立负责阅读推广的常设机构，表明是将阅读推广活动作为图书馆的基本业务来看待，有益于经验的积累、效率的提高、学识的增长、活动的衔接和连续，有益于培养图书馆自己的阅读学专家和阅读推广活动策划专家，对于阅读推广活动的可持续发展是一个重要保障。因此建议中国国家图书馆借鉴美国国会图书馆的做法，垂范建立类似"图书中心"这样的专门负责阅读推广的部门，只要国家图书馆建立了，下面各馆就会层层效仿，阅读推广就会在行业内形成一条线，便于业务交流、培养队伍、造就专家，使阅读推广活动常态化，不影响其他业务的开展，进入可持续发展的轨道。

2. 公益讲座

公益讲座是图书馆面向公众开放、关注公共利益、由主讲人和听众共同参与交流的言论活动，它特别强调开放、平等和互动。公益讲座是交流观点、碰撞思想、求取共识的一个小小平台。这样的平台多了，社会的整体和谐才有可能。讲座内容包括知识、文化、教育、休闲、娱乐、生活等各个方面。

在近代，图书馆的功能发生了较大的转变——从单一的藏书楼的藏到注重用，以至到今天衡量图书馆办馆效益主要看其服务社会的深度和广度，图书馆的社会文化功能越来越加强，图书馆越来越成为社会文化的中心和人际交流的场所。美国前总统克林顿访问上海的重要一站就定在上海图书馆，这是一个重要的信号，即公共图书馆已成为城市文化的象征。图书馆功能的多元化为图书馆开办讲座提供了可能。

美国媒体文化研究者尼尔·波兹曼（Neil Postman）在其著作《娱乐至死》一书中说："在美国，上帝偏待的是那些拥有能够娱乐他人的才能和技巧的人，不管他是传教士、运动员、企业家、政治家、教师还是新闻记者。"在当今社会，娱乐精神充斥着我们的媒体和社会文化生活。而讲座以进取的社会精神、人文关怀，与广大民众共同搭建了一方舞台，为当今社会带来了一股清新的气息。

此外，公民社会的本质特性就是民主和法制，就是社会事务的公开，就是信息的通达和社会民众表达的方便。随着各种各样的信息渠道向市民开放，信息公开、信息共享的呼声越来越高。所以，媒体的对话节目、访谈节目、民生热线等都受到全社会的关注。凤凰卫视的《世纪大讲堂》等迅速成为名牌节目就是最好的例子。讲座在这一潮流中顺理成章地可以成为一个发布信息、传播思想的平台。

3. 读者联谊、竞赛活动

以读者为中心进行的各种联谊活动包括节日灯谜游园活动，戏曲演唱活动，户外如"寻找城市记忆"活动等。例如，笔者所在的图书馆每年举行两次读者座谈会，与读者协会合作举办了刊物《微尘丝雨》，与志愿者联合举行了一些服务活动等，这些活动都取得了较好的效果。

竞赛活动包括阅读竞赛、征文竞赛、知识竞赛等。多年来，笔者所在的图书馆在每年的读书节举办了一系列的竞赛活动，如"读后感征文比赛""阅读达人的评选""电子资源的利用知识竞赛"等。通过这些比赛，读者更多地了解了图书馆，利用图书馆资源的热情也被激发了。

4. 读者培训

读者培训的形式有触摸屏指南、网络教程、网络教室、网络公开课课件等。内容涵盖文献学和信息学基础知识，信息检索语言、检索工具、检索方法，各类型工具书使用法，专业文献检索与利用，数据库检索、网络信息检索与利用，图书馆使用法等。

5. 个性化服务

个性化服务在图书馆界存在已久。参考咨询服务就是为读者提供一对一的指导和帮助，可以说某种程度上具备了个性化服务的雏形，但是个性化服务的理念是随着数字资源和数字服务的普及，在图书馆学界的强力推动下形成的。1999年，美国图书馆与信息技术协会指出信息技术应用于图书馆有七大发展趋势，其中个性化服务被列为第一大趋势。我国学者罗琳撰文《个性化服务与数字图书馆的发展》，从信息技术支持和信息服务要求等方面，论述了数字图书馆只有开展个性化服务，才能得到快速发展。之后个性化服务的研究成为图书馆学研究的热点。截至2011年12月底，共有739篇论文，这些成果对图书馆开展个性化服务提供了有益的指导。例如中国科学院图书馆推出"我的数字图书馆"、清华大学图书馆推出个性化服务项目。在公共图书馆界是将个性化服务写入相关规范中，2012年开始实施的《公共图书馆服务规范》（GB/T 28220—2011）中明确提出个性化服务。"公共图书馆可为个人、企事业机构及政府部门提供多样化的、灵活的、有针对性的服务"，将个性化服务作为评估的标准。

三、读者活动的原则

1. 创意为先原则

创新是活动策划的基本姿态，创意是高水平策划的前提条件。如果某一读者活动项目的策划没有创新点，那么这份策划书就没有生命力。因此，读者活动首先要通过比较和借鉴，对活动进行较高的目标定位，然后围绕目标的实现突出创意，通过创意让活动出彩、出新、亮点频现，通过创意的实现达到吸引读者参与、吸引领导关注、吸引媒体深入报道的多级目标。

2. 先进性原则

先进性文化的传播是读者活动保持持久生命力的核心，图书馆作为精神文明建设的重要阵地，举办的各项活动内容必须是能代表先进性文化的、健康向上的，从而为构建和谐的学习型社会发挥积极作用。讲座的内容要把握文化的先进性方向，要倡导爱国、敬业、诚信、友善。坚持文化的先进性，要始终把社会效益放在首位。

3. 公益性原则

图书馆是社会的公共文化设施，它所提供的服务是面向社会所有人的公共服务。图书馆开展的各项活动也应该不是以盈利为目的的社会公益活动。因此，图书馆举办读者活动必须坚持公益性、不收费原则，吸引广大读者积极参与图书馆活动，使图书馆读者活动和其他业务工作一样，成为传递知识文化的重要形式。

4. 普及性原则

图书馆的文化活动是面向大众的普及性活动，因此，活动的形式既要丰富多彩，又要为大众喜闻乐见。活动的主题内容既要深刻，又要通俗易懂，深入浅出。对于专业性强、受众面窄、晦涩难懂、不易为大众接受的内容和形式，不要勉强采用。

5. 新颖性原则

图书馆开展各项活动首先内容要新，要不断结合社会的发展，敏锐地捕捉社会热点，满足人们不断提高的知识文化需求。如果活动主题内容陈旧，则是无法满足读者需求的。其次，活动形式也要推陈出新，不断寻求大众喜闻乐见、易于传播知识的新形式。以口头语言表达的活动为例，可以采取讲座、演讲、讲故事、表演等不同形式。各种活动形式也可以相互结合，演绎出新的更生动活泼，更有益于内容表达、知识传播的活动形式。

四、读者活动策划的流程

1. 组织策划团队

作为现代策划，需要的是多个学科的综合知识和团体的智慧，需要个人特别是团队的创意。图书馆读者活动不是哪一个部门的事情，其运作往往需要全馆力量甚至馆外力量的支持。目前，虽然很多图书馆都有专门组织开展读者活动的部门，但读者活动的程序复杂，策划、运作高水平的读者活动靠一个部门显然难以应对，图书馆除抽选馆内创新能力强、思维活跃、点子多的人员组成相对固定的策划小组外，还可吸纳社会力量加盟，一些大型活动还可聘请专门策划师进行策划，为活动的顺利开展奠定良好的组织基础。

2. 进行调查研究

策划某一项读者活动特别是一些大型读者活动，可行性调查研究必不可少。只有调查研究做得越细致、越充分，活动的策划才有根基，成功率才越高。进行调查研究一方面要做外围调研，包括国家政策、法规，同类活动个案信息，社会资源的利用，读者的需求等；另一方面要做好图书馆内部的调研，包括场地安排、时间选择、经费预算、应变措施等，然后形成分析报告，做出客观决策。例如东莞图书馆在2005年举办首届动漫节时，委派专人查找国家有关动漫方面的政策和法规、其他城市举办动漫节的个案资讯，了解公众关注的动漫热点，把握动漫节在地域内举办产生的影响、社会效益、社会群体对动漫节的适应程度、场地状况、参与的企业、时间的选择、户外活动的应变措施等，然后撰写出详细的调研报告，为东莞图书馆动漫节的成功实施打下了坚实的基础。

3. 确定活动主题

大型读者活动，内容丰富、形式多样，必须围绕一个鲜明的主题，才可能给读者留下深刻的印象。活动的主题可通过有奖征集等形式确定。主题确定后，可进一步提炼活动口号、标志（Logo），并积极进行宣传，以进一步强化活动主题，提高社会对活动主题的认同。例如东莞读书节在策划之初即围绕东莞城市发展的定位，确定了"建设文化新城，营造书香社会""阅读·和谐·发展"等主题，并在此基础上提炼出了"让阅读成为每个人生活的一部分""知识惠东莞""阅读提升城市品位，求知丰富精彩人生"等口号，并通过向全国征集读书节节标，编辑读书节宣传册、专刊，张贴读书节海报等方式，加深东莞读书节在市民中的影响，提高东莞读书节在社会上的影响力和辐射力。

4. 制定活动方案

在征求、收集各方意见后就要撰写策划方案和执行方案。策划方案的内容主要包括活动名称、主办单位、协办单位、承办单位、媒体支持、宗旨和目标、活动组织机构、举办时间和地点、活动主题、活动口号、活动内容、工作要求、附件等基本要素，它是了解活动全貌的一面镜子。执行方案是在策划方案基础上的细化，内容包括具体某一项活动的时间、地点、议程、参加人员、礼仪安排、宣传措施、经费预算、责任分工等细节，它是活动具体操作的指南。详尽的策划方案和执行方案是活动顺利开展的基本保证，图书馆在活动策划之初，可由各个部门提交本部门业务范围内的活动方案，再通过图书馆联席会议确定完整、详尽的活动策划方案和执行方案，并将所有方案落实成文，下发至各部门参照执行。

5. 落实项目责任

　　一场活动千头万绪，活动策划就是要将各项任务项目化、责任化，使各项任务逐项落实。落实责任人一方面可以充分调动人的主观能动性，促使他们创造性地执行活动方案；另一方面有利于活动的总结和考核，为今后的活动开展奠定良好的基础。例如东莞图书馆每开展一次大型活动，就有明确的活动分工一览表，将活动场地布置、嘉宾接待、嘉宾座次、媒体宣传联系、主持人、司仪安排、领导讲话稿的撰写、灯光、音响、摄像、信息联络、技术支持、秩序维持、衣着、指挥中心现场气氛调节、接送车辆、活动后现场清理、餐饮招待、后续联络等工作逐一落实到具体责任人，并召集具体责任人进行集中讲解，把执行方案变成参与活动人员的"指挥棒"，从而使每一名成员知晓自身的角色，保证整个活动的顺利进行。

6. 进行绩效评估

　　执行方案实施后，要及时开展效果评估。效果评估可以从读者反馈、媒体报道、领导评价、自我总结等反馈效果进行评估，也可以从活动目标是否正确、活动创新点是否鲜明、经费投入是否合理、公众资料收集是否全面、社会资源利用是否增加等内容进行评估，及时总结出活动的整体效果，为下一次策划与实施提供借鉴。

【思考题】

1. 答复咨询的方式主要有哪几种？
2. 什么是科技查新？
3. 移动数字图书馆有哪些服务功能？
4. 书目检索途径主要有那些？
5. 简述读者活动策划的流程。

第五章 常用中文数据库

随着社会的不断进步,人们越来越依赖计算机电子技术加工、存储、查找信息资源,而数据库成为开发信息资源的一个重点,并得到了迅速发展,各发达国家为此颁布了各种法规,并提供了充足的资金支持,使数据库的发展迈上了一个又一个新的台阶。例如,美国政府在 1985 年颁布了《美国联邦信息资源管理政策》,即 A130 号文件,1987 年发表了《电子信息收集的政策指南》;1990 年美国图书馆与信息科学委员会发表了《公共信息准则》;1993 年 9 月,克林顿政府制订、颁布了国家信息基础设施(NII)计划,并随后提出了相关行政计划。这些政策和计划都将重点放在数据库资源的建设上,以数据库建设促进现代信息资源的开发。美国目前经过注册的数据库大概有 3 万多个,而且它们有共同的特点——规模大、信息容量大、功能齐全、更新较快、商业化程度较高。

20 世纪 90 年代后期,大多数学术期刊都实现了全文数字化出版,出版商将其集成为数据库出售,形成如今广泛使用的商品化全文数据库。全文数据库(Full-text Database)是学术数字资源的重要组成部分。一般认为,全文数据库在数据库的规模、收录内容的范围、价格等各方面都有不同,但所具有的共同特点是:集成电子出版物并建立数据库,实现单一平台下针对这些电子出版物的检索。

第一节 数据库基础知识

一、数据库及其相关概念

数据库(Database)是指至少由一种文档组成,能满足特定目的或特定功能数据处理系统需要的数据集合。数据库可以直观地理解为存放数据的仓库,只不过这个仓库是计算机的大容量存储器,如硬盘就是一种最常见的计算机大容量存储设备。而且数据必须按一定的格式存放。下面介绍一些与数据库相关的概念。

数据库主要由文档、记录、字段三个层次构成。

1. 文档(File)

文档是文献或数据记录的集合。一个数据库至少包括顺排文档和倒排文档两种文档。

1)顺排文档(Linear File)。顺排文档也称主文档,是按记录存取号的大小顺序排列而成的文档。每一篇文献为一条记录单元,一个存取号对应一条记录。文献信息越新,记录存入文档的时间越晚,记录的顺序号就越大。顺排文档存入了数据库的全部记录,存储了记录的最完整的信息。如果在顺排文档中进行检索,计算机就要对每个检索提问式逐一扫描数据库中的每一条记录,存储的记录越多,扫描的时间越长。

2)倒排文档(Inverted File)。倒排文档也称索引文档,是将全部记录中的某一文献或数据特征标识（不包括存取号），即把主文档中的可检字段（如主题词、著者）抽出，按一定的顺序（字母或数字顺序）排列而成的特征标识文档。不同的字段组织成不同的倒排文档（如主题词倒排文档、著者倒排文档等）。在书目数据库中，著者是最常见的文献或数据特征标识之一，如果以它为标准生成倒排文档，实际上即是以著者为依据，将不同的著者姓名按字顺排列生成著者索引。

倒排文档类似于检索工具中的辅助索引，大大加快了数据库的检索速度。在数据库中，建立倒排文档的字段越多，相应的检索途径越丰富，检索效率越高。倒排文档只抽取字段的文献特征标识、文献篇数及文献存取号。因此，在检索时，必须和顺排文档配合使用，先在数据库的倒排文档中查得文献篇数及其记录存取号，再根据存取号从顺排文档中调出文献完整的记录。

2. 记录（Record）

记录是有关文献或数据的整体描述，是构成数据库或文档的基本单元。在全文数据库中，一条记录相当于一篇文章，而在书目数据库中，一条记录相对于一条题录。如果与传统图书馆做比较，传统图书馆采用手工借阅，利用的是卡片式目录，数据库的一条记录则对应着一张卡片。

3. 字段（Field）

字段是记录的基本单元，是对实体的具体属性进行描述的结果。在书目数据库中，记录含有的字段主要有题名、著者、出版年、主题词、文摘、ISBN等。字段由字段名和字段内容构成。如果有些字段内容较多，还可以进一步划分为若干个子字段。

在书目数据库中，一条完整的记录由若干个字段及其内容构成，反映了一种图书较全面的信息，许多记录按照不同的方式排列，又组成顺排文档或不同的倒排文档，这些文档是若干数据的集合，进一步构成数据库的主体。

实际上，数据库即是长期存储在计算机内、结构化、可共享的数据集合。它具有较小的冗余度、较高的独立性、较强的易扩展性等优点，可以说是现实社会存储信息的主要形式。

二、数据库的类型

按照数据库反映文献类型的不同，可将数据库分为如下几类：

1. 参考数据库（Reference Database）

参考数据库是指包含各种数据、信息或知识的原始来源和属性的数据库。数据库中的记录是通过对数据、信息或知识的再加工和过滤，如编目、索引、摘要、分类等，然后形成数据库。参考数据库主要是针对印刷型出版物开发的，指引用户能够快速、全面地鉴别和找到相关信息的数据库，提供文献信息的基本特征和属性以供用户参考，同时提供相关来源信息使用户可以找到原始文献。

2. 全文数据库（Full-text Database）

全文数据库是指收录有原始文献全文的数据库，以期刊论文、会议论文、政府出版物、研究报告、法律条文和案例、商业信息等为主。全文数据库免去了文献标引著录等加工环节，减少了数据组织中的人为因素，因此数据更新速度快，检索结果查准率更高；同时由于直接提供全文，省去了查找原文的麻烦，因此深受用户喜爱。

3. 事实数据库（Factual Database）

事实数据库是指包含大量数据、事实，直接提供原始资料的数据库，又分为数值数据库、指南数据库、术语数据库等，相对于印刷型文献中的参考工具书，如百科全书、手册、年鉴、名录等。数值数据库是指专门以数值方式表示数据，如年鉴数据库、统计数据库、化学反应数据库等；指南数据库包括公司名录、产品目录等；术语数据库即专门存储名词术语信息、词语信息等的数据库，如电子版的百科全书。

三、常用的文献数据库

国内外文献数据库很多，常用的文摘索引数据库有世界著名的四大权威检索数据库——SCI、《科学评论索引》（Index to Scientific Reviews，ISR）、EI 和 ISTP，以及 SA、CA。国内常见的有《全国报刊索引》《中国学术会议文献通报》等题录型和文摘型数据库。

常用的国内全文数据库包括中国知网（CNKI）、万方数据库、维普中文科技期刊数据库、读秀学术搜索、超星数字图书馆等。国内的全文数据库（CNKI、万方、维普）在国内学术界中利用率最高，影响范围最广，市场占有率也最大。这三大全文数据库已成为我国科研机构电子资源的重要组成部分，也是科研工作者从事学术研究的重要信息来源。下面主要介绍 CNKI、万方两个全文数据库及超星数字图书馆和读秀学术搜索。

第二节 中国知网（CNKI）

一、中国知网概况及简介

中国知网，又名"中国国家知识基础设施"（China National Knowledge Infrastructure，CNKI）。国家知识基础设施（National Knowledge Infrastructure，NKI）的概念，首先由世界银行于 1998 年提出，后由清华大学光盘国家工程研究中心、清华同方光盘股份有限公司等单位发起，以实现全社会知识资源传播共享与增值利用为目标，工程于 1999 年 6 月开始实施。经过十几年的努力，建成了世界上全文信息量规模最大的"CNKI 数字图书馆"，并启动建设"中国知识资源总库"及 CNKI 网络资源共享平台，通过产业化运作，为全社会知识资源高效共享提供了最丰富的知识信息资源和最有效的知识传播与数字化学习平台。目前 CNKI 已建成了十几个系列知识数据库，其中"中国知识资源总库"是 CNKI 的核心产品。

"中国知识资源总库"拥有国内 9044 种期刊、1000 多种报纸、420 多家博士培养单位的博士学位论文、650 余家硕士培养单位的优秀硕士学位论文、约 900 家全国各学会/协会重要会议论文、1600 种各类年鉴、数百家出版社已出版的图书、百科全书、中小学多媒体教学软件、专利、标准、科技成果、政府文件、互联网信息汇总以及国内外 1200 多个各类加盟数据库等知识资源。

"中国知识资源总库"已经囊括除图书外我国 80% 的知识资源，是目前中国最具权威、资源收录最全、文献信息量最大的动态资源体系，也是中国最先进的知识服务平台与数字化学习平台。

"中国知识资源总库"通过中国知识门户网站——"中国知网"（http://www.cnki.net/）来进行实时网络出版和信息服务。其核心资源是 CNKI 系列数据库。

其中最具有代表性的子数据库包括：中国学术期刊网络出版总库（CAJD）、中国优秀硕士学位论文全文数据库（CMFD）、中国博士学位论文全文数据库（CDFD）和中国重要会议论文全文数据库（CPFD）等。

1. 中国学术期刊网络出版总库（CAJD）

中国学术期刊网络出版总库（China Academic Journal Network Publishing Database）是目前世界上最大的连续动态更新的中国学术期刊全文数据库，是"十一五"国家重大网络出版工程的子项目，是《国家"十一五"时期文化发展规划纲要》中国家"知识资源数据库"出版工程的重要组成部分。它以学术、技术、政策指导、高等科普及教育类期刊为主，内容覆盖自然科学、工程技术、农业、哲学、医学、人文社会科学等各个领域。截至2014年5月30日，其拥有独家授权期刊1517种，"中国学术期刊网络出版总库（特刊）"出版期刊达到2400余种，约占我国学术期刊出版总量的37%，全文文献总量4133多万篇，收录年限从1915年至今，数据库每日更新。

2. 中国优秀硕士学位论文全文数据库（CMFD）

中国优秀硕士学位论文全文数据库是国内资源内容最完备、质量最高、出版周期最短、数据最规范的优秀硕士学位论文全文数据库，是国务院学位委员会指定的唯一硕士学位点评估依据数据库。其收录范围为具有博士学位授予权单位的优秀硕士学位论文以及全国无博士学位授予权单位的优秀硕士学位论文。以优先保证文献质量为基本原则。

中国优秀硕士学位论文全文数据库重点收录"985"和"211"高校、中国科学院、社会科学院等重点院校的优秀硕士论文；目前有硕士学位论文全文文献146万多篇；收录年限从2000年至今（部分回溯收录至1984年）；大多数论文出版不晚于授予学位之后两个月；每日更新。

3. 中国博士学位论文全文数据库（CDFD）

中国博士学位论文全文数据库是国内资源内容最完备、质量最高、出版周期最短、数据最规范的博士学位论文全文数据库，是国务院学位委员会指定的唯一博士学位点评估依据数据库。其收录范围为具有博士学位授予权的学科点的全部博士学位论文（涉及国家保密的论文除外），自2000年以来收录博士论文17.1万余篇。其中，145家培养单位与CNKI独家合作，包括"985工程"院校16家、"211工程"院校52家，分别占985、211院校总数的41%和45%。收录年限从2000年至今（部分回溯收录至1984年）。已签约向CDFD投稿的博士培养单位有403家（涉及国家保密的单位除外），占我国博士学位培养单位的98%。211院校学位论文覆盖率达到100%。2010年、2011年博士论文出版数量占全国当年毕业且公开出版的博士学位论文总量的90%以上。大多数论文出版不晚于授予学位之后两个月。

4. 中国重要会议论文全文数据库（CPFD）

中国重要会议论文全文数据库收录中国科协及国家二级以上学会、协会、研究会、科研院所、政府举办的重要学术会议、高校重要学术会议、国内召开的国际会议上发表的文献。

中国重要会议论文全文数据库汇集了国内外8000余家重要会议主办单位产出的学术会议文献，基本囊括了我国各学科重要会议论文，是我国最完备的中国重要会议论文全文数据库，也是我国第一个连续出版重要会议论文的全文数据库。该数据库的特点是：首先，该数据库出版系列化，学术组织举办的重要会议具有固定的周期且连续性召开的特点，系列化出版完整体现了该学科领域最新的研究成果，同时便于读者进行追溯研究，到目前为止，60%的重要会议文献已实现系列化收录，可以为读者提供完整的系列化调研资料。其次，该数据库出版系统化，通过跨库检索、知网节功能与其他文献结合，实现与不同类型文献重新整合。CPFD目前累积会议论文全文文献170万篇，收录年限为1953年至今，国家一级学会、协会召开的会议产出的论文收全率占96%以上，当年会议结束之后两个月内出版会议论文网络版。

5. 中国重要报纸全文数据库（CCND）

中国重要报纸全文数据库是我国第一个以重要报纸刊载的学术性、资料性文献为收录对象的连续动态更新的报纸全文数据库。其收录范围为中央级、全国性报纸和发行量大、有一定影响力的地方性报纸及特色报纸，自2000年以来收录不少于500种中央及地方重要报纸，文献量约1100万余篇。收录内容为重要新闻和学术文献资料，收录方式是摘录全文，收录年限为2000年至今。其报纸网络出版平均滞后于报纸印刷出版5天，其中当天更新报纸不少于100种。

6. 中国年鉴网络出版总库（CYFD）

中国年鉴网络出版总库是我国第一部拥有国家标准刊号连续出版的年鉴全文数据库型电子期刊，是目前国内年鉴数据库市场上最完整、最权威的产品。在先进的专业检索、知识挖掘、数字化学习与研究等系统功能支持下，它既能全面展示我国纸质年鉴资源的原貌，又运用国内最先进的数图开发技术，深度开发利用纸质年鉴中的信息资源，将2300多种年鉴内容以条目为基本单位，重新整合、标注、归类入库，进而形成一个涵盖全面、系统反映国情资讯的信息资源库。CYFD自2000年以来已收录各种年鉴及相关资料2381种，占我国已公开连续出版年鉴的96%，遥居业内第一。它收录年鉴18245册，1500余万条，收录年限从1912年至今。2000余种年鉴"零缺期"，册数和文献条目数的完整率为99%，多种年鉴册数完整性已远超国家图书馆和CALIS。中心网站版每周更新内容，镜像站点按月更新。纸质年鉴现刊出版后，最快40天即可上网。

"中国知识资源总库"还包括中国专利全文数据库（知网版）、国家科技成果数据库（知网版）、国学宝典数据库、中国大百科全书数据库、中国高等教育期刊文献总库、中国党建期刊文献总库、中国政报公报期刊文献总库、中国经济信息期刊文献总库、中国精品文化期刊文献库、中国精品文艺作品期刊文献库、德国Springer期刊数据库、英国Taylor&Francis期刊数据库、剑桥大学出版社期刊数据库、Wiley期刊数据库、IOS Press期刊数据库、Bentham期刊数据库等数据库资源。

二、CNKI检索综述

中国知网提供的基本检索方式有初级检索、高级检索和专业检索，分别体现在单库检索和跨库检索两种模式中。各种检索方式的检索功能有差异，基本上遵循由高向低兼容的原则，即高级检索中包含初级检索的全部功能，专业检索中包括高级检索的全部功能。

各种检索方式所支持的检索均需要通过几部分实现：检索项、检索词和检索控制。系统所提供的检索项、检索控制均可任选。在同一种检索方式下，不同的数据库设置的检索项及检索控制可能会有差异。

1. 单库检索

单库检索是对某一个数据库的检索。在 CNKI 系列数据库中，各数据库页面及功能相似。单库检索页中提供初级检索及其相应的检索控制功能。在此页面上，用户可利用检索导航、检索框、检索控制项等完成简单检索和一般的逻辑组合检索。

2. 跨库检索

跨库检索是指以同一检索条件同时检索多个数据库。在数据库列表中选择要检索的数据库之后，再进行跨库检索就可实现跨库检索的操作。

3. 文献导航

文献导航的目的是从不同的角度和途径导出（自动检索出）数据库中的相关内容，实现分类浏览和下载。文献导航包括专辑导航和专库导航：①专辑导航，是以 CNKI 文献专辑系统的自然科学与工程技术文献的六个专辑类目和人文社会科学文献的四个专辑类目为导航类目，即基础科学、工程科技Ⅰ辑、工程科技Ⅱ辑、农业科技、医药卫生科技、信息科技、哲学与人文科学、社会科学Ⅰ辑、社会科学Ⅱ辑、经济与管理科学十大专辑导航系统；②专库导航，又称数据库导航，是根据收录文献的不同特征所提供的特性导航，设于各个数据库中。例如中国期刊全文数据库的期刊导航、基金导航、作者单位导航。

目前，任何用户均可通过 CNKI 主页（http://www.cnki.net）免费访问 CNKI 系列数据库中的题录和文摘信息，但如需下载全文，则要按页付费或授权使用。其主要服务模式是在集团内部网中建立镜像站点，通过集团主页上的相关栏目链接，无须注册登录（一般为授权 IP 范围内），即可直接检索并下载全文；也可通过网上包库或个人用户购买"检索阅读卡"，在 CNKI 的主页界面上输入相应的账户、密码进行登录后检索并下载全文。在 CNKI 系列数据库中，尤以中国期刊全文数据库最具特色，已经成为国内外文献信息用户检索中文文献不可或缺的重要数据库之一。因此，下面以中国期刊全文数据库为例，重点介绍其使用方法，其他数据库的使用方法与其基本相似。

三、中国知网的检索登录方式

目前多数高校图书馆采用"镜像站点"方式，一般是从本校图书馆主页上的 CNKI 相关栏目链接到 CNKI 镜像站点，例如：湖北师范大学图书馆主页（如图 5-1 所示）→常用数据库（如图 5-2 所示）→中国学术期刊网→资源总库（如图 5-3 所示）→源数据库（如图 5-4 所示）→《中国学术期刊（网络版）》（如图 5-5 所示）。

图 5-1　湖北师范大学图书馆主页

第五章 常用中文数据库

图 5-2 湖北师范大学图书馆常用数据库页面

图 5-3 中国知网资源总库页面

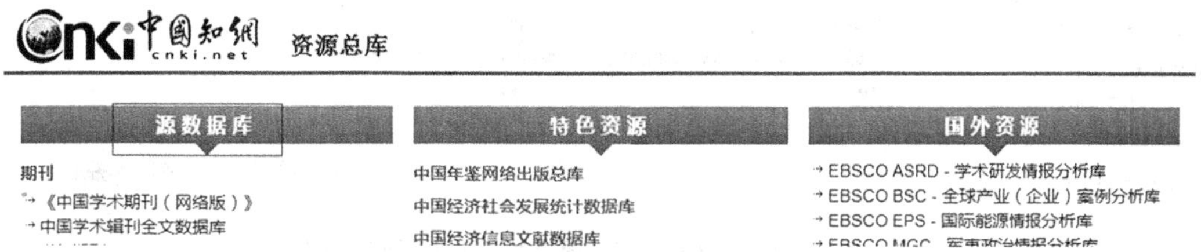

图 5-4 中国知网源数据库页面

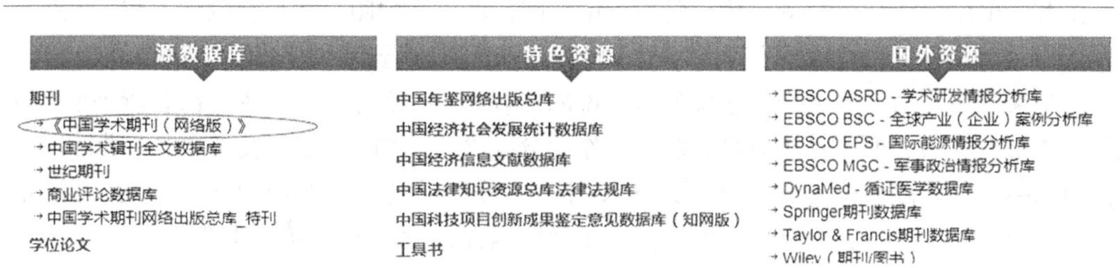

图 5-5 《中国学术期刊（网络版）》进入页面

四、中国知网的检索功能

CNKI 检索界面主要由检索条件区（见图 5-6 和图 5-7）、导航区、检索结果概览区和检索结果细览区四部分组成。

1. 检索条件区

图 5-6　CNKI 单库初级检索基本模式——期刊数据库

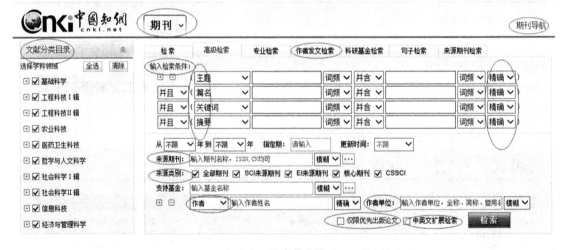

图 5-7　CNKI 单库高级检索基本模式——期刊数据库

（1）检索项。检索项共有 16 个检索字段可选，包括主题、篇名、关键词、摘要、作者、第一作者、单位、刊名、参考文献、全文、年、期、基金、中图分类号、ISSN、统一刊号。

其中"主题"是一个复合检索项，由篇名、关键词、摘要三个检索项组合而成。"第一作者"是指文章发表时，多个作者中排列于首位的作者。"参考文献"是在文章后所列的"参考文献"中综合检索，而不是按条目、题名、作者分别检索。"期"是指文章在某一期刊发表时所在的刊期，以 2 位字符表示：2 位阿拉伯数字表示规则的刊期，如 01 表示第 1 期；增刊以 s 表示，如 s1 表示增刊 1；合刊以 z 表示，如 z1 表示某刊在某年度的第一次合刊。

（2）检索词。检索词是表达检索对象的概念，可以是词或词组，也可以是检索式。

（3）扩展区。在输入检索词的情况下，单击检索项右侧的一个图标，显示以输入词为中心的相关词。该区提供主题、篇名、摘要、作者、第一作者、单位、参考文献、全文、基金九个字段的扩展词。

（4）匹配模式。匹配模式选项分为两种：模糊匹配和精确匹配。"模糊匹配"是指只要一个记录的指定字段中含有此检索词，便认为该记录符合检索要求。"精确匹配"则要求字段的取值与检索词完全相同。例如，检索"作者"是"王明"的所有刊物时，精确匹配只会检索出"王明"的全部作品，而模糊匹配还会将"王小明""王晓明""王明明"等作者的作品也包括其中，这就是两者的区别所在。"模糊匹配"的结果范围通常情况下会比"精确匹配"的结果范围大些，因此如果检索的是一个生僻词，则最好使用"模糊匹配"检索。

（5）时间范围。用户可以根据自己的需要设定所检索刊物的时间范围（如选择从 1995 年到 2005 年）。

（6）来源类别。来源类别指的是用户想要检索的作品的来源，包括全部期刊、EI 来源期刊、SCI 来源期刊及核心期刊等。

（7）记录数和排序。记录数和排序这两个选择项是针对检索结果显示界面设定的，用户可以自定义选择设定每页显示多少条记录及按什么方式对检索结果进行排序。

检索结果输出时的顺序包括"无""相关度""时间"三个选项。"无"即为按文献入库时间顺序输出；"相关度"即按词频、位置的相关程度从高到低顺序输出；"时间"即按文献入库时间逆序输出，数据更新的日期越新越靠前。

（8）中英文扩展检索。这是根据输入的中英文检索词，自动扩展检索相应检索项的中英文语词的一项检索控制功能。前提条件是该检索项中同时以中英文两种文字形式提供内容。仅在选择"匹配"中的"精确"时，"中英扩展"功能才可使用。

（9）每页显示。用户单击按钮，服务器会返回结果至右侧上部的窗口中。检索结果页面所要显示的记录条数，有 10、20、50 等可选。默认每页显示 10 条记录，超过 10 条可以翻页查看。

（10）检索。最后，单击"检索"按钮，可进行数据检索。

2. 导航区

以学科分类为基础，兼顾用户对文献的使用习惯，将数据库中的文献分为十个专辑。每个专辑下分为若干个专题，共计 168 个专题，专题下又细分为 3600 个子栏目，可供用户对检索对象的学科范围进行限定。在检索时可以单击"全选"按钮选中所有复选框，或选择多个专辑，或选择多个下位的子栏目。检索导航主要是为控制检索范围而设，同时也为不熟悉检索技术的用户提供了从主题类目检索浏览某一方面所有文献的方式。

3. 概览区

（1）检索结果报告区：显示符合检索要求的记录数。例如，以检索词"图书馆信息服务"为例检索，显示"找到 40623 条结果"。

（2）分页显示导航区：可通过上下翻页或直接输入数字跳转至相应页面。

（3）结果列表区：列出了符合检索要求的文献的四个属性供用户参考，分别为篇名、作者、刊名和年期。如果想进一步获得某篇文献更详细的信息内容，可单击"篇名"文字链接，在细览区查看。

（4）相似词：显示与检索词相似的词，单击其中的词语，将以当前所选的检索项进行该词的检索，帮助用户查找到更多更合适的文献。

4. 细览区

（1）CAJ下载、PDF下载：在当前位置打开原文或将原文保存到磁盘。

（2）详细信息：可链接进入知网节，进一步查看与当前文章有关的各种文献信息。

（3）读者推荐：可链接进入知网节，查看根据日志分析和读者反馈获得的与源文献最相关的文献信息。

（4）相似文献：可链接进入知网节，查看与当前文章主题相近或内容相似的文献。

（5）相关研究机构：根据文献主题内容的相似程度而聚集的一组研究机构。单击某一相关机构链接，可以直接查到该机构被"总库"收录的文献信息。

（6）相关文献作者：根据文献主题内容的相似程度而聚集的一组作者名称。单击某一相关作者链接，可以直接查到该作者被"总库"收录的文献信息。

（7）文献分类导航：可链接进入知网节，在当前数据库中，获取主题文献所在"中图法"类目及其上级类目的全部文献信息。

（8）属性显示区：分别列出当前文章的"篇名""作者""关键词""摘要""刊名"等属性，有些属性设有相关的链接，用户可根据需要进一步单击查看与之相关的内容。

5. 知网节简介

"知网节"就是知识网络节点的简称，提供单篇文献的详细信息和扩展信息的浏览页面。它不仅包含了单篇文献的详细信息，如题名、作者、机构、来源、时间、摘要等，还是各种扩展信息的汇总集点。这些扩展信息通过概念相关、事实相关等方法揭示知识之间的各种关联，达到知识扩展的目的，有助于新知识的学习、发现、获取。

目前"知网节"提供如下扩展信息：

（1）节点文献题录摘要。

1）文献篇名：分别链接网上中、英文同名文献；可发现国内外重复、竞争性研究项目，可查一稿多投、抄袭，保护文献的独创性。

2）作者、作者单位：链接同作者文献、同机构同类文献；全面反映作者的研究历史、特点、水平；利用作者名望、机构品牌的影响力传播。

3）关键词、摘要：通过链接，推荐相关关键词，搜索相似文件摘要；发现可能存在的新知识，发现国内外重复、竞争性研究项目，利用读者发现新知识的兴趣、欲望传播文献。

4）刊名：链接本期整刊；查本刊其他文献；反映本刊历史、全貌。

（2）节点文献的相关文献链接。

1）参考文献：与节点文献的关系为本文（节点文献）的文后参考文献；功能是了解本文的研究背景、依据，利用文件调研基本要求，传播文献。

2）引证文献：与节点文献的关系为文后参考文献中引用本文的文献；功能是了解本文研究工作的继续、发展与评价，利用文献基本要求，传播文献。

3）共引文献：与节点文献的关系为与本文引用相同文献的文献；功能是揭示有共同研究背景的相关文献信息，利用引文文献调研途径传播文献。

4）同被引文献：与节点文献的关系为与本文同时被其他文献引用的文献；功能是提示有共同研究背景的相关文献信息，利用引文文献调研途径传播文献。

5）二级参考文献：与节点文献的关系为本文参考文献的参考文献；功能是进一步提示本文的研究背景、依据，新的引文调研途径，一次性揭示二级相关文献信息。

6）二级引证文献：与节点文献的关系为本文引证文献的引证文献；功能是进一步反映本文工作的进展，新的引文调研途径，一次性揭示二级相关文献信息。

7）相似文献：与节点文献的关系为与本文主题、内容相似的文献；功能是尽可能全面反映相同、相近研究方向的成果和进展，以自动聚类方式，按主题汇编文献传播。

8）读者推荐文献：与节点文献的关系为被较多的读者与本文同时下载的文献；功能是向读者提示同行的关注热点和研究情报，利用读者独立检索记录的相关性，构成传播链条进行互动传播。

9）相关研究机构：与节点文献的关系为以上相关文献的作者所在机构的其他作者在总库中的所有文献；功能是全面了解与本文有关的研究机构的研究状况，全面利用研究机构的影响力进行文献传播。

10）相关文献作者：与节点文献的关系为以上相关文献作者在总库中的其他文献；功能是全面了解研究群体的研究状况，全面利用作者的影响力进行文献传播。

11）文献分类导航：与节点文献的关系为本文属于同一专业、学科、领域的文献，逐级揭示，并可跳转其他相关专业、学科、领域；功能是综合了解本专业、学科、领域中相关研究方向的成果，揭示学科交叉渗透，启示新的研究方向，利用专业概念进行传播。

五、中国知网的检索方法

中国期刊全文数据库共提供了三个检索功能入口，它们分别是：初级检索、高级检索、专业检索，同时在这三个检索结果的基础上还提供了二次检索、分类检索和期刊导航等检索方式。基本检索方式间遵循向下兼容原则，即高级检索兼有初级检索的功能，专业检索兼有高级检索的功能。同时检索功能又随检索方式的操作复杂性递增，即高级检索方式的使用复杂性要高于初级检索方式，而其所拥有的检索功能也较强。高级检索的功能多于初级检索，专业检索的功能多于高级检索。

1. 初级检索

初级检索的功能是在指定的范围内，按单一的检索项检索，适用于不熟悉多条件组合查询的用户，它为用户提供了详细的导航、最大范围的选择空间，对于一些简单查询，建议使用该检索方法。这一功能不能实现多检索项的逻辑组配检索。其特点是方便快捷、效率高，但查询结果有很大的冗余。进入此检索功能入口的方法有两个：一是登录成功后的默认界面上侧（见图5-8）；二是单击页面右上角的"初级检索"标签进入界面。

图5-8 CNKI初级检索界面

其检索步骤如下：

（1）第一步：选择查询范围。

在专辑导航区，单击一个类目名称，展开下一级子栏目，以此类推，直到出现可选检索范围。选中类目前的复选框，可限制在一个类或多个类中进行检索。系统默认为"全选"。

（2）第二步：选择检索项。

检索项共有 16 个检索字段可选，包括主题、篇名、关键词、摘要、作者、第一作者、单位、刊名、参考文献、全文、年、期、基金、中图分类号、ISSN、统一刊号。在"检索项"下拉列表中进行选择。

（3）第三步：输入检索词。

检索词是表达检索对象的概念，可以是词或词组，也可以是检索式。

输入检索词的方式有两种：一是直接在"检索词"文本框中输入；二是在已有检索词的情况下，通过单击"检索项"右侧的图标，从"扩展词"列表中返回一个相关词，相关词可以通过选中自动增加，或单击所需要的相关词取代原输入词。

（4）第四步：匹配模式选择，系统默认为"模糊"。

（5）第五步：限定时间。用户可以根据自己的需要设定所检索刊物的时间范围（如选择从 1995 年到 2005 年）。

（6）第六步：检索范围选择，系统默认为"全部期刊"。

（7）第七步：更新选择，系统默认为"全部数据"。

（8）第八步：选择显示记录数和排序。

（9）第九步：检索。

用户单击"检索"按钮，服务器会返回结果至右侧上部的窗口中。还可以在此基础上进行"在结果中检索"（即所说的"二次检索"），缩小检索范围，达到精确检索结果的目的。

（10）第十步：结果处理。

1）页码选择：检索后，会在页面的概览区列出满足检索条件的所有记录，但由于检索结果往往很多，因此如果想看后面的记录，则可利用页面上的"上一页""下一页"等这些翻页功能进入相应页面，如图 5-9 所示。

图 5-9　CNKI 初级单库检索结果

2）查看及保存全文：可通过两种方式查看及保存全文。第一种是在概览区的检索结果列表中单击"篇名"文字链接，会打开一个新窗口，如图 5-10 所示。单击篇名下面的"CAJ 下载"或"PDF 下载"链接，会弹出如图 5-11 所示的对话框。第二种是在检索结果列表中直接单击"下载"，也会弹出如图 5-11 所示的对话框。最后单击"打开"或"保存"按钮，可以在当前位置打开文件或将该文件保存到磁盘上。

图 5-10　原文下载

图 5-11　原文保存

3）保存题录：如果不想立即查看检索到的结果，或者想同时看到多篇文献的题录信息，可以通过有选择地暂时存储检索结果记录来实现，操作步骤非常简单：直接在想要保存的列表记录"篇名"前打钩，或单击列表结果页面右上角的"全选"按钮（全选当前页的所有记录），即可选中想要保存的记录，然后单击"保存"按钮进行题录保存的设置，得到如图5-12所示的界面。这里共提供了不同的输出字段方式：简单、详细、引文格式和自定义等。在不同的输出方式中，会显示不同的记录属性，用户还可以根据自己的需求进行选择，并将题录打印下来（如图5-13所示）。

图 5-12 题录保存

2. 高级检索

高级检索的功能是在指定的范围内，按一个以上（含一个）检索项表达式检索，这一功能可以实现多表达式的逻辑组配检索。其优点是查询结果冗余少，命中率高。对于命中率要求较高的查询，建议使用该检索方法，如图5-13所示。

具体步骤如下：

第一步：通过单击页面右上角的"高级检索"状态栏，进入高级检索界面。

第二步：选择检索范围。

第三步：选择检索项和输入检索词。

第四步：选择时间及范围。

第五步：选择记录数和排序方式。

第六步：检索。

高级检索中各项检索条件的含义与初级检索基本一致，最大的不同点在于高级检索可以同时选择多个检索入口，并进行一定的逻辑组合检索。

逻辑组合检索是指可选择多个检索项，通过单击"检索条件"下方的"加号"按钮增加一个逻辑检索行，并为每个检索项输入一个检索词，每个检索项之间可使用并且（逻辑与）、或者（逻辑或）、不包含（逻辑非）进行各项检索词的组合，系统默认为"并且"。当然，也可单击"减号"按钮减少一个逻辑检索行。

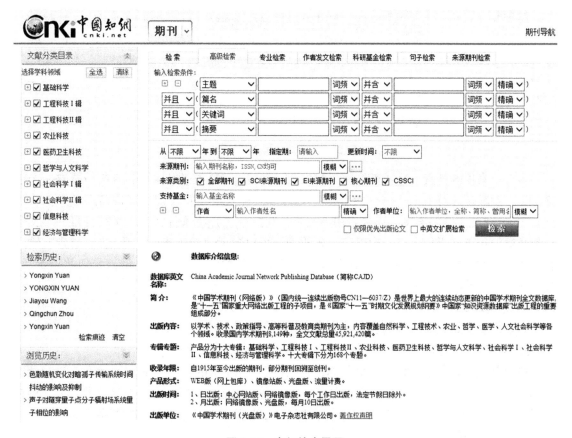

图 5-13　高级检索界面

3. 专业检索

专业检索为用户提供一个按照自己需求来组合逻辑表达式以便进行更精确检索的功能入口。专业检索比高级检索具有更多的功能，需要检索人员根据系统的检索语法编制检索式进行检索，适用于熟练掌握检索技术的专业检索人员，如图 5-14 所示。

具体检索步骤如下：

第一步：通过单击页面右上角的"专业检索"状态栏，即可进入专业检索条件界面。

第二步：选择检索范围。

第三步：填写检索条件。

图 5-14 专业检索条件界面

多个检索项的检索表达式可使用 and、or、not 逻辑运算符进行组合，且前后要空一个字符。三个逻辑运算符中，and 优先级最高，or 和 not 优先级相同（即二者按输入顺序依次执行），如要改变组合的顺序，需要使用英文半角圆括号（）将条件括起。所有符号和英文字母都必须使用英文半角字符。检索表达式的编制可以参考"检索表达式语法"。检索式输入有语法错误时，检索后会返回"对不起，服务器执行检索出错"的提示，看到此提示后，应重新输入正确的检索表达式。

4. 作者发文检索

作者发文检索以作者姓名和作者单位为检索字段进行检索。

5. 科研基金检索

科研基金检索是通过科研基金名称，查找科研基金资助的文献。通过对检索结果的分组筛选，还可全面了解科研基金资助的学科范围、科研主题领域等信息。在检索中，可直接在检索框中输入基金名称的关键词，也可以通过点击相关基金名称选择支持基金。

6. 句子检索

句子检索是通过用户输入的两个关键词，查找同时包含这两个词的句子，可在全文的"同一段"或"同一句"中进行检索。

7. 来源期刊检索

来源期刊检索是通过输入来源期刊的名称、类别和年期等信息，来查找包含相关信息的期刊。

8. 期刊导航检索

选择期刊导航，实际就是选择整刊检索，这是一种以期刊名称为检索途径，来查找其上面所登载的论文情况的方式。通过单击页面右上角的"期刊导航"标签，进入其界面。

期刊导航按期刊的不同属性对其分类，包括：首字母导航、专辑导航、世纪期刊导航、核心期刊导航、数据库刊源导航、期刊荣誉榜导航、刊期导航、出版地导航、主办单位导航、发行系统导航等。在期刊检索项的下拉菜单中选择期刊名称、ISSN、CN后，在检索框中输入相应的检索词进行期刊检索。

（1）专辑导航：按照期刊内容知识进行所有期刊分类，分为10个专辑、74个专栏。按专辑导航浏览期刊，实际是按学科领域、专业门类来查看有关期刊论文。

（2）首字母导航：可单击刊名的首字母（A～Z），查看该刊物的相关信息。单击某一期刊名后，显示的是该期刊的相关信息，包括刊名、主办、刊期等信息。"本刊检索"功能为用户提供在该期刊内检索的服务。"刊期"功能列出的是该期刊所有已收录的各个年份期刊，单击其中一期，即可查看到该期的全部文献资料。

（3）数据库刊源导航：反映在本数据库中已经收录的同时又被国内外其他著名数据库收录的期刊情况，如CA、SCI、EI等。

（4）出版地导航：按期刊出版地区对所有期刊进行归类。从该途径检索可以满足按地区了解期刊出版情况的需求。

（5）主办单位导航：按期刊主办单位对所有期刊分类，如出版社、大学、研究所等。从此途径检索，在一定程度上方便了选择查阅具有某编辑出版背景的刊物。

（6）发行系统导航：按期刊发行方式分类，如邮发期刊、国际发行期刊等。从此途径检索，主要方便图书馆等文献收藏单位对订购纸本刊物的需求。

（7）期刊荣誉榜导航：按期刊获奖情况分类。从此途径检索，对用户了解和判断检索对象（期刊）的质量有参考价值。

（8）世纪期刊导航：回溯1994年之前出版的期刊。这对查找早期的期刊论文提供了方便。

（9）刊期导航：按出版周期划分所有期刊，如年刊、季刊、月刊、周刊等。通过此途径可以迅速了解某刊每年出版的频率，便于了解最新出版动态以及选择投稿的刊物。

（10）核心期刊导航：将中国期刊全文数据库收录的且2004年被"中文核心期刊要目总览"收录的期刊，按核心期刊表进行分类排序，不仅有利于图书馆选订纸本刊物，也对用户检索高质量的论文及确定发表论文的刊物有很大帮助。

9. 二次检索

二次检索是指在简单检索、高级检索及专业检索结果的范围内，继续进行的检索。使用二次检索可以逐步缩小检索范围，最终找到所需的信息，并且可以反复多次使用。同时，它还简化了检索表达式的书写，通过简单检索与二次检索，完全可以满足复杂检索表达式达到的检索精度，这对于非专业人士尤为有用。其相关的步骤如下：

第一步：由简单检索、高级检索或专业检索产生检索结果，在检索结果界面的上部可以继续进行二次检索。

第二步：选择操作方式。操作方式有三种选择，即并且、或者、不包含，说明如下：①并且，相当于逻辑"与"的关系，是指在前次结果中继续查找同时满足新的检索条件的数据，执行结果最终将缩小结果范围；②或者，相当于逻辑"或"的关系，是指在前次结果中加入满足新的检索条件的结果记录，执行结果最终将扩大结果范围；③不包括，相当于逻辑"非"的关系，是指在前次结果中排除符合新的检索条件的结果记录，执行结果最终将缩小结果范围。用户可以根据检索的具体情况加以选择。

第三节 万方数据知识服务平台

一、万方数据概况及简介

1. 万方数据概况

万方数据知识服务平台（http://www.wanfangdata.com.cn）是北京万方数据股份有限公司面向 Internet 推出的网络信息服务网站；是以科技信息为主，集经济、金融、社会、文化、教育等信息于一体的综合性信息服务系统；是一个以国家信息基础设施为依托，面向国民经济建设主战场的现代化、网络化、覆盖全国的科技信息传播系统。网站自开通以来已经产生了广泛的影响，万方数据知识服务平台的用户群体遍布全球 100 多个国家和地区，每年新增的注册用户多达 100 多万，用户群体 85% 以上是从事科研、管理的业务骨干和单位领导。它汇集 11 类百余个数据库，包括学位论文类、会议论文类、科技成果类、专利技术类、中外标准类、政策法规类、科技文献类、论文统计类、机构与名人类、数字化期刊类、工具类等数据库和每类下众多的子数据库。

北京万方数据股份有限公司创建于 1997 年 8 月，是在互联网领域集信息资源产品、信息增值服务和信息处理方案为一体的综合信息服务商，也是国内最早的中文信息资源产品与服务提供商之一。北京万方数据股份有限公司在积累了大量信息资源的基础之上，打造出全新的产品和服务，推出了万方数据知识服务平台、万方医学网、中国学术搜索网、中小学数字图书馆和万方视频。

2. 万方数据知识服务平台数据资源简介

万方数据知识服务平台（Wanfang Data Knowledge Service Platform）在原万方数据资源系统的基础上，经过不断改进、创新而成，集高品质信息资源、先进检索算法技术、多元化增值服务、人性化设计等特色于一身，汇集了 11 类百余个数据库。万方数据知识服务平台提供的资源不仅涉及范围广、信息量大，而且更新速度快，为用户实时显示各类资源的总记录数和更新时间。万方数据资源按照资源类型可以分为全文类信息资源，文摘、题录类信息资源及事实型动态信息资源。

全文类信息资源包括会议论文全文资源、学位论文全文资源、法律法规全文资源、期刊论文全文资源，其中会议论文全文资源是最具权威性的学术会议全文库。文摘、题录类信息资源及事实型动态信息资源主要包括大量科技文献、政策法规、企业产品等多个数据库，是科研机构进行科学研究，企业单位进行技术创新、产品研发，科技管理机构进行科研决策的信息依据。

（1）中国学术期刊数据库。中国学术期刊数据库是万方数据知识服务平台的重要组成部分，由万方数据自主建设，基本包括了我国文献计量单位中自然科学类统计源期刊和社会科学类核心源期刊的全文资源。其内容包括论文标题、论文作者、来源刊名，论文的年、卷、期，中图法的分类号，关键词，所属基金项目，数据库名，摘要等信息，并提供全文下载。该库内容采用国际流行的 HTML 格式和 PDF 格式制作上网，收录了自 1998 年以来国内出版的各类期刊 7600 余种，其中核心期刊约 3000 种，论文总数量达 2900 余万篇（截至 2014 年 10 月）。

(2) 中国学位论文全文数据库。中国学位论文全文数据库收录了国家法定学位论文收藏机构——中国科学技术信息研究所提供的文献资料，收录了自 1980 年以来我国自然科学领域各高等院校、研究生院及研究所的硕士、博士及博士后论文。内容包括论文题名、作者、专业、授予学位、导师姓名、授予学位单位、馆藏号、分类号、论文页数、出版时间、主题词、文摘等信息，总计约 300 余万篇（截至 2014 年 10 月），每年稳定新增 30 余万篇。该数据库是我国收录数量最多的学位论文全文库，充分展示了中国研究生教育的庞大阵容以及中国科学研究的整体水平和巨大的发展潜力。

(3) 中国学术会议论文全文数据库。中国学术会议论文全文数据库收录由中国科学技术信息研究所提供的国家级学会、协会、研究会组织召开的各种学术会议的会议论文，每年涉及 1000 余个重要的学术会议，范围涵盖自然科学、工程技术、农林、医学等多个领域，内容包括数据库名、文献题名、文献类型、馆藏信息、馆藏号、分类号、作者、出版地、出版单位、出版日期、会议信息、会议名称、主办单位、会议地点、会议时间、会议届次、母体文献、主题词、文摘、馆藏单位等，总计约 230 万篇。该数据库为用户提供全面、详尽的会议信息，是了解国内学术会议动态、科学技术水平，进行科学研究必不可少的工具，是目前国内收集学科最全、数量最多的会议论文数据库，便于用户即时掌握科研、生产的最新进展。

(4) 外文文献。外文文献包括外文期刊和外文会议论文。外文期刊论文是全文资源。它收录了 1995 年以来世界各国出版的 20900 种重要学术期刊，部分文献有少量回溯。每年增加论文百万余篇，每月更新。外文会议论文是全文资源。它收录了 1985 年以来世界各主要学会及协会、出版机构出版的学术会议论文，部分文献有少量回溯。每年增加论文 20 余万篇，每月更新。

(5) 中国科技成果数据库。中国科技成果数据库是国家科技部指定的新技术、新成果查询数据库。数据主要来源于历年各省（自治区）、市、部委鉴定后上报国家科技部的科技成果及星火科技成果。该数据库收录了 1978 年以来国内的科技成果及国家级科技奖励、计划、鉴定项目，范围有新技术、新产品、新工艺、新材料、新设计等，内容涉及自然科学各个学科领域，共计 82 万余篇（截至 2014 年 10 月），每月更新。该库已成为我国最具权威的技术成果宝库。

(6) 中外专利数据库。中外专利数据库包括中国专利文献、国外与国际组织专利两部分，收录了自 1985 年以来包括 11 国（中国、美国、澳大利亚、加拿大、瑞士、德国、法国、英国、日本、韩国、俄罗斯）和 2 组织（世界知识产权组织、欧洲专利局）的 4440 余万项文献（截至 2014 年 10 月）。

(7) 中外标准数据库。中外标准数据库收录了国内外的大量标准，包括中国国家发布的全部标准、某些行业的行业标准以及电气和电子工程师技术标准；收录了标准题录及全文 37 万余条（截至 2014 年 10 月）。更新速度快，保证了资源的实用性和实效性。目前已成为广大企业及科技工作者从事生产经营、科研工作不可或缺的信息资源。

(8) 中国法律法规数据库。中国法律法规数据库的内容主要由国家信息中心提供，信息来源权威、专业。其内容包括 13 个基本数据库，收录了自新中国成立以来全国人民代表大会及其常委会、国务院及其办公厅、国务院各部委、最高人民法院和最高人民检察院以及其他机关单位所发布的国家法律、行政法规、部门规章、司法解释以及其他规范性文件，共计 67 万余条（截至 2014 年 10 月）。

(9) 中国地方志数据库。中国地方志数据库是万方数据知识服务平台特有的专业数据库，包括新方志和旧方志。新方志数据库始建于 2006 年，收录了新中国成立以来的方志书籍，总计近 40000 册（截至 2014 年 10 月），每季度更新。

(10) 科技专家。科技专家收录了约 1 万余条国内自然科学技术领域的专家名人信息，介绍了各专家的基本信息、受教育情况及其在相关研究领域内的研究内容和进展，为国内外相关研究人员提供检索服务，有助于用户掌握相关研究领域的前沿信息。

二、万方数据库的检索方法

万方数据资源系统中，各个数据库的检索方法基本相似。进入湖北师范大学图书馆主页。然后单击"常用数据库"，再单击"万方数据库（外部链接）"进入万方数据库，如图 5-15 所示。

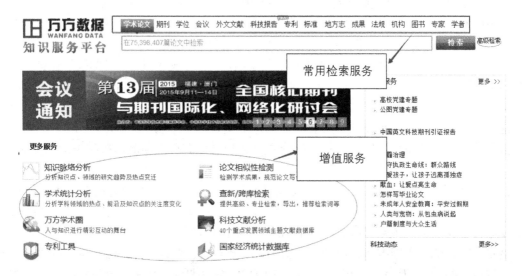

图 5-15　万方数据知识服务平台

进入"中国学位论文全文数据库检索"页面，如图 5-16 所示。

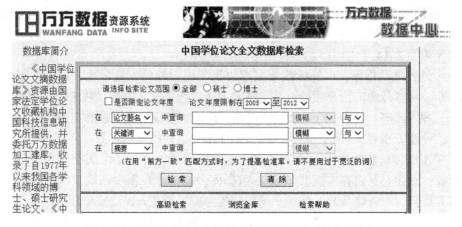

图 5-16　中国学位论文全文数据库检索页面（镜像站点）

"中国学位论文全文数据库"提供了多种检索途径,包括个性化检索、高级检索、字典检索、分类检索等,以便于用户迅速检索出所需要的信息。

1. 个性化检索

"个性化检索"入口针对具体数据资源的特点,为用户提供了一个方便易用、组配灵活的检索入口,适合所有用户使用。在利用"个性化检索"入口检索时,用户通过下拉菜单点选所要检索的字段,输入相应检索词后,就可以组配出检索表达式进行相关信息的检索。

"学位论文库"个性化检索入口涉及以下六个方面的内容:

(1)字段选择列表。用户单击此栏,就会弹出可供选择的字段列表,再用鼠标单击选定所要检索的字段。若此栏选择为"全文",则在用其后的检索词检索时不区分字段,即此检索词只要在一记录的任意可检索字段中出现,系统便认为此记录符合检索要求。

(2)检索词输入框。在输入检索词时,如检索词是由多个西文单词组成的词语时,会出现"."" - "等字符与半角空格,用户可以用半角方框号(【】)将其括起来,就可以表达出检索的要求。

(3)逻辑运算选择列表。逻辑运算选择列表主要用于确定两个检索条件之间的关系(即此栏前的条件与此栏下一行条件之间的关系),此栏选项有"与""或""非"。

(4)匹配方式选择列表。匹配方式选择列表主要用于确定输入的关键词与数据库索引词的匹配关系。这种匹配关系有两种形式,即"模糊匹配"与"精确匹配"。对于数据库来讲,并不是所有检索字段均支持"精确匹配"检索。支持"精确匹配"检索的字段有:作者、作者专业、导师姓名、授予学位、授予单位、分类号、关键词。"前方一致匹配"是指整个字段取值的前半部分(从第一个字符开始)与检索词完全相同。

(5)年代限制列表。年代限制列表用于限定论文的年代,用户可以通过前面的选择框决定是否使年代限制生效,默认状态下是"未选"。

(6)论文范围限制选择框。通过该选择框,用户可以限定检索的论文范围,可以选择全部、硕士论文或博士论文中的一个,默认状态下是选择"全部"。

2. 高级检索

"高级检索"也被称为"命令检索",命令检索支持布尔检索、相邻检索、截断检索、同字段检索、同句检索和位置检索等全文检索技术,具有较高的查全率和查准率。可跨库检索,选择检索字段、精确或模糊、布尔检索组配表达式,并在当前页展示检索结果,如图5-17所示。

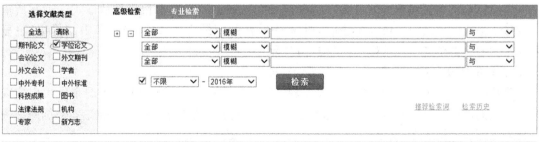

图5-17 万方数据库高级检索

3. 专业检索

专业检索可直接构建检索表达式进行检索，如图 5-18 所示。

图 5-18　万方数据库专业检索

4. 二次检索与显示格式选择

二次检索是指在已有检索结果范围内的再一次检索，目的是根据用户的要求进一步缩小检索范围。例如，在检索词输入框输入"图书馆信息服务"，然后单击检索。此页面的"在结果中检索"提供了二次检索入口，如图 5-19 所示，其使用方法与"个性化检索"入口相同。

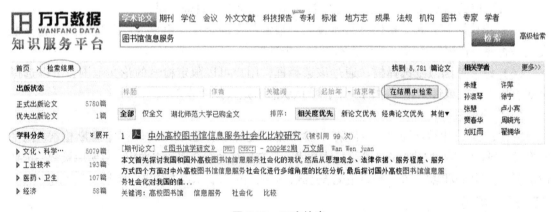

图 5-19　二次检索

用鼠标单击此页面下方的"显示选择记录"按钮，便可按"选择显示格式"栏目所指定的显示格式浏览选定记录（记录前的方框中有钩的记录为选定记录）。单击"导出"，显示此论文的全部信息，显示格式如图 5-20 所示。

5. 学位论文导航

系统提供了两种分类导航方式，即学科专业分类导航、学校所在地分类导航，可以实现学位论文的快捷浏览和查找。单击资源更新区以及主页顶端导航条中的学位论文数据库，进入检索界面，如图 5-21 所示。

第五章　常用中文数据库

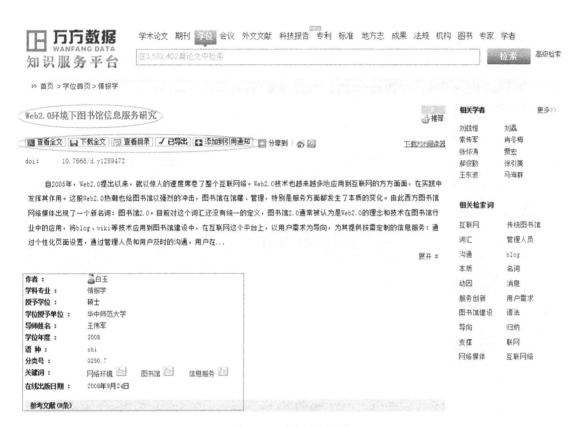

图 5-20　论文导出界面

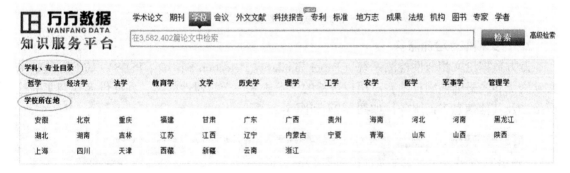

图 5-21　学位论文导航检索界面

三、万方数据库增值服务

1. 知识脉络分析

知识脉络分析是以万方数据库中上千万条数据为基础，以主题词为核心，统计分析知识点和知识点的共现关系，对多个知识点进行对比分析，使用可视化的方式向用户展示知识点发展趋势和共现研究时序变化的一种范围。知识脉络分析服务入口和页面如图 5-22 和图 5-23 所示。

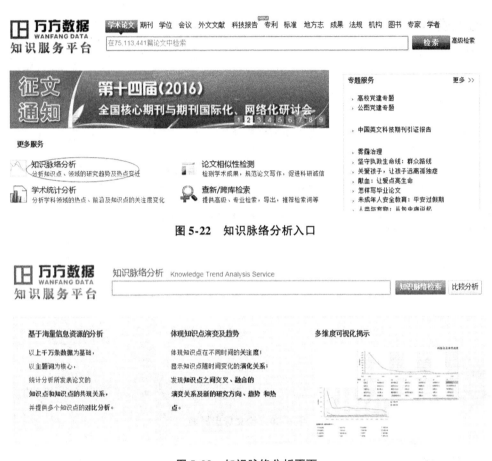

图 5-22 知识脉络分析入口

图 5-23 知识脉络分析页面

2. 论文相似性检测服务

万方数据论文相似性检测系统（Paper Similarity Detection Service，PSDS）基于海量学术文献资源和先进的检测技术，对用户送检的学术成果进行相似性检测，并提供客观翔实的检测报告及其他信息咨询服务，如图 5-24 和图 5-25 所示。

图 5-24 论文相似性检测入口

图 5-25　论文相似性检测页面

3. 查新/跨库检索

该平台是在国家图书馆等多家图书馆几十位专家的指导下，结合科技查新工作特点而打造的，可跨数据库检索万方数据库的所有文献资源，为科技查新工作者提供最新的文献信息。

（1）查新/跨库检索入口。通过万方数据知识服务平台进入该检索，如图 5-26 所示。

图 5-26　查新/跨库检索入口

（2）功能使用。进入后，首先选择数据库类型，即"选择文献类型"；然后选择"高级检索"或"专业检索"。"高级检索"需选择检索字段、精确或模糊、检索词，选择"与""或""非"布尔检索，最多可构建六个检索条件，并可将检索表达式自动生成"专业检索"。

4. 专题服务

万方数据库专题服务从社会热点问题入手，抽取万方数据库相关资源，围绕热点问题组织成专题，为用户从学术层面深入、快速、便捷地了解相关问题提供知识服务，如图 5-27 所示。

图 5-27 专题服务入口

第四节 超星数字图书馆

电子图书就是将图、文、声、像等信息存储在磁盘、光盘等光磁介质上，再通过计算机或专用阅读器显示出来供读者阅读的文献资料。笔者所在馆的主要中文电子图书数据库有超星数字图书馆、北大方正 Apabi 电子资源、读秀学术搜索平台。

一、超星数字图书馆概况

超星数字图书馆（http://www.chaoxing.com）开通于 1999 年，属国家"863"计划中的中国数字图书馆示范工程项目，由北京世纪超星信息技术发展有限责任公司研制。超星数字图书馆向互联网用户提供丰富的电子图书阅读，累积了 120 万多种图书，学科涉及文学、艺术、语言、历史、经济、法律、政治、哲学、计算机、工程技术等 22 个大类，并且每天仍在不断增加与更新，超星数字图书馆目前是全球最大的中文在线数字图书馆。它专门为非会员构建开放免费阅览室，并向所有用户、作者免费提供原创作品发布平台、读书社区、博客等服务。电子图书不仅可以直接在线阅览，还可供下载、借阅和打印。通过多种图书浏览方式、强大的检索功能以及在线找书专家的共同引导，帮助用户及时、准确地查找到所需书籍。先进、成熟的超星数字图书馆技术平台和"超星阅览器"给用户提供读书所需的各种功能。

"超星阅览器"是国内目前技术最为成熟、创新点最多的专业阅览器，具有电子图书阅读、资源整理、网页采集、电子图书制作等一系列功能。用户下载安装了超星阅览器（SSReader）后，即可通过互联网阅读馆内的免费图书资料。注册登录后，用户凭超星读书卡可阅读付费全文或将馆内图书下载到用户本地计算机上进行离线阅读。专用阅读软件超星阅览器是阅读超星数字图书馆馆藏图书的必备工具，可从超星数字图书馆网站免费下载，也可以从世纪超星公司发行的任何一张数字图书光盘上获得。

二、超星数字图书馆的使用方法

单位购买超星数字图书后，在限定的 IP 地址范围内，个人用户只需通过镜像方式即可进入超星主页。例如,从湖北师范大学[注]图书馆主页→共享数据库→汇雅电子图书(本地镜像),访问超星电子图书(本地镜像),即可进入首页,如图 5-28 所示。

图 5-28　超星数字图书馆主页

超星数字图书馆的电子图书不仅可以进行在线全文阅读,还可以进行离线下载阅读。

1. 超星数字图书馆的检索方式

超星数字图书馆提供四种检索方式。

(1)快速检索。进入主页后,系统默认的就是快速检索方式,该检索方式提供了四种检索途径:书名、作者、目录、全文检索,如图 5-29 所示。

图 5-29　快速检索

(2)高级检索。单击"高级检索"按钮,如图 5-30 所示,显示其检索界面,是将快速检索的检索途径进行逻辑组配,从而实现多条件检索,各检索项之间有两种逻辑关系可供选择:并且、或。检索时运算顺序按逻辑运算符的优先级顺序执行,即先执行"并且"操作,再执行"或"操作,而不是按输入顺序进行。同时还提供出版年代的范围选择,以及排序结果的选择。检索结果可选择按出版日期或书名降序或升序排列,每页显示的记录数可选择 10、20 或 30。当鼠标指针指向"选择检索范围"时,将自动出现"请选择类别:"分类框,可以对待检索范围进行选定。设置好所有的检索条件后,单击"检索"按钮即可进行检索。单击"重填"按钮,高级检索的界面将恢复至默认初始状态,然后重新开始检索条件的设置。

图 5-30　高级检索

[注]　湖北师范学院 2016 年 3 月更名为湖北师范大学,编者编写本书时超星数字图书馆还未及时更新学校名称,仍旧为原名"湖北师范学院"。后文中也有这种情况,不再赘述。

（3）分类检索。页面左侧按中图法将图书分为 22 大类，逐级单击分类进入下级子分类，同时页面右侧显示该分类下的图书详细信息，如图 5-31 所示。

图 5-31　分类检索

（4）二次检索。单击"二次检索"按钮，表示以当前检索结果为检索范围进行二次检索，如图 5-32 所示。

图 5-32　超星数字图书馆的二次检索界面

2．检索结果

进行检索后，页面右侧就会显示相应图书的详细信息。单击图书书名链接，即可自动启动超星阅览器阅读图书。可以利用超星阅览器进行离线下载阅读，如图 5-33 所示。

图 5-33　检索结果界面

3. 检索示例

检索课题：检索有关大学生心理的图书，并进行图书下载。

分析课题：根据检索内容，可以选择主题词或书名作为检索入口，此处为了直观方便，暂选择书名为检索入口，检索词为"大学生""心理"。

检索方法：采用高级检索方式，或快速检索与二次检索搭配使用的方式均可。这里以快速检索与二次检索搭配使用方式为例。

检索步骤如下：

(1) 登录。打开镜像站点，出现超星数字图书馆的首页。

(2) 快速检索。选中"书名"单选按钮，在文本框中输入检索词"大学生"，单击"检索"按钮，系统显示检索结果，共查到341本图书。

(3) 二次检索。在结果显示页上方，继续选中"书名"单选按钮，输入检索词"心理"，单击"二次检索"按钮，系统显示检索结果，共查到67本图书，表示检索到图书名称中含有"大学生"和"心理"的相关图书共有67本。

(4) 查看及下载。单击图书名称链接，即可自动调用超星阅读器，直接在线翻看全文。在线浏览图书的时候，在正文任何位置单击鼠标右键，在弹出的快捷菜单中单击"下载"命令，在弹出的"下载"对话框中进行相应设置后，即可将该书下载至本地。

三、超星阅读器的使用

阅读超星数字图书馆的电子图书（.PDG）需要下载并安装专用阅读工具——超星阅览器（SSReader）。进入主页的"软件下载"频道，单击"立刻下载"按钮，在弹出的文件下载对话框中选择"将该程序保存到磁盘"，然后选择下载文件保存的目录，并单击"保存"按钮。超星阅览器安装程序下载完毕后，进入保存超星阅览器的目录，并双击安装程序，进入自动安装向导，向导会引导用户完成超星阅览器的安装。这里以超星阅览器SSReader4.0增强版为例，介绍其常用功能。单击图书书名超链接，即可自动启动超星阅览器阅读图书。

1. 图书阅读

单击页面左侧的章节目录区中的标题，页面右侧的文档显示区显示该标题的文章内容。也可利用鼠标的滚动球滚动浏览，或单击"手形工具"按钮利用鼠标拖曳查看。在页面下方的状态栏处，可以进行页面显示比例的设置。

2. 翻页功能

单击工具栏上的"上一页"按钮、"下一页"按钮、"回目录页"按钮、"指定页"按钮，或者在页面的状态栏选择正文的页数进行设置，都可以跳转到相应页面进行继续阅读。如需自动滚屏，则单击鼠标右键，在弹出的快捷菜单中选择"自动滚屏"命令，或双击鼠标左键，版面即根据设置的速度开始自动滚动浏览；单击鼠标左键，版面即停止自动滚动。

3. 文字摘录

单击工具栏上的"文字识别"按钮，然后按住鼠标左键任意拖曳一个矩形，其中的文字将全部被识别，并弹出识别结果面板，识别结果可以直接进行编辑、导入采集窗口或者保存为TXT文本文件。

在工具栏中单击"文字识别"按钮，然后按住鼠标左键拖曳选取文字，在弹出的快捷菜单中选择"复制"命令进行所选文字的复制，最后在Word中粘贴编辑保存即可。

由于图书格式的不同，在进行阅读时，工具栏上可能会出现不同按钮，其操作方式会有所差异。

4. 图书下载

在线阅读该书时，在正文任何位置单击鼠标右键，在弹出的快捷菜单中选择"下载"命令，即可将图书下载至本地。下载方式有匿名用户下载与注册用户下载。

匿名用户下载：在超星阅览器中，选择"注册"→"用户信息"命令，对话框中显示用户名为"未注册用户"，下载的图书即为匿名用户下载。匿名用户下载的图书可以在本机器（进行下载的机器）上进行阅读，但不能复制到其他机器上阅读。

注册用户下载：在超星阅览器中，选择"注册"→"用户信息"命令，对话框中显示用户名不为"未注册用户"状态，下载的图书即为注册用户下载。注册用户下载的图书可以在本机器或复制到其他机器上阅读（用下载时的账号打开即可）。注册、登录个人用户的方法是选择超星阅览器中的"注册"→"用户登录"命令，进入注册中心进行用户登录及注册。

5. 采集功能

超星采集器具有资料采集、文件整理、加工、编辑、打包等功能。通过采集窗口可以将收集的资料制作超星 PDG 格式的电子书（Ebook）。

使用注意：

（1）访问超星数字图书馆只限于校园网内。

（2）匿名登录下载的图书只能在本机阅读。（一定在下载前先登录，养成一个好习惯。）

（3）下载好的图书拿到不能上网的计算机上阅读请先获取离线证书。

上机操作：

（1）下载超星阅读器 4.0（如果机器上有就不再下载）。

（2）注册登录后，下载一本自己喜欢的图书。

（3）将下载的图书复制到家中的计算机上阅读（获取离线证书）。具体步骤如下：

第一步：获取家中计算机的机器码：在家中的计算机安装并打开超星 4.0 浏览器，单击"注册"→"用户信息"即可获取。

第二步：在学校下载图书的计算机上打开超星阅读器，单击"注册"→"离线登录"→"帮助"，在"帮助"的第一步里有一个链接：http://passport.ssreader.com/lixian.asp，单击进入。

第三步：输入用户名和密码，并把家里的计算机机器码输入，单击登录。

第四步：显示"申请离线证书成功"，并下载离线注册文件。把此文件与下载下来的图书文件一起复制到家中的机器上。

第五步：打开家中计算机的超星阅读器，单击"注册"→"离线登录"。

第六步：输入用户名，并导入离线证书，单击"确定"，即可在家中阅读从学校下载的图书。

第五节　读秀学术搜索

一、读秀学术搜索简介

读秀学术搜索是由海量全文数据集元数据组成的超大型数据库，以 330 万种图书书目、240 万种图书原文、10 亿页全文资料为基础，为用户提供庞大的数字图书资源和深入章节内容的全文检索；以 6700 多万种期刊元数据及突破空间限制的获取方式，为用户提供最全面的期刊文章。

通过读秀学术搜索，读者能一站式搜索馆藏纸质图书、电子图书、随书光盘等学术资源，它几乎囊括了文献服务机构内的所有信息源。不论是学习、研究、写论文、做课题、拓展阅读，读秀都能为读者提供全面、准确的学术资料。

具体来说，读秀知识库具有以下特点：

1. 资源优势突出

读秀公司数字图书资源丰富，能提供 260 万种图书题录信息，其中包含 170 万种中文图书全文，6 亿页图书、期刊资料，报纸、论文、词条、人物和外文资料等一系列学术资源（相当于几个北大、清华图书馆的资源）。海量的数字图书资源是读秀知识库的资源保证。

2. 实现了中文文献的深度检索

读秀检索突破一般检索模式，实现了目录和全文的垂直检索，检索结果直接定位到页，使读者在最短的时间内获得最深入、最准确、最全面的文献信息。检索完成后不但能显示图书的元数据信息，还能提供 70% 的图书的原文试读。通过试读全文，读者能够清楚地判断和选择图书，提高信息的检准率和读者查书、借书的效率。

3. 实现了有效的文献传递

读秀知识库的文献传递功能可实现数字资源版权范围内的合理使用。按照读者的咨询请求，读秀使用电子邮件方式向读者提供文献的局部资料，从而实现了以较低的成本来获得海量的图书资源，使图书馆不但拥有了可靠的信息资源保障，而且有效地补充了图书馆的现有资源。传递的文献支持阅读、打印、转换成 PDF/文本等功能。

二、读秀的访问方法

采用远程登录的方式（一般是 IP 限制），用户可以进入订阅该知识库的大学图书馆的主页，单击"读秀搜索"进入读秀首页，如图 5-34 所示。

图 5-34 湖北师范大学读秀首页

读秀主页默认的检索方式是基本检索，默认的检索频道是知识检索频道。知识检索频道可以在读秀提供的知识、图书、期刊、报纸、学位论文和会议论文等多维检索频道中任意进行中文文献或外文文献的搜索。读秀的各个检索频道使用方式基本相似，下面以读秀的图书频道为例介绍其使用。

三、读秀的检索方法（以读秀的图书频道为例）

1. 图书频道的检索方法

（1）基本检索。在主页上单击"图书"标签，在检索框下方有检索途径可供选择。先选择检索途径，然后输入想要查找的关键词，单击"中文搜索"或"外文搜索"按钮，即进入搜索结果页面，如图 5-35 所示。

图 5-35　搜索结果界面

（2）二次检索。为了使查找更为方便、快捷，读秀针对基本检索方式，还提供了二次检索功能，即"在结果中搜索"，如图 5-36 所示。

图 5-36　二次检索和高级检索的入口

（3）高级检索。如果需要精确地搜索某一本书，可以进行高级检索。单击"高级搜索"，进入"中文图书高级搜索"界面，在检索框中输入书名、作者、主题词、ISBN 号等多个关键词进行准确的高级检索，检索结果将进一步到位。各检索条件之间的逻辑关系是"并且"，如图 5-37 所示。

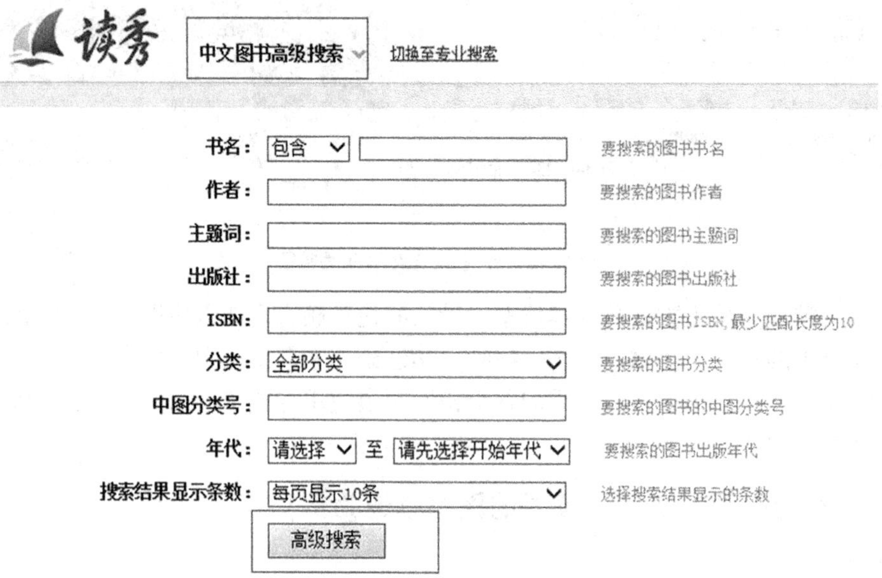

图 5-37　"中文图书高级搜索"界面

2. 检索结果

在图书检索结果页面中，读秀把与检索词相关的图书全部列表。可以直接选择目标图书或者通过全部字段、书名、作者等检索字段对检索结果再次进行精确筛选。同时读秀还提供搜索本地馆电子图书或馆藏纸质图书的选择，如图5-38所示。

读秀的多面搜索功能实现知识点多角度搜索，当选择知识、图书、期刊、论文等任意一个频道进行检索时，检索结果页面的右侧都会将与检索词相关的词条、人物、图书、期刊、报纸、论文、网页等多维信息全面展现，为读者提供了一个围绕检索点的全面知识描述，扩大了目标的检索范围，使信息查找更为精准，如图5-39所示。

如果读者在检索结果中难以找到所需信息，读秀还提供了三种精确检索结果的方法，帮助读者在检索结果中快速锁定目标文献。

（1）分类检索。检索结果页面的左侧下方是学科资源列表，每个学科类目后显示命中记录数。可展开22个学术类别及子类别，单击任意一个分类或者子分类，检索结果将按照所选分类进行细化，缩小检索范围，便于读者查找所需信息。

（2）年代检索。检索结果页面的左侧上方是年代资源列表，每个年代阶段后显示命中记录数。单击任意一个年代阶段，检索结果将按照所选年代进行细化，缩小检索范围，便于读者查找所需信息。

（3）结果排序。进行了按分类或年代检索后，检索结果页面右侧的上方会出现按书名、作者、出版日期对检索结果排序，方便读者按需查找。

3. 图书详细信息页面

单击图书封面或书名进入图书详细信息页面，图书的封面、作者、本书简介、主题词等信息将被全面展示。在图书详细信息页面的右下方，读秀提供多种获取图书的途径：图书馆文献传递、阅读电子全文、借阅本馆纸质图书、其他图书馆的馆藏信息、网上购买、文献互助等。在本校图书馆购有所查图书的纸质资源或电子资源的情况下，图书详细信息页面左上方还将显示拥有资源的相关链接，单击进入，读者可以直接查看馆藏借阅信息或者阅读馆内电子图书全文。在本馆没有所需图书的情况下，读秀提供了推荐购买图书功能，用户可以通过这项功能推荐本校图书馆购买此本图书。此外，用户还可以根据详细信息页面提供的主题词来查找与检索主题内容相关的其他图书。

4. 文献传递及全文索取服务

当原文试读页读完后，如果还想继续阅读该书的其他部分，或者想获取更多文献资源，可以进入读秀的"图书馆参考咨询服务"使用文献传递索取全文，如图5-43所示。

（1）进入读秀文献传递页面。在图书的详细信息页面或原文试读页面中，单击"图书馆文献传递中心"链接，进入文献传递页面。

（2）填写相关表单。进入文献传递页面后，系统将自动填写好文献传递表单，读者只需填写需求范围页数，以及正确有效的电子邮箱，输入验证码，单击"确认提交"按钮即可，如图5-40所示。读秀知识库会将需要的资料以邮件方式回复给读者。

（3）阅读全文。读者打开指定邮箱，进入收件箱，查看回复结果。通过单击回复的书名链接，即可打开相应的原文内容进行阅读，并可摘录文字或截取图像。

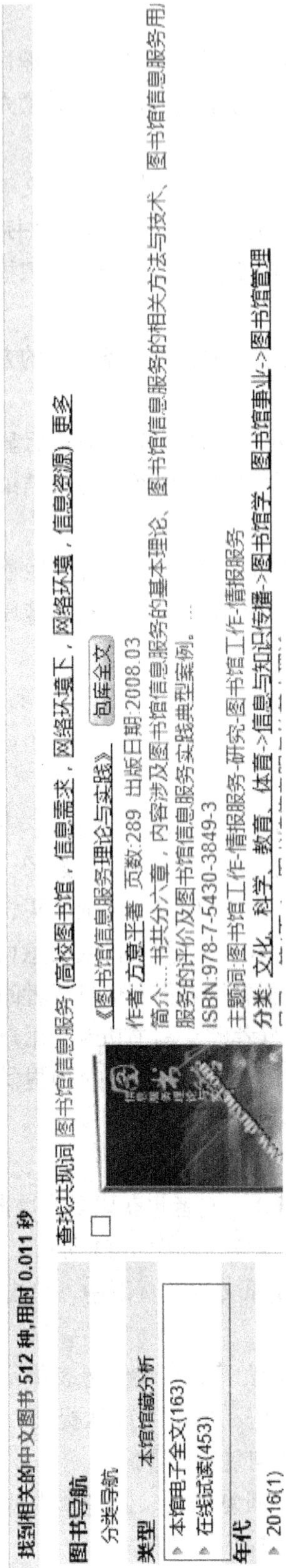

图 5-38 本馆电子图书或馆藏纸质图书的选择

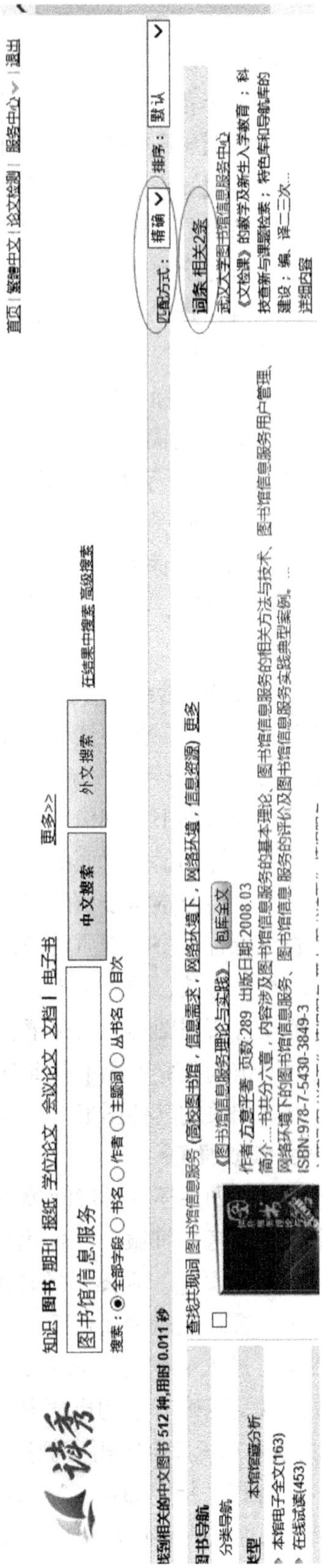

图 5-39 与检索词相关的词条界面

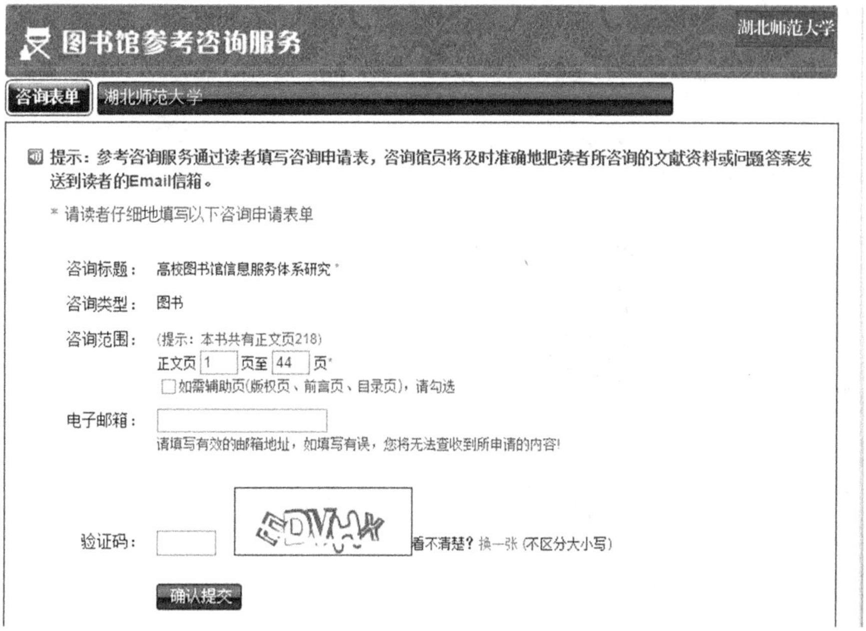

图 5-40　填写相关表单

5．使用过程中的注意事项

（1）读秀提供了与本校图书馆中的纸质图书和电子图书的馆藏信息相挂接的功能，因此可优先选择本校资源进行使用。

（2）每本书都提供原文的目录页、前言页、版权页、正文前几页的直接阅读，过了试读页，就要通过文献传递方式进行阅读。

（3）文献传递系统是提供版权范围内的文献局部使用，同一本图书单次文献传递不超过 50 页，一周累计咨询量不超过整本的 20%。

（4）所有文献咨询有效期为 20 天。

6．检索示例

例子：查找 2005 年出版的图书书名中包含"自学英语"的语言类图书。

第一步，登录网址 http://www.duxiu.com，进入读秀学术搜索首页。

第二步，选择图书频道，在搜索栏中输入关键词"自学 英语"，单击"中文搜索"，如图 5-41 所示。

图 5-41　图书搜索

第三步，浏览搜索结果，筛选需要的图书，如图 5-42 所示。

图 5-42　筛选图书

第四步，单击所选择图书的书名，进入图书的详细页，查看图书作者、出版社、出版日期、分类号、内容提要等详细信息，如图 5-43 所示。

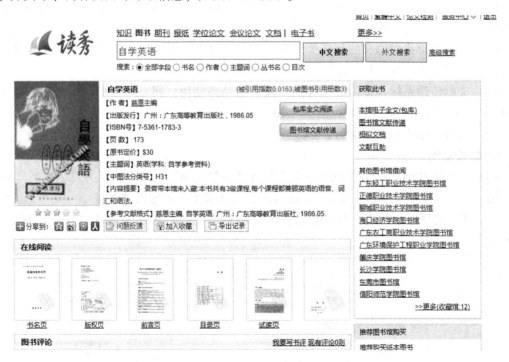

图 5-43　查看图书详细信息

第五步，读秀提供包库全文阅读、本馆电子全文（包库）、图书馆文献传递、其他图书馆借阅等多种获取本书的方式，如图 5-44 所示。

第五章 常用中文数据库

图 5-44 读秀文献服务

馆藏纸书的获取，可以进入文献服务机构馆藏书目查询系统，查看该本纸质图书的借阅情况。电子全文的获取，可以选择在线阅读该本电子图书全文或者通过相应的阅览器打开全文。有随书光盘的，可以查看该本图书附带的光盘内容。通过图书馆文献传递，可获取原文。

【思考题】

1. "中国知识资源总库"具有代表性的子数据库有哪些？
2. 万方数据资源增值服务主要有哪几种？
3. 常用的检索中文图书的数据库有哪些？
4. CNKI 中的"来源类别"主要是指哪些期刊源？
5. 什么是引证文献和共引文献？

第六章 常用外文数据库

外文资源反映了世界各国科学技术的先进水平，及时报道了国际重要科研成果和科研动向，是科研人员研究新课题、推出新成果的重要信息来源。外文数据库资源是高校图书馆馆藏的重要组成部分，对于高校的教学与科研具有重要的参考价值。

第一节 SpringerLink 数据库

德国施普林格（Springer-Verlag）是世界上著名的三大科技出版集团之一，SpringerLink 数据库是高质量的科学技术和医学全文数据库，提供了包括各类期刊、丛书、图书、参考工具书以及回溯文档的在线服务。

一、数据库概况

SpringerLink 数据库的数字资源有：全文电子期刊 1900 余种；图书和科技丛书 1300 种以上；超过 200 万条期刊文章的回溯记录；最新期刊论文出版印刷前的在线浏览。

目前，SpringerLink 数据库提供涵盖 13 个学科的全文电子期刊：Architecture and Design（建筑和设计）；Behavioral Science（行为科学）；Biomedical and Life Sciences（生物医学和生命科学）；Business and Economics（商业和经济）；Chemistry and Materials Science（化学与材料科学）；Computer Science（计算机科学）；Earth and Environmental Science（地球和环境科学）；Engineering（工程学）；Humanities, Social Sciences and Law（人文、社科和法律）；Mathematics and Statistics（数学和统计学）；Medicine（医学）；Physics and Astronomy（物理和天文学）；Professional and Applied Computing（计算机职业技术与专业计算机应用）。

二、数据库检索

目前国内用户可通过 SpringerLink 系统主站（http://link.springer.com）和清华大学图书馆镜像站（http://springer.lib.tsinghua.edu.cn）免费浏览、检索文献的题录和文摘信息，但阅读和下载全文必须为 SpringerLink 数据库的团购用户才行，采用 IP 地址控制使用权限。我国从 2002 年开始组织全国数百家高校及科研单位，联合购买了 SpringerLink 电子期刊的使用权，凡购买的用户既可以直接访问系统主站，如图 6-1 所示，也可以直接访问清华大学图书馆音像站，从而获取全文。SpringerLink 数据库同时提供了三种检索方法：浏览检索、简单检索、高级检索。

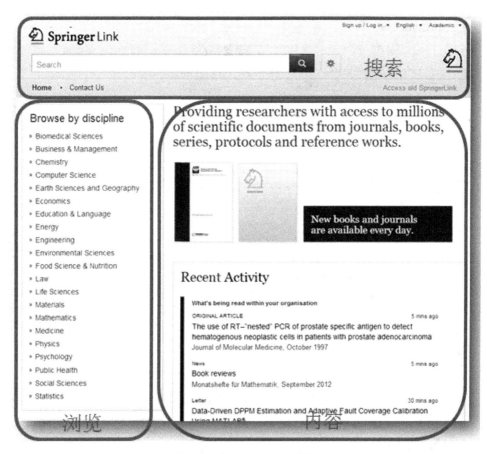

图 6-1　SpringerLink 主页

1. 浏览检索

SpringerLink 既可以按文献学科浏览，又可以按文献类型浏览。凡按文献学科浏览的，可再按主题、出版物类型、在线优先出版期刊、开放存取期刊、样本全文进行限定浏览；凡按文献类型浏览的，可再按文献起始字母、学科、新期刊或开放存取期刊进行限定浏览。凡出版物或题名前带黄色的锁状图标的，只能看到题录和文摘；没有锁状图标的，可以提供全文阅读和下载。

在浏览检索中，单击任意一种浏览方式下面的相应内容都可进入浏览页面。以学科分类浏览方式为例讲解如下：

第一步：选择 Browse by discipline（学科分类）浏览方式。

第二步：单击学科分类下的任何一学科类型，如化学（Chemistry），进入检索结果浏览页面，如图 6-2 所示。

第三步：继续浏览。例如可以在左栏 Content Type（出版物类型）下选择 Journal（期刊），Subdiscipline（学科分支）下选择 Physical Chemistry（物理化学），浏览 SpringerLink 数据库中所收录的物理化学的期刊。其检索结果如图 6-3 所示，可以看出，有 62 种英文的关于物理化学的期刊。

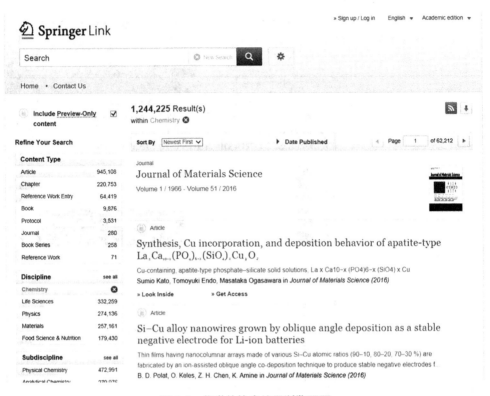

图 6-2　化学的检索结果浏览页面

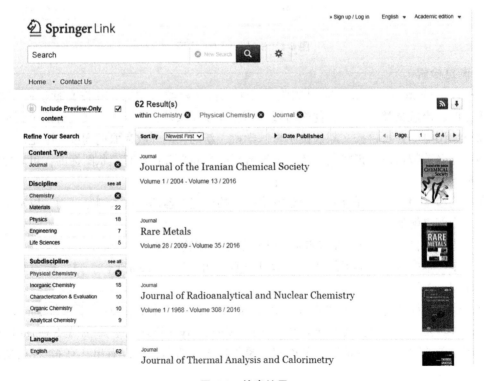

图 6-3　检索结果

2. 简单检索

大多数用户通过搜索功能浏览内容，因此在主页上搜索功能是最明显和最突出的。简单检索界面位于 SpringerLink 主页的最上方，如图 6-4 所示，既可以在全文、著者或编辑、出版物、卷、期、页字段中进行单一词检索，也可以使用字段和算符进行多词组合检索。表 6-1 所示为 SpringerLink 可以使用的检索语言。其默认的检索方式即为简单检索，其检索范围默认为数据库中的所有内容。

图 6-4　简单检索界面

表 6-1　SpringerLink 检索语言一览表

算符名称		算符代码	含　　义
逻辑检索	逻辑与	AND	多个检索词必须在文献中同时出现
	逻辑或	OR	检索词中的任意一个或多个出现在文献中均可
	逻辑非	NOT	NOT 算符前面的词出现在文献中，后面所跟的词不出现在文献中
优先级检索		( )	括号里的表达式优先执行
短语检索（精确检索）		" "	作为词组看待，但标点符号、连字符等会忽略不计
字段限制检索		ti:, ab:, au:, pub:, issn:, isbn:, doi:	分别代表在标题、摘要、作者、出版物、ISSN、ISBN、DOI○字段检索

3. 高级检索

主页提供高级搜索，单击主页面上如图 6-5 所示的框中的按钮，再选择 "advanced search" 即可进入高级检索界面，如图 6-6 所示。

○ Digital Object Unique Identifier 的简称，直译为数字对象唯一标识符。

信息资源检索与利用

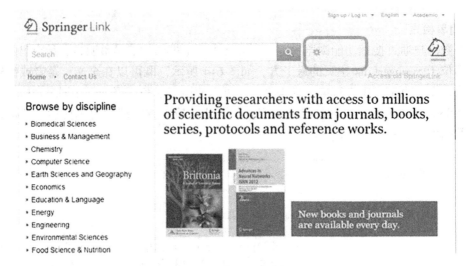

图 6-5　高级检索按钮

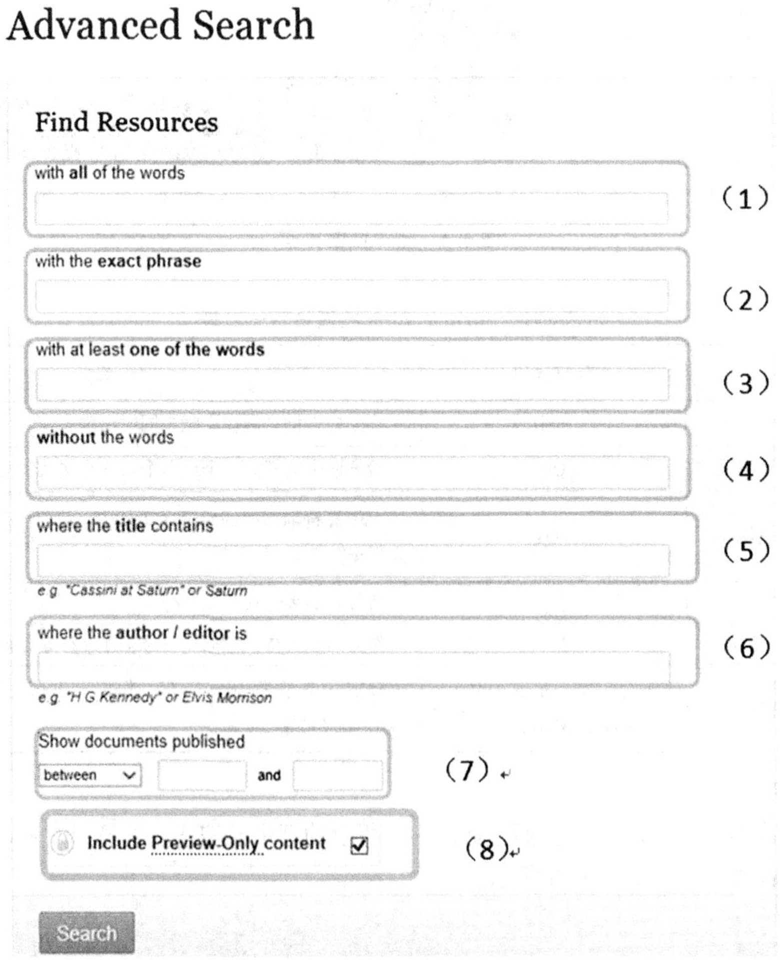

图 6-6　高级检索界面

在高级检索界面中，用户可以通过使用高级搜索选项进一步缩小搜索范围。对照图6-6，下面分别介绍各个检索项。

（1）with all the words：所有单词都必须出现，但不需要所有单词都连在一起。例如：想查找"universal gravitation（万有引力）"，需要同时出现"universal""gravitation"，但是"universal gravitation"不一定连在一起。

（2）with the exact phrase：所有单词都必须出现，且必须所有单词都连在一起。例如：想查找"universal gravitation"，那出来的结果必须包含"universal gravitation"。

（3）with at least one of the words：包含检索词中至少一个检索词。例如：想查找"universal gravitation"，只需要检索结果包含"universal"或者"gravitation"即可。

（4）without the words：检索结果中不包含的单词。

（5）where the title contains：标题中包含的单词。

（6）where the author/editor is：作者。

（7）检索结果出版的起终时间。

（8）在默认情况下，将显示所有的搜索结果，如果只想看到权限范围内的搜索结果，可以取消方框内的勾选。

三、检索结果

在检索结果列出符合检索条件的文章或期刊清单的基础上，再次输入检索词，单击"Search"按钮，可以进行二次检索。单击文章题名可以查看文章的详细信息，有全文的文章均提供 PDF 格式全文。

第二节 EBSCO 数据库

EBSCO 是一家私营公司名称首字母缩写，提供期刊、文献订购及出版等服务，总部在美国，在全球 19 个国家设有办事处。EBSCO 开发了 200 多个在线文献数据库产品，涉及自然科学、社会科学、生物医学、人文艺术等多学科领域。

一、数据库简介

EBSCO 数据库文献主要来源于以美国为主的国外期刊、报纸、电视及收音机的全文新闻副本。其中期刊全文有相当大一部分是 SCI、SSCI 的来源期刊，很多期刊可回溯到 1965 年或期刊创刊年。此数据库通过 EBSCOhost 每日进行更新，包括以下九个子数据库：

（1）Academic Search Premier（ASP）：学术期刊集成全文数据库。它是当今世界最大的多学科学术期刊全文数据库，提供的许多文献是其他数据库所无法获得的，包括有关社会科学、人文科学、教育学、计算机、工程、物理、化学、语言、艺术等领域。截至 2014 年年底，共有 18000 种期刊，7509 种为专家评审，其中 4785 种期刊收录有全文，其余的提供文摘和索引。SCI 和 SSCI 收录的有 1200 多种。

（2）Business Source Premier（BSP）：商业资源电子文献全文数据库。本数据库包括了管理、国际商务、经济学、经济管理、金融、会计、国际贸易、劳动人事、银行等领域。收录有 4700 种期刊，其中 2219 种期刊有全文，另外还有 10435 种非刊出版物，如案例分析、行业报告等。被 SCI 收录的有 473 种。该数据库每日更新数据。约 200 种期刊回溯到 1965 年甚至是创刊年，有些期刊可以提供过去 50~100 年的全文。

（3）ERIC：教育文摘。本数据库为美国教育部教育资源信息中心所提供的国家级教育学书目数据库。含教育相关的论文（ERIC Documents）及期刊文献（Journal Articles）两种档案。教育论文逾 2200 种，包括研究及技术报告、会议记录、教学工具、教学媒体、教学计划和方法、硕博士论文等。期刊文献收录近 1000 种教育专业期刊。

（4）MEDLINE：医学文摘。它是美国国家医学图书馆（National Library of Medicine）创办的医疗档案专业版，共收录 1966 年至今 4900 种期刊之索引与摘要，包含 Index Medicus、the International Nursing Index 及 Index to Dental Literature，提供专业 MeSH 检索。

（5）Newspaper Source：报纸全文。它收录了逾 400 种各类报刊传媒，涵盖美国各州报纸、国际各大报纸，如《基督教科学箴言报》（Christian Science Monitor）、《今日美国》（U. S. A Today）、《华盛顿邮报》（The Washington Post）等的全文，以及《纽约时报》（The New York Times）和《华尔街日报——东方版》（The Wall Street Journal-Eastern Edition）的索引与摘要。

（6）GreenFILE。GreenFILE 提供人类对环境所产生的各方面影响的深入研究信息。其学术、政府及关系到公众利益的标题包括全球变暖、绿色建筑、污染、可持续农业、再生能源、资源回收等。该数据库提供近 384000 条记录的索引与摘要，以及 4700 多条记录的 Open Access 全文。

（7）Teacher Reference Center：为 270 多种最受欢迎的教师和行政人员期刊提供了索引和摘要，以帮助职业教育者。

（8）Library, Information Science & Technology Abstracts（LISTA）：图书馆信息科学与技术数据库。LISTA 作为持续性的免费网上资源，给予图书馆馆员及对图书馆及信息管理有兴趣的读者使用。其内容涵盖了图书馆分类、编目、书目学、在线信息检索、信息管理等主题。通过 EBSCOhost 平台，LISTA 提供超过 600 份的期刊、图书、研究报告和会议录的索引，最早的记录回溯到 1965 年。该数据库是在信息科学领域内收录信息回溯时间最长、持续时间最长的数据库。

（9）European Views of the Americas：1493 to 1750。这个新的书目数据库对图书管理员、学者以及爱好美国作家撰写的欧洲文学作品的个人而言，是十分珍贵的索引工具。EBSCO Publishing 与 John Carter Brown Library 通力合作，在受到全世界学者推崇的权威数据库 "European Americana：A Chronological Guide to Works Printed In Europe Relating to The Americas，1493—1776" 的基础上，编制了这个新的数据库。该数据库收录超过 32000 个条目，是美国人 1750 年前在欧洲撰写的书面记录的全面指南。

二、数据库检索

1. 注册 My EBSCOhost

如图 6-7 和图 6-8 所示，只要在 EBSCOhost 上注册一下，然后单击页面顶端右侧的 "登录至我的 EBSCOhost" 即可在任何有权限访问 EBSCOhost 数据库的地方享受个性化的 EBSCOhost 服务。可对图像、视讯、检索的永久链接、保存的检索、检索快讯、期刊快报等分别管理，可将某次检索结果保存下来，每次只要登录 "我的 EBSCOhost" 即可调出。特别是检索快讯，只要预设好检索表达式，系统会自动将最新出版的符合检索表达式的文章以电子邮件的形式发送，相当于定题服务（SDI），并可随时取消该服务。

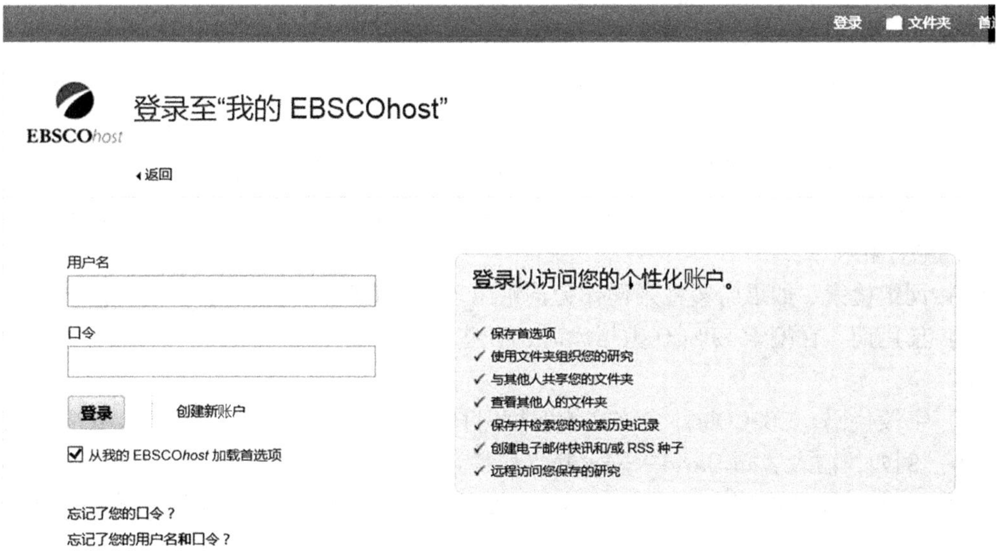

图 6-7　EBSCO 登录界面

图 6-8　EBSCO 注册界面

2. 检索技术

可利用布尔逻辑运算符 and、or、not 在 EBSCO 上进行组配检索。在默认情况下，逻辑运算的优先级次是 not > and > or。如果要改变默认的优先级次序，则需要使用"（）"，括号可以嵌套。

（1）截词检索。通配符"？"表示中截断，只替代一个字符；"＊"表示后截断，替代任意个字符。该数据库不可使用前截断。

（2）位置算符检索。其中 Nn 表示关键词最多相隔 n 个字符，而它们在文章中的出现顺序与输入的顺序无关；Wn 表示关键词最多相隔 n 个字符，且它们在文章中出现的顺序必须与输入的顺序相符。

（3）词组检索。如果希望检索词作为词组出现，需要将该词组用双引号引起。

（4）禁用词。在检索 EBSCO 数据库时，有些词语不能作为检索词，如 the、of 等冠词、介词等。

（5）字段代码。EBSCOhost 允许在检索栏内直接输入字段代码以限定检索范围，如 au、ti、is 等。例如，输入"au David"表示找出作者含 David 的文章；输入"is 00289000"表示找出国际标准刊号（ISSN）为 00289000 的文章。字段代码可通过高级检索的字段选项查看。

3. 检索方式

EBSCO 中的基本检索功能是关键词检索。针对关键词检索，除了提供两大主要检索方式——基本检索（Basic Search）和高级检索（Advanced Search）外，还提供以视觉导航浏览方式显示检索结果的视觉检索（Visual Search）。在关键词检索功能之外，进一步提供了科目术语、出版物（Publications）、主题词（Subject Terms）、索引（Indexes）、图像（Images）、参考文献（Cited References）等辅助功能的检索。这些辅助功能的检索方式不分基本检索、高级检索、视觉检索，即三种检索界面均相同。如果选择多个数据库，则只能看到共有的检索功能。

（1）基本检索。EBSCOhost 默认的检索方式为"基本检索"，如图 6-9 所示。

图 6-9　ASP 的基本检索界面

基本检索界面位于主页，只提供一个检索词输入框，这样对于简单的检索可直接在主页的检索框中输入检索词进行。如要进行准确的检索，还需用户自己添加检索字段、检索算符或选择检索选项（检索模式及限制结果）等限定。其检索步骤如下：

1）输入检索词，可使用上述任意检索技术。

2）选择数据库，以限定在某一数据库中进行检索。

3）限定结果（可选），可对检索结果做进一步限定。单击文本框下方的"检索选项"，可以在检索界面下方显示或隐藏检索结果限定条件，如图 6-10 所示，包括全文、是否有参考文献、是否为学术（同行评审）期刊、出版日期、出版物、图像快速查看和图像快速查看类型等。例如，选中"全文"复选框，则表示只显示有全文的文献。如果要限定，则选中相应条件后的复选框即可。如果不选中，则表示不限定。

图 6-10 检索结果限定条件

此外，在四种检索模式中："布尔逻辑/词组"表示支持任何布尔检索或精确短语检索，同时检索中的禁用词将被忽略；"查找全部检索词语"表示所有输入的检索词自动执行 and 运算；"查找任何检索词语"表示所有输入的检索词自动执行 or 运算；"智能文本检索"表示可以输入尽可能多的检索文本——词组、句子、篇章或全部页（不超过 5000 字符，包括空格），然后利用相关技术自动提炼出所输文本中最相关的检索词进行检索，这种检索模式并非适用于所有数据库。

（2）高级检索。单击"高级检索"，检索页面如图 6-11 所示。

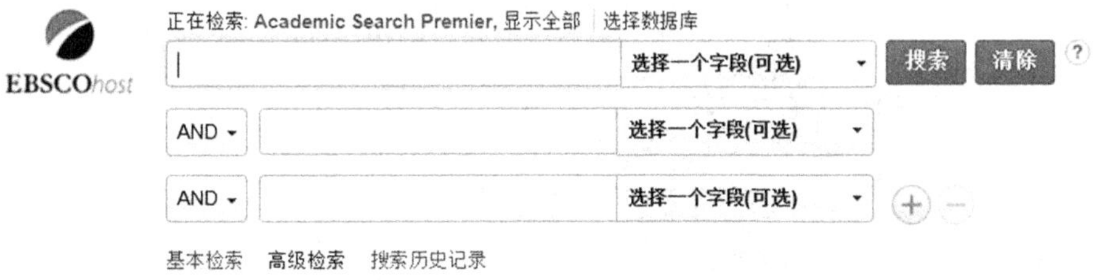

图 6-11 ASP 的高级检索

提供的检索字段有所有字段、著者、文章标题、主题词、文摘、地名、人名、评论和产品名、公司名、NAICS 码或叙词、DUNS 码、ISSN 号、ISBN 号、期刊名称、索取号等。

1）输入检索词，可使用上述任意检索技术。可通过单击"添加行"，增加检索框进行更多条件检索。

2）选择检索字段，可选择上述任一检索字段。

3）选择各检索框的组配方式 and、or 或 not。检索时运算顺序按逻辑算符的优先级顺序执行，而不是按输入顺序进行。

4）限定结果，可对检索结果做进一步限定。进入高级检索界面，在页面下方将自动显示检索结果限定条件。

（3）辅助检索。在检索页面的最上方，除了提供最基本的关键字检索途径外，还提供其他检索途径，单击相关标签，即可进行相关检索，如图 6-12 所示。

图 6-12　ASP 的辅助检索

1）出版物检索。设置出版物检索的目的有三：其一是便于用户从出版物入手检索该库是否收藏该出版物；其二是查找数据库中有关某一主题的出版物都有哪些；其三是便于用户从收藏的出版物入手定制喜爱的期刊快讯。所谓期刊快讯就是每次在所选期刊有新一期期刊出版时，用户可通过电子邮件自动收到通知。在 Academic Search Premier-Publications 数据库中按字母顺序查找"harvard business review"的实例如图 6-13 所示。

图 6-13　EBSCO 出版物检索界面

2）科目检索。所谓科目检索，就是帮助用户准确地确定叙词表中的主题词，以便在正规的叙词表中检索。该检索既可以按叙词的开始字母顺序（Term Begins with）浏览确定，也可以在浏览框中输入相关词（Relevancy Ranked）进行快速浏览确定，还可以按叙词包含（Term Contains）检索；然后从中选择叙词，并单击"添加"按钮，这样规范化的叙词就自动输入最上面的查找框中；最后单击"检索"按钮即可检索。

3）图像检索。图像检索是 EBSCO 的一个特色，可输入检索词，并可在人物图片（Photos of People）、自然科学图片（Natural Science Photos）、某一地点的图片（Photos Of People）、历史图片（Historical）、地图（Maps）或国旗（Flags）等选项中进行检索。

4）索引（Indexes）。索引可从索引浏览项下选择著者、著者提供的关键词、公司实体、文献类型、DUNS 号、登记日期、地理术语、标题词、ISBN、ISSN、语言、NAICS 代码或叙词、人物、出版物名称、综述和产品、证券代码、出版年 17 个方面进行浏览并检索。

三、检索结果

1. 检索结果显示

EBSCO 数据库不仅可提供众多的检索功能，其检索结果显示格式也有很多样式：预览、摘要、PDF、HTML，并可以存盘、导出、打印、电邮传递、引用、添加到文件夹等。

在基本检索或高级检索方式下，单击"检索"按钮，结果显示页面如图 6-14 所示。每篇文章以标题、"预览"图标、著者、文献出处、简短摘要、主题词、数据库名称、PDF 全文等内容显示。通过文章标题链接可查看引文信息或全文，将鼠标放到图标上，可以查看详细摘要；通过"PDF 全文"链接可查看 PDF 格式全文，但要先安装 PDF 浏览器软件。

可根据结果列表的情况，利用左侧的限定条件——全文、有参考、学术（同行评审）期刊、出版日期等，进行二次检索，以缩小检索结果的范围。

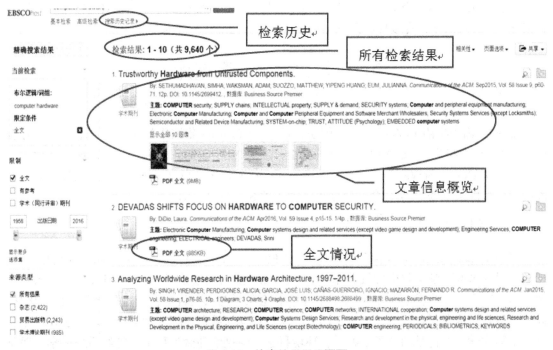

图 6-14　检索结果显示页面

2. 检索结果处理

（1）文件夹功能。无论使用何种检索，检索结果系统中都有一个临时的个人文件夹。在每次检索的过程当中，检索者可随时将需要进一步处理的文章存入文件夹中，以便检索完成后集中处理。

在检索结果页面上，单击按钮，可将选中记录加入文件夹中。此时，按钮变成，单击这个按钮可以从文件夹中删除刚添加的结果。单击右侧文件夹中的对象，可显示所有加入文件夹中的文献记录。

如果要对文件夹中的检索结果进一步处理，只需要单击文章题名，就可进入详细信息界面，在此可以下载全文，可以对文章分别进行打印、电邮传递、存盘、引用、导出等处理。

（2）打印、用电子邮件发送、保存检索结果。单击"打印""电子邮件"或"保存"图标，然后按照屏幕上的说明打印、用电子邮件发送或保存结果，可同时打印、用电子邮件发送或保存。使用"电子邮件"图标可以电邮选中的文章，系统默认的状态下是将结果以多文本格式、附件的形式保存为 PDF 格式发送。应用"保存"图标，可保存结果以备将来使用，系统默认状态下保存为 HTML 的全文。使用该图标的前提是，要确保已登录至用户的个人账户（我的 EBSCOhost）。登录后，结果将保存到该文件夹中，随时随地均可对其进行检索。

（3）引用、导出。单击"引用"（Cite this article）图标，可以将选中的文章直接按三种常见引文格式输出：ABNT——巴西国家标准、AMA——美国医学会、APA——美国心理协会。

使用"导出"（Export to Bibliographic Manager）图标，可以将选中文章以下方式导出：直接以 RIS 格式导出（例如 CITAVI、EasyBib、EndNote、ProCite、Reference Manager、Zotero）、通用文献目录管理软件、XML 格式引文、BibTeX 格式引文、MARC21 格式引文、直接导出到 RefWork、直接导出到 EndNote Web、直接导出到 EasyBib。

第三节　Elsevier 数据库

Elsevier 出版集团 1580 年于荷兰创立，是 Reed Elsevier 集团中的科学、技术部门，是全球最大的科技与医学文献出版发行商之一，现包括 ScienceDirect、Engineering Village、Scopus、REAXYS、SciVal 等产品。近年来，Elsevier 公司合并了一些出版社，如 Academic Press、Cell Press 的学术期刊全文数据也已加入到 ScienceDirect。

一、数据库简介

Elsevier Science Direct（简称 SD，曾用名 Elsevier Science）数据库是 Elsevier 出版集团生产的世界著名的科学文献全文数据库之一。SD 数据库平台上的资源分为四大学科领域：自然科学与工程、生命科学、医学/健康科学、社会科学与人文科学，涵盖了化学工程，化学，计算机科学，地球与行星学，工程，能源，材料科学，数学，物理学与天文学，农业与生物学，生物化学、遗传学和分子生物学，环境科学，免疫学和微生物学，神经系统科学，医学与口腔学，护理与健康，药理学、毒理学和药物学，兽医科学，艺术与人文科学，商业、管理和财会，决策科学，经济学、计量经济学和金融，心理学，社会科学等学科。

根据 Elsevier 公司于 2013 年 11 月提供的自由全文库期刊列表统计，SD 全文库共包括期刊 2265 种。其中：被 SCI 收录的期刊共 1286 种，被 SSCI 收录的期刊共 287 种，被 AHCI 收录的期刊共 13 种，部分期刊同时被三个数据库的其中两个或三个同时收录；被 SCI、SSCI、

AHCI 收录的期刊共有 1473 种，占自由全文库期刊总数的 65%。

二、数据库检索

SD 平台首页有期刊/图书导航、快速搜索、浏览区、Open Access、最新研究以及关于 SD 的信息等。

SD 提供按学科主题浏览（Browse Publications by Subject）和按题名浏览（Browse Publications by Title）两种浏览检索方式，并提供浏览范围限定功能，用户可以对文献级别和文献类型分别加以限定。

SD 提供快速检索（Quick Search）、高级检索（Advanced Search）和专家检索（Expert Search）三种检索方式。快速检索可以按全部字段或按特定期刊的题名、卷期和页码等进行检索，另外，还可以对文章中的图表、视频等进行检索。检索范围是所有期刊、专著丛编、手册、图书和参考工具书。无论在哪个操作页面，快速检索的位置都固定不变，使用方便。高级检索可以在摘要/标题/关键词、作者、第一作者、来源刊、题目、关键词、摘要、参考文献、ISSN、ISBN、作者单位和全文范围内搜索，可以对期刊、图书、图像进行统一检索，也可以单独检索，还可以限定个人喜好来源/本馆订购/Open Access 文章，限定学科和时间等。页面还提供各种检索方式的检索提示（Search Tips）。

SD 同时为用户提供多种个性化服务功能，用户通过免费注册获取账号后，登录即可根据个人需要和爱好设置和定制系统支持的各种个性化服务，包括：定制个人喜爱期刊及其相关卷期通报服务；建立与管理快速链接（Quick Links）；RSS[⊖]订阅服务等。

三、检索结果

SD 对检索结果可以进行二次检索，也可以按照类型、来源刊/图书、主题、年份进行精炼。SD 对检索结果的处理提供四个功能选项，包括 E-mail Articles（用电子邮件发送文章）、Export（导出）、Download Multiple PDFs（下载多个 PDF 格式文章）和 Open All Previews（打开所有预览）。其中 Download Multiple PDFs 允许用户登录后，把选定的多个检索结果一次下载下来，一次最多可下载 20 篇全文。每篇文章还提供相关文章、相关参考工具书的链接。对化学文献，提供化学分子结构。SD 提供 CrossRef 链接功能，在参考文献中凡是具有全文访问权限的文章，都可以直接或者通过 CrossRef 链接至全文（Full Text via CrossRef）。

第四节 WSN 数据库

一、数据库简介

WorldSciNet（世界科技期刊网）数据库，简称 WSN 数据库。WSN 数据库是亚太地区最大的英文科技出版公司之一——"世界科技出版公司"（World Scientific）为科研人员提供的期刊在线服务系统。登录世界科技期刊网可浏览 100 多种高质量科技期刊的全文，了解并掌握所属研究领域的最新科技进展，同时，世界科技期刊网还提供 2000 年以来回溯数据的

⊖ Really Simple Syndication 的简写，直译为简易信息聚合。

访问服务。

二、数据库使用

1. WSN 出版社及其出版物介绍

(1) WSN 出版社简介。World Scientific 世界科技出版社 1981 在新加坡成立,1981 年开始出版物理学专著,是亚太地区第一个国际性学术出版机构,也是亚太地区最大的英文科技出版社之一;每年出版约 600 种不同主题之丛书,100 多种专业期刊;1995 年与伦敦皇家学院共同成立皇家学院出版社(Imperial College Press,ICP),以工程、医学、信息科技、环境科技和管理科学类书籍见长;旗下拥有世界科技(WSPC)和 ICP 两个科技出版的知名品牌。

(2) WSN 出版物介绍。WSN 出版物涉及学科包括基础科学、计算机科学、工程技术、医学、生命科学、商业与管理等;超过 40 位诺贝尔奖得主担任世界科技出版公司的期刊编委、期刊顾问或成为世界科技出版公司的直接作者。世界科技期刊网是世界科技出版公司专门为科研人员提供的期刊在线服务,可在此访问世界科技出版公司出版的 100 多种同行评审期刊。WSN 期刊学科分布如表 6-2 所示。

表 6-2 WSN 期刊学科分布

学科领域	期刊数量/种	被 SCI 收录期刊数量/种
物理	23	14
数学	32	21
工程学	25	12
化学	5	3
计算机科学	31	14
材料学	8	4
非线性科学	5	4
环境科学	1	0
医学与生命科学	14	0
经济与管理学	17	0
社会科学	2	0

2. WSN 经典期刊

(1) 物理方面。

1)"现代物理国际期刊"系列:

International Journal of Modern Physics A,简称 IJMPA。
International Journal of Modern Physics B,简称 IJMPB。
International Journal of Modern Physics C,简称 IJMPC。
International Journal of Modern Physics D,简称 IJMPD。
International Journal of Modern Physics E,简称 IJMPE。

2)"现代物理快报"系列:

Modern Physics Letters A，简称 MPLA。

Modern Physics Letters B，简称 MPLB。

（2）数学方面。在应用数学方面，最经典的莫过于 *Mathematical Models & Methods in Applied Sciences*（《应用科学中的数学模型与方法》），刊载实验与理论并重的综述和研究论文，集中在以下领域的研究：应用科学体系中的数学建模；数学物理及技术科学模型定性定量分析的数学方法；数学模型或现实系统的数字及计算机处理。

（3）多学科研究方面。最经典的是 *International Journal of Bifurcation and Chaos*（《国际分岔与混沌研究》），它是混沌与非线性领域的领先期刊，刊载指南、评论和研究论文，旨在为跨学科研究提供交流、讨论渠道；主编 Leon O. Chua（蔡少棠）是国际公认的非线性电路理论的先驱者和 Chua 电路及细胞神经网络的发明者，也是首位 IEEE⊖ Gustav Robert Kirchhoff 奖获奖者。

3. WSN 数据库平台的使用方法

（1）平台特色。

1）提供多种检索方式选择及组合。

2）设计精良的扩展检索功能。

3）对每篇文章进行分类和关键字索引。

4）收藏检索式及组合使用检索式。

5）收藏检索结果，并可以多种方式输出检索结果。

6）使用界面明晰，方便易用。

WorldSciNet 全文电子期刊使用 iGroup 公司的 eBridge 平台提供访问和服务，用户无须支付国际流量费，也没有并发用户数量限制。

（2）平台主页。机构用户购买数据库后可通过机构网站直接进入，选择 WSN 数据库，单击就可进入该数据库，如图 6-15 和图 6-16 所示。

图 6-15　湖北师范大学图书馆主页

⊖　电气和电子工程师协会。

图 6-16　WSN 数据库主页

个人用户初次登录需注册个人账户，如图 6-17 所示。

图 6-17　个人账户注册界面

（3）平台的检索界面。在该平台的检索窗口（见图 6-18），可选择不同的途径（见图 6-19）进行检索。

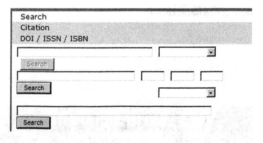

图 6-18　平台检索界面

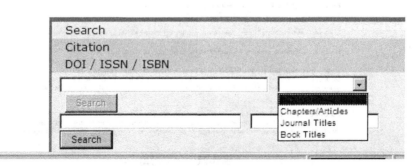

图 6-19　可选择的检索途径

（4）浏览界面。在期刊浏览界面，可选择文献资源主题和文献资源载体，如图 6-20 所示。

（5）检索技巧。可进入"Help"查看检索技巧，如图 6-21 所示。

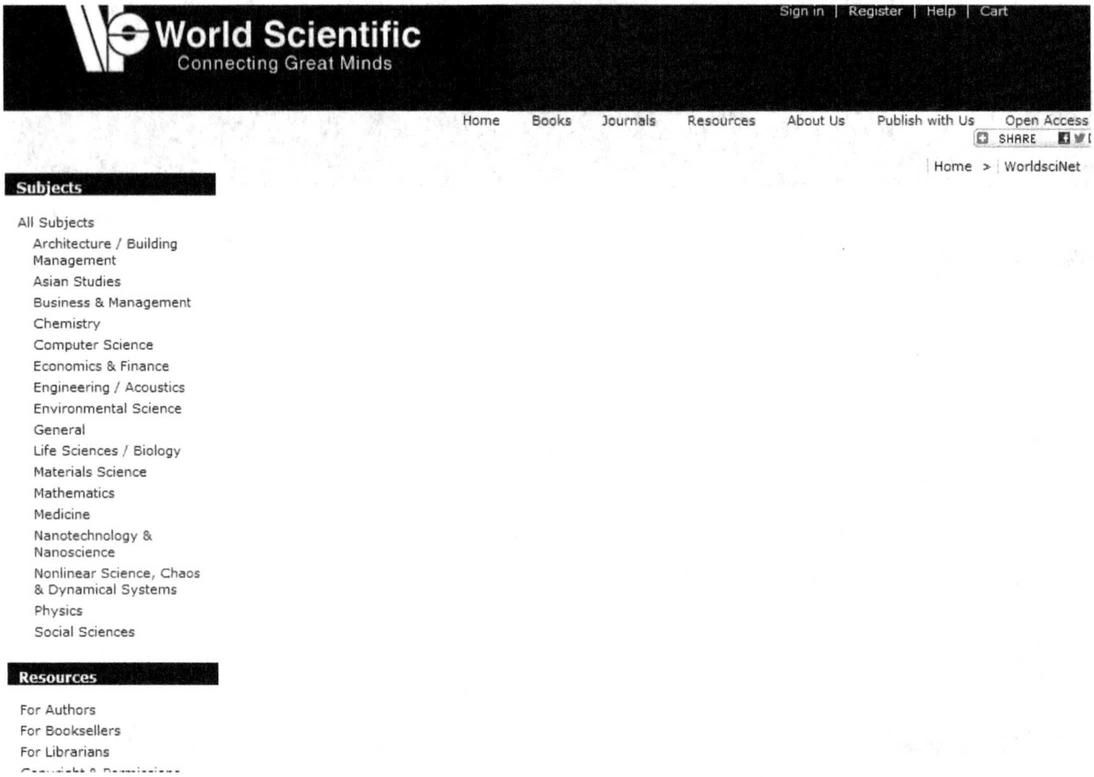

图 6-20 期刊浏览界面

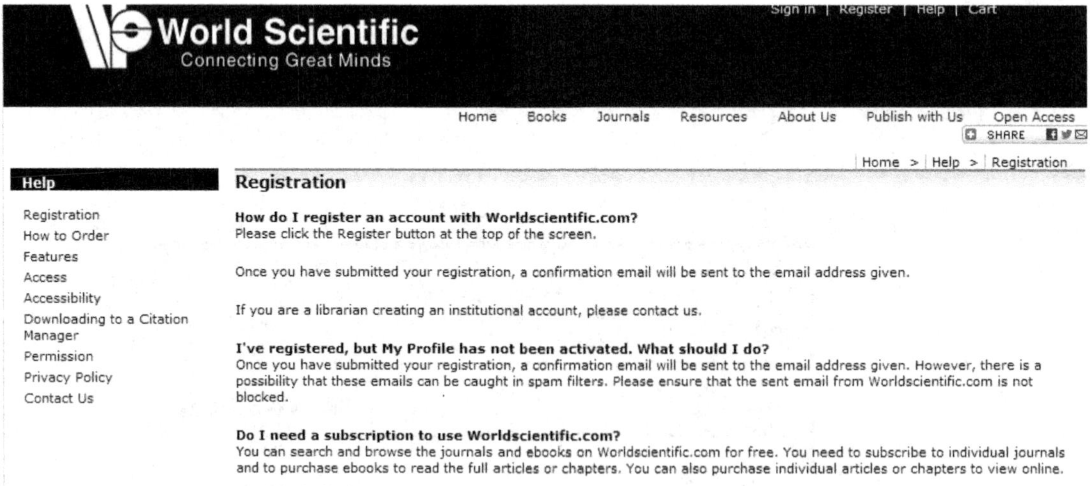

图 6-21 检索帮助

检索技巧示例：

1)"*"代表任意字符。使用检索式"program*"和"program"获得的结果是不一样的。

2)"W/3"连接的两个词的顺序不能颠倒，且中间隔的单词不能超过3个。检索式

"internet W/3 programming"表示的含义为：检索范围中含有 internet 和 programming，programming 出现在 internet 之后，并且两个单词之间的单词数量不超过 3 个。

3）"NEAR/3"连接的两个词之间的顺序可以颠倒，但中间间隔的单词不能超过 3 个。检索式"internet NEAR/3 programming"表示的含义为：检索范围中含有 internet 和 programming，programming 出现在 internet 之前或之后，两词之间的单词数量不超过 3 个。

（6）WSN 平台的个性化服务。WSN 平台的个性化服务包括：

1）Marked List：保存、管理标记过的感兴趣的文章。
2）Saved Search：保存、管理检索式。
3）Favorites：收藏感兴趣的期刊。
4）Alerting：跟踪特定期刊的最新出版情况。
5）Auto Search：设定系统自动运行检索式功能。

享受这些个性化服务，必须先注册个性化账户，如图 6-17 所示。

三、检索结果

选择检索结果的排序方式有按时间和相关度两种；可输入检索词和选择检索字段，在现有检索结果中进行再次检索。检索结果的输出如图 6-22 所示。

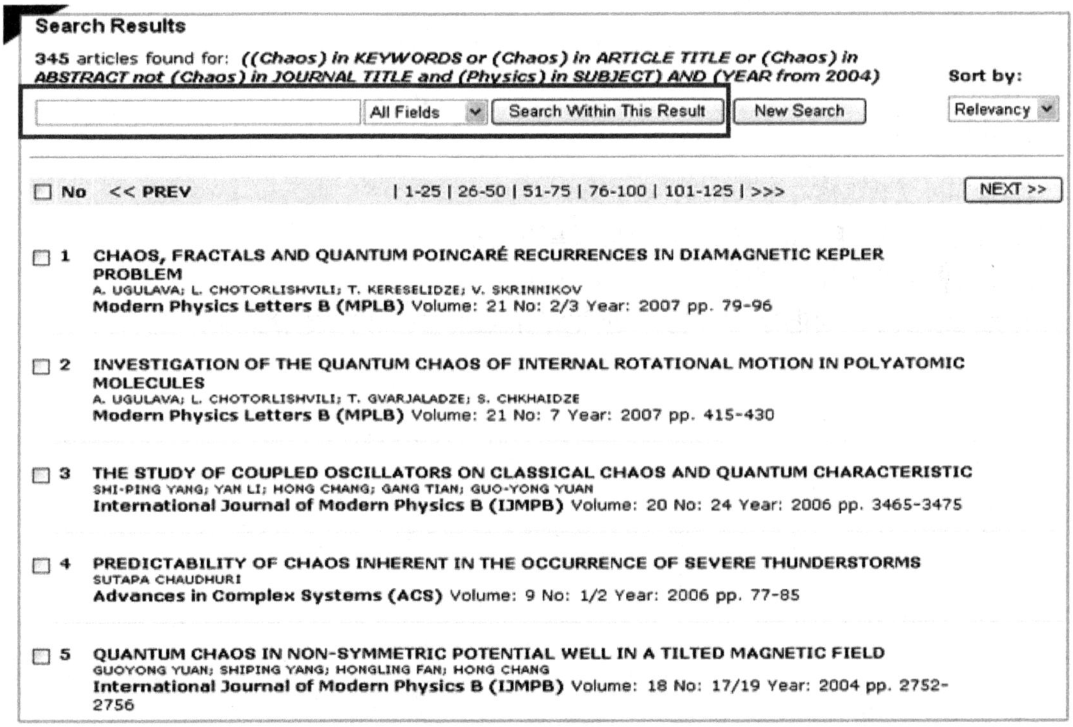

图 6-22　检索结果的输出

单击文章题名，可进入该文章的文摘页；对感兴趣的检索结果可将其选中，并进行以下操作：用邮件发送、打印和以 TXT 格式保存在自己的计算机上。相关情况如图 6-23 所示。

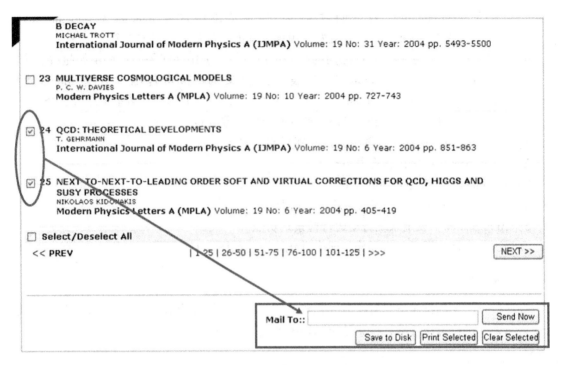

图 6-23 对检索结果进行操作

【思考题】

1. 常用外文数据库有哪些？
2. 查询现版本的 Web of Science 包括哪些引文库？
3. 列举三种以上 WSN 中的经典期刊。
4. 结合你所学专业进行一次外文数据库综合检索，并写出检索分析报告。

第七章 搜索引擎

互联网的信息无时无刻不在增长、变化，用户要在互联网中寻找所需的信息，有如大海捞针。而且，为了到达一个目标网站，用户需要知道这个网站的地址（包括 IP 地址和域名地址），才可以浏览该网站中的信息。而对于一个普通的用户来说，要知晓所有网址列表是不可能的，这为用户检索和利用互联网的信息带来了很大的不便。为了解决这一难题，搜索引擎（Search Engine）应运而生。它是用户与互联网信息的接口，是用户获取互联网信息的重要中介。

第一节 搜索引擎基本知识

信息检索的研究与 Internet 的发展在同步进行、互相推进。在 Internet 诞生初期，并没有搜索引擎。随着互联网上信息的急速增长，网络信息资源的查找越来越难，这时专业搜索引擎便应运而生了。

一、搜索引擎的起源和发展

早期的搜索引擎和今天使用的搜索引擎有所不同，只是把 Internet 中的资源服务器的地址收集起来，按其提供的资源类型分成不同的目录，再一层层地进行分类。人们要找自己想要的信息可按其分类一层层进入，最后到达目的地。其搜索引擎系统主要基于字符界面，以免费形式开放，但由于应用不便，难以普及。其代表产品包括 Archie、Gopher、Whois、Agora、Knowbot、分布式文本搜索系统 Wais 等。

1994 年年初，第一代真正基于 WWW 的搜索引擎 Lycos 诞生。到 1995 年，商业化的搜索引擎开始大规模开发，第一代产品的代表厂商包括 Yahoo、Excite、Infoseek、AltaVista 等，从典型的目录式分类结构（如 Yahoo）发展到全文搜索引擎（如 AltaVista）。目前，搜索引擎的使用已经成为收发电子邮件之后的第二大互联网应用技术。随着 Internet 的迅猛发展，信息量与日俱增，查找信息所花的时间就越来越长，也就出现了面向 Internet 的搜索引擎。它是一种可以从各类网络资源中浏览和检索信息的工具。这些网络资源包括：Web、FTP 文档、新闻组、Gopher、电子邮件以及多媒体信息等。

国内搜索引擎起步比较晚，1996 年 8 月，刚成立的搜狐公司开始制作中文网站分类目录，但是随着互联网网站的急剧增加，这种人工编辑分类目录已经不能适应市场的需要。这可以称为最早的中文搜索引擎，随着网络技术的发展，中文搜索引擎的发展速度非常惊人，当今的中文搜索引擎将计算机网络、人工智能、数据库和数字图书馆等技术有机地结合，成了 Internet 上最重要的中文检索工具之一。

二、搜索引擎的基本概念和作用

通常意义上的搜索引擎指的是通过一定方式，将互联网上的网页信息进行搜集、索引并在本地建库后，根据用户输入的信息需求，通过关键词匹配、结果排序等过程，为用户提供互联网信息检索服务的工具。从使用者的角度看，搜索引擎就是一种 Internet 上的应用软件系统。这种"软件系统"提供一个网页界面，让人们通过浏览器提交一个词语或者短语，然后很快返回一个可能和用户输入内容相关的信息列表。这个列表中的每一条目代表一篇网页，每个条目至少有三个元素。

（1）标题。它是指以某种方式得到的网页内容的标题。最简单的方式就是以从网页的 <TITLE> </TITLE> 标签中提取的内容（尽管在一些情况下并不真正反映网页的内容）作为标题。

（2）URL。统一资源定位符（Uniform Resource Locator, URL）是指该网页对应的"访问地址"，有经验的 Internet 用户常常可以通过这个元素对网页内容的权威性进行判断。

（3）摘要。它是指以某种方式得到的网页内容的摘要。最简单的一种方式就是将网页内容的前若干字节截取下来作为摘要。

通过浏览这些元素，用户可以对相应的网页是否真正包含他所需要的信息进行判断。比较肯定的话则可以单击上述 URL，从而得到该网页的全文。但由于计算机软件在人工智能方面与人脑的思维还有很大差距，在检索的准确性和相关性判断上质量不高，因此，现在的很多搜索引擎都是将人工编制的主题目录和搜索引擎提供的关键词检索结合起来，以充分发挥两者的优势。

作为用户获取互联网信息的中介，根据搜索引擎为用户提供信息服务的工作流程，它的作用可以具体分为以下几点：

（1）及时收集网页信息。互联网是一个生生不息的有机体，每时每刻都有新的网页和新的内容产生。搜索引擎通过自动的方式跟踪和分析网页的超链接，通过网页与网页间的联系，将无序的互联网链接成一张可知的网络，并不断扩展可知的外延。可以说，搜索引擎为用户建立了一个可查询的网络知识索引库。

（2）关键词匹配。关键词匹配是搜索引擎回应用户信息需求的一种方式，它要求用户将自己的信息需求通过简洁、准确的搜索语句表达出来，搜索引擎通过理解该语句，将用户的信息需求与网络制式索引库中的信息进行匹配。作为中介，搜集网页信息是搜索引擎与互联网的联系，关键词匹配是用户与搜索引擎的联系。

（3）提供网页链接列表。网页链接列表是搜索引擎为用户提供服务的结果呈现方式。通过关键词匹配后，搜索引擎再对这些目标网页进行排序，最终呈现在用户界面上的是一张相关网页列表，其中可以包括网站标题、内容提要、相关内容揭示、更新时间，最重要的是到达这一网页的地址链接。

三、搜索引擎的工作原理

关于搜索引擎的工作原理，这里有两个问题需要澄清：①当用户提交查询的时候，搜索引擎并不是即刻在 Internet 上"搜索"一通，发现那些相关的网页，形成列表呈现给用户，而是事先已"搜集"了一批网页，以某种方式存放在系统中，此时的搜索只是在系统内部进行而已。②当用户感到返回结果列表中的某一项很可能是他需要的，从而单击 URL 获得网页全文的时候，他此时访问的则是网页的原始出处。于是，从理论上讲搜索引擎并不保证用户在返回结果列表上看到的标题和摘要内容与他单击 URL 所看到的内容一致，甚至不保证那个网页还存在。这也是搜索引擎和传统信息检索系统（人工检索、光盘检索等）的一个重要区别。

四、搜索引擎的特点

搜索引擎现在已经成为网络信息检索最重要的指路标，几乎达到了无所不搜的地步。正确使用搜索引擎，可以检索到事实数据、图书、期刊、学位论文、专利等各类信息的题录或者部分原文，还能检索文字、图像、声音、动画等不同格式的文件。

但是目前的搜索引擎普遍存在着以下缺点：

（1）质量参差不齐，信息的分类加工欠规范，各搜索引擎在检索指令的输入格式与输入内容上存在差异并难以兼容，缺乏通行易用的检索方法与技巧。

（2）没有统一的网络信息分类标准，令网络用户无所适从，而且网络信息分类难以与传统的文献分类融合，与常见的学科及知识体系之间缺乏必要的内在联系，使得网络信息的分类体系对知识面或学科的覆盖率达不到要求，对专业性较强的深度信息的查全率较低。

（3）建立资源索引时针对性不强，搜索速度慢，死链接过多，重复信息及无效信息过多。

（4）对资源不具有选择和价值判断的能力，排序结果不理想，难以搜索动态网页，查全率下降。据调查，功能最强大的搜索引擎最多能覆盖 16% 的网络信息资源，依照网络信息呈几何级数增长的趋势，搜索引擎覆盖的信息资源量将有所下降。因此搜索引擎还无法完全代替一些专门的检索工具。

要解决这些难题，搜索引擎将向智能化、精确化、交叉语言检索、多媒体检索、专业化等适应不同用户需求的方向发展。现在已经出现了自然语言智能答询。自然语言的优势在于：一是使网络交流更加人性化；二是使查询变得更加方便、直接、有效。

例如，用关键词查询计算机病毒，用 virus 这个词来检索，结果中必然会包括各类病毒的介绍、病毒是怎样产生的诸多无效信息，而输入自然语言 "How can kill virus of computer?"，智能化搜索引擎在对提问进行结构和内容分析之后，或直接给出提问的答案，或引导用户从几个可选择的问题中进行再选择。将怎样杀病毒的信息提供给用户，提高了检索效率。

五、搜索引擎的类型

按资源的搜集、索引方法及检索特点与用途来分，搜索引擎可分为分类目录型、全文检索型、多元集成型和图像搜索型；按检索方式分，可分为单独型和汇集型；按覆盖范围分，可分为通用搜索引擎和专业搜索引擎；按搜索引擎的功能分，可分为常规搜索引擎和多元搜索引擎，或独立搜索引擎和集成搜索引擎等。

随着技术的发展，新的搜索引擎类型也会不断出现。由于不同类型的搜索引擎对网络资源的描述方法和检索功能不同，对同一个主题进行搜索时，不同的搜索引擎通常会得到不同的结果。因此，要了解各种搜索引擎的特长，选择合适的搜索引擎，并使用与之相配合的检索策略和技巧，就可以花较少的时间获得较为满意的结果。下面从资源的搜集、索引方法、检索特点与用途这个角度，来介绍各种类型的搜索引擎。

1. 分类目录型

分类目录型搜索引擎提供了一份按类别编排 Internet 站点的目录，各类别下面排列了属于这一类别网站的站名和网址链接，这就像一本电话号码簿一样，不同的是有些搜索引擎还提供了各个网站的内容提要。

分类目录型搜索引擎又称为目录服务（Director Service），检索系统将搜索到的 Internet 资源按主题分成若干大类，每个大类下面又分设二级类目、三级类目等，一些搜索引擎可细分到十几级类目。这类搜索引擎往往还伴有网站查询功能，也称之为网站检索。通过在查询框内输入用户感兴趣的词组或关键词，即可获得与之相关的网站信息。

当分类目录型搜索引擎遇到一个网站时，它并不像全文搜索引擎那样，将网站上的所有内容都收录进去，而是首先将该网站划分到某个分类下，再记录一些摘要信息，对该网站进行概述性的简要介绍。用户提出搜索要求时，搜索引擎只在网站的简介中搜索。

以分类目录为主的搜索引擎的特点是：由系统先将网络资源信息系统地归类，用户可以清晰方便地查找到某一类信息，用户只要遵循该搜索引擎的分类体系，层层深入即可。这与传统的信息分类查找方式十分相似，尤其适合那些希望了解某一主题范围内信息的用户。由于主题检索得到的信息是已精心组织过的，因而主题较准确地描述了所检索的内容。

以分类目录为主的搜索引擎的不足之处是搜索范围比以全文为主的搜索引擎的范围要小得多，加之这类搜索引擎没有统一的分类体系，用户对类目的判断和选择将直接影响到检索效果，而类目之间的交叉又导致了许多内容的重复。同时，有些类目分得太细，也使得用户无所适从。此外，目录库相对较小，更新较慢，也影响使用效果。目录索引中最具代表性的是 Yahoo。

2. 全文检索型

全文检索型搜索引擎处理的对象是 Internet 上所有网站中的每个网页。用户得到的检索结果，通常是一个个网页的地址和相关文字，这里面也许没有用户在查询框中输入的词组，但在检索结果所指明的网页中，一定有用户输入的词组或与之相关的内容。

全文检索型搜索引擎通常被称为索引服务（Indexing Service），它们与以分类目录为主的搜索引擎中的网站查询十分相似，但却有着本质的区别。尽管有些全文检索型搜索引擎也提供分类目录，但这是网页的分类目录，而不是网站的分类目录。由于网页数目巨大，用户很难从目录浏览中得到明确的结果。

全文检索型搜索引擎通过使用大型的信息数据库来收集和组织 Internet 资源，大多具有收集记录、索引记录、搜索索引和提交搜索结果等功能。用户使用所选的单词或词组（称为"关键词"）来进行搜索，搜索引擎检索文本数据库以匹配或关联到用户给定的请求，然后返回给用户一个与这些文本相连的列表清单。查询结果与检索服务相关，但都应包括页面标题及其网址，检索结果可能出现的其他内容包括简短总结、大纲或文摘，页面首段的一部分或全部，表明页面与待查询项目相关联的数字或百分率、日期、文本大小等，与所检索词具有类似性的主题链接等。

全文检索型搜索引擎的特点是信息量很大，索引数据库规模大，更新较快。Internet 上新的或更新的页面常在短时间内被检索到，而过期链接会及时移去。一般来说，人们总希望利用较大的搜索引擎来查找需要的信息。

全文检索型搜索引擎的不足之处是检索结果反馈的信息往往太多，以至于用户很难直接从中筛选出自己真正感兴趣的内容，要想达到理想的检索效果，通常要借助于必要的语法规则和限制符号，而这一点又是多数用户不熟悉的。此外，对同一个关键词的检索，不同的全文检索型搜索引擎反馈的结果相差很大。尽管反馈的信息数量大，但用户经常遇到检索结果缺乏准确性、包含的可用信息少和评述与文摘实用价值不高等问题。国外具有代表性的有Google、Fast/AllTheWeb、AltaVista、Inktomi、Teoma、WiseNut等，国内著名的有百度等。

3. 多元集成型

多元集成型又称为元搜索引擎。Internet上的信息非常丰富，任何一个搜索引擎都无法将其完全覆盖。建立在多个搜索引擎基础之上的多元集成型搜索引擎，在一定程度上满足了用户更多、更快地获得网络信息的要求。

当用户使用多元集成型搜索引擎时，这种搜索引擎可将用户的请求迅速发送给其他独立的搜索引擎，并将它们反馈的结果进行处理后提供给用户，或者让用户选择其中的某几个搜索引擎进行工作。

多元集成型搜索引擎有串行处理和并行处理两种方式。串行处理是将检索要求先发送给某一个搜索引擎，然后将检索结果处理后，传递给下一个搜索引擎，依次进行下去，最终将结果反馈给用户。串行处理方式准确性高，但速度慢。并行处理则是将检索请求同时发给所有要调用的搜索引擎。并行处理方式速度快，但重复内容较多。著名的元搜索引擎有InfoSpace、Dogpile、Vivisimo等，中文元搜索引擎中具代表性的有搜星等。

4. 图像搜索型

图像搜索引擎的发展是一个从简单到复杂、从低级到高级的过程。图像搜索引擎面向Internet上的嵌入式图像或被链接的图像，通常要实现以下功能：①允许用关键词搜索图像内容、日期和制作人；②能通过颜色、形状和其他形式上的属性进行搜索；③把图像作为搜索结果的一部分显示。

图像在很多方面不同于文本。搜索引擎在面对文本信息时，所用的检索方法可能不够完美，但至少可以用单个词语来进行搜索。而图像则需要人们按照各自的理解来说明它们所蕴含的意义，图像本身难以分解出可以搜索的部件，需要利用某种可以辨别颜色和形状的机制。从最初的文本信息查询发展到基于内容的图像检索，人们对图像理解、图像识别的研究不断深入，提出了基于图像语义的检索，它充分利用了图像的语义信息，提高了图像检索系统的能力。为了解决语义鸿沟的问题，人们提出了基于反馈的信息检索技术，它利用人机交互行为，改进系统的能力，提高检索结果的准确性。随着人工智能和信息技术的发展，一种智能的基于知识的图像检索系统成为图像检索领域的发展方向，它能实现自动提取语义和图像特征的功能，并且充分考虑到用户特征对检索系统的影响。

第二节　搜索引擎的利用方法

搜索引擎是一些在Web中主动搜索信息并将其自动索引的Web网点，其索引内容存储于可供查询的大型数据库中。搜索引擎建立的索引与目录服务不同，前者集中页面上的单词，后者则集中网点作者简短的特定描述内容。许多搜索引擎索引它收到的每个页面的每个单词，而另一些搜索引擎则可能只索引页面的前 250～500 个单词。使用搜索引擎会得到比目录服务返回的更多结果。目前还没有哪种检索工具能够覆盖整个 Internet 的信息资源。不同搜索引擎在索引资源、用户界面、功能设置、检索速度、检索数量以及准确率等方面各有所长，搜索结果大相径庭，与用户所希望的搜索结果还有较大的差距。

一、选择适当的搜索引擎

搜索引擎为 Internet 上的一种信息检索工具，其选择标准一般是：信息内容（网络资源包括的项目、信息的类别、更新，周期和速度及标引深度）、检索方法、用户界面、检索效率、检索结果的显示。Internet 上站点数量每天都在增加，当前的问题不仅仅是找到信息，更重要的是要查到准确的信息，目前的 Internet 搜索引擎还不能解决这一问题，因为它们总是返回一大堆未必有用的网页信息，为使检索更有效、更适用，需要智能化、专业化的搜索引擎。在选择搜索引擎时应该注意以下几个方面：

（1）知名度。对于网络初学者来说，在不熟悉搜索引擎的情况下，最好选择知名度高的搜索引擎，如百度、谷歌。

（2）收录范围。综合性搜索引擎通常以全球的网络资源为目标，而一些中、小型的搜索引擎则致力于某一区域或某一专业的资料信息。综合性搜索引擎的搜索范围虽然广泛，但就某一局部、某个专业而言，内容却未必有中、小型搜索引擎丰富和完备。综合性搜索引擎通常支持多语种，有特殊需要的用户，应该首先选用相应语种的搜索引擎。

（3）数据库容量。一般数据库容量大的搜索引擎包含的信息量就大，比如百度和谷歌。

（4）响应速度。速度决定一切，速度快一方面节省时间，另外一方面不招致用户的反感。试想一下，如果在百度搜索信息时十秒钟才返回结果，你有何感觉？

（5）用户界面。用户界面要简洁、友好，如果一进入检索界面就看到眼花缭乱的广告和文字，会大大降低其使用率。

（6）更新周期。不同的搜索引擎更新周期不同。Internet 日新月异，如果不及时更新，很可能造成死链接等。用简单的检索式检索自己常用的搜索引擎，检查某一特定的词汇，注意命中记录的变化，如果命中数量一直保持不变，特别是如果对那些应该有新记录出现的检索条件也是这样的话，数据库可能最近根本没有更新过。这有助于确定在哪一天检索选用哪一个搜索引擎可以得到较新的信息。

（7）准确性。选择更准确地反映出用户想要查找的内容的搜索引擎。准确性是用户最关注的问题，同时也带有一定的主观性。

现在互联网上大大小小的搜索引擎大约有几百个之多，而且每个都声称自己是最好的。要是随便抓起来就用，有可能是事倍功半，甚至越搜索越糊涂。所以花一点工夫挑选一两个方便、实用的搜索引擎是十分必要的。使用时要根据自己的行业、专业需要来选择合适的搜索引擎。

二、正确利用关键词搜索

一般来说，首次检索时不要把条件限制得过于严格。最好是检索出一些结果后再使用其他限定条件来检索，即在结果中做二次检索。此外使用专业、生僻的词汇（如一些产品名称、产品品牌、公司名称、人名及专业名词）可能检索不到结果，不恰当的限定条件也导致有用的信息被过滤掉，因此要谨慎使用。

经常会有这样的事情发生：使用者似乎已尽了全力来搜索，但是依然没有找到需要的答案。这个时候，应该认真回顾搜索过程，也许没找到答案只是因为一个小差错。一个看上去毫无希望的搜索，很有可能在检讨完自己的搜索策略后获得成功。

下面是初学者搜索时容易犯的错误：

(1) 输入错别字。

(2) 关键词太常见。例如，以"大学""论文"作为关键词，可能会检索出成千上万的网页，所以建议加限定条件。此外，虚词是常见词汇，没有检索意义，可能被一些搜索引擎列为禁止使用的单词而被过滤。西文里的 a、the、and、of、web、home、page 等，就是检索的禁用词；中文里"的""地""得""着""了""过"等就是检索的禁用词。

(3) 滥用多义词。要小心使用多义词，如搜索 Java，要找的信息究竟是太平洋上的一个岛、一种著名的咖啡还是一种计算机语言？最好使用"岛""咖啡"或"计算机语言"等词语在二次检索时限定 Java 的多义性。

(4) 不会输入关键词，想要什么就输入什么。

(5) 不注意大小写敏感性。有的搜索引擎对大小写敏感，若输入的都是小写字母的词，或者单词中间含大写字母的词，检索结果都会减少。

(6) 混淆单词与词组。词组没有限定，输入词组时没有加引号，常常被拆分为单个的词。

三、反复搜索，筛选搜索结果

成功的搜索经常是通过多次搜索达成的，如果对自己搜索的内容不熟，就应该先用简单的关键词测试，不要忙着仔细查看各条搜索结果，而是先从搜索结果页面之中寻找更多的信息，再设计一个准确的关键词重新搜索，这样重复多次以后，就能设计出更合适的搜索关键词，也就能搜索到满意的搜索结果了。

看上去简单的问题并不一定是容易查找的问题。例如，"哈佛法学院中的外国学生所占的比例有多大""一个议员在金融改革中的意见是什么""某年格莱美（Grammy）奖的得主是谁"。查询 1982 年 Grammy 奖的年度制作奖得主是谁，用词组"Grammy awards 1982 'Record of the Year'"来查找，结果返回了 137 条信息，但经过检查前 50 条后发现，那些主页都提到了若干年的记录，也提到了 1982 年，但就是没有提到该奖的确切得主。经过几次尝试后，发现可以把 1982 Record of the Year 作为一个短语，再加上 Grammy 来试试，结果发现一个主页，上面提到所有的 Grammy 提名都被披头士乐队（Beatles）以团体名义或个人名义占去。该主页提到 1982 年的格莱美奖获奖作品 *Always on My Mind*，但并没有具体提到获奖者的姓名。据此可以推断该主页是一个音乐迷制作的，显然信息不可靠，但它也给了一些启示，可以用词组 Record of the Year 和 Always on My Mind 一起来查。终于检索到历年来的 Grammy 获奖名单，并可以发现 Toto 乐队的 *Rosanna* 获得了当年的年度制作奖。

有时候不能准确地确定搜索的是什么或搜索的主题范围很广，如想知道关于法律学校、球类运动以及金融方面公共基金（Mutual Funds）的信息，如果利用 AltaVista 检索，结果误检到一个名字叫作 Mutual Funds 摇滚乐团的主页。所以应该首先考虑使用 Yahoo 一类的分类搜索引擎，以便对主页的内容加以区分。在 Yahoo 的搜索框中输入 mutual funds，这种检索的实质是分类途径和主题途径结合。在返回的结果中,有 18 种与该论题有关的大类,其中有一类叫作"Business and Economy:Companies:Financial Services:Investment Services:Mutual Funds",这是最符合要求的一类。单击该论题,出现了一些更深入的子论题和一些与该论题有关的网站。在这些网站中有 Morningstar. Net、Quicken. com 和 Mutual Funds Interactive 等,这些都和 mutual funds 有关。但也不要忽略那些子论题,其中有一类叫作 Reference and guides,单击它会出现一些更基本的网站。

四、其他搜索技巧

(1) 尽可能缩小搜索范围。对于页面已删除(或改名)的情况,可以通过尝试进入上一层目录。例如:进入 dizen. yeah. net/free/mfxx. html(此页面为假设)无效,可以试试进入 dizen. yeah. net/free,从上层目录开始浏览。

(2) 利用交叉话题。

更多有关搜索引擎的技巧请参阅"搜网引擎指南"(http://www.sowang.com)。

第三节 常用的搜索引擎

一、百度

Baidu(百度,http://www.baidu.com)于 2000 年 1 月在北京中关村创立,是目前全球最大的中文搜索引擎。百度是中国领先的搜索技术提供商,在国内提供搜索功能的大型网站中,有许多网站采用的是百度的搜索技术,如新浪、263、Tom、ChinaRen、腾讯等,可见其影响力之大。除了提供网页搜索以外,百度还支持新闻、MP3、Flash 的搜索,另外还有搜索特定关键字的"主题搜索"和网站目录导航功能。还有与 Google 的"网页快照"功能相同的"百度快照",搜索速度快,返回结果的准确性也相当高。百度每天响应来自 138 个国家超过数亿次的搜索请求,用户可以通过百度主页,瞬间找到相关的搜索结果,这些结果来自于百度超过 10 亿的中文网页数据库,并且,这些网页的数量每天正以千万级的速度在增长。其搜索方式以关键词检索为主,同时可结合分类目录限定检索范围,分为基本检索和高级检索两种,支持布尔算符和字段限制符。检索时不区分英文字母的大小写,检索结果按相关度排列。

二、Google

1. 概述

Google(www.google.com)搜索引擎由斯坦福大学博士生拉里·佩奇(Larry Page)与谢尔盖·布林(Sergey Brin)于 1998 年 9 月发明,Google 公司于 1999 年创立。2000 年 7 月份,Google 替代 Inktomi 成为 Yahoo 公司的搜索引擎,同年 9 月份,Google 成为中国网易公司的搜索引擎。1998 年至今,Google 已经获得 30 多项业界大奖,是易用性最强的搜索网站。但是 Google 最大的问题是死链接率比较高,中文信息的更新慢,不能及时淘汰已经过时的链接。

2. Google 的搜索语法

Google 的基本检索算符是空格、减号和 OR。

逻辑"与"(AND)用空格代替,用减号"-"表示逻辑"非"。注意,这里的"-"号是英文字符,而不是中文字符的"—"。此外,操作符与关键字之间不能有空格。

Google 不支持通配符,如"*""?"等,关键字后面的"*"或者"?"会被忽略掉。Google 对英文字符大小写不敏感,GOD 和 god 搜索的结果是一样的。Google 的关键字可以是词组(中间没有空格),也可以是句子,但是用句子做关键字,必须加英文引号。

3. Google Scholar(学术搜索)简介

Google Scholar 翻译成中文为 Google 学术搜索,也有不少地方翻译为 Google 学者。Google Scholar 网址为 http: scholar. google. com,它是 Google 诸多搜索功能的又一新功能,专门用于搜索世界范围内的技术报告、论文及摘要等学术文献。其搜索结果是来自 Google 索引数据库的一个子集。该学术搜索专门在期刊论文、理论摘要及其他学术著作文献中进行搜索,内容从医学、物理学到经济学、计算机科学等,横跨多个学术领域以及大量书籍和整个网络中的学术性的文章。它虽然不支持中文,但可以用拼音搜索国内学者在国际刊物上发表的文章。这个搜索引擎搜索国外的资料非常方便,输入一个学者的名字,就可以搜索出其全部在网上的文章,并且可以知道在哪个数据库,以及该篇文章被多少篇其他文章所引用,以及所引用文章的目录等。同时该学者所著的书也都有显示,并告知该书被哪些图书馆所收藏,或其他可能获得的商业途径。

三、新浪网

新浪网(www. sina. com. cn)是一家为世界各地中国人提供全面 Internet 信息服务的国际性公司。它提供分类检索(主要针对网站)和关键词检索两种查询方法。它的关键词检索中可用冒号、空格、逗号、加号和"&"等。

四、其他英文搜索引擎

1. Yahoo(www. yahoo. com)
其搜索主题范围广,当不十分清楚自己究竟要找什么的时候,用 Yahoo 最好。

2. HotBot(www. hotbot. com)
它擅长限定媒体类型、日期的复杂搜索,结果高度准确。

3. Excite(www. excite. com)
它对泛泛搜索较擅长,附加内容多,但准确性低。

4. Lycos(www. lycos. com)
它执行复杂搜索的功能强大,不过准确性差,适合于查找新闻组(Usenet)或按媒体类型搜索,也适用于购物。

五、特殊型搜索引擎

网络上的信息资源丰富多样,为了查寻所需要的资料,用户往往使用 Yahoo 和 Excite 一类的检索引擎,但是,要查找一些专门的信息,如人名录、软件、新闻组、邮件列表、图像、视频、音频等,则必须使用特殊的检索工具。博客搜索引擎是其中最引人注目的。

博客(Web Log,简称 Blog)是一种在线网络出版形式,版面通常由单栏文本帖子按倒时间顺序不断更新排列构成,并能提供一些个人化的链接。博客搜索引擎的原理和 Google、

Yahoo 等搜索引擎基本相同，都是由 Spidering、Indexing 和 Search 三大部分构成。不同的是 Google、Yahoo 等搜索引擎面向整个 Internet，处理的是 HTML 文件；博客搜索引擎专门面向博客，处理的是 XML 格式的 RSS 和 Atom 文件。

比较常用而且支持中文的博客搜索引擎主要包括：Technorati（technorati.com）、Feedster（www.Feedster.com）、IceRocket（www.icerocket.com）、bloglines（www.bloglines.com）等。目前，许多 Web 搜索引擎也开发出博客搜索引擎产品，如 Google Blog Search（blogsearch.google.com）。

其他一些常用的特种搜索引擎如下所示：

（1）www.ctr.columbia.edu/webseek：采用了先进的特征抽取技术，是基于内容特征的搜索引擎。按目录方式组织数据。

（2）www.lib.sjtu.edu.cn/music.htm：提供高级的音频搜索功能。

（3）www.whowhere.com：提供人际交流的桥梁。

（4）www.alibaba.com：阿里巴巴强大的数据库及搜索引擎，隐藏着无数商机、合作伙伴和产品。

（5）www.go2map.com：中国地图搜索引擎，可查询中国各大城市的信息，但速度很慢。

（6）www.books.com：擅长热门书籍查找。

（7）www.humorsearch.com：擅长搜索笑话。

（8）www.medscape.com：擅长搜索医疗信息。

（9）中国 Web 信息博物馆（www.infomall.cn/）：旧文档搜索，专查网站的历史页面。

（10）图吧（mapbar.com）：地图搜索，提供中国国内 200 多个大中型城市的地图查询服务，同时提供博客地图、手机地图等特色功能。

（11）软件吧（www.soft8.net）：中国首家专业软件搜索引擎，能轻松地找到几乎所有的应用软件和驱动程序，数据量大，排序合理。

【思考题】

1. 何为搜索引擎？它的作用有哪些？
2. 搜索引擎的特点有哪些？
3. 选择搜索引擎时应注意什么？
4. 利用关键词搜索时要避免的错误有哪些？

网络工具书

网络时代改变了人们的生活、工作、学习、阅读习惯,也改变了人们获取信息资源的方式。过去人们研究、治学常常要寻找、翻阅种类繁多、卷帙浩大的纸质工具书,千辛万苦地查寻所需要的资料,如今,只需鼠标轻点,人们就可在网络上快捷检索到各种类型的网络工具书,迅速利用各种网络工具书资源。

网络工具书以网络为依托,"书"的限定意义已逐渐淡化,"工具"的性质更为突出,这也是与网络信息的高速发展密不可分的。工具书的内容大多是非线性资料,是按条目来查阅的,最适合网上数字化方式,因而工具书与网络结合,正是大势所趋。对上网的用户来说,最主要的是从浩如烟海的网络信息中获取符合自己特定需求的信息,因而有效的网上参考检索工具成为必需。工具书本身的查考性、易检性、概括性、权威性和稳定性使其成为网上可信赖的帮手。

第一节 网络工具书概述

网络载体以其优越的综合性能,代表了现代信息技术发展的最高成就,在多方面克服了传统载体的不足,具有比传统介质载体优越得多的性能特征,完全符合现代科学发展对科学信息交流的要求,逐渐成为新的主流媒体,能为用户提供无所不包的信息。网络工具书就是在这种情况下应运而生的。它是近几年来伴随现代电子信息技术,特别是互联网技术和信息存储技术迅猛发展而诞生的一种新型工具书服务模式。它是在传统印刷版工具书的基础上,结合互联网特点而兴起的一种新的参考源。这种参考源一般以网站的形式出现。

一、网络工具书的概念

工具书是根据一定社会需要,全面系统地汇集一定范围内的文献资料、经审定整理或概括、用简明易查的方法加以组织编排、提供某一方面的基本知识或资料线索,专供查检和查考的特定类型的图书。

网络工具书是在纸质工具书基础之上发展起来的,也称为在线工具书,可以理解为以数据库和网络为基础,以硬盘为存储介质,以网络为传输介质,向用户提供在线服务,或通过网络向用户提供传真服务的网上工具型电子出版物。网络工具书是指一切用来查检和查考的数字型资料,实际上包括光盘局域网、联机网络和狭义上的 Internet 中的工具书,如百度百科、金山词霸、爱问知识人等。

二、网络工具书的优点及不足

网络工具书具有使用成本低、出版周期短、时效性强、内容广泛、无纸印刷、多媒体表现形式、检索快速方便、可与读者互动等特点。由于具有这些优势，网络工具书对传统工具书造成不小的冲击，从此打破了传统工具书一统天下的局面。

1. 网络工具书的优点

（1）内容丰富、形式多样。

1）高密度存储介质使得电子工具书存储量更大，网络上海量的参考信息是任何一部哪怕部头再大的工具书都难以匹敌的。

2）有印刷版的网络工具书一般不拘泥于原印刷版的内容，而是增加许多新的内容和条目，如《不列颠百科全书》的网络版就将《不列颠百科全书》和《不列颠百科年鉴》两者内容结合在一起，再加上网络工具书实时更新加入的内容，更使其在容量上占有优势。

3）通过声音、影像等多媒体手段全方位、多维立体地显示信息，使用户对信息的感受更加直观。网络工具书具有高度的整合性，可达到高度的信息集成，便于多种媒体一体化，其内容表现形式丰富多彩，不仅有传统工具书有的图、表、文字，更有声音、视频，表现更生动，提升了工具书的表现能力，是工具书发展的又一新高度。

（2）更新速度快，内容和功能新颖。大部分工具书的内容需"与时俱进"，不似一般图书出版后即可一劳永逸。印刷版工具书出版过程烦琐、环节多，往往编排时内容是新颖的，待到出版时却已过时；而网络工具书则不然，它减少了印刷、装订、仓储、运输等环节，降低了高昂的成本，并能以更快的速度（按天、按周、按月、按季）更新，保持内容的新颖。开放式网络工具书的出现，提供了工具书内容及时更新、用户参与工具书编纂互动等强大的新功能，使用户在利用的同时又有奉献的全新体验。

（3）答疑解惑、使用方便。网络工具书依靠计算机自动匹配技术，提供布尔逻辑检索、高级检索等传统工具书不具备的多检索途径，提高信息的查全率与查准率，在缩短检索时间的前提下大大提高检索效率。网络工具书不存在获取上的时间、空间障碍，所有网络上的工具书尽可随时随地上网检索和浏览；而且，不似某些大部头的传统工具书的笨重和只能在特定地方如图书馆一次供一人查阅，网络工具书可供多人同时使用，不会发生冲突（至多会发生网络堵塞）。大部分网络工具书都可免费使用，还有一些提供7～14天不等的试用期，这也极大地方便了用户的使用。网络工具书具备的超链接功能使其能够提供线性浏览与非线性检索双重检索方式，锚点词库随文检索的功能，能够随时解答用户利用信息时产生的疑惑。网络工具书真正体现了直接面向最终用户，即所谓"用户驱动"（User-oriented）的时代方向，这对提高全民的文化修养、普及科学常识大有裨益。

（4）检索便捷、途径多样。传统工具书以一种编排方式为主，辅以两三种其他检索途径；网络工具书通常采用全文单词标引方式，建立起庞大的索引数据库，借助有关程序软件自动运行，有良好的反馈能力和快速响应能力，可提供题名、著者、关键词、分类、主题词等多角度超文本检索，实现真正的全文检索，还可通过高级检索（前方一致、后方一致、模糊检索、组配检索、交互检索）来进行更深度的检索，对检索结果中的重要词语还可进行点击，可从一个概念跳到另一个概念，增加新的检索入口。此外，每个工具书网站基本都有相关工具书网站的链接，可直接指导用户查阅引用的原始文献；而传统工具书资料的关联能力差，只能通过参考和引用文献等方式指导读者阅读和核对所引用的资料。另外，检索系统与智能化统计分析系统结合，使网络工具书演变成集检索、统计、分析、评价于一体的信息检索咨询工具。这种新的身份已使传统工具书望尘莫及。

网络工具书在制作和使用等方面有许多优势,但也存在一些不足之处。

2. 网络工具书的不足

(1) 依赖电子设备且收藏价值欠缺。印刷版工具书虽然价格比较昂贵,但一旦拥有即可阅读,随时随地,方便携带。但是网络工具书必须要借助联网的计算机才能够使用,依赖性较强。印刷版工具书特别是一些残本、孤本等,是以纸张为媒介,具有较高的收藏价值。而网络工具书是以磁介质、光介质和电介质等为媒介,且内容经常变化,收藏价值不是很大。

(2) 版权保护体系不够完善。由于网络工具书的资源共享性,以及数字版权保护的法律法规尚不健全,推出的网络工具书一旦被盗版,必然给投资者带来巨大的经济损失。另外,网络工具书的著作权不仅包括传统工具书所共有的著作者、出版社、经销商等,还包括网络技术的提供商、网络出版机构、网络销售平台等,使得其保护的范围十分宽泛,这也不利于网络工具书的版权保护。

(3) 对用户的信息能力要求较高。网络工具书要求用户具有相应的计算机知识和检索技术,对用户的要求较高,因而网络工具书的普及性与利用率不如印刷版工具书高。所以,要想提高网络工具书的利用率,必须对用户进行培训和教育,即对用户进行使用产品前的培训,如系统的安装、阅读器的下载等。

(4) 稳定性差、安全不足。网络工具书存在这样一种现象:可能你昨天还在使用某个网络词典,今天就找不到那个词典了。即使是比较权威的网站,也必须经过一段时间的熟悉与了解才能够基本掌握其使用。

(5) 文字编辑技术不过关。文字平台是汉语网络工具书发展过程中必须面对的问题。中文大字符集的国际标准化还没有取得最终成果,这给汉语网络工具书的开发造成了暂时尚难以解决的编辑技术难题。尽管现在普遍使用的计算机操作系统采用了国际标准 ISO/IEC10646 中、日、韩汉字大字符集文字平台,可以满足一般工具书的用字需要,但一些大型辞书,尤其是古籍类工具书中仍存在许多异体字、冷僻字无法在网络环境下显现,只能用临时造字或图片代替的方法"应急",影响了工具书的完整性与标准化程度。汉字字体、字形的多样性和复杂性,使那些涉及汉字字体演变、异体字辨析等内容的工具书,在编辑技术没有解决之前,很难实现数字化。

(6) 成熟的网络工具书项目较少。印刷型工具书在出版时只需要支付作者费用,印刷成本较低。而网络工具书不仅需要支付原工具书所属的出版社的费用,还需要进行数据库的开发和网络维护,这需要一大笔成本,这就使得一部分出版社和开发商出于经济利益的考虑而不愿意花费时间、精力去开发网络工具书。因而,国内比较成熟的网络工具书较少。

(7) 收费和权限问题。虽然说网上很多信息资源是免费的,但仍有很多网站有收费和限制访问地址的问题。还有一部分网站虽然是免费的,但其注册程序十分烦琐,这也使得很大一部分人望而却步。一方面,这些信息资源需要得到用户的认可,需要大量被使用、被访问;另一方面,出版商和开发商又需要用户支付费用以获取利润,这本身就是一个矛盾的集合体。

三、网络工具书的类型

网络工具书是由纸质参考工具书发展而来,一般都还延续着故有的基本构建思路,在结构和功能上大多一脉相承。因此,大多数用户还是习惯沿用传统参考工具书的类型划分。沿袭纸质工具书分类标准,根据其内容、体例和作用,网络工具书大体上可分为网络辞书、网络百科全书、网络年鉴、网络手册、网络名录、网络参考工具书数据库等类型。

根据其来源,网络工具书分为三种:①衍生型工具书。它是指传统工具书数字化形成的网络版。这类工具书以印刷版工具书为蓝本,完全不改变传统工具书的内容、体系,只是增加了相关条目之间的联系,如商务印书馆的"工具书在线"。②集成型网络工具书。它包括两种情况:一种是多种工具书的集成整合网站;另一种是以某一知名工具书为基础并整合其他资源,既保留了原有工具书的权威性、科学性与内容特色,又集成了其他工具书,同时对网络资源进行筛选与提供,如不列颠在线(Britannica Online)。③开放型工具书。它是指使用维基(Wiki)技术的网上免费参考工具书,也称维基百科。

四、网络工具书的获取

获取网络工具书的途径有很多,主要有各大综合性或专业性网络资源指南网站、搜索引擎、相关网站的链接等。

1. 目录型检索工具网站

这是网上信息检索的最主要方式之一,所收录的网络资源经过专业人员的鉴别、选择和组织,保证了质量,减少了检索中的噪声,比较适合于查综合性概括性的主体概念或对检索准确度要求较高的课题。虽说更新速度有些跟不上网络信息的发展,但对于增长数量有限的网络工具书而言还是可以比较全面地反映。比如常用著名网站 Yahoo 和新浪的分类目录。书网站也有重复和无关的现象出现。

2. 搜索引擎

搜索引擎是提供给用户进行关键词、词组或自然语言检索的工具,是比较常规、普遍的网络信息检索方式,多用于检索特定的信息及较为专深或类属不明确的课题。工具书包含内容多且杂,名称各异,因而用搜索引擎难以得到真正所需的网络工具书。但是可以采取一些策略来利用搜索引擎:①利用搜索引擎查找已知名称的某一具体工具书;②选择使用专题检索引擎,如地图搜索引擎 MapBlast 可以查询地图和地区信息;③多选择主要搜索引擎或使用元搜索引擎。多个主要搜索引擎可以相互补充,提高查全率。

3. 获得网络工具书的其他方式

获得网络工具书还可通过以下方式:

(1)图书馆网站导航。许多图书馆尤其是高校图书馆都有网络工具书导航,但是有的内容长篇累牍,有的只收有三五个,分类模糊、粗糙,更有的将毫无关系的网站掺杂其中。

(2)各工具书网站的相互链接。《不列颠百科全书》中就挂接了《韦氏英语词典》,方便用户查字。

(3)个别网站根据自身的内容特点,在本站收录其他工具书或自设相关的简单的参考工具书。例如,OCLC FirstSearch 数据库收录了 World Almanac(世界年鉴,http://www.worldalmanac.com/)。

第二节 网 络 辞 书

网络辞书又称在线字典、词典,包括网上字典、词典、词语汇集等。网络辞书除了保留传统词典的词语查找与释义功能外,还能提供语言翻译、在线添词和多种个性化的信息链接与扩展功能。网络辞书类型有多种划分方法,依语种划分,可分为单语词典、双语词典、多语词典;依学科内容分,可分为语文词典、学科词典、专名词典等;依编辑出版特点来分,分为印本词典的网络版、纯网络型词典和综合性词典网站三种。以下根据编辑出版特点分别介绍这三种类型的网络辞书。

一、印本词典的网络版

世界上有许多著名的印本辞书,比如《牛津英语词典》《韦氏词典》等;我们汉语的印本词典《说文解字》《康熙字典》《汉语大词典》等工具书兼善兼美、历史悠久,使用者将之奉为常典。随着现代技术的发展和网络的飞速发展,近年来,各主要权威性辞书纷纷推出了自己的网络版,它们都来自国内外著名的工具书出版社,在内容的权威性、释文的经典性、条目的完备性等方面都具一流的水准。

下面是网络词典举例。

(1)《汉语大词典》网络版(http://www.ewen.com.cn/books/hd20.asp)。它分"字""词""成语"三大查询项;收有29937个汉字,346067条词语,23444条成语和其他熟语,规模宏大;共有515668项释义,894981个例证,资料丰富;自动关联各字的正异体、繁简体、古今字、通假与被通假字、正讹字等多项复杂关系,准确指出汉字的源流及演变,详尽周到。另外,还有互动查询功能:部首笔画查询、读音查询、古音查询、匹配查询、超文本查询、关联查询和直接输入查询等,方便简洁。

(2)《林语堂当代汉英词典》(http://humanum.arts.cuhk.edu.hk/Lexis/Lindict/)它由香港中文大学出版社出版,是较权威的在线汉英词典,繁体。它以1972年印行的第1版为网络版的取材来源,收录首字8169个,语法范畴及有关用例44407则,汉语词目或片语40379条;采取汉字部首、汉语拼音、英语索引等检索方式;备有词典凡例、汉字部首索引、汉语拼音检索、英语索引缩略词表、勘误报表等功能和栏目。《林语堂当代汉英词典》网站主页如图8-1所示。

图 8-1 《林语堂当代汉英词典》网站主页

(3)商务印书馆的工具书在线(http://refbook.cp.com.cn/refbook/banquan.htm)。它包括《新华新词语词典》《古今汉语词典》和《中华人民共和国地名大词典》等。

(4)国外的网络词典。我们熟知的一些著名辞书出版社都为自己的代表性词典建立了专门的网站,例如网上最大的语言词典牛津英语在线词典(http://www.oxforddictionaries.com/)、韦氏在线词典(http://www.merriam-webster.com/)、剑桥在线词典(http://dictionary.cambridge.org/)等。

二、纯网络型词典

纯网络型词典是基于互联网开发设计的词典形态。它虽然遵循传统辞书编纂的基本原理，但从制作上已经完全脱离了传统印刷型词典的出版，往往由网络技术公司自行建设。因此，纯网络型词典也更加具备了网络出版物独有的特点，"在线"（online）的性质更突出：检索界面更友好，使用更加简单快捷，功能更强大，具备在线翻译功能；开放程度更高，一般都免费使用，且提供互动平台，接受用户反馈实现合作编撰，甚至有的可以下载到手机使用。但这类词典存在稳定性、权威性方面的欠缺。以下介绍一些著名的纯网络型词典。

1. 爱词霸（http://www.iciba.com/）

爱词霸提供在线翻译，帮助英语学习，属于金山公司，相当于网络版金山词霸，使用方便，速度快。爱词霸也是中国第一英语学习社区，致力于成为英语交流、及时反馈英语相关问题的社区。爱词霸日均流量1000万PV⊖，中文排名在第90名左右，ALEXA排名在第1030名。爱词霸日均用户超过100万个，覆盖用户达到了3000万个，在主要覆盖的消费用户群中，年龄在18~35岁，大专或本科学历、学生或公司职员构成了它的主体。它的主页如图8-2所示。

图8-2 爱词霸主页

2. 汉典（http://www.zdic.net）

汉典建于2004年，是一个面向广泛受众、含有丰富及有益内容的教育和信息网站，是一个有着巨大容量的字、词、词组、成语及其他中文语言文字形式的免费在线词典。其建站宗旨是弘扬中华文化，继承优良传统，推广学习汉语，规范汉字使用，为那些在中文学习、研究方面有兴趣的人提供帮助与服务，并探讨中文语言文字使用的规范和标准。

汉典有其他五个附加的、额外的和辅助的网站，包括汉典古籍、汉典诗词、汉典书法、汉典中文论坛及新建的汉典英文论坛。汉典收录了75983个汉字，361998个词语、短语和词组，以及32868成语的释义；汉典古籍收录了总共包含有38529章节的1055部古典文献书籍、203篇古文；汉典诗词收录了268886首古典诗词；汉典书法收集了135804个著名的中国书法家的汉字书法作品。

⊖ PV 为 Page View 的简称，即页面浏览量。

在线汉典提供汉字字音字义的检索，功能类似于《新华字典》，检索方式分"拼音索引"和"部首检字"两种入口，检索方式基本与《新华字典》相同。

3. 洪恩在线词典（http://study.hongen.com/dict/）

在洪恩在线词典输入英文，可以查询英文常用词义、词根、词缀、词性、特殊形式、详细解释与例句、同义词、反义词、相关短语等；可以听到英文单词的真人发音；输入中文，可以查询相关成语，以及成语的拼音、解释、出处、例句等。

4. 海词（http://sh.dict.cn/）

海词原名在线翻译中心，由在美国印第安纳大学的中国留学生范剑淼创建，正式使用于2003年11月27日，是互联网上首款搜索智能化、词库海量化的网络在线词典。词库全面，包含了各行各业的专业术语和所有生僻词汇，并做了大量程序分析整理（包括使用中文分词，词频统计，英中、中英相互关联词义生成，解释由程序利用自定义参数优化等）。该词典首创了发音查词、网页画词查词、MSN机器人查词、地址栏查词功能等词典应用新模式，充分考虑了用户的使用习惯，在单词的纠错、智能查询等功能上都优于其他词典。用户可以随意输入英语单词、英语词组、英语句子、汉语汉字、汉语词语、汉语句子、汉语拼音、英语发音等进行查询。

5. WordNet（http://www.wordnet-online.com/）

它是一部英语语义型网络词典，由于它包含了语义信息，所以有别于通常意义上的字典。WordNet是美国普林斯顿大学认知科学实验室的心理学家和语言学家于1985年携手开发的一个在线词汇数据库（Online Lexical Database），属机器可读词典的一种。它的设计思想来源于当今心理语言学的"人类词汇记忆"理论。在WordNet中，英语里的名词、动词和形容词被组织成同义词集合的形式，每一集合代表一个基本的词汇概念，由不同的关系将它们联系在一起。

较常用的在线词典还有如下几种：

（1）金桥翻译（http://www.netat.net/）。它是国内翻译行业的门户站点，提供在线翻译、在线词典、博客、论坛、词典百科等学习栏目，有12个语种的人工翻译服务。

（2）TigerNT（http://www.tigernt.com/）。它含有汉英词典、英汉词典、网上工具大全、中国菜谱。

（3）在线计算机词典（http://foldoc.org/）。FOLDOC即Free Online Dictionary of Computing的简写，是免费的在线计算机词典。由英国帝国理工学院（Imperial College London）计算机系制作，可通过关键词、条目和字母顺序等查询计算机方面的13564个名词术语等。

（4）吕氏网上字典（http://www.lexiconer.com/）。它提供英汉、汉英互查功能。

（5）在线医学词典（http://www.online-medical-dictionary.org/）。通过它可查询有关生物化学、生物学、化学、医学、分子生物学、物理、植物学、放射性生物学、动物学、自然科学、科技等的词汇。

（6）英汉医学词典（http://www.esaurus.org/）。它共收录医学专业词汇51000余条，含中药的英文名和最新的医学词汇；针对性强，为医学专业学生和在职医护人员而编写；实用性强，附"国际主要英文医学期刊网址"等11个附录。

三、综合性词典网站

综合性词典网站提供众多词典网站的链接，或将许多网络词典进行整合，提供统一的检索平台。各种门类的网络词典形成的词典库，其庞大丰富的词典资源可以同时提供给不同的需求者选择使用。以下分别介绍一些知名综合性词典网站。

1. 网络中国的字典词典栏目（http://tool.httpcn.com/zi/）

它的界面如图 8-3 所示。

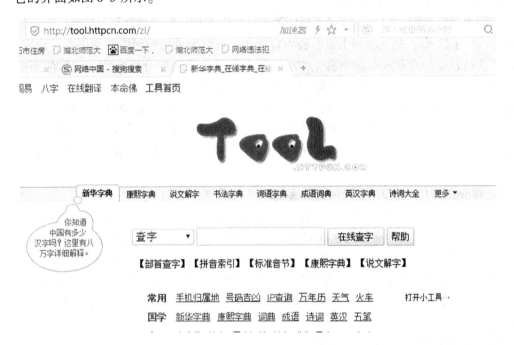

图 8-3　网络中国的字典词典界面

该栏目提供《新华字典》《康熙字典》《说文解字》《书法字典》《词语字典》《成语词典》《英汉字典》《诗词大全》等多部字词典的检索链接。

2. 中华在线词典（http://www.ourdict.cn）

中华在线词典 2005 年 5 月发布。目前共收录了《新华字典》《新华词典》《现代汉语词典》《现代成语词典》等 12 部词典，汉字 15702 个，词语 36 万个（常用词语 28770 个），成语 31922 个，近义词 4322 个，反义词 7691 个，歇后语 14000 个，谜语 28071 个，名言警句 19424 条。所有功能都免费使用。它在使用方面非常方便灵活，索引方式分为拼音索引、笔画索引、部首索引，查找范围有字典、词典、成语、反义词、谜语、歇后语、名言警句。生活中遇到的陌生词基本上都能在这里找到答案。

3. 知识词典（http://www.dic123.com/）

知识词典是一套融合了词典、百科、期刊、报纸、诗歌、专利、书目、公司名录等为一体的大型知识数据库。

知识词典包括 63 个国家的语言词典，参考了近 1000 种辞书和数 10 种词典软件，40 多万条中文百科，数据库总记录达 3800 多万条，整个库中不重复词条达 500 万条。

语言词典包括在线字典及词典、成语词典、辞源、辞海，在线英汉、汉英词典，韩语、法语、俄语、德语、日语等小语种在线词典，在线翻译等。图 8-4 所示就是知识词典的主页面。

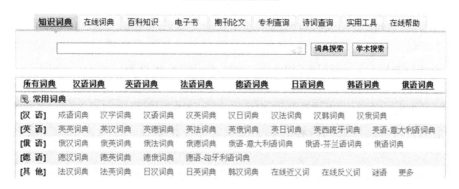

图 8-4　知识词典主页面

4. YDC 字典网（http://www.yourdictionary.com）

YDC 字典网提供了网上最全面、最权威的语言工具及与语言相关的产品和服务。网站成立于 1999 年，其前身是 The Web of Online Dictionaries，成立于 1995 年，创始人是宾夕法尼亚州巴克内尔（Bucknell）大学教授罗伯特·比尔德（Robert Beard）博士。YDC 目前集成了 1800 多种字典，涉及 250 多种语言，每月有多达 150 万人访问该网站。YDC 有阵容强大的各方专家支持，内容相当丰富，而且链接也很方便。YDC 不仅对辞书研究与编纂人员有用，而且对广大语言研究工作者、外语教学人员都极有帮助。与词典相关的栏目有 Language、Specialty、Multi-lingual、Research、Library，还有 Other Indexes、Translation、Grammars、Language Identifiers、Fun&Games 等。

5. OneLook Dictionaries（http://www.onelook.com）

OneLook 具有庞大的在线词典数据库，收录 955 部在线词典和词汇表，单词 600 多万个，分为普通语言词典、艺术词典、商业词典、计算机词典、医学词典、综合性词典、宗教词典、科学词典、俚语词典、体育词典、工程技术词典共 11 大类。各类词典可列表浏览，在每部词典名称下均有诸如收词量、版本、主页网址、类型、特点、收录日期等简要介绍。OneLook 可以看作英文单词的搜索引擎，可进行含有英文字母和通配符"*"或"?"的检索式，通过检索，可得到含有所查英文单词的定义和翻译的在线通用字典及专业字典列表。

第三节　网络百科全书

网络百科全书也称在线百科，是在传统印刷型百科全书的基础上，结合互联网特点而兴起的一种参考源。《不列颠百科全书》（*Encyclopedia Britannica*，EB）又称《大英百科全书》,1994年率先推出了网络版。据不完全统计,可以查阅的在线百科或具有百科性质的工具书已达百种之多。

狭义的网络百科全书是指传统印刷型百科全书数字化后对应的网络版。而广义的网络百科全书不仅包括印刷型百科全书的内容,还包括该网站所集成的其他工具书及其所有的网络链接。网络百科全书一般可以分为独立型、集成型、开放型三种类型。本节对三种类型的网络百科全书进行介绍。

一、独立型网络百科全书

独立型网络百科全书是传统百科全书数字化后形成的网络版,或以传统百科全书为模板独立开发于网络上的纯电子版百科全书。以下简单介绍几种著名的独立型网络百科全书:

1.《大英百科全书》网络版(http://www.britannica.com/)

大英百科全书公司1994年推出了Britannica Online(《不列颠百科全书》网络版),是互联网上的第一部百科全书。世界各地的用户都可通过网络查询《不列颠百科全书》的全文。大英百科全书公司以其强大的内容编辑实力及数据库检索技术,成为全球工具书领域的领航者。

除印刷版的全部内容外,《不列颠百科全书》网络版还收录了最新的修订和大量印刷版中没有的文字,可检索词条达到10万多条,并收录了2.4万多幅图例、2600多幅地图、1400多段多媒体动画音像等丰富内容。大英百科全书公司还精心挑选了12万个以上的优秀网站链接,从而拓宽了知识获取渠道。

目前,《不列颠百科全书》网络版已被世界各地的高等院校、中小学、图书馆及政府机构等普遍应用于教学和研究中,是世界上使用最广泛的电子参考工具之一。

2. 百科在线(中国大百科)(http://ecph.cnki.net/)

它的主页面如图8-5所示。

图8-5 中国大百科主页

《中国大百科全书》网络版以《中国大百科全书》和中国百科术语数据库为基础,共收条目 78203 条,计 12568 万字,图表 5 万余幅。内容涵盖了哲学、社会科学、文学艺术、文化教育、自然科学、工程技术等 66 个学科领域。它提供首页、分卷检索、全文检索、条目顺序、组合检索、大事年表、帮助信息、安装字体八个主页面,提供按条目顺序浏览、分卷检索、全文检索、组合检索等多种定制的检索方式,支持几十种逻辑语句检索。在条目正文中提供了打印、下载、复制的功能,为用户更有效地使用《中国大百科全书》的资源提供方便。百科在线系统是一个向在线用户提供搜索的系统,用户可以通过百科在线系统搜索自己订购的知识库的内容,知识库门类齐全、内容丰富。用户可以通过该系统查询概念、术语、人物,了解丰富的百科知识。

3. 多媒体版"中华百科全书"（http://ap6.pccu.edu.tw/Encyclopedia/）

"中华百科全书"是 1982 年由我国台湾诸多学者完成的百科全书电子版,共计 38 个类别、10525 个档案。从 1999 年 7 月开始,推动该书的数字化工作。2004 年为配合时势源流,所有词条依据赖永祥的图书分类法重新分为十大类,并就部分内容做修改更新,图形、地图以向量方式重新描绘上色,并结合台湾故宫等多个典藏单位提供多媒体影音内容。

4. 世界图书百科全书（http://www.worldbookonline.com）

世界图书百科全书是一部广受人们喜爱的有关青年和中学生的百科全书。它包括百科全书文章、教育家工具、学生活动、教育游戏、图片、音频和视频,辅以当前期刊和相关网站。它具有人性化的编辑理念,将百科全书丰富的科学文化知识同现实紧密结合起来。网站分别为教师、家长、学生提供了不同内容的资源中心。

5. 哥伦比亚百科全书（http://www.infoplease.com/encyclopedia/）

哥伦比亚百科全书（Columbia Encyclopedia）是世界上最大的教育出版商之一——美国皮尔森教育出版公司开发的一个综合资料查找中心。该百科全书中有近 51000 条目,包含 650 万单词的广泛话题。关于艺术、文学、数学、物理、医学、政治、社会、体育等许多领域的动态信息都可以在其中找到。它面向多个用户群,同时针对各用户群的不同特点设计网站内容及陈述方式,构成了一个完整的家庭教育基地。网站内容全部免费。

6. 世界网络百科全书（http://www.countryreports.org）

世界网络百科全书是关于世界各国的专门性百科全书,包括商务、旅游、教育,是网上较好的关于各国数据的网站。它主要提供以下六种服务：World Countries、Country Flags、Current Weather、National Anthems、Online Discussion、Online Store,它的服务是免费的。通过该网站的 World Countries,能了解某一国家的经济、国防、地理、政府、人文、历史；通过 Current Weather,能检索到该国的下属省市的天气；通过 National Anthems,可以点击在线视听,聆听该国国歌,同时可参看国歌的歌词,歌词分英文版和当地版两种。

二、集成型网络百科全书

集成型网络百科全书是多种百科全书的集成整合网站。

1. 智慧藏百科全书网（http://www.wordpedia.com）

它是台湾"智慧藏学习科技股份有限公司"建立的以网上百科全书为主的"知识库"网站。智慧藏百科全书网致力于提供便捷、可靠的网上知识服务,知识库皆精选权威性、正确性的优质内容,并通过严谨的编辑与审订流程,为读者建构"博学多智的百科知识网"。

用户可在这个网站上检索《大英百科全书》《大英简明百科全书》等。但必须购买成为会员后，方能阅读全文。用户注册后有 72 小时的免费试用期。

2. 格罗利尔百科全书网站（http//www.grolier.com）

它是一个以收录百科全书及其他参考数据库的参考网站，目前收录的数据库大多基于印刷版的工具书，包括《美国百科全书》《格罗利尔多媒体百科全书》等西方著名的百科全书及出版物。

三、开放型网络百科全书

开放型网络百科全书是指使用维基（Wiki）技术的网上免费百科全书。

维基是一种面向社群的协作式工作超文本系统，不但可以在 Web 的基础上对维基文本进行浏览，还可以创建和更改。也正是由于其开放性，此种百科全书的知识产权未予确认，相应的其权威性和准确性尚未得到学术认可，因此目前其内容虽具参考意义，但尚不宜作为学术研究的支撑。

1. Wikipedia 维基百科（http://www.wikipedia.org）

图 8-6 是维基百科的主页。

图 8-6　维基百科的主页

维基百科是一个自由、免费、内容开放的百科全书协作计划，参与者来自世界各地。维基百科创始于 2001 年 1 月 15 日，创始人是吉米·威尔士（Jimmy Wales）、拉里·桑格（Larry Sanger），以及几个热情的参与者。它有多个语言版本，独立进行编辑和使用，但条目文章和图片在不同语言版本间可供分享。任何人随时可以将最新的知识附加到维基百科的相应词条上，因此维基百科也是当今世界更新速度最快的百科全书。维基百科条目数第一的英文维基百科已有 500 多万条条目。

中文维基百科于 2002 年 10 月 24 日正式上线，截至 2016 年 5 月，中文维基百科已拥有 86 万多条条目，此外尚有其他汉语系语言维基百科，包括闽南语维基百科、粤语维基百科、文言文维基百科、吴语维基百科、闽东语维基百科、赣语维基百科及客家语维基百科等，皆是众多不同语言维基百科的成员之一。

维基百科上的词条是开放式的，读者如果发现错误，随时可以提出意见并进行修改。这样的规则设计使得词条的作者不得不放弃偏颇的观点，因为只有客观的词条解释才能长时间保持下来，而这本身就是百科全书的重要要求。据美国《自然》杂志统计，维基百科的科学类条目的错误率与《大英百科全书》不相上下。

维基百科虽然取得了极大的成功，但也存在一定局限。它在结构设置上太像一部传统的百科全书，严谨有余，通俗不足，普通人使用起来不是那么方便。在我国，百度网和新浪网借鉴维基百科的思想，创造了更加贴近普通人生活需要的新形式的网络百科全书。"百度知道"和"新浪爱问"都是开放的知识平台，并且均采用了口语化的问题输入机制，通过后台的搜索引擎技术，将口语化的问题自动转化为对应的知识需求。

2. 百度百科（http://baike.baidu.com/）

百度百科是著名中文搜索引擎"百度"建立的一部开放的网络百科全书。由全体网民共同撰写，创立于2006年4月，2008年4月21日推出其正式版。百度百科与百度贴吧、百度知道等频道共同构筑一个完整的知识搜索体系。所有互联网用户都可以无障碍浏览百度百科的全部词条。互联网用户在免费注册并登录百度账号后，可以获得创建、编辑词条的权限。

百度百科一经推出便激发了中国网民的极大热情，并且更符合中国用户的操作习惯，因而规模上很快就超越了中文维基百科。截至2016年5月5日14：23，百度百科已收录词条13456521个，经历113304044次编辑，5823564人参与编写。

3. 互动百科（http://www.baike.com/）

互动百科是全球最大的中文百科网站，创建于2005年7月。它为数亿中文用户免费提供海量、全面、及时的百科信息，并通过全新的维基平台不断改善用户对信息的创作、获取和共享方式。互动百科发布了全球第一款免费开放源代码的中文维基建站系统，充分满足中国数百万家中小网站的建站需求，并在此基础上建立起一个活跃的维基社群，大力推动维基在中国的发展。截至2016年5月5日，已有1000多万个用户共同编写了14611201个词条。

其他中文百科全书推荐：

（1）搜狗百科（http://baike.sogou.com/）：与百度百科定位一样，涵盖所有领域知识。

（2）MBA智库百科（http://wiki.mbalib.com/）：专注于经管领域，如管理、经济、金融、法律等。

（3）软件百科（http://www.softwiki.cn/）：360推出的关于各类软件介绍、评分的百科。

与传统印刷型百科全书相比较，网络载体以其优越的综合性能克服了传统载体的不足，大大提升了百科全书的文献价值。信息技术的多功能检索、集成、超链接、多媒体声像等技术使网络百科全书信息容量增加，功能更强大，使用更便捷；而互联网的开放性、交互性、超文本特征也使其更新更及时，并具备了开放式编撰模式。总体说来，纸质百科具有网络百科无法比拟的权威性、专业性和系统性，网络百科则有让纸质百科永远无法同步的新知识、检索速度和知识容量。

第四节 网络年鉴

网络年鉴是将年鉴的内容（文字、图片、表格等）信息通过计算机技术转换为数字存储，并通过互联网提供读者利用的一种网络参考工具资源。较传统纸质年鉴，网络年鉴扩大了年鉴信息的采集范围和时间，内容更广，编纂速度更快。多媒体技术的使用也使网络版年鉴具有丰富的表现形式。

网络年鉴主要分为以下几种形式。

一、年鉴门户网站

年鉴门户网站以年鉴为该网站的主要内容，可视为网络版年鉴，是传统年鉴网络化的主要形式。根据数字化程度差异，年鉴门户网站又分为两种：一种是印刷版、光盘版年鉴的简单移植；另一种是利用数字技术和网络技术直接在网络上独立编纂制作的网络年鉴。

1. 印刷版、光盘版年鉴的网络版本

这种网络年鉴是印刷版、光盘版年鉴的简单移植，将传统年鉴内容直接搬到网络上。它与印刷版、光盘版等差别很小，除了载体形式的变化，在内容上基本相同，只提供简单的浏览服务功能，没有质的飞跃。

例如《中国统计年鉴》（http://www.stats.gov.cn/tjsj/ndsj/），它的主页如图8-7所示。

图8-7 《中国统计年鉴》网站主页

《中国统计年鉴》网站分年度提供1997～2015年的《中国统计年鉴》。系统收录了全国和各省、自治区、直辖市1996～2014年经济、社会各方面的统计数据，以及多个重要历史年份和近年全国主要统计数据，是一部全面反映中华人民共和国经济和社会发展情况的资料性年刊。

在我国，很多年鉴特别是地方综合性年鉴往往由官方支持，内容质量有一定保证。各种统计年鉴往往挂靠在各级政府统计局的网站上面（有的称为"××省统计信息网"），通常都不能提供检索，但却可以通过目录进行链接选择，还可以将数据表格在"HTML"和"Excel"两种格式之间进行转换，并且可以提供打印；而各种地方综合性年鉴则基本上挂靠在当地政府的网站上面，部分年鉴除可以通过年份及目录链接选择浏览之外，还提供一些检索途径，最普遍的检索途径是关键词。还有一些年鉴是挂靠在其主管的政府职能部门的网站上的，如《香港年报》（*Hong Kong Yearbook*，http://www.yearbook.gov.hk/）等。

2. 利用数字技术和网络技术直接在网络上独立编纂制作的网络年鉴

这一阶段的网络年鉴才真正具备网络参考工具的特点，实现了印刷版难于实现的多途径检索，如任意词检索、层级浏览、标题检索、全文检索、按年代检索等功能。有的还与其他类型的参考工具如网络百科、网络地图集等相结合，使用户在使用年鉴的同时也可以方便地使用其他多种形式的参考工具。例如美国的《世界年鉴》（The world almanac and book of acts，http：//www.worldalmanac.com）、《老农夫年鉴》（https：//www.almanac.com/）和英国的《惠特克年鉴》（http：//www.whitakersalmanack.com/）等，它们基本上采用与百科在线、网络字典等其他参考工具联合的形式，并具有一定的搜索能力。

《内科年鉴》（http：//www.annals.org）于1927年创刊，双月刊，美国内科医师学会（American College of Physicians）主办。栏目有原始论文、技术札记、综述、公共医学问题、读者来信、进展等。网上可以免费阅读1993年来的文献全文。

其他的网络年鉴还有如美国的《科学和技术政策年鉴》（AAAS Science and Technology Policy Yearbook，网址 http：//www.aaas.org/spp/yearbook）、英国的《欧罗巴年鉴》（Europa World Online，http：//www.Europaworld.com/pub）等。

二、年鉴数据库

中国知网"中国年鉴网络出版总库"（http：//epub.cnki.net/kns/brief/result.aspx?dbPrefix=CYFD）是目前国内最大的连续更新的动态年鉴资源全文数据库。其内容覆盖基本国情、地理历史、政治军事外交、法律、经济、科学技术、教育、文化体育事业、医疗卫生、社会生活、人物、统计资料、文件标准等各个领域。

中国知网"中国年鉴网络出版总库"文献来自中国国内的中央、地方、行业和企业等各类年鉴的全文文献。

年鉴内容按国民经济行业分类可分为农业，工业，建筑业，房地产，批发和零售业，住宿、餐饮业和旅游，运输邮电和软件业、金融业等。

地方年鉴按照行政区划分类可分为北京市、天津市、河北省、山西省、内蒙古自治区、辽宁省、吉林省、黑龙江省、上海市、江苏省、浙江省、安徽省、福建省、江西省、山东省、河南省、湖北省、湖南省、广东省、广西壮族自治区、海南省、重庆市、四川省、贵州省、云南省、西藏自治区、陕西省、甘肃省、青海省、宁夏回族自治区、新疆维吾尔自治区、香港特别行政区、澳门特别行政区、台湾省共34个省级行政区域。

它的主页如图8-8所示。

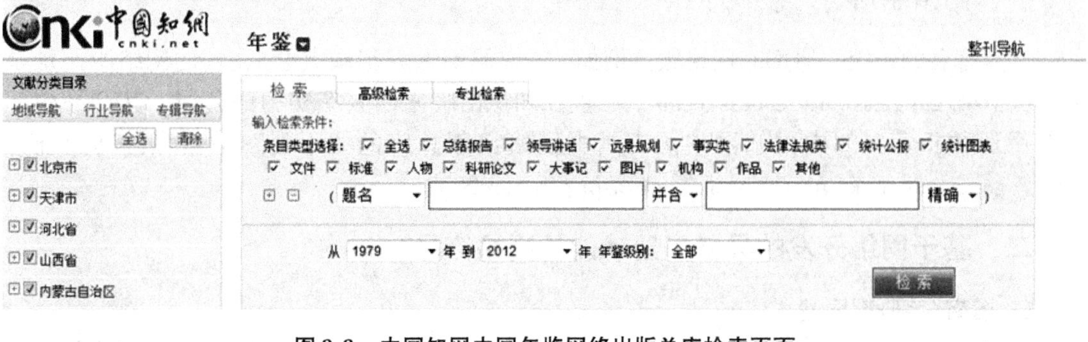

图8-8 中国知网中国年鉴网络出版总库检索页面

三、年鉴线索网站

年鉴线索网站不是网络化的年鉴,网站内容是年鉴的基本介绍或电子文档下载。

1. 年鉴推介网站

这是对外发布年鉴资料的相关消息、介绍推销各种年鉴的网站,包括年鉴出版社网站和专业推介网站,如中国年鉴信息网(http://www.chinayearbook.com),是中国年鉴出版信息查询方面最大的门户网站。它包括中国年鉴、中国统计年鉴、行业年鉴、行业研究报告、行业投资分析报告、中国行业名录等出版、订购信息查询。

2. 提供电子版年鉴下载的网站

(1)统计年鉴分享平台(http://www.yearbookchina.com/)。此网站收集了国民经济核算、固定资产投资、人口与人力资源、人民生活与物价、各类企事业单位、财政金融、自然资源、能源与环境、政法与公共管理、农民农业和农村、工业等各行业的年鉴,截至目前,已加载584种统计年鉴和1654896张统计表格。

(2)夏泽网(http://nianjian.xiaze.com)。此网站开辟了一个免费年鉴下载区,网址:http://nianjian.xiaze.com/free/。上面有网友分享的部分年鉴,如果用户需要的年鉴在此区,那么用户可以自由下载,无须任何条件,其他年鉴需要注册会员才可以下载。

(3)经管之家(http://bbs.pinggu.org/thread-3047424-1-1.html)。此网站提供地区年鉴、行业年鉴、中国统计年鉴等年鉴的下载。

(4)数据圈中的统计年鉴栏目(http://www.shujuquan.com.cn/forum-263-1.html)。它提供各种年鉴下载。

第五节 网络手册和网络名录

手册(Handbook或Manual)是围绕某一课题或学科的各种事实和数据、统计数字、规则、技术参数、图表、符号公式、原理方法等各类资料汇集成册的出版物。网络手册包括传统手册实现了网络化的手册和具备手册功能特点的网络参考工具。

名录是指提供有关专名(人名、地名和机构名录等)的简要工具书,内容涉及比较广泛。人们可以从名录中查找关于人物生平、地名、机构组织和某一行政区划沿革等信息。网络名录是指通过网络可以查找人物、地名、机构等信息的网络工具书。

一、网络手册

许多著名的传统手册都有网络版。例如,《吉尼斯世界纪录大全》,它的网络版网址是http://www.guinnessworldrecords.com/。一些在知识出版方面具有实力的公司,其产品中都会有手册数据库,如中国知网中国工具书网络出版总库的"手册"数据库,其网址为http://gongjushu.cnki.net/refbook/book.aspx?rc=rc0009。

二、基于网络开发的具备手册功能的网络产品

1. 指南/手册型网站

例如,搜网,搜索指南(http://www.sowang.com),为人们学习利用中文搜索引擎提供

指导，还有"中国指南"网站（http://www.chinavista.com）等。手册型网站有数码摄影完全手册（http://www.shortcourses.com）等。

2. 网站内手册栏目

例如浙江省人民政府官网《公众防灾应急手册》就属于此类手册。

三、著名的名录网站举例

（1）《世界名人录》（中文版）（http://www.world-vip.com）。

（2）中华文化名人堂（http://www.chinesezj.com/admin/whmrt/mrt.asp）。它是由中国国际文化基金会联合相关文化社团组织建立的一个旨在展示中华文化优秀人才的信息资料库，可按行业、级别和地区检索。

（3）中国教育和科研计算机网（http://www.edu.cn/，CERNET）。CERNET 始建于 1994 年，是由国家投资建设，教育部管理，清华大学等高校承担规划、建设和运行管理的全国最大的公益性计算机互联网络。覆盖全国 200 多个城市，联网的大学、教育机构和科研单位超过 1300 个，包括中国教育、教育资源、科研发展、教育信息化、网络服务、教育黄页、教育在线、教育服务等模块。

四、网络黄页

历史上白页和黄页是指查找电话号码和地址手册中区分一般用户和商业用户的纸张颜色。国际惯例为：其中用白色纸的部分称为白页，用于一般用户的电话号码和地址的查找；而用黄色纸的部分称为黄页，用于商业用户电话号码和地址的查找。

黄页是国际通用按企业性质和产品类别编排的工商企业电话号码簿，以刊登企业名称、地址、电话号码为主体内容。下面介绍几个网络黄页网站。

（1）中国 114 网（http://www.china114net.com/）。它是 2000 年由上海国金信息技术有限公司筹备、建设的中国最专业、健全的企事业单位信息查询网站之一，可按地区、行业和单位名称等途径免费检索到全国许多企事业单位的邮编、地址、电子邮箱、人员情况、产品等信息。

（2）中国教育在线（http://yp.eol.cn）。它依托 CERNET 创建于 2001 年，主要以市场化模式，为社会各界提供各种专业的教育信息服务。服务内容与领域覆盖了从学前到中小学，以及大学阶段的各种信息服务，也是中国最大的教育门户网站。CERNET 是中国第一个互联网，也是中国教育信息化服务平台。2000 年，经国家相关部门批准，组建赛尔网络有限公司，负责 CERNET 的日常运营与服务。

（3）中国黄页网（http://www.yellowurl.cn/）。它是我国最大的免费网上黄页信息服务网站，拥有全国各地 150 多万家企业信息。目前网站所有服务免费，并支持动态发布，实时更新。

（4）51 黄页网（http://www.510701.cn）。它是免费发布信息的网站，汇聚大量的免费企业黄页大全信息，包括产品供求、赚钱商机，是中国免费 B2B 电子商务平台。

另外，还有国外的一些网络黄页如下：

（1）欧洲黄页—中文（http://www.europages.cn）和欧洲黄页—英文（http://www.europages.com）。

(2) 英国黄页（http://www.yell.com）。

(3) 英国老黄页（http://www.applegate.co.uk/）。

(4) 法国黄页（http://www.PagesJaunes.com）。

(5) 意大利黄页（http://www.paginegialle.it）。

五、名录搜索工具和名录数据库

名录搜索工具是指专门用于搜索名录信息的专题搜索引擎，或可以按行业、地区、用户搜索信息的工具软件，如博购企业信息搜索（http://www.blogou.com）。

名录数据库是专门用于搜索名录信息的专题数据库。比较有影响力的名录数据库有万方数据资源系统数据库机构库、中国资讯行数据库、伊梅名录资源网。

第六节 网络参考工具书数据库

除了在线工具书外，还有一些参考工具数据库可供广大读者通过互联网检索利用，包括参考工具书集成数据库和数值与事实数据库。这些数据库大多需要机构（如图书馆）集团购买使用或用户个人上网付费查阅，只有少量内容免费开放。

一、参考工具书集成数据库

参考工具书集成数据库又称"在线工具书指南"，是指整合了许多不同类型参考工具书的大型综合性数据库，如中国知网中国工具书网络出版总库等。下面介绍几种国内外著名的"在线工具书指南"。

1. 中国知网中国工具书网络出版总库（http://gongjushu.cnki.net）

中国工具书网络出版总库是精准、权威、可信且持续更新的百科知识库，简称知网工具书库，或者 CNKI 工具书库。知网工具书库集成了近 200 家知名出版社的近 7000 册工具书，类型包括语文词典、双语词典、专科辞典、百科全书、图录、表谱、传记、语录、手册等，约 2000 万个条目、100 万张图片，所有条目均由专业人士撰写，内容涵盖哲学、文学艺术、社会科学、文化教育、自然科学、工程技术、医学等各个领域。知网工具书库由《中国学术期刊（光盘版）》电子杂志社网络出版、同方知网（北京）技术有限公司研制发行，是中国知识资源总库的重要组成部分，为"十一五"国家重大网络出版项目、"十一五"国家重点电子出版物规划选题。

从 2006 年 3 月立项至今，知网工具书库的用户已遍布全球，日均检索量达 70 万次，成为全球华人释疑解惑的重要工具，也是海外学者研究中国问题、了解中华文化的快捷通道。知网工具书库是传统工具书的数字化集成整合，按学科分 10 大专辑 168 个专题，不但保留了纸本工具书的科学性、权威性和内容特色；而且配置了强大的全文检索系统，大大突破了传统工具书在检索方面的局限性；同时通过超文本技术建立了知识之间的链接和相关条目之间的跳转阅读，使读者在一个平台上能够非常方便地获取分散在不同工具书里的、具有相关性的知识信息。知网工具书库除了实现了库内知识条目之间的关联外，每一个条目后面还链接了相关的学术期刊文献、博士硕士学位论文、会议论文、报纸、年鉴、专利、知识元等，帮助人们了解最新进展，发现新知，开阔视野。

2. 方正阿帕比（Apabi）中国工具书资源全文数据库（http://www.apabi.cn/index/ebook7.html）

中国工具书资源全文数据库是北京方正阿帕比技术有限公司（方正阿帕比）的重要数字资源产品。该产品目前精选收录国内各大出版社出版的精品工具书资源 2000 余种，涉及文学、哲学、历史、地理等各个学科领域。该数据库能够实现对条目内容的全文检索，以及对图片的检索和引用，并可以进行原版原式的内容比对及浏览翻阅，所有条目信息均可以直接引用，方便地进行知识引证、查询、浏览及辅助学习等其他增值服务。通过工具书检索平台检索到的条目内容均以知识点的方式进行内容级的关联，实现了一站式的知识检索服务。

3. Credo 全球工具书大全（http://www.credoreference.com）

英国 Credo Reference Ltd 是一家领先的图书馆与信息中心参考资源提供商，自 1999 年以来开始向图书馆提供完全定制的参考信息。Credo 工具书来自全球 60 多家知名的出版社，如 Barron's、Blackwell、Cambridge University Press、Central Intelligence Agency（CIA）、Collins、Columbia University Press、Elsevier、H. W. Wilson、Harvard University Press、Library of Congress、Macmillan、McGraw-Hill、Merriam-Webster、MIT Press、Penguin、SAGE 和 Wiley 等。

Credo 工具书包括以下方面的内容：科学、技术、医学、食品、商业、法律、社会科学、历史、地理、语言、文学、哲学、心理学、音乐、艺术、宗教、传记、字典、百科全书、语录等。目前收录的工具书共计 400 余种，包括 300 多万个词条、20 万个有声文件和 6 万个图像，100% 全文提供。

数据库的主要功能与特点为：①汇集全球数十家著名出版社的工具书，合作出版社与收录书目随时增加；②多语种检索界面，包括中文、英语、波兰语、乌尔都语、法语、西班牙语；③每月更新，只要所收录书目有新版本时，内容都将得到相应更新；④概念图（Concept Map）功能独特，向读者提供 360 度全方位的检索，适合以形象思维为主的读者使用，可以得到更多的结果；⑤提供位置检索，深受年轻读者喜爱；⑥提供互动地图（Interactive Maps），读者可直接点击地图获得与所需地理位置相关的文章；⑦有动态统计表功能，读者可以选择需要的统计表，并输出到 Excel 文件；⑧读者可以建立自己的时间轴（Timeline），以阅读相同时间发生的其他主题的内容；⑨有超过 20 万张图片，其中包括 2 万余幅艺术品的图片；⑩多媒体，包括 20 万条音频文件的音频字典、卡通、音频与视频文件，使读者身临其境；⑪设有关联条目，关联词条贯穿全库，而不是限定在同一册书内。

4. Knovel 电子工具书网站（http://www.knovel.com）

Knovel 公司于 1999 年成立，是唯一一家将工程学和应用科学的数据整合起来，并使用独特制表分析工具提供全球范围访问的供应商。Knovel 数据库包含许多顶级科学和工程学参考工具书、数据库和会议录。现收集了近 30 家出版社的近 700 种工具书，以及 7 种网络数据分析工具。Knovel 数据库中的所有内容都是可以检索的全文资料。分 16 个主题，提供主题、题名浏览和关键词查询，使工程师和研究人员能非常方便地通过多种来源和信息形式获得尽可能多及快捷的信息。互动式的表、制图程序和计算软件等高效率的工具和它友好的界面无缝链接整合，大大提高了它的生产效率，检索手段快捷、方便，内容质量高，并有独特的网络数据分析工具。

5. 牛津参考书目在线（Oxford Reference Online）（http://www.oxfordbibliographiesonline.com）

牛津参考书目在线是牛津大学出版社创办的一个大型的线上综合参考书资源数据库，囊括了生物医学等学科的大量参考书、160 种字典和百科全书的目录和简介，资源数目达 160 万条。它以每年更新 3 次的速度增加新的参考工具书或新版本信息。网站为新注册的组织机构提供 30 天的免费检索服务。

牛津参考书目在线数据库仅能在线使用，能够帮助繁忙的学术研究者查找到最可靠的信息来源，导引用户至最优质的学术内容，无论这些内容是来自图书、章节、期刊、网站或者数据库。

它的主题板块目前包括大西洋历史、圣经研究、佛教、西方古典研究、犯罪学、印度教、伊斯兰研究、中世纪研究、哲学、文艺复兴与宗教改革、社会工作、传播学、国际关系、公共卫生、维多利亚文学。

它的所有词条都经过同行评审和委员会的审核，确保学科领域内的评论是客观公正的，包括配有支持性文字和批注的特邀专家推荐书目，还提供引文的上下文内容帮助理解引文。引文源于不同资源（网络、印刷品）和所有出版机构，词条排列形式便于浏览检索，用户能够快速寻找到所需信息。

二、数值与事实数据库

数值与事实数据库直接提供可用的数据，如文字、图形、图像、声音以及来自原始文献的统计数据、调查数据或经过处理的各种数据、数值表格等。这些数据库可以直接提供人们解决问题时所需要的数据，是人们进行统计分析、管理决策和预算以及定量研究不可缺少的工具。

1. 数据与事实型数据库的含义、类型与特点

（1）含义。数据检索是利用相关的检索工具或检索系统查询有关数据，以获得某一问题量化的准确数值。而数据型数据库是一种计算机可读的数据集合，它存储的数据是某种事实、知识的集合，主要包含数字数据，如统计数据、科学实验数据、科学测量数据，以自然数值来表示，记录和提供的是特定事物的性能和数量等信息。

事实型数据库是指存储在计算机中的相互关联的数值数据或数值化了的数据集合，收录人物、机构、事务等的现象、情况、过程之类的事实性数据，如机构名录、大事记等。事实型数据库所包括的信息数据类型较多，如经贸信息、统计数据、企业基本信息及产品信息等相关信息均可划分到此种类型的数据库中。

（2）类型。数据型数据库分为基本内容全部是纯数值数据的数据库和兼有数值数据和文本数据的文本—数值数据库。数据型数据库在现实生活、工作和研究各方面得到广泛的应用，如价格趋势、国家经济增长率等的科学计算和数值分析，天文日历和气象预报，科学技术领域的实验数据、计算公式、各类统计计算等。数据型数据库对数据的可靠性和准确性要求较高，同时还要求具有准确的数据运算功能、数据分析功能、图形处理功能以及对检索输出的数据进行排序和重新组织等功能。

事实型数据库种类很多，按信息的种类来源划分，可分为科学技术发明和工业成果的数据库，各种人物名录传记信息的人物名录数据库，存储各种公司机构名称地址及联系方式的指南数据库，收录各种商品和产品信息及性能的数据库，用于侦察破案的指纹数据库，收录各种技术标准和规程的技术标准数据库等。

（3）特点。与传统参考工具书相比，数据与事实型数据库用计算机检索，速度快、利用方便,还可做远程的联机检索,实现信息资源的共享查询服务。数据与事实型数据库涉及学科及行业范围非常广泛,从人们的日常生活、事务处理、经济活动到科学研究,各个领域都有涉及。数据与事实型数据库的数据结构不同,有二元、三元和多元的参数结构;描述方式不同,有的仅有数字,有的除数字外还有文字、图形、图像、公式及计算程序;编排体例不同,各有特点和不同的应用领域。因此数据与事实型数据库的检索方式也各有特性,没有统一的模式,也难以形成统一的标准。相对于文献型数据库,数据与事实型数据库直接面向问题,总是以特定的事实或数字回答用户的查询。前者的检索结果可能是成百上千条文献,而数据与事实型数据库的检索结果往往可能只是单一的值、一组数据或一个事实。

2. 数据与事实型数据库选介

(1) 中国科学院科学数据库(http://www.cas.cn/ky/kycc/kxsjk/)。中国科学院组织建立的科学数据库已经建设成为目前国内信息量最大、学科专业最广、服务层次最高、综合性最强的科学信息服务系统。研制者将多年积累的数据资源收集整理,建成了专业数据库,包含学科门类为生物学类、地学科学类、物理类、化学化工类、能源与环境保护类、材料科学类、天文与空间科学类、其他类,共47个科学文献和科学数据数据库。

(2) 万方数据知识服务平台中的数据与事实型数据库(http://g.wanfangdata.com.cn/)。"万方数据知识服务平台"是以中国科学技术信息研究所全部信息服务资源为依托建立起来的,是一个以科技信息为主,集经济、金融、社会、人文信息为一体,以互联网为网络平台的大型科技、商务信息服务系统。其内容涉及自然科学和社会科学各个专业领域。目前,万方数据知识服务平台提供期刊、学位论文、会议论文、外文文献、专利、数字化期刊、标准、成果、法规等多个主题板块,并通过统一平台实现了跨库检索服务,可提供专利、成果、标准、法规以及企业信息等事实与数值信息资源。万方数据知识服务平台收录了国内约120个数据库,其中数据与事实型数据库包括:

1) 中国企业、公司及产品数据库。中国企业、公司及产品数据库主要信息内容包括企业名称、负责人、地址、电话、传真、性质、进出口权、注册资金、固定资产、人数、营业额、利润、外汇额、企业概况、主要产品及其产量、价格、规格型号等。

2) 科技信息子系统中的名人与机构数据资源。共包括10个数据库,分别为"台湾名人""台湾研究机构""台湾医疗机构""台湾中医师名录""台湾中医药教育机构""台湾中医药专家""中国高等院校""中国科技名人录""中国科技信息机构"和"中国科研机构"数据库,共有3万多条信息。其收录内容有:1.6万余位我国著名的科学家(含两院院士)、工程师及从事管理和政策制定的科技负责人的全面信息;约1.4万家(含我国台湾地区)科研机构、高等院校、信息机构及其他从事科技活动机构的信息。其中:

① "台湾名人"库收录台湾地区名人传记中心审定的台湾地区党、政、军首要人物,主要官员,在野人士,财经、工商企业界名人,著名学者专家的个人信息。其内容包括姓名、性别、生日、籍贯、工作单位、行业、学位、党派、详细资料、数据版本等。

② "台湾研究机构"库收录了台湾地区政府机关、理、工、农、医、人文、社会等方面研究机构的名称、地址、网址、人员总数、负责人、主要部门、研究范围、自建资料库等相关数据。

③ "中国高等院校"数据库是全国高等学府的名录,包括名称、地址、电话、传真、教师人数、学生人数、机构设置、入学要求。

④ "中国科技名人录"数据库囊括了我国著名的科学家、工程师及从事管理和政策制定的科技负责人的全面信息,主要信息包括姓名、职称、个人情况、科学研究成就、专著论文及受奖情况等。

⑤ "中国科技信息机构"数据库是一个全面介绍我国各科技信息机构和高校图书情况单位业务状况的数据库。该数据库共收录我国各科技信息单位和高校图书情报单位20000多家,主要包括机构名称、地址、电话、传真、负责人、人数、内部机构设置、文献收藏与阅览、书刊出版、计算机及网络和数据库开发等。

⑥ "中国科研机构"数据库收录我国地、市级以上及大学所属主要科研机构(1万多家)的详细信息。主要收录信息包括学科研究范围、机构名称、负责人、通信方式、成立年代、科研人员数目、科研成果、科研设备、产品信息、出版物等。

(3) 高校财经数据库(http://www.bjinfobank.com)。中国资讯行是香港专门收集、处理中国商业信息的高科技企业,它出品的高校财经数据库(中文)建于1995年。当逐渐兴起来的信息传播企业开始通过纸媒向用户发布信息时,中国资讯行已率先在互联网上了建立自己的信息平台。追溯起来,它可谓是全球第一家以互联网传播中文资讯的公司。之后,中国资讯行凭借其独特的定位脱颖而出,为客户提供信誉超群的中文商业数据库平台,专门从事中国商业经济资讯的收集、整理和传播,致力于将全面而实用的资讯带到全球商业社会,满足商界人士的不同需求。

高校财经数据库内容覆盖很广,包括实时财经新闻、权威机构经贸报告、法律法规、商业数据及证券消息等。该数据库系统包括12个大型专业数据库、超过1200万篇的商业资料,数据库容量逾150亿汉字。数据库每日更新、新增逾2000万汉字,范围涵盖19个领域、194个行业。

高校财经数据库与国家商务部、国家工商总局、路透社等近百家中国政府部门和权威资讯机构建立了战略联盟,保证了数据的准确性与权威性。该数据库较为适合经济、工商管理、金融、法律、政治等专业使用,特别是整合了各类报告、统计数据、法律法规、动态信息等内容,是所涉领域重要的中文信息参考源。它还可以根据客户需求,提供专业的个性化服务,提供及时的"信息反馈",是了解自身、行业背景、竞争对手情况最直接有效的助手。

(4) 新华社多媒体数据库(http://info.xinhua.org/cn/welcome.jsp)。新华社针对高等院校的实际需求,为高等院校和教育系统的管理层提供具有重要参考价值的教育内部信息、海外内部信息、高管信息、参考资料、参考消息、决策参考等内部资讯和最新的政策制度、教育动向。

数据库包括中外人物库、译名库、法规库、背景资料库等多种内容的定向服务。该数据库提供的新闻信息时间跨度大、涉及地区多、覆盖面广,每天不断更新1800多条的信息量。此外还有中外院校博览、中外教育动态、各界交流合作、教育研究、各界论坛演讲、留学天地、人才与市场、社会热点等专题栏目内容供选择。

(5) 国务院发展研究中心信息网(简称国研网,http://www.drcnet.com.cn/www/integrated/)。北京国研网信息有限公司创建于2001年4月。它依托国务院发展研究中心的信息资源和专家阵容，全面整合中国宏观经济、金融研究和行业经济领域的专家资源及其研究成果，汇聚于"国研网"。

产品包括国研报告数据库、宏观经济报告数据库、金融中国报告数据库、行业经济报告数据库、世界经济与金融评论报告数据库和财经数据库等10余种行业统计数据库。国研报告为其特色资源。

（6）莱纳数据库（http://www.lexisnexis.com）。LexisNexis（莱纳）成立于1973年，为专业人士、企业界、政府及法律机构等提供全方位的信息服务，在信息产业位居领先地位。其数据库产品有LexisNexis Academic学术大全数据库及Lexis.com数据库等。Lexis.com数据库收录内容更加丰富，几乎包括所有行业，拥有11439个数据资料库以及3.6万个资料来源。特别是在法律事务方面，它是收录最全的法律资料库之一，包含了美国国家和各州的法律法规、案例、判决书、法律评论等，也包括英联邦部分地区的法律和案例数据。它另还涉及WTO、反托拉斯、知识产权等专题信息，以及LexisNexis提供的涉及广告、商业、企业等行业的机构名录。该数据库适合法学院研究生、博士生及教学科研人员使用。

（7）Gale参考资料数据库（http://infotrac.galegroup.com/default/）。Gale集团是全球最大、最权威的参考书出版商。Gale集团几十年来在出版人文科学（文学、历史、商业、人物传记等）工具书以及机构名录方面颇具权威性。作为在线资源中心的发明者，Gale集团也是顶尖的在线数据库供应商。Gale参考资料数据库是美国Gale（Thomson Gale）集团著名的数据库系列，其核心内容来自Gale集团多年来出版的众多参考书系列。这些参考书系列中的参考资料被公认为世界上相应学科领域中（文学、历史、商业、人物传记等）权威、全面的参考资料，并且为Gale集团独家拥有，通过其他同类数据库无法查到。Gale集团还创建及维护了600余个在线、印刷及缩微大型数据库。

Gale参考资料数据库集成了Gale公司最受欢迎的15种名录，提供320000多个词条的全面检索，包含协会、研究中心、出版商、出版物（报纸、新闻摘要、期刊、名录）、数据库、电视台、电台等，分为个人文档、机构、出版物和数据库，可作为一个整体检索或独立检索。其检索项包括名称检索、地点检索、主题词检索、扩展检索、专家检索。

【思考题】

1. 网络工具书的优点及不足有哪些？
2. 网络辞书的类型有哪些？
3. 维基百科的发展状况如何？
4. 网络年鉴、网络手册、网络名录有何作用？

第九章 网络免费学术资源

据 Facebook 资助的一项研究显示，2015 年年末全球互联网用户数量已经达到 32 亿人，互联网已经成为大众信息交流的主要渠道，全球范围内的科研信息、教育信息、社会信息、商业信息汇聚于此。互联网与我们的工作、生活密切相关，专业学习和科学研究更是离不开互联网的开放式信息资源。因而，了解网络信息资源及其检索方法已成为提升专业信息素质的必备课程，其效果和意义也是显而易见的。

现代科学技术与通信技术的快速发展，使网络成为信息发布和信息检索利用的快捷通道，免费的网络学术资源也随之繁荣和发展。只是这些免费的学术资源以零散、隐蔽的形式存在于网络环境中，需要我们认识这些网络资源的特点和类型，了解这些资源的检索技术和使用方法，用心挖掘和甄别具有学术价值的网络资源并加以利用。

第一节 网络免费学术资源基本知识

网络免费学术资源，是指以数字形式将文本、图像、声音、动画等多种形式的信息存储于光磁等载体中，并通过网络通信、计算机或终端等方式无偿提供利用的，具有学术价值的各种信息资源的总和。它主要包括：网络数据库、电子学术期刊、学术论坛、学术会议、专家学者主页、组织机构网站等。

一、网络免费学术资源的类型

按照不同的划分方式，网络免费学术资源可分为以下几种类型：

1. 按信息来源划分

发布网络信息的主体有政府部门、公司企业、研究机构、教育机构网站、数字图书馆项目成果、出版发行机构的免费网站、专业或行业信息网、个人网站或博客等。因而形成站点式信息资源和网页式信息资源两大类，涉及政府信息资源、公众信息资源和商用信息资源三种类型。

2. 按网络传输协议划分

网络免费学术资源按网络传输协议可划分为 WWW、Telnet、FTP、用户服务组、Gopher 等信息资源。其中 WWW 信息资源是建立在超文本、超媒体技术以及超文本传输协议（HTTP）的基础上的，集文本、图形、图像、声音于一体，并以直观的图形用户界面展现和提供信息的网络资源形式，是网络免费学术资源的主流。WWW 其实是 Internet 中一个特殊的网络区域，是由网上所有超文本格式的文档（网页）集合而成。超文本文档里既有数据，又有包含指向其他文档的链（Links）。链使得不同文档里的相关信息连接在一起，这些相互链接的文档可以在一个 WWW 服务器里，也可以分布在网络上的不同地点。通过这些链，用户在 WWW 上查找信息时可以从一个文档跳到另一个文档，而不必考虑这些文档在网络上的具体地点。

3. 按资源类型划分

按资源类型划分有免费电子图书、免费电子期刊、免费电子报纸、免费数据库、免费专利、免费学位论文、免费会议文献、免费标准、免费研究报告和免费统计信息等。

4. 按出版物正式程度划分

（1）非正式出版信息，包括电子信函、个人主页上表述个人观点和见解的非正式出版论文、学术论坛上的文章和其他信息。

（2）半正式出版信息，包括从政府机构、国际组织、学术团体、教育机构、企业商业部门等的 Web 上获得的政府工作报告、机构工作进展报告、统计数据、教学大纲、产品说明、样品报道、会议通报等。

（3）正式出版物，包括电子期刊、数据库、电子图书等。

二、常用网络免费学术资源的获取途径

获取网络免费学术资源的方式有多种，比如直接登录开放存取的资源网站、利用各种综合性的搜索引擎、利用各种专业搜索引擎、利用各类学科信息门户网站、利用网上图书情报机构收集的资源、与相关学科的研究人员及专家学者合作、利用各种邮件列表和讨论组等。目前，网络免费学术资源的获取途径归纳起来主要有以下几种类型：

1. 基于搜索引擎的免费学术资源

由于 Internet 上的信息量巨大，其中有较高学术价值资源的绝对数量就很大，加之目前很多搜索引擎开始与图书馆、商业化信息内容供应商加强合作，将各种高质量的文献数据库纳入其搜索范围，因此，搜索引擎搜索的免费学术资源是一种较为常规、普遍的网络信息获取方式，如 Google Scholar 等。

搜索引擎实际上是 Internet 的服务站点，类似于传统文献检索中的检索工具，是供用户进行关键词、词组或自然语言检索的平台。搜索引擎一般支持布尔逻辑检索、截词检索、限定检索等功能。利用搜索引擎进行检索具有很多无可替代的优点，如操作简单、省时省力，但是准确性不是很高。特别是随着 Internet 信息量的骤增，用户输入一个检索词，返回的结果往往数以千万条计，其中 70% ~ 80% 是重复信息或者不相干信息。因此，在使用搜索引擎获取学术资源时，必须掌握搜索引擎科学的检索技术和方法，且对其检索结果要进行评价和分析之后才能进行利用。这样，搜索引擎将不仅能帮我们找到时事新闻、网络热议和电影视频等，也将是我们直接获取学术文献信息的好帮手。

2. 学科信息门户网络资源

学科信息门户（Subject Information Gateway，SIG）又称网络学术资源导航（Internet Resources by Subject），一般是由大学图书馆、重点院系或其他学术资源单位承担，针对网上可免费获取并有重大学术参考价值的资源，按照学科、主题等体系进行搜集、整理、分类，并制成导航网站，将特定学科领域的信息资源、工具和服务等集成为一个整体，为用户提供方便和统一的信息检索和服务的入口。不同于搜索引擎的是，学科信息门户经过人工选择和标引保证了信息的质量，其数量少而精。对于高校教学和科研工作而言，学科信息门户具有

特别的意义，能使我们花费较少的精力和时间浏览到高质量的专业信息。

3. 开放获取网络资源

开放获取（Open Access，OA）网络资源，就是作者或版权所有人同意把期刊论文（包括已发表和待发表）、预印本、会议论文、学位论文、研究与技术报告等放在公共网络上供所有人免费检索和获取，并可阅读、下载、复制、分发、打印以及建立链接的学术信息资源。

（1）开放获取的由来。开放获取运动始于1998年，"自由扩散科学成果运动"（也被称为"自由科学运动"）提出开放获取的倡议，要求对于科学文献要减少版权条约中的限制条款，反对将作品复制权从作者转移给出版商。同年，一些论坛开始就在线免费提供科学信息问题进行全面探讨。这是开放获取逐渐引起社会广泛关注的初步发展阶段。

"自由科学运动"后，越来越多的人开始关注开放获取的重要意义，在2001年12月份召开的布达佩斯会议上，人们已经基本对开放获取的内涵、组织形式达成了共识，此会议标志着开放获取进入了稳步发展阶段。在此期间的重要会议、计划、宣言主要有：

1）布达佩斯开放获取先导计划（Budapest Open Access Initiative，BOAI）。BOAI由OSI（The Open Society Institute）基金会提出，并于2002年2月份正式启动，旨在促进和推动全球各学科领域研究论文免费获取的开展。BOAI提出了实现开放获取出版的两种措施，即建立"自我存档"和创办"开放获取期刊"。

2）"开放获取与促进学术出版"国际研讨会。由OSI举办，2003年1月16日在匈牙利首都布达佩斯举行。会议主题为"开放获取与促进学术出版"，针对封闭和日益商业化的学术出版领域，提出开放获取的概念和可能采取的措施，促进学术信息的无障碍传播和经济利用。

3）《柏林宣言》。由德国马普学会发起，德国、法国、意大利等多国的科研机构于2003年10月22日在柏林联合签署，旨在利用互联网整合全球人类的科学与文化财产，为来自各国的研究者与网络使用者在更广泛的领域内提供一个免费和更加开放的科研环境；呼吁向所有网络使用者免费开放更多的科学资源，以更好地利用互联网进行科学交流与出版。

之后，各个团体机构、各国政府等对开放获取有了更多支持。例如，团体机构美国纳税人联盟发表了支持开放式访问纳税人资助的研究声明：纳税人有权开放式访问美国国家卫生研究院资助的评审过的研究论文；开放式访问这些文章，这使得成千上万的医生、专业卫生人员、病人、学生、教师和其他纳税人可以使用这些资料。在政府支持方面，2004年7月14日到12月8日，美国国家卫生研究院建议，得到纳税人资助的学术论文，应当存储在PubMedCentral中，在论文发表6个月后，提供在线的免费访问。为争取到运转资金，此建议提交美国众议院拨款委员会，经过两次面向社会的公开评议，最后，政府年初预算案被国会批准。英国、加拿大、澳大利亚、印度等国家也制定了相应的支持开放获取的政策。2004年3月16日，48个非营利出版团体在华盛顿发表了"自由访问科学原则"的声明，这48个机构代表了400多种学会期刊。

（2）开放获取存在的问题。开放获取的发展中不同类型的资源有不同的知识产权问题。对开放获取类学术期刊而言，除了技术上的差异，其运作方式与传统的学术刊物是大同小异，但是在版权上有很大的不同。大多出版机构只给予作者非常有限的分发权利，而在极端的情况下，在没有获得出版机构书面认可的情况下，甚至连作者本人都没办法使用自己的文章。开放获取期刊则不同,它感兴趣的是文章的内容,在版权上是相当宽松的,通常作者本人拥有文章的版权。所以版权问题对开放获取期刊而言并不是一个障碍。预印本库则问题相对较大。障碍主要来自传统出版商是否能够允许文章以预印本的形式存放于其他(在这里即是电子预印本库)位置。成功的预印本库通常会有很多文章,这就使得预印本库的维护人员没有资源来检验每个文章的合法性。所以一旦出版机构的版权约定不允许文章出现在其他地方,则是否撤销电子预印本只能由作者本人决定。这样就存在着一定的法律风险。同样的问题也存在于学术机构维护的自身的文库。但是这一潜在的威胁事实上可能并不严重。在开放获取潮流的影响下,很多出版机构现在都允许作者将文章用于非商业用途。

(3) 开放获取的社会影响。

一方面,开放获取给公众理解科学带来了便利:公众可以不受限制地阅读各种文献资料,享受到时尚的科技知识,有机会接触最前沿、权威的科学研究,培养公众对科学的兴趣,进而形成整个民族追求真理、严谨求实的科学精神。科学普及与科技创新是相辅相成的。开放获取不仅有利于提高公众的个人科技素养,也促进了民族的科学素质和国家的综合国力。

另一方面,随着开放获取的发展,它为越来越多的科研人员提供了发布自己科研成果的平台,并且以直接提供资金支持或制定减免政策的方式为广大科研人员提供便利。开放获取也使全世界的学术交流一体化了,任何科学家都可以即时通过开放获取了解前沿的科学动态。并且通过发布自己的成果有可能吸引到赞助商的支持,研究者们将可能不再局限于等待立项审批,而通过其他途径获得资助,可以做更多自己感兴趣的课题,充分发挥自己的特长。

开放获取的应用为学者、读者、资助机构、学术出版、图书馆和科技传播等都带来了很大的影响,推动着社会交流方式的变革,影响社会各方面的发展。开放获取的网络信息资源具有内容新颖、免费获取、检索便捷等特点,因此成为网络免费学术资源的主要获取途径。

三、网络免费学术资源使用注意事项

互联网上存在大量的免费学术资源。这些资源分散在千千万万个主机中,网页链接错综复杂,缺乏良好的组织结构、无序零乱,质量参差不齐,而且数量还在迅速增加。因此,用户在广泛收集利用网上免费学术资源的基础上,要注意甄别找到的资源是否有较大学术价值。主要应注意以下几个方面:

(1) 在网络免费学术资源宏观知识方面,使用者应多了解免费网络资源的现状与发展趋势,包括内容及组织形式、出版形式与技术走向等,以作为收集和利用的依据。

(2) 注意在日常工作中"收集网站",包括订阅一些邮件列表、经常与相关专业人员进行交流,时时做有心人。

(3) 在利用原则方面,在采集网络免费资源时,根据本人需求整理相关资源,有针对性地利用网络免费资源。还应考虑高学术价值原则,连续跟踪、优胜劣汰原则。

(4) 收集利用的细节方面应注意:用户要对资源的适用性、稳定性及全面性等做出考察。比如,对收集到的网站进行鉴别分析非常必要。一方面可以考察分析网站的内容特色,另一方面也是一个去伪存真、去粗取精的过程。在鉴别资源的过程中还要注意考虑以下问题:是不是学术性资源?是不是免费资源?免费提供文献的程度如何?资源的学术水平、可

信度、时效性以及资源的学科类别如何？是否与本人研究领域和方向一致？同时，对语言国别、机构组织、通信联络方式等应做到心中有数。

第二节　机构知识库

2001 年，美国俄亥俄州立大学的行政官员和该校图书馆馆长布兰宁（Joseph J. Branin）在探讨开发远程教育体系时提出建立俄亥俄州立大学知识库，以保存该校师生员工的数字学术资源，这就是学术机构知识库（Institutional Repository，IR）的雏形——俄亥俄州立大学知识库（Ohio State University Knowledge Bank）。自其诞生以来，学术机构知识库经历了十多年的发展历程，并迅速在全球范围内发展，以期实现全球的知识共享目标。学术机构知识库以方便学术资源存取、促进学术交流、达到知识共享和提升学术机构核心竞争力为目的，利用信息技术和知识技术，对学术机构或机构联盟的大量数字资源进行整合，收集、整理并长期保存学术机构及其联盟的科研人员和学术团队所产生的大量智力成果，并将这些资源进行规范、分类、标引后，按照开放标准与相应的互操作协议，允许用户通过互联网来免费地获取使用。

一、机构知识库的概念和内容

从广义上说，数字机构知识库是由一个学校或机构不论其目的或来源拥有或控制的任何数字材料的集合；从狭义上说，数字机构知识库是由机构员工产生并可以被机构内外终端用户所获取利用的智力成果的数字知识库，并且几乎不存在利用障碍。从机构知识库表现形式——数据库角度出发，机构知识库是一个大学或研究机构通过网络来收集、保存、管理、检索和利用其学术资源的数据库。从服务层面出发，机构知识库是对机构内知识产品进行收集、存储与管理的一系列服务机制。

机构知识库是机构智力成果的汇集，其内容突出以学术资源和教育资源为主。机构知识库的具体内容包括学术和学位论文（如预印本、已出版的论文、硕/博士学位论文等），工作报告（包括文字、图像、动画、视频、音频、多媒体等形式），实验数据及实验结果，软件产品及相关资料，各种观点、看法、思想、经验、诀窍的总结，科研活动中创造的其他智力产品和数字化对象等。机构知识库的资源按照加工深度划分，可以分为原始资料、知识化资料和导航资源；按照载体形式划分，可以分为文本型、数值型、音频、视频、图形图像等；按照出版状态划分，可以分为两种：已经发表和出版的、尚未发表和出版的。

机构知识库建设对于研究者、机构与用户来说都有着重要的价值与作用。对机构而言，机构知识库通过保存机构成员的研究成果，不仅提升了机构的声誉，而且还为其本身提供了一个展示学术成就的窗口；对研究者而言，提高了其学术地位、扩大了其学术影响力；对用户而言，为其提供了新的学术交流和知识共享的平台。

二、机构知识库的特点和功能

近年来，机构知识库在国内外得到了迅速的发展，特别是国外很多大学和科研机构都构建了自己的学术机构知识库。有的大学甚至构建多个学术机构知识库，学术机构知识库以其独特的优势受到众多科研机构与高校的欢迎。

1. 特点

（1）构建的主体性。机构知识库的构建和运行是依托于机构的，是以机构为轴心和主线的，可以是大学、大学学院、图书馆、政府研究机构等科研机构，也可以是虚拟联合实验室。

（2）开放性与共享性。机构知识库本身是在学术期刊价格暴涨，导致许多学者无法获得科学信息资源这一背景下，作为开放获取运动主要实现方式而步入学术交流体系之中的。因此机构知识库与传统学术期刊相比，其最大的优点在于实现科学信息自由、免费或设有较少障碍的开放利用，具有前所未有的开放性与共享性。

机构知识库作为全球数字信息资源保存系统中的重要组成部分，采用开放档案信息系统（Open Archival Information System，OAIS）参考模型，遵循 OAI-PMH（Open Archives Initiative Protocol for Metadata Harvesting，开放档案元数据收割协议）等通用标准，支持 DC（Dublin Core，都柏林核心集）、METS（Metadata Encoding and Transmission Standard，元数据编码和传输标准）等多种元数据格式标准，开放元数据，支持元数据互操作，允许 Google、Yahoo、百度等多种搜索引擎以及其他检索工具对其进行元数据采集与搜索查找，降低机构知识库封闭性，实现存储内容最大范围的开放利用。

虽然网络发展已经将人类信息资源共享推向了一个新的高度，但是由于目前很多数字科学信息资源获取都存在种种限制，例如各类商业型学术数据库等都需要机构购买或学者付费才能获取，同时期刊价格飞涨，导致许多机构图书馆已经无法承受，不得不减少纸质期刊的订阅，这样就使科学信息在不同地域学者之间共享存在着很大的障碍。此外，在科学技术发展的影响下，学科之间的交叉融合趋势越来越明显，学者在研究中已经打破了传统基于本学科领域的研究视角，他们在科学信息利用中不再被本领域研究成果界限所束缚，他们需要跨学科进行学术搜索，交流学术思想，吸取不同学科学术营养，拓展学术研究领域。机构知识库恰恰满足了学者的这种迫切需求，构建了基于 Web 的新型学术交流模式——跨学科机构知识库，在提供开放利用的基础上为学者构建了不同类型资源共享的平台，实现了科学信息跨学科、跨机构、跨地域的共享，进而扩大了人类科学信息与科学知识的共享范围。从机构知识库的构建理念看，机构知识库是目前实现科学信息开放性与共享性的最佳途径之一。

（3）积累性与永久性。机构知识库与其他诸如个人主页、博客等数字资源存储方式以及学术交流方式的最大不同在于，机构知识库存储的内容具有积累性与永久性。这包括以下两层含义：

1）无论各个机构知识库拟定的内容收集标准有何不同，只要机构成员将教学与科研成果提交到知识库中，那么该内容就不可以被撤回，除非提交内容涉嫌剽窃、诽谤或违反出版商相关版权转让协议。这点与机构中其他数字资源保存系统不同。例如机构数字档案馆，虽然它负责保管机构发展的各种原始记录，包括行政管理文件、照片以及其他材料等，但是保管的档案具有一定保管期限。根据我国 2006 年 12 月 18 日发布实施的《机关文件材料归档范围和文书档案保管期限规定》划分，可以将档案保管分为永久与定期两类，其中定期又分为 30 年与 10 年，这就是说属于定期保管范围的档案在达到一定保管期限后要重新进行鉴定，以确定其第二次生命。而机构知识库作为机构成员数字教学与科研成果的保存基地，是具有永久性的。随着时间的推移，机构成员创造的教学与科研成果将越来越多，因此机构知识库存储的内容也会日趋扩展，逐渐积累，而且这一进程将永远不会停止。

2）数字保存与长期获取利用紧密相连，二者缺一不可。机构知识库以长期保存为基点，提供数字科学信息的利用。而数字资源很容易随技术变化而无法使用，机构知识库将科学信息保管由个人层次上升到机构层次，将分散的机构学术成果整合到同一数字资源保存系统之中，赋予存储对象长期保存与获取利用的承诺，采用 DOI 等数字对象唯一标识技术，利用其唯一性、永久指向以及动态维护等特点，使机构成员教学与科研成果具有长期保存传播以及持久利用的价值。

（4）学术性与包容性。基于机构知识库建立目的不同，机构知识库内容收集范围也大不相同，但根据目前世界上已经建立的机构知识库实际情况来看，虽然也有个别机构将机构行政管理文件列入知识库预收录范围之内，但是绝大多数机构知识库内容都是由机构成员创造的与教学和科研或与二者密切相关的智力成果，包括论文预印本、经过同行评议发表后的论文后印本、会议报告与论文、著作与教材或其中的某一章节、学位论文、技术报告、教学资料等，学术性较强。机构行政管理文件以及档案文件是一个机构发展历史轨迹的呈现，应该保存在机构档案馆内，同时机构知识库内容不像学科知识库以及其他某一领域的主题知识库那样具有收集内容范围的局限性。学科知识库以学科为主线，以学科分类为基础，对某个学科领域内各种类型的资源进行收集、存储、索引，以实现这些资源的共享和利用。而机构知识库是建立在一个或多个机构基础之上的，由于高校与科研院所基本都是综合性教育与研究单位，包含的学科范围比较广泛，不仅仅包括人文社会科学类学科，还包括物理化学以及计算机等理工类学科，因此机构知识库收集的内容横跨多个学科领域，具有很强的学科领域包容性。从某种意义上理解，机构知识库缘于学科覆盖范围的广泛，更像是学术研究领域的百科全书，代表了全部的学术研究领域，尤其是基于研究机构建立的知识库。

2. 功能

机构知识库的功能有以下几点：

（1）资源的收集、整理描述、永久保存和存储功能。学术机构知识库收集数字资源，并通过数字技术对知识资源进行描述和整理，供科研人员使用，并对机构成员的智力成果进行永久保存和存储。

（2）信息检索、知识传播和共享利用功能。学术机构知识库遵从 OAI-PMH，进行互操作检索，从而达到交流传播学术信息和知识共享的目的。

（3）知识管理和科研评价功能。学术机构知识库可以把分散的学术信息资源进行集中并通过数字技术把不同格式的数据加工整理，挖掘隐性知识，使其显性化。同时对所收集的信息资源进行质量控制和科研评价，提高学术机构知识库内容质量和机构声望。

（4）开放获取功能。学术机构知识库是开放获取运动重要的产物，通过建立信息共享和利用机制，开放学术信息资源，可以加强不同科研院所之间的学术交流与信息共享，降低信息利用成本，提高机构核心竞争力。

三、机构知识库共享原则

机构知识库共享是资源、技术与人力的统一体，即必须由机构成员向机构知识库系统提交智力成果，由管理人员制定存储保管规划通过技术进行管理，同时遵循一定的操作标准，提供给用户使用。因此，为了协调三方参与因素的关系，保证机构知识库共享体系有效运行，必须明确机构知识库共享原则。

1. 标准化原则

标准化原则是机构知识库共享机制运行中遵循的首要原则。如果机构知识库建设脱离了标准化，就无异于数字化资源建设早期阶段"以己为政"现象的再现，很难形成一个统一的共享体系。根据中国标准化协会的定义，所谓标准，是指在一定范围内获得最佳秩序，对活动或其结果规定共同和重复使用的规则、原则或特性的文件。所谓标准化，是指为在一定范围内获得最佳秩序，对实际的或潜在的问题制定共同和重复使用的规则的活动。它包括制定、发布及实施标准的过程。标准化的重要意义是改进产品、过程和服务的适用性，防止贸易壁垒，促进技术合作。标准化的实质和目的是通过制定、发布和实施标准，达到统一，获得最佳秩序和社会效益。对于机构知识库共享来说，标准化主要是信息资源数字化格式标准、质量标准以及获取技术接口等通用标准，只有遵循不同层次的标准，才能将机构知识库之间以及机构知识库与其他数字资源存储系统之间形成一个互联的共享网络体系，实现信息资源交流与兼容。

2. 可操作性原则

机构知识库共享旨在推进科学信息共享，使之回归社会。机构知识库共享必须是各参与主体在符合时代技术发展的前提下平等参与。机构知识库为信息资源共享提供了一个平台，这个平台为各个参与主体提供了一套模式化的共享方式与共享协议。因此，机构知识库制定的保存规划、各项标准、系统运行以及共享统一标准等都必须具有一定的可操作性，根据各个学科分类的具体情况进行制定与采纳，并且随着技术发展与信息资源的繁衍而具有提升的空间。如果机构知识库共享中涉及的各项因素缺乏可操作性，注定只能是一个"空中楼阁"，虚无缥缈，无法应用到实践中，没有生存的价值，必将被数字信息资源建设体系所淘汰。

3. 系统性原则

机构知识库共享机制运行不仅仅要求其可以提供统一的标准接口，使用户可以在统一界面进行搜索，而且必须能够保证系统存储资源的长期存取性、科学性以及开放性。也就是说，机构知识库共享以系统性为指导，首先必须能够在长期存取框架下，实现资源的存储与管理，这是机构知识库共享的前提，其次才能在科学长期保存资源的基础上提供开放获取利用，实现共享。

4. 可持续性原则

可持续性原则源于第 38 届联合国大会提出的"持续发展"。第 38 届联合国大会提出的"持续发展"是 21 世纪不论发达国家还是发展中国家正确处理与协调人口、资源、环境、经济相互关系的共同发展战略，是人类求得生存和发展的唯一选择。从机构知识库共享角度看，所谓可持续性原则，是指机构知识库资源共享不是一个即时性的理念，而是一个长期可持续发展的理念。机构知识库作为机构成员智力成果与科学信息的保存基地，遵循共享理念，以可持续发展为指导，必须是一个具有长期可存取性的系统，使信息资源长期稳定性得到保证。

四、著名机构知识库简介

经过了十多年的发展，机构知识库已经遍布全球，欧洲、美国、日本等科技水平较高、智慧成果产出量较大、世界知名大学或研究机构分布广泛的国家或地区，机构知识库的部署也十分密集。截至 2016 年 6 月，在 OpenDOAR（Directory of Open Access Repositories, http://www.opendoar.org/）上注册的机构知识库已有 3090 个（尚有很大数量的机构知识库已经投入使用但并未注册）。

1. 国外著名机构知识库举例

（1）美国加州大学机构知识库（http://escholarship.org/）。美国加州大学机构知识库又叫 eScholarship，它的主页如图 9-1 所示。它起源于 2002 年美国加州大学图书馆开始实施的一个名为"E-scholarship"的计划。eScholarship 提供了一套开放的学术出版服务和研究工具，该校的教授和学生都可以将他们的期刊文章、研究论文、技术报告、研究成果存入数据库里。eScholarship 包括图书、期刊、工作底稿、会议文献，它不仅发布这些原始学术工作动态资源，还为全世界的学者提供免费检索服务。eScholarship 还提供预印本和已经出版文献的存储和传播服务。

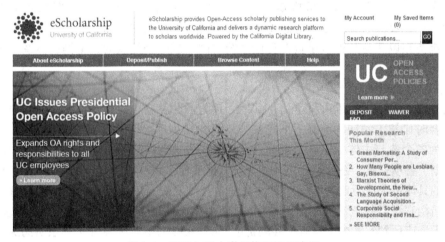

图 9-1 美国加州大学机构知识库主页

（2）美国麻省理工学院（MIT）机构知识库（https://dspace.mit.edu/）。机构知识库的内容规模以及存储内容对象的类型和质量很大程度上可以反映一个学术机构知识库的发展情况。目前 MIT 机构知识库条目总数为 8 万多条，数据类型包括文档（包括论文预印本、工作文档、技术报告或参考资料）、图书、学位论文、数据集、计算机程序、可视化/仿真或其他模型、多媒体出版社、书目记录集、图像、音频文件、视频文件、学习对象和 Web 网页等，其内容按照社群/集合、出版日期、作者、篇名及主题形式进行组织。MIT 机构知识库中有一个重要的也是最大的数据集（Community）是 MIT Theses，已收录了 4 万多篇论文。MIT 机构知识库中所有条目对其成员都可以免费检索，并且鼓励对所有人免费提供检索，如果不能对所有人免费，也建议在一个有限的时间段限制检索，之后向所有人开放。其主页如图 9-2 所示。

图 9-2 MIT 机构知识库主页

(3) 英国南安普敦大学机构知识库（http://eprints.soton.ac.uk/）。英国南安普敦大学是英国研究水平排名前十位的大学之一。它的机构知识库叫 ePrint Soton，是 2003 年建立的机构知识库。

它包含期刊文章、书籍、博士学位论文、会议论文、数据、报告、工作底稿、艺术展览和其他一些资源。南安普敦大学有一个政策，即所有研究都记录在 ePrint Soton 上，自 2008 年以来所有博士和硕士论文也被保存在平台上。ePrint Soton 促进全球研究资源的共享，在可能的情况下，期刊文章和会议论文集上传到 ePrints Soton 就能让所有人公开免费获取。其主页如图 9-3 所示。

图 9-3 英国南安普敦大学机构知识库主页

2. 国内著名机构知识库举例

国内在机构知识库方面的探索可追溯到教育部 2002 年印发的《普通高等学校图书馆规程（修订）》（现已废止）的规定，图书馆在文献采集中应兼顾纸质文献、电子文献和其他载体文献……注意收藏本校的以及与本校有关的出版物和学术文献。厦门大学于 2005 年着手建设国内首家高校机构知识库，正式拉开了机构知识库在高校建设的序幕。此后，国内的高校机构知识库建设迎来第一波浪潮。根据 2011 年 6 月 CALIS 管理中心联合北大图书馆开展的 IR 建设现状调研，这一阶段的大部分高校机构知识库建设是出于保存、展示本校学术成果以及基于长期保存的考虑，但也有少部分学校坦言是因为受到建设机构知识库热潮的影响。CALIS 于 2011 年 8 月正式启动的 CALIS IR 三期机构知识库项目，推动了机构知识的建设。目前国内较好的机构知识库是中国科学院文献情报中心机构知识库系统和包括厦门大学学术典藏库、清华大学机构知识库等在内的 CALIS IR 系统。下面分别介绍这几个机构知识库。

(1) 中国科学院文献情报中心机构知识库（简称为 NSL-IR，http://ir.las.ac.cn/）。它的主页如图 9-4 所示。该知识库系统建设自 2007 年起步开始，它以发展机构知识能力和知识管理能力为目标，快速实现对本机构知识资产的收集、长期保存、合理传播利用，积极建设对知识内容进行捕获、转化、传播、利用和审计的能力，逐步建设包括知识内容分析、关系分析和能力审计在内的知识服务能力，开展综合知识管理。经过十年的发展、完善和推广,目前下属的大部分研究所已用机构知识库替代并升级了传统的科研成果管理系统,并成为研究所知识资产统一采集、集中展示、长期保存和开放共享的管理平台。该知识库的内容存缴责任人为中国科学院文献情报中心全体员工,包括中国科学院文献情报中心全体职工、学生、直接合作者及其他合作者;存缴的文献类型包括正式发表的研究论文、中国科学院文献情报中心出版物、课题作品、专著、其他学术作品。所有内容都可以免费得到全文。

图 9-4　NSL-IR 的主页

（2）厦门大学学术典藏库（Xiamen University Institutional Repository,简称 XMUIR,http://dspace.xmu.edu.cn/dspace）。它是由厦门大学图书馆于 2005 年开始规划部署,于 2006 年 8 月正式对外开放服务的学术研究型数据库,是主要用来长期存储和展示厦门大学师生具有较高学术价值的数字化的学术著作、期刊论文、会议论文、学位论文、专利、工作文稿、研究报告,以及重要学术活动的演示文稿等的学术信息交流共享平台,同时也是厦门大学进行学术研究的公共学术基础设施。此平台长期保存厦门大学师生数字化学术成果;集中展示厦门大学学术成果,提升学校和师生的学术声誉;增加学术成果传播途径,提高学术成果可见度,加快学术成果的转化与利用;促进学术交流和知识共享,推动知识开放获取运动。

XMUIR 作为我国首批建成的高校机构知识库,在尊重知识产权和作者权益的基础上,一贯坚持知识内容的开放获取,促进知识交流与共享,影响甚广,在西班牙网络计量学实验室（Cybermetrics Lab）推出的世界机构知识库排名中长期居于前列。厦门大学学术典藏库首页如图 9-5 所示。

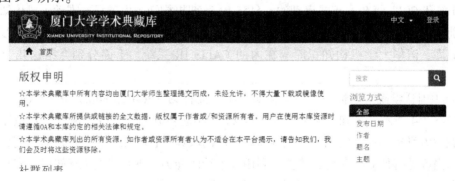

图 9-5　厦门大学学术典藏库首页

（3）清华大学机构知识库（http://oaps.lib.tsinghua.edu.cn/）。作为 CALIS IR 三期项目规划的示范库，清华大学机构知识库是高校机构知识库中的"明星"。清华大学机构知识库第一阶段的建设始于 2005 年年底清华大学学生优秀作品（Outstanding Academic Papers by Students，OAPS）数据库建设，清华大学图书馆对机构知识库平台软件 DSpace 进行本地化处理后，对软件运行的工作流程和机制进行探索，建立了一个有效展示清华大学学生（尤其是本科生）优秀成果的平台。此外，还通过制定灵活的权限分配策略，吸引更多数量的用户人群来使用，并建立 OAPS 成员单位（联盟库、成员子库等）。第二阶段建设从 2008 年年底开始，清华大学图书馆重新整合 DSpace 系统的资源组织框架，优化了之前的平台工作模块，利用 OAIPMH 对 OAPS 各成员子库的数据内容进行收割，建立 OAPS 联合网站，并面向全世界提供开放检索服务。这一阶段的成功部署实现了机构库内容量大规模的提升，也极大地提高了该库的影响力。经过前两个阶段的探索，清华大学机构知识库获得了校内师生的充分认可。第三阶段是清华大学机构知识库中心平台的建设。这一阶段清华大学图书馆在调研的基础上对平台软件进行了深度开发，升级并集成了 DSpace 软件的全部功能模块，扩展资源识别类型、挖掘软件功能、提升用户体验，并最终在各个院系成功推广普及，成为校内师生知识管理和创新、成果展示与保存的重要平台。清华大学机构知识库主页如图 9-6 所示。

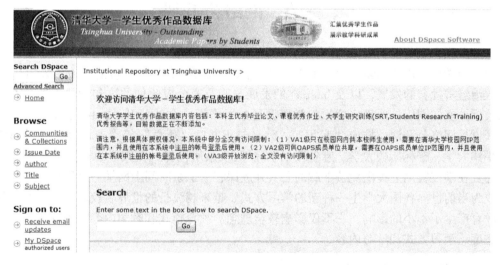

图 9-6 清华大学机构知识库主页

（4）香港科技大学图书馆 DSpace（http://repository.ust.hk/dspace）。香港科技大学图书馆知识库是由香港科技大学图书馆用 DSpace 软件开发的一个数字化学术成果存储与交流知识库，收有由该校教学科研人员和博士生提交的论文（包括已发表和待发表）、会议论文、预印本、博士学位论文、研究与技术报告、工作论文和演示稿全文等。浏览方式有：按院、系、机构（Communities & Collections）；按题名（Titles）；按作者（Authors）；按提交时间（By Date）。检索途径有任意字段、作者、题名、关键词、文摘、标识符等。图 9-7 是它的检索界面。

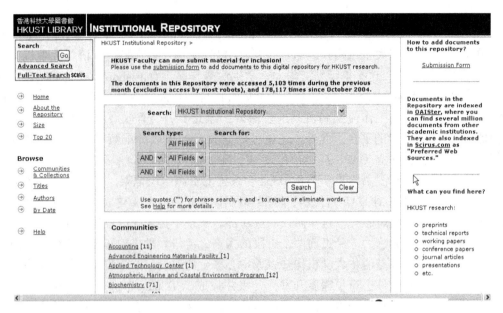

图 9-7 香港科技大学图书馆 DSpace 检索界面

第三节 网络公开课

普林斯顿大学前校长威廉·鲍恩（William Bowen）曾说过："越来越多的大学，包括那些最顶尖的学校，正使用新技术让世界进入它们的'辖区'，再也不可能紧锁'大门'了。"世界政治经济社会的发展，以及 Internet 的发展与普及充分应验他的这句话的，目前不仅许多高校拆掉实体围墙，而且将虚拟教学资源通过网络面向全球公开。2010 年春季，哈佛大学首开世界网络公开课，推出"幸福""公平与正义""死亡"等专业课程，此后耶鲁大学、牛津大学、普林斯顿大学、麻省理工学院等 50 余所世界一流大学也开始推行网络公开课，并且在学校官网上提供免费下载的公共开放课程。课余时间上网学习世界名校的公开课已经成为当前世界各国大学生一种新的学习方式。越来越流行的世界名校网络公开课对我国高等教育产生了不小的影响，它不仅影响教学理念、教育模式和教学内容，也改变了学生的学习态度、学习方式和学习内容。

一、网络公开课的概念

公开课就是对他人公开的课。追本溯源，公开课的"祖宗"叫观摩课。《礼记·学记》中说："相观而善之谓摩。"公开课以研讨为目的。"彼此参观，相互学习"是公开课的宗旨。公开课泛指开放课堂，同事、同行、家长、领导或专家等进入课堂听课；特指有组织的、有一定规模的、有特别准备的课堂，它主要包括示范型公开课、研究型公开课、竞赛型公开课三种类型。欧美国家对于公开课的理解与我国稍有不同，这类国家教育界关于公开课的主要观点是：站在授课教师和学生的立场上，把公开课的重点定位在"课"上，强调"公开"只是与平时的校内课程开展形式上不同而已。因此公开课可定义为：对包括同行教师和所有学生及其以外的所有社会人士开放的课程。以人为本、大众化、公开化是公开课的基本特征。

网络公开课是以网络为主要媒介进行传播和共享的公开课,以使更多人能够通过网络平台共享全球优质的公开教育课程。"因此,对网络公开课的管理改变了传统的面对面直接管理方式,而是通过计算机和网络的操作来实现管理",这是网络公开课与传统授课模式本质的区别。

网络公开课最初主要是由哈佛大学、麻省理工学院、耶鲁大学等世界一流名校推出的以教育资源共享为主要目的、在网络上公开宣传的优质大学课程。在遵守知识共享许可协议的前提下,学校通过网络向社会免费开放某门学科的教学内容及实施的教学活动总和的数字化教育资源,其中至少包括课程大纲、课程日历、讲授笔记等类似内容的一整套完整课堂教学中使用的课程资源。

由于网络的便捷、快速、信息丰富等特点,网络公开课的效果十分明显,影响范围十分广泛,成为新潮、便捷的一种公开课方式和教育途径。

二、网络公开课的社会意义

1. 学校影响力方面

网络公开课的关注群体远不限于大学生和教师,同时还有很多初高中生和各类社会人员。大众通过网络公开课进一步了解学校相关的专业课程内容、研究领域及学术前沿,这是学校的名片。优质的网络公开课有利于提高学校的知名度和荣誉,吸引学生和家长的关注,使学生在未入学时便对学校和专业有所了解,能够间接起到招生宣传的作用。

对于初高中学生来讲,也能够使其通过提前学习大学课程来培养自己的兴趣爱好,开阔视野和知识领域,明确专业喜好以及人生规划,理智报考学校和专业。

2. 人才培养方面

人才培养是高等教育的一个重要方面,其中包括课堂教学、教育实践、国际交流等主要形式。网络公开课对这几种形式都有着深刻的影响,能直接促进高等教育的发展与进步。对大学生们而言,公开课的兴起不仅使大学生有机会接触到所学学科领域前沿问题,扩大知识领域,更能使那些怀揣国际名校梦想的学子领略名校课堂与名师风范。

(1) 课堂实录。网络公开课在真实的、具有师生互动的教学环境里拍摄,教师在真实的课堂授课,面对真实的学生,随时应对真实的教学问题,完全真实地记录现场授课。网络公开课可以随时随地、随心随意地进行学习,比课堂教学更具吸引力和影响力。另外,在教师中这也相当于引入了竞争机制,能够促使老师优化教学内容和方法,提高教育、教学质量。面对丰富的世界名校网络公开课资源,教师可以充分利用这些材料加以理解、吸收和总结,结合教育教学的实际情况进行反思,从中吸取养分,实现自我提升。同时网络公开课也能够激发学生兴趣,调动学生的学习积极性,拓宽学生获取知识的多元化渠道。

(2) 教育实践。目前,国外的网络公开课完全公开、免费,不以赚取经济利益为目的,其资金支持大部分来源于基金会,而制作者大部分是学校内部教师和学生自发形成的团队。因此,网络公开课的拍摄、制作、研发、推广、宣传等诸多环节能够产生很多学生实践机会,如教育学学生进行课程开发,设计专业的学生可进行拍摄和制作,计算机、信息技术专业的学生可负责科技研发等。这样能够在实践中锻炼学生的专业学习和实践能力,不仅避免了学生死读书、读死书的问题,还能够提升学生踏入社会工作时的自信心和竞争力。

(3) 国际交流。知识无国界，教育也必然要走向全球化，这是不可扭转的历史发展趋势。而高校教师和大学生的国际化交流是教育全球化的表现。高校教师面临着知识更新换代和提高语言技能的压力，大多数教师只能通过在职学习来实现自我培训和发展；而大学生通过国外交流项目出国学习的名额少之又少。因此，教师和学生的国际化交流十分有限。通过全球网络公开课，教师和学生能够在网上学习国外最前沿的知识，了解最新的国际研究动向，在此基础上能够与国外学者或学生开展更加深入的交流与学习。

3. 社会需求方面

现在是一个技术革新及社会结构发生急剧变化的时代。这一巨大变化不仅表现在生产、流通、消费等领域的经济结构、过程及功能方面，甚至还影响到日常生活方面。人们面对的是全新的和不断变化发展的职业、家庭和社会生活。若要与之适应，人们就必须用新的知识、技能和观念来武装自己。因此终身教育的理念深入每个人的人心，每个人都需要人性的、社会的、职业的不断学习的过程。而网络公开课无疑给社会各种行业、各个阶层、各种地域的有学习需求的人们带来了福音。已经大学毕业参加工作的人士能够通过网络公开课进行学习，不断对自己的知识进行更新和增值；没有接受过高等教育的社会人士也能够学习感兴趣的网络公开课，提升自己的知识素养，这是长期的全民教育，是从精英教育到大众化教育的进一步普及和推广。

网络公开课是高校教学科研的产物。它直接作为一种公益产品进入市场，没有学术准入门槛，能够产生不可预估的市场需求、影响力和社会效益。例如，美国约翰·霍普金斯大学意识到，公共卫生知识的需求激增，但是只有极少数人能够进入约翰·霍普金斯大学就读。为了消除这种不公平，约翰·霍普金斯大学公共安全学院加入了麻省理工学院的公开课程活动，以发布和免费共享他们的成果、前沿知识，包括青少年健康、行为和健康、生物统计学、环境、一般公共卫生、卫生政策、预防伤害、母亲和儿童健康、心理卫生、营养、人口科学、公共卫生准备和难民卫生等。

三、网络公开课的发展情况

网络公开课在教育领域的成功并非一蹴而就，它经历了一个循序渐进的发展过程。

1. 国外发展情况

2001年，美国麻省理工学院启动开放课程的计划（Open Course Ware，OCW），向社会公布其从本科生到研究生教育的全部课程（约1800门），供全世界免费使用。此举在全世界引起巨大反响。日本、法国、英国等各国高校、国际教育组织纷纷效仿，以各种形式在教育资源开放与共享方面展开实践探索。2005年春，由以麻省理工学院为代表的、致力于以开放课程形式实现教育资源开放共享的大学、国际研究机构和基金会组成开放教育资源共享联盟。关于课程的开放与共享运动推进实践模式，目前主要有三种形式：独立开发实施自己的开放课程；成立开放课程协作体或联盟，共建共享开放课程；翻译已发布的开放课程资源，并进行教学应用。

在开放课件项目的带动下，一些具有意义的项目在欧洲等世界各地展开，越来越多的教育机构建立起类似项目。其中英国公开大学开放学习项目（OpenLearn）、卡内基·梅隆大学（CMU）开放学习创新项目（Open Learning Initiative，OLI）、莱斯大学 Connexions 项目、美国加州州立大学的 MERLOT 项目都取得了令世界瞩目的成就。

随着合作的扩大与深入，一流高校纷纷开放本校公开课程，并在2010年出现了网络公开课程涌现的巅峰。

2. 国内发展情况

2003年我国教育部启动了"高等学校教学质量和教学改革工程"，其中的"精品课程建设工程"计划在2003～2007年建设1500门国家级精品课程，利用现代化的教育信息技术手段将精品课程上网并免费向社会开放，以实现优质教学资源共享。就目前来看，精品课程评选仍然是我国公开课的主要来源途径之一。精品课程评出了众多优质的教师及课程，对于我国教育发展和资源共享起了重要的作用。但是精品课程的评选也有很多局限，如耗资巨大但效益低下、课程内容形式单一、缺乏学生参与和关注、与教育本质背道而驰等，加之宣传力度不够、资源共享率低，使得大学生对于精品课程了解不深、兴趣不高。

对比国外一流大学的网络公开课能在瞬间风靡中国大地，大学生对"幸福课""公平""死亡"等知名课程耳熟能详，国内公开课推广乏力的情况让很多中国教育界人士反思：这是否将带来中国高等教育的一场改革？

2010年11月，网易启动世界知名高校的视频公开课，整合了全球顶级名校的500多门课程，网友可通过网易免费观看麻省理工、哈佛、耶鲁、牛津、剑桥等高校的网络课程视频，并可以借鉴相关资料进行学习，还可以参与各类讨论交流活动。2011年1月，网易加入国际开放课件联盟（OCWC），成为OCWC在中国的唯一企业联盟成员，并免费共享该组织提供的超过20种语言环境下的14000门课程。

2011年4月上旬，上海复旦大学率先推出了我国国产网络公开课。首位走上复旦大学网络公开课讲坛的是台湾"中研院"副院长、著名历史学者王汎森教授。他的系列讲座《执拗的低音》共分四讲，内容为对一些历史思考方式的反思。这则国内首例的网络公开课受到了教育学者、大学生和众多网友的广泛好评。《中国青年报》社会调查中心通过民意中国网和网易新闻中心对1340人进行的一项调查显示，85.9%的人支持复旦大学开设网络公开课，87.4%的人希望更多的国内名校推出网络公开课，并且52.1%的人有过观看网络公开课的经历。由此可见，强烈的需求必然会催生出更多的国内网络公开课，这是中国教育界的一个大跨步。

四、网络公开课资源简介

（一）国内公开课程平台

1. Coursera（https://www.coursera.org/）

Coursera教育平台所提供的课程包含了国内外145个顶尖大学和机构提供的1416个课程，它是一个全球性的教育平台。它其中涵盖了文科、理科、艺术以及社会科学，覆盖面广，学生的课程选择多。Coursera对所有的人开放并且提供助学金。通过这个教育平台，学生不仅仅可以观看教育视频，还可以参与互动测试，同学之间可以互评作业，也可以与老师和同学交流心得，互相学习，并且在Coursera上可以选择获取课程证书让学习成果获得官方承认。Coursera有四个方面的优势：① 使得在线学习更为有效；② 让学生反复学习和随机测试，使得学生更为坚固地掌握知识；③ 学生作业互评可以更为有效地让学生从他人身上看到自己知识掌握的优缺点；④ 混合式学习可以提高学生学习的趣味性，提高学生的参与度、出勤率和学习成绩。

2. MOOC中国（http://www.mooc.cn/）

MOOC中国也叫慕课中国。它包含了1124个课程，并且在不断地更新中。在它的课程设置里,每一个学生都可以找到自己心仪的课程,它涵盖了传统的文科、理科、艺术的课程,还包含了宗教、环境与地球、医学、建筑、伦理等较为冷门的课程。慕课中国在为广大学生提供在线教育平台的同时,兼顾小众学生的学习需求,它提供给学生平等的学习机会与平台。未来的慕课中国不仅有常规的大学课程,它会让任何机构或任何人都有机会成为老师,传授个人之擅长,无论天文宇宙还是修图理财,抑或插花厨艺。

3. 网易公开课（http://open.163.com/）

网易视频公开课频道推出国内外名校公开课,搭建起强有力的网络视频教学平台,涉及广泛的学科,名校老师认真讲解深度剖析。2010年11月1日,中国领先的门户网站网易推出"全球名校视频公开课项目",首批1200集课程上线,其中有200多集配有中文字幕。网易2011年11月9日宣布旗下网易公开课项目正式推出中国大学视频公开课,这也是继网易公开课上线一周年后,首次大规模地上线国内大学的公开课程。

用户可以在线免费观看来自于哈佛大学等世界级名校的公开课课程,以及可汗学院、TED[一]等教育性组织的精彩视频,内容涵盖人文、社会、艺术、科学、金融等领域。

4. 可汗学院中文版（https://zh-hans.khanacademy.org/）

可汗学院是一个负有使命的组织。作为一个非营利的组织,它的目的是通过给所有人提供免费的世界级教育平台来改善教育。可汗学院的课程设置偏向理科,包含了计算机、数学、物理等,文科和艺术类的课程占少数,但是它具有人性化的设置。除了英文的视频课件库以外的课程,志愿者给它们加上了中文字幕和配音,让学生可以去学习那些很想听,但是由于语言的限制无法学习的外国课程。可汗学院站在学生的角度,尽心尽力地为学生服务。

5. MyOOPS公开式课程（http://www.myoops.org/）

这是来自全球顶尖大学的开放式课程,现在由世界各国的数千名义工和志愿者将之翻译成中文,并提供用户免费使用。

(二) 国外大学公开课程网站

1. 麻省理工学院公开课（http://ocw.mit.edu/courses/）

麻省理工学院是免费开放教育课件的先驱,2016年6月已经把2340门课程的课件都放在网站上,提供课程与作业的PDF格式下载。免费开放教育课件访问者达到20亿人次。它在我国建立了镜像网站,把课程翻译成中文。

2. 卡内基·梅隆大学公开课（http://www.cmu.edu/oli/）

卡内基·梅隆大学公开课针对初入大学的大学生,提供10门学科的课程视频。与其他大学的免费课程一样,非卡内基·梅隆大学的学子也能学习课程,但是为了使学生能够及时了解自己的课程进度,卡内基·梅隆大学建议造访者在网站上注册,建立自己的资料库。这样一来,用户要在有限的时间内完成一门课程,还要参加几次考试,当然,即使用户得了100分,卡内基·梅隆大学也不会给用户开证明,更不会给用户学分。

3. 塔夫茨大学公开课（http://ocw.tufts.edu）

塔夫茨大学也是"开放式教育课程"的先驱之一,初期提供的课程着重在本校专长的生命科学、跨领域方法、国际观点以及对美国地区性、全国性社群服务的基础理论上。

[一] TED是美国的一家私有非营利机构,该机构以它组织的TED大会著称。TED演讲的主旨是:Ideas worth spreading。T即Technology（技术）,E即Entertainment（娱乐）,D即Design（设计）。

4. 英国公开大学公开课（http://openlearn.open.ac.uk/course/index.php）

英国十几所大学联合起来，组建了英国公开大学。有一部分课程是对注册学生开放的，但是有一批很好的课程是免费的，并提供视频。每门课还设立了论坛，在社区中，大家发表意见，提供其他学习资源，互相取经。在这个网站里，最能锻炼自学者的能力，因为你要不停地"淘"，才能找到"宝贝"。

5. 约翰·霍普金斯大学公开课（http://ocw.jhsph.edu/）

只有极少数人能够进入约翰·霍普金斯大学就读，但是，现如今有意愿的人不用花一分钱，便能通过网站获得该校的前沿知识。约翰·霍普金斯大学提供了学校最受欢迎的课程，包括青少年健康、行为和健康、生物统计学、环境、一般公共卫生、卫生政策、预防伤害、母亲和儿童健康、心理卫生、营养、人口科学、公共卫生准备和难民卫生等课程。

6. Connexions（http://cnx.rice.edu）

该平台由莱斯大学开发，号称是课程资源免费共享图书馆。与其他大学不同的是，Connexions邀请教授学者建立自己的社区，把自己的最新成果公布于世，接受大家的评价。可以说Connexions开辟了大学资源共享的新天地，尤其适合自学能力超强的大学生。有些课程有中文版。

7. 索菲亚大学公开课（http://sofia.ocw.cn/gallery）

无论是想当一名管理者、作家、评论员，还是要从事设计和信息技术（IT）业的人，索菲亚大学的免费课程肯定让用户受益匪浅。索菲亚大学提供了8门学科的课程，其中"企业网络安全实战"已翻译成中文。

8. 华盛顿大学公开课（http://www.cs.washington.edu/education/course-webs.html）

华盛顿大学的计算机工程学专业比较强，相关的几百门课程都已经放到网上。不但本科生能找到所需要的课程，连研究生也能淘到宝贝。该网站还提供特色讲座，如妇女、计算机与合作。课程不但提供讲座介绍、课堂笔记，有些课程还提供视频。

9. 其他一些大学公开课程网站

（1）哥伦比亚大学：http://ci.columbia.edu/ci。
（2）伯克利音乐学院：http://www.berkleeshares.com。
（3）英国格雷莎姆学院：http://www.gresham.ac.uk/default.asp。
（4）加州大学Irvine分校：http://ocw.uci.edu。
（5）日本东京大学：http://ocw.u-tokyo.ac.jp/english。
（6）日本早稻田大学：http://www.waseda.jp/ocw/index.html。
（7）日本大阪大学：http://ocw.osaka-u.ac.jp/index.php。
（8）斯坦福大学：http://itunes.stanford.edu。
（9）加州大学伯克利分校：http://itunes.berkeley.edu。

第四节　开放获取数据库

在Internet上，文献的数量不计其数，可供人们检索的各类文献数据库也让人眼花缭乱。其中，大部分很有使用价值的常用学术文献（如期刊论文、会议论文、学位论文）数据库是限权或付费才能使用的，但也有一部分有使用价值的常用文献数据库可免费获取。本节内容主要介绍Internet上可以免费检索使用的数据库，使学术研究者在检索资料时少走弯路，迅速检索到各自所需的学术文献。

一、开放获取数据库的检索特性

（1）提供浏览检索、基本检索和高级检索等多种检索方式，检索层次分明。

（2）检索途径多，一般都提供关键词、题名、著者等多种检索入口，比如 BioMed Central 的高级检索中提供 20 多个检索入口。

（3）支持布尔逻辑运算，除 DOAJ[①]外，其余数据库还支持截词运算、通配符运算等多种检索技术。

（4）检索功能强，大多实现全文检索，只有 DOAJ 的资源编目仅限于期刊题名的水平，检索功能比较薄弱，仅在标有"DOAJ CONTENT"的期刊范围内实现篇目内容检索。HighWire Press 和 BioMed Central 具备跨库检索功能，还可以保存和调用检索策略，BioMed Central 的检索结果可保存至电子邮箱，还可选择邮箱频率，每 7 天、14 天、30 天运行一次，或立即发送，或不发送至邮箱。

（5）检索结果的处理多样化。一是检索结果的显示方式灵活多样，主要体现在：排序方式多样化，除 DOAJ 只能依时间排序外，其余数据库皆提供包括相关性在内的两种以上排序方式；每屏显示记录数的限定，除 DOAJ 每屏只能显示 10 个记录，且只能逐屏翻看，无法跳转，无法标记选中记录外，其余数据库皆可按需限定每屏显示的记录数，标记选中记录并生成新的标记记录列表；BioMed Central 与 Elsevier Science 还可实现屏与屏之间的跳转。二是检索结果可以多种形式输出，如存盘、打印、浏览、发到电子邮箱等，浏览全文通常使用世界通用的阅读格式，如 HTML 格式、PDF 格式等，使用方便。

（6）用户界面友好方便，直观清晰。例如 HighWire Press 以"this article is free"标示可免费获取原文。BioMed Central 对不同获得途径的论文有不同的标志。用蓝色条标示 Open Access 的论文，表示可立刻、永久在线获取；标示蓝色 free 的论文，表明注册用户可免费在线获取；标明 Subscription 的论文，表明论文全文须订购才可获得。数据库的帮助功能和界面的导航功能也比较完善，大多设有专门的功能帮助键，比如 HighWire Press 和 BioMed Central 设有"search tips"等帮助键。

二、开放获取数据库的建设机构

1. 教育机构网站和教育网

例如加州大学的电子学术典藏 eScholarship、俄亥俄州立大学图书馆的 KnowledgeBank、瑞典隆德（Lund）大学图书馆制作的 DOAJ 都是教育机构网站。

2. 科研院所等研究机构网站

例如中国社会科学院世界经济与政治研究所的经济学"经典学术著作"提供经济学经典学术著作全文的在线阅读；美国研究图书馆协会（ARL）建立的学术门户（Scholars Portal Project），提供本馆购买的全文与摘要数据库。类似的机构还有美国计算机协会、欧洲社会科学资料档案协会和我国台湾省动物研究所等。

[①] DOAJ 即 Directory of Open Access Journals 的简写，是个很好的 OA 期刊文献检索系统，但不包括预印本资源。

3. 数字图书馆项目成果

比较著名的数字图书馆项目成果有中国数字图书馆、信息科学与技术数字图书馆（Digital Library of Information Science and Technology，DLIST）、美国全国科学、数学、工程和技术教育数字图书馆、澳大利亚电子人文科学门户等。

4. 出版发行机构网站

例如斯坦福大学图书馆创立的 HighWire Press。

三、开放获取数据库简介

1. 期刊数据库 DOAJ（https://doaj.org/）

DOAJ 是由瑞典隆德大学图书馆创建和维护的开放获取期刊列表，该列表旨在覆盖所有学科、所有语种的高质量的开放获取同行评审刊。截至 2016 年 6 月底，数据库收录 8918 种、129 个国家和地区的 200 多万篇文献。文献主题涵盖农业和食物科学、生物和生命科学、化学、历史和考古学、法律和政治学、语言和文献等 17 学科主题领域。其收录社会科学的期刊较多，将各主题细分后，收录较多的依次是药学、教育、生物学、历史、公共卫生、计算机科学和数学。

2. PLoS Journal（http://www.plos.org）

PLoS 于 2000 年 10 月成立，属非营利性组织出版商，致力于使全球范围内的科技和医学领域的文献成为可以免费获取的公共资源。PLoS 2002 年 11 月成立期刊编辑部，目前出版七种期刊，其中 PLoS Biology 和 PLoS Medicine 除网络版免费检索阅览外，还提供印本。

3. HighWire Press（http://www.highwire.org）

HighWire Press 是由斯坦福大学图书馆创办的，提供在线版本的影响程度高的经同行评审的期刊和其他专业内容。它是 2003 年"非营利出版服务"ALPSP[一]奖的获得者。HighWire Press 的合伙人和有影响力的学术团体、大学出版社、出版商一起建立一个最好的可充分检索的在线临床研究文献库，这些合伙人一起创造了 200 种在科学领域最经常引用的期刊其中的 73 种。HighWire Press 拥有世界上最大的免费生命科学的全文文献。截至 2016 年 6 月，拥有 2434604 种免费全文文献。HighWire Press 在帮助在网络上发布重要科学信息方面已经建立了显著的声誉。

4. BioMed Central（http://www.biomedcentral.com）

BioMed Central（BMC）属独立的非营利性出版机构，致力于提供生物医学文献的开放获取，有 180 余种生物医学开放获取期刊，内容涵盖生物学和医学两大领域，通过同行评审和公众评审来把握期刊的质量，注册用户可以进行检索。

5. 英国物理学会（IOP）全文电子期刊（http://www.iop.org/EJ/）

为服务于作者和国际物理界，在该学会的期刊上发表的文章在出版一个月后可免费在网上阅读。但用户必须首先申请一个免费账号，同时可享受电子邮件通告服务，随时了解所在领域的出版动向。例如其中的《新物理学报》（*New Journal Of Physics*）提供以往各期期刊的免费阅读，有 PDF 和 HTML 两种格式。

[一] ASPLP 为 Association of Learned and Professional Society Publishers 的简写，直译为学术与专业学会出版商协会。

6. ERIC（https://eric.ed.gov/）

通过由美国教育部开发的教育信息资源数据库 ERIC，可以免费检索一些教育研究领域文献的权威的综合数据库。通过"Full text available on ERIC"这个入口可获取免费全文。

7. 国外学位论文查询（http://wwwlib.umi.com/dissertations）

这个网站不仅能提供最近两年的学位论文的文摘免费服务，并且包含丰富的学术期刊。

8. MedLine 数据库（http://www.healthgate.com/）

全世界医学界传为美谈的 MedLine 数据库，是一个著名的医学数据库，涉及医学、护理学、口腔医学等各个临床医疗科学及相关的生物医学领域，每年为全球读者提供 30 余万篇全文免费检索。人们还可以在数据库上购买各种医疗服务及产品。

9. 国家哲学社会科学学术期刊数据库（NSSD）（http://www.nssd.org/）

"国家哲学社会科学学术期刊数据库"，简称"国家期刊库（NSSD）"，是由我国全国哲学社会科学规划领导小组批准建设，中国社会科学院承建的国家级、开放性、公益性哲学社会科学信息平台，具体责任单位为中国社会科学院图书馆（调查与数据信息中心）。作为国家社会科学基金特别委托项目，该数据库于 2012 年 3 月正式启动，系统平台于 2013 年 7 月 16 日上线开通。

国家期刊库旨在建设成为我国国内最大的公益性社会科学精品期刊数据库和最大的社会科学开放获取平台，实现学术资源的开放共享，为学术研究提供有力的基础条件，促进学术成果的社会传播，推动我国哲学社会科学繁荣发展、走向世界。它的目标定位是：公益、开放、协同、权威。

该数据库收录精品学术期刊 600 多种，论文近 300 万篇以及近 67 万位学者、近 1.8 万家研究机构相关信息；包含国家社科基金重点资助期刊 200 种、中国社会科学院主管主办期刊 70 多种、三大评价体系（中国社会科学院、北京大学、南京大学）收录的 500 多种核心期刊，回溯到创刊号期刊 400 多种，最早回溯到 1921 年。它提供人性化、多样化的功能服务，持续推出新功能、新服务，用户可免费在线阅读和全文下载。使用方式为：个人用户注册后在任何地点都可以登录使用；机构用户需签署机构用户授权使用协议，在机构 IP 范围内无须登录，直接使用。

10. 国务院发展研究中心信息网（http://www.drcnet.com.cn）

该网站提供国研视点、宏观经济、区域经济、货币金融、行业经济、企业胜经、专题集粹共七个栏目的免费全文查询、浏览服务，同时针对不同的用户分为党政版、教育版、金融版、企业版四个不同的板块。

11. 中国法律资源网（http://www.lawbase.com.cn）

它不仅可检索以往人大和国务院颁布的任何法律，提供全国税法数据库、高法公报、高法司法文件等数据的免费全文查询和下载，还可以进行法律咨询。

12. 中国科学文献服务系统（http://sciencechina.cn/）

中国科学文献服务系统收录了化学化工、生物、大气等七大类的几百个专业数据库，以及科普博览、营养与健康、科技文献和科技书等六个大类的非专业数据库，其中很多数据库都能进行免费全文检索。

其他开放数据库如下：

（1）Biovisa（http://www.biovisa.net）：收集了 1000 余种生物医学期刊信息。

（2）Bioline International（http://www.bioline.org.br）：提供来自发展中国家开放获取的期刊的全文。

（3）SciELO（http://www.scielo.br）：提供近200种巴西网络版科技期刊，可看到英文文摘，论文全文为葡萄牙语或者英语。

（4）PubMed Central（http://www.pubmedcentral.nih.gov）：生命科学期刊文献全文免费检索系统，共收录100余种期刊。

（5）免费生物医学期刊（http://www.freemedicaljournals.com）：提供400多种期刊，包括9种语言的论文。

第五节 电子印本系统

信息技术飞速发展推动了Internet在世界范围内的快速发展和应用，人们进行知识信息交流的方式、方法和手段也随之有了很大的改观，逐步突破了时空限制，呈现出更加快捷、高效、数字化的特点。人们通过互联网发表、传播、获取及评价信息资源，大大方便了学术交流的开展，但是网络上文章不计其数，哪些是有真正学术价值的？哪些网站可以找到学术知音？哪些网站可以快速发布自己的学术论文、进行同行交流和指导？为了解决这些问题，顺应各研究领域迫切需要将研究成果及时公开共享的需求，在2000年前后，Internet上出现了许多印本系统。

一、电子印本系统的概念

说起电子印本系统，必须从预印本说起。

预印本（Preprint）是具有以下一种或一种以上条目的手稿：

（1）经过复审准予出版的手稿。

（2）以出版为目的已交出版社送审的手稿，而是否予以出版尚未确定。

（3）打算出版，但在送审前，为征求意见而在同行专家间进行传播的手稿。

预印本早期只是一种以邮寄方式交流的论文手稿的影印本，是在小范围内进行交流讨论的信息载体。收录的对象，最初主要是待发表的论文预印本。在计算机技术和网络迅速发展以后，纸质的预印本逐渐被电子预印本替代，并在网络中传播，继而也就出现了专门收集预印本资料的信息系统。并且随着网络的发展，预印本收录范围也扩大到一些已发表（Postprint）论文，包括期刊论文、会议论文、技术报告、图书的部分章节等科技论文类型。英文中现在用"e-Print"兼指"Preprint"和"Postprint"。

因此现在提到的电子印本（e-Print）也就包括了电子预印本和电子印本，主要是指科研工作者的研究成果还未在正式出版物上发表，而出于和同行交流目的自愿先在学术会议上或通过互联网发布的科研论文、科技报告等文章。

电子印本系统是科学交流开放获取运动推荐的一种非正式信息交流系统。它其实就是一种网络公共平台，用户通过注册成为系统用户，登录后将自己创作的学术论文及其相关信息等按照系统规定存入其中，系统对其进行快速的审核，然后将其放入数据库供读者检索利用。电子印本系统提供了一个较之传统出版更为开放、便捷的发布渠道，也可以利用OAI实现系统互操作，向信息增值服务者提供收录电子印本的元数据记录。

欧洲核子研究组织（CERN）图书馆最早开始将预印本资料分类收藏，并建立了CERN Document Server（CDS）系统进行管理。而于1991年在美国洛斯阿拉莫斯（Los Alamos）国家实验室建立的arXiv.org e-Print Archive则最早在Internet中开放使用，目前已成为全球最大的预印本系统。

二、电子印本系统的工作原理及基本类型

1. 工作原理

虽然各种电子印本系统在系统功能、用户管理、资源组织等方面存在着一定的差别，但它们的工作原理却是基本相同的：一般来说，个人、组织或机构按照既定的学术交流目标，利用相关软件，创建印本系统的网站，并在后台建立数据库。用户通过注册成为印本系统用户，登录后将自己创作的学术论文及其相关信息（如元数据等）按照印本系统的规定存入其中。印本系统对用户提交的学术论文进行快速、简单的审核，然后将其放入数据库中供读者检索利用。为了实现各种印本系统之间的互操作，扩大印本的传播范围，目前主要的印本系统都遵循OAI-PMH，通过该协议可为基于OAI的增值信息服务提供者提供元数据记录，因此，通过Google、OAIster等检索工具即可检索到电子印本系统中的各种学术信息资源。

2. 基本类型

按照印本系统的组织者及资源建设原则的不同，可以将印本系统分为以下几类：

（1）个人预印本系统，即由个人创建，只收录创建者本人或被其邀请的人所提交的预印本，通常资源比较少并且内容不固定。

（2）机构预印本系统，该系统由某一个或几个学术机构建立，搜集、组织学术机构（大学、大学共同体）预印本资源，主要目的在于提高学术机构的知名度和影响力。这样的机构有eScholarship Repository、DSpace@ MIT等。

（3）期刊电子印本文库，由期刊创建，并面向全世界收集特定学科、领域的电子印本，其创建既是为方便作者投稿，也是为使稿件得到更公开的审核和评判。例如BBSPrints。

（4）专类电子印本文库，面向全球收录某些文献类型的电子印本，一般关注利用价值较高的学位论文、技术报告、试验数据等。例如NDLTD。

（5）学科预印本系统（Disciplinary e-Print Archive），即面向某一或多个学科，从全球范围内收集预印本，供全世界相关学科领域的学者检索利用。例如arXiv.org、Cogprints等。相对于个人和机构预印本系统，学科预印本系统目前发展更为稳定成熟，影响力更大。

三、电子印本系统特点

与刊物发表的论文以及网页发布的文章比，电子印本系统具有交流速度快、有利于学术争鸣、可靠性高等特点。

1. 多样化的电子印本形式和媒体形态

电子印本的形式可以是论文预印本，也可以是工作论文、会议论文、技术报告、期刊论文；电子印本文件不限于纯文本文件，还可以包括图片、音频、视频、录像。

2. 交流速度快，时效性强

当今科学研究竞争激烈，滞后几个月的成果可能就无太大意义。但科技成果需经出版

物出版才得以交流并获认可，而论文从投稿到发布平均需要 10 个月左右，这一时延严重影响前沿学科的交流。电子印本系统则无时滞问题，它简化了评审机制，评审标准一般很低，而且形式灵活，读者和专业评论人对发布了的电子印本还可以进行评论和建议，相关评审活动可以公开。科研人员一旦有所进展，可即时以预印本形式迅速与同行交流，检验并完善研究成果，又可作为"首先发现"的证明。当然，预印本也可以只在作者和读者之间进行。

3. 开放程度高，有利于学术争鸣

除出版时滞外，还因审核标准、版面等因素的制约，很多有学术水平的文章不能发表。甚至一些有创新思想的研究论文会因学术流派不同，遭"学霸"的排斥而失去争鸣的机会。电子印本系统则采取文责自负的管理原则，只要作者愿意，就可自由发表，为学术上的百花齐放、百家争鸣提供理想的交流场所。已经提交和发布的电子印本还可以被作者不断修改、更新、替换，这样，在论文内容需要微调时，作者可以不必重新创作新的论文，既保证了内容的连续性，又节省了作者的劳动。

4. 稳定性好，可靠性高

相对于其他网络资源，电子印本系统文献的稳定性最好，因为电子印本系统都有专门的机构进行搜集管理，例如 arXiv 和 CDS 等。所以，电子印本系统具有网络信息快捷超前的特点，同时还具有传统出版物管理规范、内容专业的优点。

正因为电子印本系统具有上述优势，近几年随着互联网的高速发展，印本系统在全球科技界的作用及影响与日俱增，既成为学术价值很高的信息资源，又是促进学术交流与发展的极佳媒介。所以国外科研人员一般都很关心代表最新学术进展的印本系统。

四、国内外主要电子印本系统介绍

1. arXiv（http://arxiv.org）

arXiv 是全球知名度最高、最成功的电子印本系统。它涉及的学科包括物理学、数学、非线性科学、计算机科学、定量生物学、定量金融学和统计学七个领域。截止到 2016 年 6 月 13 日，arXiv 收录论文总量为 1155466 篇。2015 年总下载量达到 1.39 亿篇。

arXiv 是一个对研究论文高度自动化地电子归档和发布的服务网站。它由美国国家科学基金会和美国能源部资助，是于 1991 年 8 月由美国洛斯阿拉莫斯国家实验室建立的预印本系统。目前，arXiv 由美国康奈尔大学维护和管理，并由该大学和美国国家科学基金会共同提供经费支持。

arXiv 收录上述七个学科的预印本之外，还收录美国物理协会（American Physical Society）、英国物理学会（Institute of Physics，IOP）等的 12 种电子期刊全文，但不包括非学术性信息，如新闻或政策性文章等。

用户可以通过 Web 界面从 arXiv 检索论文。注册作者可能使用 Web 接口提交他们的文章。作者也可以更新他们提交的论文，以前的版本仍然保存可用。如果用户设置了 RSS 订阅，通过网络接口，可以通过订阅系统接收感兴趣领域的文章。

arXiv 是建立最早、规模最大、建设最成功的预印本系统，是其他学科型预印本系统的典范。

2. Cogprints 系统（http://cogprints.org/）

Cogprints 是由南安普顿大学电子和计算机学系于 1997 年创办的认知科学的预印本系统，主要收录心理学、神经科学、语言学、计算机科学、哲学、医学、人类学以及与认知学研究相关的社会学、物理和数学等方面的文章。除预印本外，Cogprints 还收录少量的图书章节、期刊文章、会议录和学位论文等。该系统到目前为止共有 4198 篇文章（2016 年 6 月 13 日统计）。

3. RePEc 系统（http://repec.org/）

RePEc（Research Papers in Economics）是由分布在全球 87 个国家的几百个自愿者建立的一个公共的经济类数据库，旨在促进经济学以及相关学科的学术交流，提高经济学研究水平。RePEc 收录的资源类型丰富，既包含预印本，也包含研究报告、会议录、期刊论文、图书章节等。RePEc 是一个分布式的预印本系统，所有的文章都存储在不同地点的分布式数据库中。到目前为止 RePEc 共有 200 万条记录。该系统向任何个人和组织开放，全部资料均可免费访问。

4. 中国预印本服务系统（http://prep.istic.ac.cn/main.html?action=index）

中国预印本服务系统是由中国科学技术信息研究所与国家科技图书文献中心联合建设的，以提供预印本文献资源服务为主要目的的实时学术交流系统。该系统由国内预印本服务子系统和国外预印本门户（SINDAP）子系统构成。国内预印本服务子系统主要收藏的是国内科技工作者自由提交的预印本文章。SINDAP 由中国科学技术信息研究所与丹麦技术知识中心合作开发完成，目前含有预印本二次文献记录 80 万条。

该系统是集国内预印本文献上下载和国外预印本文献下载两项功能于一体、面向全国科技界用户的预印本服务平台。其特点如下：① 其收录文献范围广泛：国内预印本服务子系统是一个综合性预印本系统，基本覆盖了所有学科；SINDAP 则实现了全球 17 个知名预印本文献资源的一站式检索。② 审核简单，中国预印本服务系统对文章不进行学术审核，只要论文遵守国家政策法规、符合系统格式、属于学术探讨即可提交给系统，加快了学术交流的速度，避免了由于学术意见不一致等原因造成某些学术观点不能公之于众的遗憾。但这种特点同时也导致了系统内论文学术质量的不可控制性，造成系统内论文质量参差不齐。③ 提供个性化服务，允许注册用户进行个性定制。④ 该系统充分发挥网络的优势，提供用户发表评论的功能，促进了学者之间的交流互动。

5. 中国科技论文在线（http://www.paper.edu.cn）

中国科技论文在线是经教育部批准，由教育部科技发展中心主办，针对科研人员普遍反映的论文发表困难，学术交流渠道窄，不利于科研成果快速、高效地转化为现实生产力等问题而创建的科技论文网站。

中国科技论文在线利用现代信息技术手段，打破传统出版物的概念，免去传统的评审、修改、编辑、印刷等程序，给科研人员提供一个方便、快捷的交流平台，提供及时发表成果和新观点的有效渠道，从而使新成果得到及时推广，科研创新思想得到及时交流。

根据文责自负的原则，作者所投论文遵守国家相关法律，为学术范围内的讨论，有一定的学术水平，基本理论正确，且符合中国科技论文在线的基本投稿要求，一般可在 7 个工作日内发布。中国科技论文在线所发表论文的版权归作者本人所有。

中国科技论文在线可为在其网站发表论文的作者提供该论文发表时间的证明，并允许作者同时向其他专业学术刊物投稿，以使科研人员新颖的学术观点、创新思想和技术成果能够尽快对外发布，并保护原创作者的知识产权。

截止到2016年6月12日，该网站存有首发论文89175篇、优秀学者论文92551篇、自荐学者论文31268篇、科技期刊1271943篇。

中国科技论文在线注重论文的学术质量，成立了由35名中国科学院院士和中国工程院院士组成的顾问委员会提供学术指导，主要负责审查、编辑和发表上传最新的论文。同时，采取"先公开、后评审"的方式，聘请同行专家对在线发表的论文进行评审；强调学术规范，中国科技论文在线提出了《中国科技论文在线学术监督管理办法》，明确规定作者必须遵循的学术道德，对违反者给予严厉惩罚。同时，该系统采取作者自愿提交和行政干预相结合的方式收集资源，也在一定程度上保证了资源的数量。

第六节 其他免费网络学术资源

免费网络学术资源是一种非常重要的无形资产。随着互联网的飞速发展，网上的免费学术资源也越来越丰富，通过互联网进行免费学术资源的检索和利用也越来越普遍。除了上面几节介绍的一些免费学术资源外，还有一些免费的资源也是人们经常使用的信息资源。下面就介绍一些重要的网络会议文献、标准文献、专利文献、科技报告资源。

一、会议文献

专门提供会议文献全文的一般都是商业数据库。国内有CALIS、NSTL、CNKI、万方等公司。国外有：① IEEE/IET Electronic Library（IEL），该数据库由IEEE和IET出版，包含8000多种会议录；② SPIE Digital Library，该数据库由国际光学工程学会（SPIE）出版，收录5000多卷的会议论文；③ 另外还有美国土木工程师学会在线会议录数据库（ASCE Conference Proceedings）、美国物理研究所（American Institute of Physics，AIP）会议录数据库、美国计算机协会（Association for Computing Machinery，ACM）会议录数据库等会议全文数据库。用户需要会议文献全文要到所在高校图书馆检索或者直接通过互联网付费使用。在这里主要介绍国内外学术会议的报道信息，为读者参会提供参考。这些会议报道网站专门致力于收集各类会议信息及其文献并提供免费服务。它们提供的会议相关信息非常丰富，既有会议本身的会议预告、会议日程、会议视频点播，也提供会议目录甚至全文。

1. 国内会议资源

（1）中国学术会议在线（http://www.meeting.edu.cn）。中国学术会议在线是我国教育部科技发展中心举办的，该网站内容包括会议新闻、会议评述、会议预告、会议回顾、报告视频、会议论文、精品会议、特邀报告、经验交流、讲座平台。目前，该站可以查到国内举办的主要学术会议信息，包括会议预告、会议网址、会议背景介绍、会议直播、往届会议回顾等内容，可全方面地了解这些会议的举办情况。2011年开始推出高校学术讲座交流平台，促进高校间学术资源共享，并引入用户评价机制，参会用户可对学术会议进行评价，如办会方诚信、会议学术水平，为后来参会者提供参考，促进提高办会水平。中国学术会议在线保存了许多视频资料，点播这些视频无须另外下载插件，直接点击播放。

（2）中国学术会议网（http://conf.cnki.net）。"中国学术会议网"由CNKI主办，是在深刻理解国内外学术会议举办流程的基础上，专为会议主办方、作者、参会者设计并开发的网络化学术会议服务平台。

截止到2016年6月20日,中国学术会议网已收录20945个会议信息,200个会议未召开,提供所有会议的详细资讯。参会者可在该网站搜索所关注的会议,并可直接在网站进行投稿、注册参会。

(3) 重庆维普会议展览(http://expo.cqvip.com)。重庆维普会议展览提供近期在我国将要召开的一些重要的大型国际会议,并指明参会论文有机会发表,并提供可能发表刊物的名称。

(4) 西安交通大学学术会议在线(http://meeting.xjtu.edu.cn)。西安交通大学学术会议在线是中国学术会议西北工作站。它提供会议(包括国际会议)预告、会议视频、学术视频、网络公开课、学术沙龙等内容。

(5) 中国会议网(http://www.meeting163.com)。中国会议网为学术会议、行业会议、论坛峰会等各类会议提供中英文会议网站,是在线注册参会、会议营销、会务信息管理、稿件管理及会服单位交互参与的一站式办会平台。

(6) 中国会议网(http://www.chinameeting.cn 或者 http://www.chinameeting.com)。由北京金谷田经济顾问有限公司主办,创立于1999年,是国内最早专门针对会议产业的资讯服务平台。多年来,中国会议网"会集天下",致力于为社会提供各行各业、丰富多彩的第一手会议资讯。该网站发布国内召开的各种会议、展览、培训信息以及国际性会展消息,并提供参展、参会和培训的网上报名。

2. 国外会议资源

(1) 技术会议信息中心(Calendar of Upcoming Technical Conferences, http://www.techexpo.com/events)。该网站公布世界范围内即将召开的高科技领域国际会议,可以用主题词、地点、会议名称、主办者等信息进行检索,获取会议的主题、日程安排、会议论文征集等信息,也可以在此发布自己的会议信息。

(2) 国际标准化组织(ISO)的标准化会议预告(ISO Meeting Calendar, http://www.iso.org/iso/standardsdevelopment/technicalcommittees/meetingcalendar.htm)。它提供了即将召开的国际标准化会议的具体时间、地点、内容等信息。

(3) 会议与活动预告(Conferences & Events, http://scientific.thomson.com/news/events)。由Thomson Reuters提供有关近期召开的各类会议的信息。

(4) 生物科学与医学方面的会议(Meetings in Bioscience and Medicine, http://hum-molgen.org/meetings/meetings)。此网站给出了将在未来一年半内召开的生物科学与医学方面的国际会议的预告。

(5) American Chemical Society(http://www.acs.org)。该网站是美国化学学会(ACS)的网站,提供由ACS主办的全国性和区域性会议的情况,并发布最新的会议信息。

二、标准文献

很多标准可以通过网络查找,但大部分都收费,用户想获得免费的标准文献,除登录国家标准化管理委员会(http://www.sac.gov.cn/)、中国标准化研究院(http://www.cnis.gov.cn/)等以外,还可以直接登录国家标准频道(http://www.chinagb.org/)等网站查找免费的标准信息。

国外免费标准查找可以直接登录国际标准化组织 ISO（http://www.iso.org/iso/home.html）、国际电工委员会（IEC）（http://www.iec.ch/）等免费网站检索。

1. 中国标准服务网（http://www.cssn.net.cn）

中国标准服务网（China Standard Service Network）的简称是 CSSN。中国标准服务网创建于 1998 年，并于在 2004 年 5 月进行改版，推出了新的中国标准服务网，新版同旧版相比增加了可阅性的新闻、标准公告、参考资料、标准图书介绍等，提高了标准服务网的适用性。

从服务功能上讲，过去的单一检索转变为多功能检索、委托查询、会员账务管理、授权标准远程下载等；从数据库种类上讲，在原来 12 个库的基础上增加了 70 多个行业电子资源库和部分地方标准数据库、法规数据库。

该网由中国标准化研究院国家标准馆主办，是国家级标准信息服务门户，提供标准查询、标准服务、标准出版物、标准化与质量论坛、WTO/TBT 中国技术法规、地方标准等标准服务。标准信息主要依托于国家标准化管理委员会、中国标准化研究院国家标准馆及院属科研部门、地方标准化研究院（所）及国内外相关标准化机构。国外标准数据从国外标准组织获取，更新数据及时，确保信息的完整性、权威性和时效性。包括中国国家标准、国际标准、发达国家的标准数据库等 15 种。标准数据库有多项可供查询的数据，如标准号、主题词、国际标准分类号、采用关系等。

2. ISO 在线（http://www.iso.org/iso/home.html）

在该网站上检索可获得的信息包括 IEC 标准号、版次、语种、题名、出版日期、委员会编号、页数、尺寸、载体形式、价格及其代码、文摘和 ICS 号（International Classification for Standards，国际标准分类号），可通过 IEC 的国家委员会和在各国的销售代理获取标准全文。该网站也提供了 IEC 的国家委员会和在各国的销售代理的邮政地址、电子邮箱等信息。截止到 2015 年年底，ISO 网站有 21133 种国际标准和标准文献。

三、专利文献

专利文献信息具体包括技术信息、法律信息、经济信息、著录信息、战略信息。专利检索的目的有以下几种：① 同族专利检索，即对一项专利或专利申请在其他国家申请专利并被公布等有关情况进行的检索，该检索的目的是找出该专利或专利申请在其他国家公布的文献（专利）号。② 法律状态检索，即对专利的时间性和地域性进行的检索，又分为专利有效性检索和专利地域性检索。专利有效性检索是指对一项专利或专利申请当前所处的状态进行的检索，其目的是了解该项专利是否有效；专利地域性检索是指对一项发明创造都在哪些国家和地区申请了专利进行的检索，其目的是确定该项专利申请的国家范围。③ 被动侵权检索，即被别人指控侵权时进行的专利检索，其目的是要找出受到侵害的专利提出无效诉讼的依据。④ 防止侵权检索，即为避免发生专利纠纷而主动对某一新技术新产品进行的专利检索，其目的是要找出可能受到其侵害的专利。⑤ 创造性检索，即专利申请人、专利审查员、专利代理人及有关人员在申请专利、审批专利及申报国家各类奖项等活动之前，为确定申请专利的发明创造是否具备创造性，对各种公开出版物进行的检索。

下面介绍几个著名的网络专利检索网站。

1. 世界知识产权组织网站（http://www.wipo.int）

世界知识产权组织（WIPO）是联合国的一个专门机构，根据1967年《建立世界知识产权组织公约》建立，致力于发展兼顾各方利益、便于使用的国际知识产权（IP）制度，通过国家之间的合作并与其他国际组织配合，促进世界范围内的知识产权保护。

WIPO网站提供：①《专利合作协定》（*Patent Cooperation Treaty*，PCT）国际申请说明书（International Application）。自1978年以来，通常所出版的国际申请说明书同时附有检索报告，有时单独出版检索报告，每周更新。② PCT国际申请公报（PCT Gazette）。该公报创刊于1978年，每月2~3期，用英语、法语分别出版。从2006年4月1日起，不再出版纸质公报，仅以电子形式网上公布。

检索专利文献的方式如下：在WIPO主页上可以先在右上角切换语种；选择进入主菜单下的"IP Services"；单击"WIPO | PCT"，然后选择"PATENTSCOPE Search Service"，即可进入检索各国专利文献的界面。需要注意的是：随着网站页面的改版，进入方式可能会有所改变，但基本上都是要在主页上找到"IP Services"，然后根据相关的内容设置找到对应的检索页面。

2. 欧洲专利局网站（http://www.epo.org）

欧洲专利局（EPO）是根据《欧洲专利公约》于1977年10月7日正式成立的一个政府间组织，其主要职能是负责欧洲地区的专利审批工作。欧洲专利局网站提供的常用检索系统有两个。

（1）esp@cenet检索系统：供用户免费使用世界上数十个国家或地区的专利申请的著录项目、摘要、说明书、专利族数据、INPADOC（International Patent Documentation）的法律状态信息。

（2）epoline检索系统：提供自1978年欧洲专利申请或指定欧洲的PCT专利申请的著录项目、说明书、专利族数据、审查过程的文件以及经过加工整理的法律状态。

检索专利文献的方式如下：在EPO主页菜单"Searching for patents"下面选择"Espacenet-patent search"，进入上述的第一种检索系统——esp@cenet检索系统；选择"European patent register"进入上述的第二种检索系统——epoline检索系统。

需要注意的是：上述两个系统的区别在于，esp@cenet检索系统可以检索各国专利文献，而epoline检索系统能检索到的仅限于欧洲专利申请或指定欧洲的PCT专利申请。但是epoline检索系统还能检索到某专利申请在欧洲专利局的审查过程（包括审查员的意见、申请人的答复以及做出的各种发文和决定）；如果该申请为指定欧洲的PCT专利申请，还可以获得其国际检索报告和/或国际检索单位的书面意见和/或国际初步审查报告这些非常有用的信息（在该系统的某条记录的全记录页面的左上方的"All Documents"按钮下，可以勾选下载所有上述文献的PDF全文），而这些信息是esp@cenet检索系统没有提供的。

3. 美国专利商标局网站（http://www.uspto.gov）

美国专利商标局（USPTO）将自1790年以来的美国各种专利的数据通过其网站上的专利电子商务中心（Patent Electronic Business Center，PEBC）免费供公众查询使用。美国专利商标局网站提供的常用检索系统也有两个。

（1）美国授权专利检索系统：可供用户从30种检索入口检索自1976年以来的各种美国授权专利文献，包括对编码型全文专利说明书进行全文检索；该系统还可供公众从两种号码型检索入口检索自 1790 年以来的各种美国授权专利,并浏览各种扫描图像型美国授权专利说明书。

(2) 美国专利申请公布检索系统:可供用户从 24 种检索入口检索自 2001 年 3 月 15 日以来公布的美国专利申请公布文献,同时提供编码型和扫描图像型全文美国专利申请公布说明书,可供公众进行美国专利申请公布的全文检索及浏览。

4. 日本专利局网站(http://www.jpo.go.jp/)

日本专利局(JPO)将自 1885 年以来公布的所有日本专利、实用新型和外观设计电子文献及检索系统通过工业产权数字图书馆(IPDL)免费提供给因特网用户使用。

日本专利局网站提供:英文版工业产权数字图书馆(IPDL);日文版工业产权数字图书馆(IPDL)。

英文版 IPDL 常用的检索数据库是 Patent & Utility Model Gazette DB 数据库和日本专利文摘 PAJ 数据库。Patent & Utility Model Gazette DB 数据库通过输入日本专利号码来查找某一日本专利文献,查看其著录项目信息并下载全文;PAJ 数据库收录了自 1976 年以来的日本专利申请的英文著录项目和摘要。PAJ 设有两种检索方式:"Text Search"(文本检索)和"Number Search"(号码检索)。

5. 中国国家知识产权局网站(http://www.sipo.gov.cn/)

其宗旨是通过互联网宣传知识产权知识,传播知识产权信息,促进专利技术的推广与应用,树立知名品牌,打击、防范盗版行为,从整体上提高国内公众的知识产权保护意识、树立企业自主知识产权形象。

6. 专利数据服务试验系统(http://patdata1.sipo.gov.cn/或http://patdata2.sipo.gov.cn/)

为扩大知识产权基础信息资源共享范围,满足广大社会公众获得国内外专利基础数据的需求,国家知识产权局建设了专利数据服务试验系统(以下简称试验系统),并于 2014 年 12 月 10 日起正式开通。

根据试验系统目前的规模和承载能力,系统面向社会公众提供国内外专利基础数据更新数据的 FTP 下载服务,目前主要包括中国、美国、欧洲、日本和韩国的各类专利基础数据资源共计 29 种,具体数据名称、更新周期和数据手册可查询该系统网站提供的《数据资源目录》。试验系统目前提供的所有更新数据将在系统中保存 30 个自然日。

用户在系统中进行用户注册后,即可获得数据下载权限,下载所选择的数据资源。数据更新消息将以电子邮件的方式通知用户。

系统的注册、使用及数据下载在试验期间不收取任何费用。根据协议规定,用户不得将通过系统获取的全部或部分专利数据原样提供给第三方。

为保证数据的正常下载,建议用户的网络带宽不低于 4Mbit/s,并允许使用 FTP 服务;如下载用户量过大,系统将采用排队机制以保障数据下载速度。

7. 中国专利信息网、专利检索咨询中心(http://www.patent.com.cn/)

该平台需要用户进行注册,成为注册会员后才能使用该平台的相关检索功能,注册是免费的。该平台有简单检索、逻辑组配检索和菜单检索三种方式:① 在简单检索中提供关键词检索。② 在逻辑组配检索中,可以设定两个检索式,每个检索式中可供选择的字段有:申请号、公开号、公告号、国际分类号、公开日、公告日、授权日、国家省市、发明名称、申请人、发明人、联系地址、代理人、代理机构、代理机构地址、权利要求、摘要和全部字段。还可以设定公告日期和申请日期的时间范围,起始时间为1985年。③菜单检索就是按照申请号、公开号、公告号、国际分类号、公开日、公告日、授权日、国家省市、发明名称、申请人、发明人、联系地址、代理人、代理机构、代理机构地址、权利要求和摘要这17个逻辑检索中的字段进行检索,并提供了一部分示例。

8. 中国专利信息中心（http://www.cnpat.com.cn/）

该系统分为智能检索、表格检索、专家检索和法律状态检索：智能检索、表格检索和专家检索中,细分中国专利和世界专利两类检索途径；法律状态检索又分为中国专利法律状态检索、专利权利转移检索、专利质押保全检索和专利实施许可检索。该系统的高级检索比较复杂,运用大量布尔逻辑检索语言语法,需要使用复杂的检索式,只有专门技术人员才能进行有效检索。

9. 上海知识产权（专利）公共服务平台（http://www.shanghaiip.cn/wasWeb/index.jsp）

历时三年多建设、总投入3000余万元的上海知识产权（专利）公共服务平台于2009年6月9日正式开通,该平台把近80个国家、国际组织和地区的5000余万条专利文献数据一网打尽,堪称国内之最。

该平台有简单检索、表格检索、高级检索、专利分类检索、法律状态检索、案例检索等检索方式。在表格检索中有18个检索入口；高级检索中可以运用布尔逻辑检索式进行检索；专利分类检索分为IPC分类检索和外观分类检索；法律状态检索提供1985年至今公告的中国专利法律状态信息；案例检索可以根据用户的需要设定三个检索条件,并能够导出Excel表格。除此之外,该平台还有自动提取关键词、统计分析、统计报表等功能。

四、科技报告

任何科研工作都是对前人研究成果的继承和创新,科技报告持续积累所形成的国家基础性战略资源,既为科技管理部门提供决策信息支撑,有利于对科技创新活动的精细化和规范化管理,又为科研人员提供创新信息保障,提高后续研究的技术起点和提升科研效率与投入效益。还能保证社会公众对政府科研投入产出的知情权,提供了解、利用科技计划项目和成果的新渠道。以下是对一些科技报告网站的简介。

1. GrayLIT NetWork（http://www.osti.gov/graylit/）

OSTI是美国能源部（DOE）的科学和技术信息办公室,负责收集、保存和传播DOE研发的结果,这些结果包括能源部实验室的研发项目或其他资助活动和设施在全美范围内受能源部支持的大学和其他机构的研究成果。信息的形式通常是技术文档、会议论文、文章、多媒体和软件,统称为科学和技术信息（STI）。用户可以检索并浏览美国国防技术情报中心（DTIC）、NASA、DOE、美国环境保护署（EPA）等美国政府报告,可以免费检索全文。

2. NASA Technical Reports Server（NTRS）（http://ntrs.nasa.gov/search.jsp）

NASA技术报告服务网站提供由NASA创建和资助的科学技术信息。这些信息包括研究报告、会议论文、期刊论文、专利、图片、电影、和技术视频。内容包括国家航空咨询委员会1951~1958年的科技报告以及1958年到现在的一些相关文献。该网站可以检索并浏览,部分有全文。

3. NASA STI 计划（http://www.sti.nasa.gov/STI-public-homepage.html）

Scientific and Technical Information Program（STI 计划）是一个推动全球范围的科学和技术航空航天研究和开发的计划。该网站收集来自美国和其他国家的相关资源，包括超过400万个书目记录和越来越多的全文文件，提供有关航空航天方面丰富的科技报告全文。

4. NTIS（http://www.ntis.gov/）

National Technical Information Service 缩写 NTIS，是美国国家技术情报社出版的美国政府报告数据库，以收录美国政府立项研究及开发的项目报告为主，少量收录西欧、日本及世界各国（包括中国）的科学研究报告。其中包括项目进展过程中所做的一些初期报告、中期报告、最终报告等，反映最新政府重视的项目进展。

该网站75%的文献是科技报告，其他文献有专利、会议论文、期刊论文、翻译文献；25%的文献是美国以外的文献；90%的文献是英文文献。专业内容涵盖科学技术各个领域。

通过该网站可免费检索美国政府科技报告的文摘题录，全文需订购。

5. STINET（http://stinet.dtic.mil/）

这是美国国防技术情报中心报告数据库，可检索和浏览文摘信息，也可下载全文。

6. NCSTRL（http://www.ncstrl.org/）

NCSTRL（Networked Computer Science Technical Reports Library）汇集了世界上许多大学以及研究实验室有关计算机学科的科技报告，可以浏览或检索，可免费得到全文。

7. The Congressional Research Service Reports（http://www.ncseonline.org/NLE/CRS/）

这是美国国家环境研究所委员会（Committee for the National Institute for the Environment）的网站，提供了许多环境方面的报告全文。

8. Search for California Environmental Documents（http://elib.cs.berkeley.edu/docs/query.shtml）

该网站提供美国加州大学环境科学方面的科技报告全文。

9. 国家工程技术研究中心（http://www.cnerc.gov.cn/index.aspx）

该网站提供成果查询、年度报告查询功能。

10. 中国报告大厅（http://www.chinabgao.com）

此网站含免费报告、研究报告和市场研究报告。

11. 国务院发展研究中心信息网（http://www.drcnet.com.cn）

此网站含系列研究报告、区域发展报告。

【思考题】

1. 什么是网络免费学术资源？它的类型有哪些？
2. 常用网络免费学术资源的获取途径有哪些？
3. 简述开放获取的历史。
4. 使用网络免费学术资源时应注意些什么？
5. 什么是机构知识库？它有什么特点？
6. 什么是网络公开课？请列举两个网络公开课网站情况。

第十章 信息资源收集与论文写作

一般来说，学术论文写作的程序为：选题→获取资料→提炼观点→列提纲→拟草稿→修改→定稿。可见，作为"获取资料"的重要方式——文献信息检索，是论文选题和写作过程中不可或缺的阶段。文献信息检索与学术论文写作也是相辅相成的关系：文献信息检索的最终目的之一是撰写学术论文，论文的写作与发表过程有助于作者在文献中找到自己所需要的东西。学术论文的撰写与投稿行为可以反映一个人的科研能力、学识水平、写作功底和信息素养等方面的综合能力。因此，掌握学术论文撰写的基本规范，了解论文投稿的相关要求，是一名科研工作者取得成功、获得同行认可的前提。

一旦确定了研究方向和研究的主题，并在此基础上搜集了较为全面的文献资料，为了写出高质量的论文，就要围绕着收集的资料进行分析整理，归纳出确实需要的文献资料来，并在此基础上，总结出新的观点和理论，通过论文的形式把它描述出来。这就需要收集性思考。收集性思考就需要归纳总结出论文写作的提纲，各个段落的中心意思，论述的论点、论据和结论。总而言之，就是把收集的材料利用论文的方式表达出一种新的论点来，这就是创新。

写论文需要翔实的资料。没有充分查阅大量的文献资料，就难以了解选题过去的研究成果、明确选题现阶段研究达到的程度和今后要解决的问题，从这个意义上来讲，文献资料的收集、整理和积累是写论文的一个重要基础。

第一节 信息资源的收集整理

在飞速发展的信息社会中，人们要想具有较强的生存能力，在社会具有较强的竞争力，就要在日常的生活中不断学习，吸收知识，掌握信息，获取文献，研究文献。搜集文献，获取文献，学习知识，掌握知识，运用知识，创造知识是人的一生中不断循环的过程。所以，进行文献的搜集与整理是人生所必需，读书学习之基础，教学科研之必备。

文献信息的搜集与整理关键在于对平时的文献信息素养的培养。提高了情报意识，掌握了文献检索的基本技能，熟练运用文献检索方法，就可以灵活地检索文献与信息了。但这还不够，还要有一个好的文献检索思路，掌握了思路，熟悉了检索方法，用对了检索策略，才能使文献检索得心应手，手到检来。文献信息的需求是人们日常生活和工作学习中经常遇到的事情，但不同的人却有着不同的需求强度。文献信息素养高了，检索技能提高了，在具有文献信息需求时，就把这种需求付诸行动，其结果就会产生效益和获得成功。

从信息利用的角度看，学术研究工作者在完成文献信息的检索收集工作后，还应该对收集的文献信息进行真伪和可靠性的鉴别，去伪存真之后再把有用的信息以一定的方法组织编排起来，形成自己的文档，以便查用，这就需要进行文献信息整理与分析。

一、文献信息资源收集的方法

信息资源收集就是通过各种途径对相关信息进行搜集、归纳、整理并最终形成所需有用信息的过程。信息资源收集对信息工作非常重要，通过信息资源的收集过程，可以使信息资源利用者对研究问题初步了解，并且理清研究思路，明确研究对象。信息资源收集者首先需要将研究对象清晰化、明确化，这样才能对信息敏感。这就要求在资料搜集过程中有准备，不是盲目搜索。不然会增加信息资源鉴别和整理的工作量，减小信息资源的利用效果。

文献信息资料是论文写作的基础，论文写作必须从收集资料开始，这是写作者都要了解的。文献信息资料是多种多样的。有些是直接从实践中得到的，如从观察、实验、调查中得到的资料；有些是间接从文字记载中得到的，如从书籍、报刊等中得到的资料；还有些是发展的资料，这是在直接实践资料、间接得到资料的基础上，经过写作者思考、研究、分析得到的资料。因此可以看出，利用图书馆、做实地调查、实验和观察三方面是收集资料的主要方法。

（1）利用图书馆。利用图书馆是为科学研究、撰写论文收集资料的基本前提。对每一个初学者来说，对文献资料如何检索、选取、记录、整理等方法都应了解，还需熟悉、掌握图书分类法，善于利用书目索引、工具书等。

（2）做实地调查。有许多论题，仅仅靠利用图书馆得到的资料进行研究是不够的，还必须做实地调查。经过实地调查，能使我们对研究的论题有深入的了解和细致的把握，能获得最真实可靠、丰富生动的第一手资料。掌握了这些资料，可使我们的研究和论文写作获得更好的成果。

（3）观察和实验。观察是人们对客观现象进行有计划的、周密细致的感觉运动；实验，可以说是在一定条件控制下所进行的观察。我们的科学活动与研究必须从客观现象出发，观察和实验就是收集资料进行研究和论文写作的重要前提。

二、文献信息资料收集的要求

（1）摘录与论文有关的资料。收集的资料既多又全，重要资料遗漏少，这是最理想的。但是，一个人的时间和精力总是有限的，特别是对学生来讲，想在短时间内把所有需要的资料都无遗漏地收集起来，是不可能的。这就要围绕研究和论文范围进行收集，特别要抓住一些重要的、有用的资料，及时摘录、剪贴、复印下来。初学写作者切忌贪多求全。

（2）认真阅读收集来的资料。对收集来的资料要认真阅读，找出其不足的、需要补充的地方。要做到把资料一摆出来，就容易知道这些资料属于哪一类，可以分成几类；哪些是重要的，哪些是不可少的。例如在阅读中发现文献上还没有搞清的地方，或在分析中产生疑问，就要对这些问题做进一步调查研究，或重新查阅资料，或进行实地调查研究，或访问与请教有关专业人员，把问题一个个解决。只有通过这一吸收消化过程，才能使资料变成自己的财富。

三、文献信息资料的积累

资料的积累主要靠摘录。摘录资料，就是把收集中认定的有用资料，通过记录、剪裁并复印下来。它是记忆资料、占有资料的重要手段。摘录资料有利于专业知识的掌握，有利于问题的研究，也有利于论文写作。

1. 摘录的内容

（1）与研究和论文写作有关的问题、见解、意见和看法等资料，要原封不动地摘录下来。

（2）能说明论文中问题的、证明有力的论据等资料，要尽可能完整地摘录下来；过长者，则可用概括的方式摘录下来。

（3）原文写作的论证展开过程，即中心论点、分论点和小论点构成的逻辑体系。这部分要以提纲形式摘录下来。

（4）在阅读资料过程中，思考出来的问题和看法，应该详细地记录下来。

（5）论文写作中可能涉及的有争论的观点，也要摘录下来。

2. 摘录的方法

（1）提醒式摘录。它有以下几种类别：目录卡——记录书名、篇名；资料卡——记录简单资料，如摘要、提要、概述等；记录卡——记录阅读时触发的新观点、新想法等；材料卡——记录酝酿形成的初步观点和两次提炼的论据资料。

（2）原文摘录。原文摘录过去采用纸质笔记本记录，现在写作者一般采用电子文档记录。电子文档的容量较大，一篇文章的完整原文或部分原文的摘录，可以摘录到电子文档中。电子文档便于携带和保管，但使用中应尽量避免把各种不同的内容混记在一起，力求保持每个电子文档记录的内容相对独立，文档标题、文档出处清晰明了。

（3）剪辑式摘录。剪辑式摘录是将图书、报刊中有用的资料，通过剪裁、复印、扫描等摘录到某个电子文档中的方法。但是，从对资料的理解深度考虑，初学者应采用提醒式摘录、原文摘录。

摘录资料既是文献资料积累的重要方法，又是一项细致、烦琐的工作，必须持之以恒，特别在学习繁忙时，更应坚持。而且，记录时，手脑要并用，这样，既记录了资料，又能触发思考；既加深了对资料的理解，又能激发创造性。

四、文献信息资源的整理

文献信息是人类知识的结晶，及时获取信息、整理信息并准确分析信息是有效利用信息的前提。通过各种渠道采集的原始信息通常是真假混合、繁杂无序的，因此首先需要进行加工整理。文献信息的整理过程，实际上就是信息的组织过程，目的是使信息从无序变为有序，成为便于利用的形式。整理资料，就是把经过收集、阅读、核查过程得到的资料，按照研究和论文的要求和资料的类别加以分析、汇总和加工，把原来分散、零乱的资料变成系统的、条理分明的资料。一般来说，信息整理按照对信息加工的程度可分为信息选择和信息提炼。

1. 信息选择

由于多种原因，从信息源采集到的信息不一定有用，所以在整理信息时首先要进行信息的选择。信息选择是指对从各类信息源采集而来的信息进行优化选择。需要遵循的基本原则为：①相关性原则，即信息内容与信息需要要紧密相关。人们对于信息与用户问题之间的关联程度往往靠主观判断，而相关性的判断是比较含糊的，因为我们无法准确地测量出信息对研究课题的接近程度，只能根据主观判断挑选出我们认为最接近研究课题的内容。②新颖性原则，即信息内容要具有新意，选择能够反映专题技术领域中最新研究成果的资料，只有新颖及时的信息才能准确体现科学研究的方向。③准确性原则，即信息的真实性，它要求所选信息内容能够准确反映客观现实。在所有材料中，要对真实、准确且具有权威性的材料给予充分考虑，尽量多用这些材料，以保证研究建立在比较客观、正确的基础上。

信息选择的主要目的是去粗取精、去伪存真，使所选信息具有更强的针对性与时效性，要达到这一目的，通常采用的方法有：①比较法——就是对照各种材料，通过比较，判断信息的优劣、新旧，鉴别信息的真伪，去掉陈旧过时的无用信息或虚假信息，选择新颖、可靠的信息。②核查法——审查核对原始材料记载的各种数据，保证选择准确可靠的信息。③分析法——通过对信息内容的初步分析，判断其正确与否、价值大小、质量高低等。

2. 信息提炼

经过选择的各种信息，不一定都能为我们所吸收利用，人们可根据需要对信息内容进行进一步的整理，从中提炼出各种精约化的优质信息。信息提炼一般不需要对信息内容进行复杂的分析和浓缩，可采用的方法有：①汇编法。即汇编原始资料，可将原始资料中的各种有用事实与数据汇总在一起，然后按一定方法编排加工，以便利用。②摘要法。摘要是对原始信息的内容进行浓缩加工，抽取其中的主要事实和数据而形成的二次文献。无论是何种形式的摘要，它都是原始信息的浓缩，对原始信息的主要内容具有替代作用。③综述法。综述是对同一课题大量原始信息进行分析、归纳和综合而形成的具有研究性的信息产品。综述可以是叙述性的，也可以是评论性的。从个人信息整理的角度看，综述一般是叙述性的，它方便综述作者对信息的进一步利用。

五、文献信息资源的分析

信息是重要的，但是信息能否为我们所用，这取决于我们对信息的分析研究。信息分析，简单地说，就是根据特定的需要，对已知信息进行深层次的思维加工和分析研究，形成满足需要的新信息的过程。

1. 信息分析的特性

信息分析工作的目的、内容、用途、要求等，决定了信息分析工作的一系列特性，主要包括：

（1）针对性。针对性是对信息分析的对象来说的。信息分析总是针对一定事物开展的，信息分析的目的就是让经过分析研究的信息为生产、决策、科研等工作服务，使信息真正成为我们可以利用的财富。信息分析不是盲无目的，信息分析工作必须针对特定的需要解决的问题进行。

（2）创造性。信息分析是一种高层次的信息活动，这种信息活动融入了信息分析人员大量的智慧。信息分析是对信息进行深层次的思维加工和分析研究，它需要信息分析人员在全面搜集有关信息的基础上，经过创造性的思维得出有关研究问题与事物的正确性认识，发现事物的运动规律、揭示问题的本质。所以，信息分析工作具有鲜明的创造性，也正是这种创造性特点使这一工作具有重要的社会价值。

（3）科学性。信息分析与一般信息用户利用信息进行创造性研究活动极为相似，是一项建立在科学理论与科学方法基础上的科学研究工作，具有科学研究活动的一般特性。在信息分析工作中，只有运用科学的研究方法与研究手段，才能保证分析研究成果的正确性与客观性。信息分析的结果也要通过科学手段进行检验，并在检验中修正和改进。

（4）综合性。从事信息分析研究工作要从研究事物的环境和内部组成开始，弄清与研究课题有关的各种因素及这些因素的作用等情况。从实际情况看，任何事物、任何问题都包含了多方面的因素，受到多种自然因素与社会因素的制约，信息分析研究必须充分考虑这些因素，从总体上进行综合性研究。

2. 信息分析的方法

信息分析是针对某一课题的需要对有关信息进行定向选择和科学抽象的一种研究活动。这一研究活动是建立在科学的分析研究方法基础之上的，也就是说，要从已知信息分析研究出更全面、更综合、更适用的高层次的全新信息，必须采用科学的分析方法。随着科学技术的发展，人们在信息分析的实践中采用的信息分析方法越来越多，越来越成熟，主要有：

（1）相关分析法。世界上的一切事物都不是孤立存在的，表征事物现象的任何信息都有无数与其相关的信息，相关分析法就是利用事物之间内在的或现象的联系，从一种或几种已知相关事物来判断未知事物的方法。

（2）信息预测法。信息预测法就是利用已经掌握的有关某一事物的信息，运用科学的预测方法与技术手段，从已知信息推出未知信息，从而对事物的未来发展做出科学预测的方法。无论客观事物多么复杂，它的发展总是有规律可循的，所以，人们可以根据事物过去运动变化的客观过程和某些规律性，运用各种定量和定性的分析方法，对事物的未来可能出现的趋势和可能达到的水平进行预测。常用的信息预测方法有趋势外推法、逻辑推理法、回归分析法、专家会议法、德尔菲（Delphi）法等。

（3）信息评估法。这是在对相关信息进行分析与综合的基础上，经过优化选择和对比评价，形成符合需要的信息过程。常见的信息评估法有层次分析、指标分析、可行性研究、投入产出分析、价值工程等。由于信息评估法要对原始信息进行比较评价，这一比较评价的过程往往受评估人主观因素的影响较大，因此信息评估具有相对性。信息评估法的相对性要求我们在评估信息时，尽量把定性信息或抽象的概念转换成量化的可测度的评估方法，力求做到评估的客观性与准确性。

（4）信息内容分析法。这是对文献内容进行系统的定量分析的一种专门方法，是应用较广、具有代表性的信息分析方法之一。其分析的对象是各种公开的信息资料，其分析目的是揭示隐蔽性信息内容，弄清或测度文献中本质性的事实和趋势。

信息内容分析法萌芽于20世纪初，经过一个世纪的发展，该方法无论是在理论还是在应用方面都得到了较大的发展和完善。信息内容分析法的主要步骤如下：

1）确定目标。内容分析应有一个明确的目标。

2）选择样本，即选择内容分析的对象。样本的选择应考虑最有利于目标的样本，考虑这些样本是否为分析人员所熟悉，是否便于统计，应选信息量大、连续性强的信息。

3）定义分析单元。分析单元的确定对分析结果有决定性的作用。分析单元是内容分析中不再细分的测度单位，它可以是词组、短语、句子、段落、章节甚至单独的篇章、卷册、作者等。在复杂的内容分析中，往往采用多种分析短语。在工作量许可的情况下，分析单元应尽量细化。

4）制定分析框架。根据分析目标和分析单元的具体情况，确定分析的具体途径。分析框架的制定是体现分析思想和保证分析系统性的关键步骤。

5）频数统计。这是包括计数和数据处理的一种规范性操作。这一步骤工作量最大，最好利用计算机技术和数理统计的方法来完成。

6）结论汇总。在综合统计结果和定性分析的基础上得出结论。

信息资源属于非消耗性资源，在其使用过程中价值不会改变，同时使用者对信息资源自身的鉴别、整理、分析、利用，可以促进使用者对信息资源深层次内容的挖掘，从而形成新的信息资源，即信息资源的再生过程，信息资源的再生是对有关信息进行分析、利用产生新知识的结果。根据利用信息的目的和类型，信息资源的再生可以以信息研究报告和学术论文、文献综述等形式再现。

第二节　学术论文的写作要求

学术论文虽然种类较多，要求各不相同，但在写作的过程中，其基本的规律性还是相似的，尤其在文献的搜集与整理中，只是研究的对象不同而已。在许多情况下，我们检索文献、搜集文献、整理文献的目的和研究文献的目的，是为了学术性研究，最后以论文的形式提交或发表。所以，在学术论文的撰写中，要牢牢把握学术论文的规律，严格按其要求去做，苦练基本功，在实践中不断磨炼，逐步学习、掌握、运用好这一技能，为今后的科研打下牢固的基础。由于学术论文都有其共性，掌握了其中的一种，就可触类旁通，故在这里主要以介绍学位论文的撰写为主。下面就介绍整个论文的写作过程，以及每个步骤的要求。

一、学术论文的基本格式

（1）学术论文分为三部分：前置部分——题名、论文作者信息、摘要、关键词、分类号、文献标识码；主体部分——引言、正文、结论；后置部分——致谢辞、参考文献、附录，致谢辞和附录是可选的，所以也可简化。

（2）学位论文的组成部分：《学位论文编写规则》（GB/T 7713.1—2006）要求学位论文需由以下部分组成：①前置部分，包括封面、封二、题名页、序言或前言、摘要页、目次页、插图和附表清单等；②主体部分，包括引言、章节、结论等；③参考文献；④附录；⑤结尾部分（必要时），包括索引、作者简历、封底等。

二、学术论文对撰写者的要求

虽然具体到各种学位论文有着独特的要求，但总体上说，对写作人员，尤其从事科研的工作人员，有着共同的要求。首先，在论文的撰写过程中，要具备严肃认真的工作态度；在围绕论文的主题搜集资料时，要有较强的文献检索与利用能力；为了获取国外的先进经验和掌握科研成果，就要具有较高水平的外语阅读与翻译能力；为了在学术上有所建树和创新，还要具有全面、扎实的专业基础知识；为了能够顺利地开展工作，进行调查研究，就要熟练掌握常用的科学研究和调查研究方法；对所收集的相关文献资料，具有较强的综合分析能力；在总结前人成就的基础上，不能只是总结概括、综述别人的研究成果，还要具有较强的创新意识或善于使用创新思维及发现问题解决问题的能力；在实践工作中，有较强的实验动手能力，此外，还应具有利用计算机和现代化设备处理、分析、综合问题的能力和从事理论分析与研究的能力等。

三、学位论文各部分写作要求

1. 题名：准确、简明和醒目

论文标题是一篇论文的总题目，也称题名、篇名。标题是论文内容的高度概括，既要有概括性，又要醒目。好题目是论文成功的一半，这话充分表明了论文题目对论文的重要性。题目应当以最贴切、最简洁的词语反映论文中最重要的思想内容，具体要求是：准确、简明、醒目。

（1）准确：就是要求论文题目能严格表达论文内容，恰如其分地反映论文所研究的范围与深度。

（2）简明：就是要求用最少的字数来表达主题内涵。虽然对论文题目的字数并无严格限制，但一般国际论文的英文题目以不超过 10 个实词为宜，国内论文的中文题目以不超过 20 个汉字为宜。当题目不能完全表明论文内容时，可以用副题目来补充限定。

（3）醒目：就是用语准确、无歧义，让人一看就明白；一般应避免使用不通用的缩写词、略语、代号、公式等。

2. 作者信息

作者信息包括作者姓名、工作单位、地址及邮编等，通常写在论文题目之下。作者署名需真实姓名，不得用笔名、化名，不带头衔或职称，署名者可以是个人作者，也可以是合作者或团体作者。多个作者的署名应坚持实事求是的原则，按其对研究工作与论文撰写的实际贡献大小排序，贡献最大者列为第一作者，贡献次之者列为第二作者，余者类推。多个作者若为同一个单位，则不需分别注明工作单位、单位所在地、邮政编码；若不在同一单位，应分别予以注明，作者单位和通信地址是作者的重要信息之一。

根据国家统计源的需要，有些刊物要求注明作者的出生年月、性别、学位、职称、职务及研究方向、电话、电子邮箱等。此外，如果论文是课题成果或有资助背景，还应注明项目名称并标注项目编号。

作者信息的作用如下：一是标志作者拥有论文成果的知识产权，二是作者承担相应责任，三是有助于读者与作者联系。

3. 摘要

摘要是原文的缩影，应有数据、结论，是一篇完整的短文，应说明研究目的、实验方法、结果和最终结论等，重点是结果和结论，让读者读后可基本了解全文，或不必再阅读原文，就能获得必要的信息。所以，摘要的要求是：内容浓缩、短小精悍、文字为主、独立成段、第三人称撰写。论文的中文摘要一般为 200～300 字，外文摘要不宜超过 250 个实词。学位论文摘要反映长篇大论的要点，字数上没有限制。摘要一般应包含以下内容：

（1）研究目的和重要性。
（2）研究的主要内容，完成了哪些工作。
（3）获得的基本结论和研究成果，突出论文的新见解。
（4）结论或结果的意义。

需要注意的是，目前，我国的学术论文都要求有摘要的英语译文。英文摘要的要求是：

包括目的、方法、结果、结论和建议等。在实际编写时,应注意如下几点:

(1) 题目:除虚词外,每个单词的首字母均采用大写。

(2) 作者姓名:将汉语拼音译成英文时,应遵照《中国人名汉语拼音字母拼写规则》(GB/T 28039—2011) 的规定书写。

(3) 人称:编写英文摘要时,一般采用第三人称,以使其内容更加令人信服。

(4) 语态:一般情况下,谓语动词使用被动语态。

4. 关键词

关键词是从论文中选取出来的、能够表达全文主题内容的单词或术语。通常每篇论文可选取 3~8 个关键词,5~6 个关键词的情形较普遍,这也是对一篇论文标引深度的反映。

关键词的选取标准为:①所选定的词必须是论文中具有实际意义的词或术语;②能表示出文献的关键主题内容。关键词的选择方法是:作者在完成论文写作后,纵观全文,选出能表示论文主要内容的信息和词语,这些信息和词语可以从论文标题中去找或选,也可以从论文内容中去找和选。

5. 分类号

分类号通常是指《中国图书馆分类法》的分类号。分类号是分类语言的文字表现,功能与主题词一样,同属于信息检索语言。如果一篇论文涉及多学科内容,可以同时给出几个分类号,但主次分类号须按先后顺序排出。分类号一般由作者给出,也可交编辑部处理。

6. 文献标识码

文献标识码是用于揭示文献正文内容类型的代码,共分五种,分别是:

A——理论与应用研究学术论文(包括综合报告)。

B——实用性技术报告(科技)、理论学习与社会实践总结(社科)。

C——业务指导与技术管理性文章(包括领导讲话、特约评论等)。

D——一般动态性信息(通讯、报道、会议活动、专访等)。

E——文件、资料(包括历史资料、统计资料、机构、人物、书刊、知识介绍等)。

7. 引言

引言又称绪论、前言等,是论文的开头部分,是文章的开场白,属于整篇论文的引论部分。对引言的要求是能简明扼要地讲清论文写作的目的、动机和意义,简要评述前人对该问题的研究成果,提出问题,确立中心论点。

引言虽然很重要,但它不是论文的核心部分,因而文字不宜过多。引言的写作要简明扼要,不要与摘要雷同,不能成为摘要的注释。引言的篇幅应视论文篇幅及论文内容的需要来确定,大的篇幅可达 700~800 字或 1000 字左右,小的篇幅可不到 100 字。

8. 正文

正文是学术论文的主体和核心部分,占论文的绝大部分篇幅。文章的论点、论据、论证及要达到的预期目的都要在这一部分论述,它最能体现研究工作的成就和学术水平。文章价值的高低和好坏,关键在于正文部分阐述得如何。论文必须围绕论点组织材料,同时采用恰当的论述方法,阐明论点的正确性。正文的内容由观点和材料构成,观点是文章的灵魂,是材料的统帅,没有观点,文章就会不知所云。但观点来自材料,是对大量、丰富、合乎实际的材料进行提炼而形成的,材料是观点的依托。因此,在正文部分,要使观点和材料紧密结合起来,形成有机的统一整体。

不同的论文正文是不一样的。例如，理论性论文的正文包括论点、论据、论证三大部分，围绕论点提出论据、证明论点。这类文章既可以围绕论点层层组织材料证明论点，也可以将论点分成几个分论点，围绕每一个分论点进行论述。一些学术论文所论述的观点比较复杂，有时需将上述两种方式互相结合。实践性论文则包括理论分析、实践手段和经过、实践结果分析和讨论等部分，阐述和证明理论分析中提出的假说。它要详细介绍实践的方式和过程，并说明具体的分析方法。只有这样，才能有较强的说服力。

由于学术论文涉及的学科、选题、研究方法、实验方法、结果表达方式等有很大的差异，对正文的内容不能做统一的规定，但是必须做到实事求是、客观真切、准备完备、合乎逻辑、层次分明、简练可读。

学术论文的正文一般结构可概括为四类：

（1）纵贯式。这是指以时间的先后为顺序，或以事物发展变化的前后为顺序，或以人们认识事物的发展规律为顺序来安排论文的结构。

（2）并列式。这是一种根据表现主题的需要，或按物体所在空间的方位，或按事物的本质属性、特征，以及材料类别来安排文章结构。

（3）递进式。这是根据材料的不同意义和作用，把材料分别归类。但类与类之间，或以层层递进的关系，或以因果关系来安排论文的结构。

（4）综合式。这是以综合式为主要顺序，把纵贯式、并列式、递进式交互结合运用。凡内容庞杂、材料翔实、篇幅较长的文章，多半采用综合式的论文结构。

9. 结论

论文的结论部分是最终的、总体的结论，不是正文中各段的小结的简单重复。结论应该准确、完整、明确、精练。因此，一般要求结论要包括：本文研究结果说明了什么问题，得出了什么规律，解决了什么理论或实际问题；对前人有关的看法做了哪些修正、补充、发展、证实或否认；本文研究的不足之处或尚未解决的问题，以及解决这些问题的可能关键点和方向。

10. 参考文献

参考文献是学术论文的重要组成部分。科学具有继承性，科学研究需要学习、借鉴和参考他人的研究成果和经验，需要在他人研究工作的基础上发展和延续，所以学术论文在文后要列出参考文献。

参考文献的作用为：①以示在前人研究成果的基础上的继承和发展，表明作者从事研究工作的真实科学依据和严肃的科学态度；②表示作者对他人劳动成果的尊重和承认；③提供了引用资料的出处，便于读者扩大检索范围。

所列参考文献应是公开发表过的资料，学术论文所引用文献的主要来源有：专著或书、连续出版物（报纸、杂志等）、专利文献、电子文献、学位论文等，参考文献列于正文之后。

根据中华人民共和国国家标准《信息与文献　参考文献著录规则》（GB/T 7714—2015），几种主要参考文献的著录格式如下：

（1）专著或书的著录格式：

［序号］主要责任者. 文献题名［M］. 版本. 出版地：出版者，出版年：起止页码.

示例：［1］黄如花. 网络信息的检索与利用［M］. 武汉：武汉大学出版社，2002：

23-26.

（2）连续出版物的著录格式：

［序号］主要责任者. 文献题名［J］. 刊名，出版年份，卷号（期号）：起止页码.

示例：［5］白莉. 网上经济信息资源检索策略［J］. 现代情报，2009，29（10）：153-155.

（3）电子资源的著录格式：

［序号］主要责任者. 题名［文献类型标志/载体类型标志］.（更新或修改日期）［引用日期］. 获取和访问途径. 数字对象唯一标识符.

示例：［10］萧钰. 出版业信息化迈入快车道［EB/OL］.（2001-12-19）［2002-04-15］. http://www.creader.com/news/200112190019.htm.

（4）专利文献的著录格式：

［序号］专利申请者或所有者. 专利题名：专利号［文献类型标识/文献载体标识］. 公告日期或公开日期.

示例：［15］李本. 辅送带跑偏自动调整器：ZL00231686.2［P］. 2011-02-10.

（5）学位论文的著录格式：

［序号］主要责任者. 文献题名［D］. 学位授予单位地点：学位授予单位，学位授予年.

示例：［21］张志祥. 间断动力系统的随机扰动及其在守恒律方程中的应用［D］. 北京：北京大学数学学院，1998.

参考文献主要是指明参考、引用别人的研究成果，便于读者进一步追踪检索或研究。一定要掌握参考文献的著录格式。不过，应当注意的是，如果想要所撰写的论文能够发表，具体到某个刊物，对参考文献的著录又有不同的要求。其对策是，大家在投稿时，要根据所投稿刊物的具体要求著录参考文献，不然的话，你所投的论文稿件就会被退回，要求你重新按格式书写，否则，你的论文将难以发表。

根据《信息与文献　参考文献著录规则》（GB/T 7714—2015），文献及载体的类型和标识代码如表 10-1 和表 10-2 所示。

表 10-1　文献类型和标识代码

参考文献类型	文献类型标识代码
普通图书	M
会议录	C
汇编	G
报纸	N
期刊	J
学位论文	D
报告	R
标准	S
专利	P

(续)

参考文献类型	文献类型标识代码
数据库	DB
计算机程序	CP
电子公告	EB
档案	A
舆图	CM
数据集	DS
其他	Z

表10-2 电子资源载体和标识代码

电子资源的载体类型	载体类型标识代码
磁带（magnetic tape）	MT
磁盘（disk）	DK
光盘（CD-ROM）	CD
联机网络（online）	OL

11. 致谢

对那些为你的论文的写作提供过帮助和支持的个人和机构，应当表示感谢，这已成为一个学术通则，反映了作者的学术道德。当然，致谢要恰当，对给予帮助的个人应写明是何种帮助，对提供资助的机构应载明资助编号等，不能用笼统地向名人、权威机构表示感谢的方式来暗示或拔高论文价值。

第三节 学术论文的写作程序

一般来说，学术论文的写作包括学术论文的选题、材料的搜集与整理、确立主题、拟订写作提纲、撰写初稿及修改定稿等步骤。

一、学术论文的选题

选题是科研和写作的开端。选题是科学研究的主攻方向，也是论文作者要解决的首要问题。选题既包括科研特定问题的选择，也包括论文题目的选定。一个课题可以写成一篇或多篇论文，也可能不足以成文。一篇论文反映的不一定是课题研究的全部成果，但只能在课题的内涵和外延之中。有了课题，才会有课题的研究，才会有研究成果的书面表达形式——论文。

所谓论文选题是指选定学术研究中所要研究或讨论的主要问题。在选题时，尽量达到选题的基本要求，如明确课题的性质、对题目加以限制、考虑时间和篇幅。选题就是科研成果成功的一半。选题后，就要对课题进行研究，边搜集材料边思考问题，在对材料的加工、整理中首先形成认识成果，整个研究过程是写出高质量论文的关键。选题既受到自己学术水平、研究能力的限制，又受到研究条件的限制。因此，选择既能反映自己的科学水平和创新能力，又符合自己客观条件的课题不是一件容易的事情。所以选题时，应遵循以下选题原则：

1. 价值性原则

学术论文的选题，先要考虑课题研究有无科学价值。在现阶段，所选的课题要能创造应有的社会价值或经济价值，能为推动学科发展、社会发展服务。无论是解决重大的理论问题还是解决某一方面的具体问题，都要直接或间接地服务于国家发展和建设的总目标。强调课题应用的同时，不能忽视学科自身的特点和规律，要考虑课题在学科体系中的地位、对学科发展的作用，选择具有学术意义的课题。必须把促进科学事业发展和解决现实存在的问题作为出发点和落脚点，许多已有初步研究成果的课题还有待于丰富、完善和发展，许多现实生活中的新情况、新问题有待解决。这种补充性或纠正性以及亟待解决的研究课题，具有科学价值和现实意义。

2. 可行性原则

学术论文的选题必须考虑到课题完成的现实可行性。要从研究者的主客观条件综合考虑，克服盲目性，选取自己有能力、有条件完成的课题。有些论文选题虽然非常好，价值非常大，但由于写作者自身条件的限制，或研究条件等客观条件的限制，即使选择了这一选题，最后也无法完成。

在课题研究中，研究者自身的内在因素和各种外在条件起着决定性的作用。科研需要实事求是、量力而行的科学态度，研究者要根据自己研究能力的高低，选择难易程度相当的研究课题，只有这样，才能保证课题研究的顺利进行和论文的圆满成功。

3. 创新性原则

创新就是要有新意。论文是对自己学习和科学研究的总结。因此，学术论文的选题既要能反映自己学习和科学研究中取得的成绩，又要在前人的研究基础上有所创新。人类社会之所以不断向前发展，关键就在于不断创造出新的成果。衡量一篇学术论文是否具有价值，关键在于其是否具有新的内容或新的研究方法。因此，在论文的选题阶段，就要注意论文是否具有新意。创新是一篇论文必须遵循的原则。

4. 科学性原则

科学性原则是指学术论文选题要以科学理论、客观事实为依据，按客观规律办事。

二、材料的搜集与整理

确定学术论文的选题后，便要开始进行材料的搜集工作。材料是一切科学研究的基础，也是构成学术论文的要素。一切有价值的学术观点都是对材料认真分析、研究的结果，也只能靠材料去支持。论文写作一刻也离不开材料，论点的确立依赖材料，大小论据来自材料，论证的雄辩力量也产生于材料。学术论文的质量如何，取决于材料是否充实、准确、可靠。

在学术论文写作中作者所搜集、占有的一切与课题相关的事实、理论、数据都是材料，也叫资料。从不同角度可把这些材料分为不同的类型。从材料的自身性质及其研究对象的关系来看，可分为原始材料和研究材料：①原始材料指的是只反映研究对象自身的实际状况而不反映人们对研究对象认识的材料，如研究文学作家和文学现象，文学作品是最重要的原始材料；②研究材料则包含着人们的研究认识，如他人的论著、论文。根据材料的来源和形态的不同，材料可分为直接材料和间接材料：①直接材料是研究者从社会生活和科研实践中获取的第一手资料；②间接材料是通过各种传递渠道得到的情报资料，主要是文献资料。

搜集材料就是通过多种途径，尽可能广泛地获取与选题有关的材料。观察是获取直接材料的重要手段，如著名心理学家弗洛伊德的精神分析理论就是建立在他对大量精神病例进行观察的基础上的。进行实验和开展调查也是研究者获取资料的基本途径。通过图书馆、档案馆等渠道，利用图书目录、索引、文摘、专集、年鉴、百科全书等检索手段，查找有关的文献资料，更是课题研究中不可缺少的重要工作。

在搜集材料的过程中，就要开始根据课题研究和论文写作的需要，阅读、整理文献资料和调查、观察、实验中所搜集的直接材料。首先要把握好阅读范围，选读与课题紧密相关的、真实新颖的、多方面和多角度的材料。阅读材料的量一般为，阅读篇幅是论文篇幅的30倍上下，其中关系密切的材料应在10倍左右。当然选材水平才是决定阅读量的关键。阅读时要采用恰当的阅读方式，通过浏览、速读筛选材料，研读最重要、最有价值的部分；随读随记，把认定有用的材料和收获、感受记录下来，帮助记忆，引发新见。

整理材料就是按照选题的要求和材料的性质，通过归纳分类、调整取舍，将搜集来的复杂零乱的材料系统化、条理化。做笔记本身就是一种整理工作。保留下来的资料要按一定的类目存放，便于随时取用。

三、确立主题

一般说来，组成一篇学术论文有两大要素，即主题和材料。二者缺一不可。若无主题，文中材料只是机械性的、零乱地堆砌，让读者不知所云；若无材料表明主题的话，只能是空洞之言。什么才是主题呢？所谓的主题是指作者在一篇论文中提出的基本观点或中心论点，是课题研究的结论部分。在一篇学术论文中只能有一个主题，并要求不论其长短，该主题必须贯穿始终。它与课题和题目是不一样的。课题是指科学研究中所围绕进行并力求获得结果的具体问题，及研究人员要研究、探讨的未知问题。题目是在研究课题选定之后，在对课题进行研究的基础上，以整个科研成果或其中的某一部分作为论文的题目。一项科研课题可以写成一篇论文，也可以写成若干篇论文。论文题目的内涵和外延均不能超过课题的内涵和外延。

主题不是现成的，是需要通过加工提炼而成的。主题的提炼是通过材料的研究所得出的结论，是通过对材料的分析、概括、比较、提炼之后而形成的一种新观点，这个新观点就是主题，但这个新结论要与原来选题相一致。主题一旦形成，便起统率全篇的作用。材料的取舍，论证方法的选择，都要根据主题的需要加以考虑。层次段落的安排，也要根据主题的需要进行。因此，主题的确立是论文写作中的一个重要环节。

四、拟定写作提纲

写作提纲是论文写作的设计图，是全篇论文的骨架，是作者将自己的前期构思和材料进行编排，用简洁的语言记录下来的论文框架体系。它是论文写作的重要环节和必经步骤。拟出写作提纲，可以为论文的写作发挥重要作用：一是有利于作者思路的定型，明确论文的论点和论据；二是有利于论文的布局；三是有利于论文写作的整体进程。

提纲通常有三种形式：标题式、句子式和段落式。标题式提纲就是用大小标题的形式列出提纲，能清晰反映文章的结构和脉络，是最常用的一种形式；句子式提纲就是用一句能表达完整主题意思的句子来描述提纲，表达每章、每节、每个层次的中心内容；段落式提纲就是用一段话把该部分内容进行概括，可在论文的重点部分使用。

五、撰写初稿

按照已经拟定的写作提纲，在深入思考、研究、分析的基础上，运用丰富翔实的材料，利用适当的语言文字，围绕主题把事先所想到的全部内容充分准确地表达出来，即可完成初稿的撰写。初稿不是定型的论文，只算是论文的雏形，所以内容要尽可能丰富、充分，即便有些重复也不要紧。

撰写初稿的要求：一是要围绕中心，紧扣主题；二是要注意论文内容的连续性；三是要适时调整提纲；四是初稿的内容要尽可能充分、丰富，便于以后修改。

六、修改定稿

论文的写作，从选题到列提纲，再到动笔写出初稿，一般要经过一段不短的时间。在这段时间里，既要学习，又要写作，有时写得不连贯、不严密，疏漏之处在所难免。一些新观点需增添的材料还要反复论证、深入思考，才能反映恰当。何况，初稿在大多数情况下，写得也不容易完美，要经过反复修改才能成为一篇好文章。论文之所以要修改，是因为人的认识不是一次完成的，很难一次达到完善的程度。有许多论文是修改出来的，是经过反复思考逐渐形成的。一篇未经过修改的论文，总有不成熟、不完善的地方。修改是写作的一个必要环节，是作者在一个新的水平上的写作过程。

1. 着眼于论文内容的修改

修改时，首先要抓住论文的主要内容这个主要方面，看写得如何。在通读全文的基础上，要着重注意：①基本论点，以及说明它的若干个分论点是否准确、完整地表达出来；②材料是否使用得当、具有说服力；③安排与论证是否符合逻辑；④全文各个部分是否均衡。

2. 着眼于论文表达形式的修改

表达形式方面的修改，主要需考虑以下几方面：①从大的部分到小段落的构成，是否统一、完整，部分与部分、段与段之间的衔接是否顺理成章；②句子是否正确地表达了内容，句法是否完整、严密；③用词是否精确、形象、生动；④文面是否合乎习惯，并容易被理解。

总之，论文内容的修改，要尽可能删去可有可无的部分，把含糊不清的地方改成准确的、鲜明的、深刻的；论文表达形式的修改，则要尽可能把不太容易懂的内容改成通俗易懂的、具有逻辑说服力的。在誊清之前，要仔细通读全文做最后的检查，然后定稿。

3. 从其他角度进行修改

（1）修改范围。学术论文要修改的地方很多，范围也很广泛，大到主题思想，小到一个标点符号，发现什么问题，就修改什么问题。主要有：①推敲论点。首先要审视中心论点是否正确、是否鲜明、是否有创新；其次要根据中心论点审视各分论点是否与中心论点保持一致。②调整结构。首先要看论文结构是否完整，标题、摘要、关键词、前言、正文、结论、参考文献等各部分是否齐备；其次检查正文部分各层次、各段落是否围绕中心论点进行严密的逻辑论证，论证层次之间的关系是否严密、清晰，主次是否得当，各部分的过度、衔接是否自然。③变动材料。这主要是指对论文引用的材料进行增加、删减或调换。④修改语言。这主要是指用词是否正确、句子是否通顺、诵读是否顺口、标点符号和书写格式是否正确、有无语法错误等。

(2) 修改论文的方法。在论文的修改中，采用的方法有很多，如：在初稿完成后即进行修改的热改法；或待初稿完成后，放上一段时间再进行修改的冷改法；或初稿完成后，请教其他水平高的人进行修改的求助法；或采用反复诵读，发现问题及时修改的诵改法。但有时，根据论文修改的需要，以上几种方法是交互使用的。总之，所有的一切都是为了撰写出好的论文。

七、论文的誊清定稿

论文撰写完毕后，要把草稿誊清定稿。如呈交的是手写稿，就要使用300格或400格的稿纸誊写清楚。如用打印稿，就要遵循论文格式的具体要求打印。

第四节 文献综述与开题报告的撰写

文献综述和开题报告是学术论文的重要组成部分，本节对其撰写要求分别予以介绍。

一、文献综述的撰写

文献综述是指在确定了选题后，在对选题所涉及的研究领域的文献进行广泛阅读和理解的基础上，对该研究领域的研究现状（包括主要学术观点、前人研究成果和研究水平、争论焦点、存在的问题及可能的原因等）、新水平、新动态、新技术和新发现、发展前景等内容进行综合分析、归纳整理和评论，并提出自己的见解和研究思路的专题调研报告。

文献综述的撰写是信息研究过程中的重要环节，也是科研课题实践的第一步。文献综述的撰写过程中，作者可以通过收集文献资料的过程，进一步熟悉所学专业文献的查找方法和资料的积累方法；在查找的过程中同时也扩大了知识面；查找文献资料、写文献综述是科研选题及论文写作的第一步，是为将来的科研活动打基础的过程；通过综述的写作过程，能提高归纳、分析、综合能力，有利于独立工作能力和科研能力的提高。

1. 文献综述的特点

文献综述是研究的基础性工作，也是论文写作的核心环节。文献综述质量的高低直接决定研究能否顺利完成，以及论文质量的高低。文献综述主要有以下特点：

(1) 语言简洁。在对文献理解的基础上，用简洁精练的语言将文献资料中的各种观点、理论和方法概括出来，而不是对其照搬照抄。

(2) 信息量大。文献综述集中反映一定时期内有关某一领域、某一专业或某一方面的文献内容。一篇综述可反映几十篇原始文献的内容。

(3) 评述客观。文献综述能够如实客观地叙述、列举、分析、比较和评论文献中的各种理论、观点和方法，不带个人感情色彩。

(4) 标题醒目。文献综述的题目一般都常包含"综述""述评"或"研究动态"等文字，从题目上即可看出文章是一篇文献综述，如"高校图书馆个性化服务研究综述"。

2. 文献综述的内容和格式

文献综述的内容一般包含以下几个方面：①该课题的研究意义：着重说明课题研究的重要性及解决当前的实际问题有何意义。②课题的研究背景和发展脉络：简要介绍其研究起因及简单过程。③目前的研究水平、存在问题及可能的原因：重点介绍已经取得的研究成果，以及目前还存在的问题，并分析原因。④进一步的研究发展方向概况：客观总结课题未来的研究、发展方向及趋势。⑤自己的见解和感想：通过对文献的调研、分析和总结，提出课题未来的研究重点及解决问题的思路。

文献综述的格式与一般研究性论文有所不同。这是因为研究性的论文注重研究的方向和结果，而文献综述介绍与主题有关的详细资料、动态、进展、展望及对以上方面的评述。因此文献综述的格式相对多样，但总的来说，一般包括四部分：

（1）前言。前言主要是说明写作的原因、目的和意义，介绍有关的概念、定义及搜集资料的范围，扼要说明有关主题的现状或争论焦点，使读者对全文要叙述的问题有一个初步的轮廓。

（2）正文。正文是文献综述的主体，也是文献综述的核心部分，主要叙述某一研究领域的现状、水平和成就。其写法多样，没有固定的格式。但不管用哪一种格式综述，都要将所搜集到的文献资料归纳、整理及分析比较，阐明有关主题的历史背景、现状和发展方向，以及对这些问题的评述。正文部分应特别注意代表性强、具有科学性和创造性文献的引用和评述。

（3）总结。总结是对上述研究成果的主要特点、研究趋势及价值进行概括与评价，提出自己的见解，并对进一步的发展方向做出预测。总结应着重点明本课题已有的研究基础（已有成果为自己的研究奠定了怎样的基础或自己从中受到怎样的启发）与尚存的研究空间（本课题已有研究中存在的空白或薄弱环节），并且将全文主题进行扼要总结，提出自己的见解，并对进一步的发展方向做出预测。

（4）参考文献。在写综述时要将引用和参考的文献列出，要按参考文献的著录格式将参考文献的作者名、文献名、文献出处、时间等信息全面标示出来，这既是对被引用文献作者的尊重，也为读者深入探讨有关问题提供了文献查找线索。

3. 文献综述的撰写步骤

（1）选题。撰写文献综述前，先要确定选题，进而广泛收集、阅读与选题有关的文献。文献综述选题可以介绍某一专业领域近些年来的研究进展，反映某一分支学科当前的研究进展，介绍某一研究专题的最新研究成果等。选题要从实际需要出发，必须具有明确的目的性。选题应注意两点：①不要贪大求全。要充分注意到各方面的客观条件，结合自己的实际工作，选择自己所从事的专业及研究课题，或者与自己学科专业及研究课题之间有密切关系的问题。②要考虑实践需要。主要选择当今科学研究中经常遇到，而目前尚未解决又迫切需要予以解决的一些问题。

（2）检索和阅读材料。文献资料的广泛搜集是写好综述的基础，这一方面除了靠平时积累外，还要靠有目的地搜集。可以先搜集资料，再确定选题；也可以先确定选题，再按照选题要求搜集资料。当然，往往两者是结合的，即在平时资料积累的基础上选题，再根据题目补充搜集素材。阅读文献是综述写作的前奏。阅读文献时，应选读一些近期发表的综述、述评，因为这样可以了解有关专题的概况，而省去查找和阅读大量原始文献的时间。而对查获的文献，应先进行普遍浏览，以求对文献的初步了解，并选定重点参考资料。然后通读选出的文献。通读时，要全面掌握每篇文献的内容及重点，做出摘录或笔记，完成选材。

（3）写作构思与拟定提纲。构思是在确定写作主题后，根据所搜集的文献资料及对其整理和分析的结果，确定如何围绕该主题进行介绍和论证的思维过程。提纲是构思的具体化，包括各级标题、每一段落所要表明的论点及论据等。提纲是文章的骨架，应力争详尽，层次分明，有纲有目，逻辑性强。

4. 撰写文献综述应注意的问题与技巧

（1）检索的文献资料要全要新。要想写出一篇好的文献综述，必须掌握大量的、全面的相关文献资料，这是撰写文献综述的重要前提。而一篇文献综述的质量如何，很大程度上取决于作者对本课题相关的最新文献的掌握程度。因此检索到最全最新的文献资料是写好文献综述的保障。

（2）注意引用文献的代表性、可靠性和科学性。

（3）引用文献要忠于文献内容。在对文献进行评述时引用作者的原文，正确理解，不可断章取义。

（4）主要参考文献不能省略。文献中的观点和内容应注明出处和来源。

二、开题报告的撰写

1. 开题报告的含义

开题报告是指当毕业论文选题方向确定后，毕业生在调查研究的基础上撰写的报请专家委员会通过的选题计划。它是对毕业论文选题的一种文字说明材料。毕业论文的选题是否具有学术价值和新颖性、大小是否恰当、是否能够反映作者的专业科研水平，以及其论文论点是否成熟等，均要通过开题报告来审查。

开题报告需回答三个方面的问题：一是拟研究的内容是什么；二是开展此项研究的原因是什么；三是怎样开展此项研究。

2. 开题报告的内容及撰写要求

开题报告的内容及撰写要求包括以下几个方面：

（1）题目。题目是毕业论文中心思想的高度概括，它也往往是毕业论文的标题，因此要求做到准确、规范，即要将研究的问题准确地概括出来，反映出研究的深度和广度、研究的性质。

（2）课题研究的目的及意义。这是指回答为什么要开展此项研究，以及交代研究的价值及历史背景。一般先谈现实意义，由现实中存在的问题引出研究的实际作用和意义，然后谈理论及学术价值，对学科发展和理论完善的贡献，要求具体、客观，具有针对性，注重资料分析基础，注重时代、地区或单位发展的需要。

（3）课题主要的研究内容和创新点。有了课题的研究目标，就要根据研究目标来确定课题具体要研究的内容。相对于目标来说，课题的研究内容是具体而清晰的。课题的创新点是相对于别人在此方面所做的研究而言的，要突出所研究课题与同类其他研究的不同点。

（4）研究方法及可行性分析。由于选题不同，研究问题的目的和要求不同，研究方法也往往各不相同。研究方法包括问卷调查法、抽样调查法、实验研究法、比较研究法等。在介绍研究方法时，要明确在课题研究中是如何使用某种研究方法的，其目的是什么。另外，在一个课题中研究方法不宜过多，一般两三种即可。可行性分析则是对该研究课题所具备的理论条件、现实条件及准备工作情况的说明分析。

（5）研究工作的安排及进度。这是指作者在一定时期内对研究工作预先所做的安排和打算。研究工作的安排要根据研究内容的相互关系和难易程度，循序渐进，合理安排，分阶段进行。对每一阶段的起止时间、相应的研究内容和成果均要有明确的规定。

（6）参考文献。参考文献是开题报告的必要组成部分，要求列出引证过的所有文献，其作用既是证明自己选题是有理论依据、有资料保证的，又体现了科学的继承性，以及尊重知识产权。

第五节　论文答辩与论文发表

撰写论文的目的一是为了获取学位，另一个目的就是能够发表。这关系到论文的价值和成绩的最后评定，尤其对于毕业论文来说，更是决定学生是否能够顺利毕业的重要环节。同时，它也是对学生素质和能力的综合性检验，也是确保论文的知识性和实际效果的重要机制，有的论文甚至能够在社会上引起反响和产生重大影响。

一、论文答辩的意义

学术论文，尤其毕业论文写作完成后，最后成败与否，就是要看是否能够通过答辩。

1. 答辩是审查论文的必要补充

毕业论文的答辩是指在答辩场上，教师和学生面对面，由教师提出问题，学生当面回答问题的一种教学活动。由于一篇论文难免有阐述不清楚、不详细、不完备、不确切的地方，教师要根据学生所撰写的毕业论文中发现的问题对其进行提问，让学生略做准备后做出回答，这样可以进一步考察学生的基础理论，还可以考察学生对所论述的问题是否有深入而广泛的知识基础，是否有创造性的见解和充分扎实的理论修养，这是对论文进行审查的必要补充。

2. 答辩是检查论文真实性的必要手段

有些学生的毕业论文，为了省事、省力，或根本没有能力撰写出符合要求的论文，而直接抄袭或找人代劳撰写，那么他对论文的理解和认识就会有出入，通过论文答辩，就能检验出论文的真实性，是不是该学生自己撰写的。这样有利于端正学术态度，纯净学术道德。

3. 答辩是锻炼作者的重要途径

答辩实际上也是锻炼学生的一个机会，是一个再学习和培养能力的重要途径。通过答辩，不仅可以使学生的口头表达能力、演讲能力、思维能力、应变能力得到提高，而且可以帮助学生从答辩当中总结出说服他人的技巧和方法，培养从容面对的自信，一定程度上是对自我的挑战，也是对自己怯懦心理的一种超越，对今后的社会竞争及寻找工作应对面试也是有利的。

二、论文答辩的程序

1. 答辩准备

事先可了解、摸清答辩教师拟题的一般规律和原则，以保证答辩场上临阵不乱、沉着应对。当然，如果缺乏自信心，也可在答辩前，同学之间进行各种形式的模拟答辩，以做到有备无患。

2. 答辩过程

整个论文答辩过程大约20分钟，答辩学生做10分钟左右的论文概要报告，接着由主答辩教师将准备好的3~5个问题当众宣读后交给学生，待学生思考（5分钟左右）后，当堂回答。在答辩过程中，学生要注意如下事项：①要认真、明确地回答答辩教师提出的全部问题，可辩论但态度要诚恳，阐述要明确；②当未听清提出的问题时，可以请提问教师再重复一遍；③答辩期间不得询问答辩成绩；④若对所宣布的成绩有意见，可向上级提交书面意见。

3. 成绩评定

答辩的成绩待答辩结束后，答辩小组进行合议，根据论文质量和答辩水平评定，写出评语（包括对论文文字部分和答辩情况进行评价）。一般来讲，论文成绩由文字部分成绩和现场答辩成绩组成。答辩不及格者，则成绩不及格。文字部分成绩是在答辩前集体研究确定的，要求合理恰当，不会以答辩的优劣决定文字成绩。可见，论文答辩和写作都十分重要，二者都不可偏废。

三、论文答辩中应采取的对策

论文答辩的锻炼机会对于学生来说不是很多，为了在答辩前做好充分的准备，应在以下几个方面下功夫：

1. 提高自信心，不要惊慌失措

对于学生来说，他们中很多人是没有经历过答辩的场合的，严肃的考场，威严的答辩委员，更加重了答辩者的压力。有些学生在答辩过程中，脸红心跳、口齿不清、手忙脚乱，大脑一片空白，甚至连最简单的问题也不知从何答起。针对这种情况，答辩者要有自信心。退而求其次，"答辩是锻炼自己的一次机会，是一次新的尝试，是尝试就要允许失败"。要认为这是对自己的一次挑战，要有战胜一切的魄力，要有信心，认为自己是最好的，别人怎样评价那是他们的事。还要想到，这样的场合在今后走向社会的日子中，尤其找工作时，是必须面对的场合，自己一定要锻炼好，做到最优秀。

2. 要充分准备，不要敷衍了事

为了在答辩中应对如流，就要事先做好充分的准备，不要敷衍了事。准备的内容包括熟悉论文、预测答辩论题，尤其要在心理上做好准备。俗话说"知己知彼，百战不殆"。知己就是在答辩前事先了解自己，熟悉自己论文的各个环节，包括立意、定义、概念、要点、逻辑关系、结构，哪些是自己的观点，哪些是引用、借鉴别人的观点，自己的论文在当前学术研究中的定位是什么。在此基础上还要对论文中的问题进行深入的思考，即做必要的延伸。要通过答辩让教师了解你对该主题的知识宽度，对论文主题了解的深度，以及所产生出的新见解，尽量做到使答辩委员们满意。

3. 要沉着应对，不要手忙脚乱

对于教师提出的各种问题，要做到忙而不慌，快而不乱，沉着应对，细心回答。准备到的，能够回答，做到点滴不漏，回答周全、确切；不知道的就实事求是，不要随意乱答，否则容易顾此失彼，漏洞百出。

4. 要言简意赅，不要生拉硬扯

针对教师提出的问题，回答时尽量做到言简意赅，切忌东扯葫芦西扯瓢，生拉硬拽，把一些不切主题的东西硬加到答辩内容中去。也就是说，所回答的内容，必须要准确，紧扣主题，而且还要用最简练的语言，概述所表达的意思，使自己的答辩时间掌握在要求的范围之内。

总之，在答辩过程中，应当调整好心理，做好心理准备，熟悉论文及相关材料，做好应答准备。在答辩场上，要析事明理，针对性强；谦虚谨慎，态度平和；冷静思考，不忙不乱；灵活机动，变被动为主动。掌握这些方法和对策，就能获得最佳答辩效果。

四、论文发表过程中应注意的问题

论文撰写完毕，就可考虑投稿发表，尤其在硕士生和博士生学习的毕业时，往往都要求在省级以上期刊发表学术论文，所以，在论文的投稿之初，要考虑如下问题：

（1）要了解学术期刊的办刊方针，有针对性地投稿。学术期刊一般都有明确的办刊方针，规定了学术期刊的性质、任务、报道范围、读者对象、刊期、版面以及发行方式。投稿时尤其要注意它的报道范围和刊期。

（2）要了解学术期刊的等级，尽量投高一级的期刊，尤其是核心学术期刊。学术期刊有正式出版者。鉴别标志时注意刊物是否有正式的刊号，如 ISSN，或国内统一刊号（CN）。除保密性学术性刊物外，正式出版刊物一般较同类非正式出版刊物的档次要高，对论文的质量要求也更高。学术期刊根据其主办单位的级别也可分为国家级、省级、地市级等。级别越高，刊物的档次越高。但还要区分核心期刊和非核心期刊。所谓的核心期刊是指本学科中刊载专业学术论文量（率）大，引用量（率）、文摘量（率）、利用量（率）高，被专家公认为代表该学科或该领域发展水平和方向的少数一些期刊。在投稿时，就要根据所写论文的质量高低，选择所投刊物，总的原则是尽量发表在较高水平的核心期刊上。

（3）不要"一稿多投"，尤其不要"一稿多登"。一稿多投会有损于作者自己的声誉，造成刊物重复发表一篇论文。几乎所有刊物都严格要求不得一稿多投。对犯有一稿多投的作者常有批评、扣除稿酬，甚至通知其单位领导对其进行教育等。我国文化部早在1984年就颁发过有关条例，规定：向国内期刊投稿，可以不签订合同，但作者不得一稿多投；期刊应在收到稿件后三个月内通知作者是否采用，如过期不通知作者，作者可另行处理。

【思考题】

1. 资料收集的主要方法有哪些？
2. 论文写作应遵循哪些选题原则？
3. 学位论文的组成部分有哪些？
4. 论文答辩的意义是什么？
5. 论文答辩中应采取的对策有哪些？
6. 参考文献有什么作用？简述参考文献的著录格式。

参 考 文 献

[1] 白国应. 谈谈特种文献资料的分类方法 [J]. 图书馆学刊, 1981 (1).
[2] 蔡丽萍. 文献信息检索教程 [M]. 北京：北京邮电大学出版社, 2013.
[3] 曹亚新. 浅议大学生如何利用图书馆 [J]. 科技信息, 2010 (5).
[4] 陈树年. 大学文献信息检索教程 [M]. 上海：华东理工大学出版社. 2006.
[5] 陈伟, 汪琼. 信息资源检索与利用 [M]. 2版. 北京：国防工业出版社, 2014.
[6] 陈蔚杰, 等. 信息检索与分析利用 [M]. 北京：清华大学出版社, 2013.
[7] 陈焱, 张龙滨. 信息检索与利用 [M]. 北京：北京大学出版社, 2011.
[8] 崔丹. 开放获取资源及其评价研究 [D]. 长春：东北师范大学, 2008.
[9] 邓君. 机构知识库建设模式与运行机制研究 [D]. 长春：吉林大学, 2008.
[10] 邓要武. 科技报告、专利文献和标准文献资源检索与利用 [J]. 图书馆工作与研究, 2008 (2).
[11] 董建成, 徐任霞, 陶毓顺. 医学文献检索与利用 [M]. 成都：成都科技大学出版社, 1994.
[12] 樊爱国, 薛德钧. 现代信息检索 [M]. 北京：北京大学出版社, 2006.
[13] 方向明. 几种重要的学科电子预印本系统简评 [J]. 上海高校图书情报工作研究, 2008 (2).
[14] 傅晓光. 特种文献资源概述 [J]. 沈阳农业大学学报（社会科学版）, 2003 (2).
[15] 高俊宽. 数字图书馆中若干知识产权问题研究 [D]. 郑州：郑州大学, 2003.
[16] 葛非, 付海晏. 文化与科技融合初探 [M]. 武汉：华中师范大学出版社, 2014.
[17] 韩士德, 冯超. 化学键能数据库iBonD向全球免费开放 [N]. 科技日报, 2016-03-18 (004).
[18] 韩颖, 王园春. 信息检索与利用 [M]. 北京：石油工业出版社, 2003.
[19] 贺德方. 科技报告资源体系研究 [J]. 信息资源管理学报, 2013 (1).
[20] 黄玉英. 图书馆管理与利用 [M]. 北京：中国经济出版社, 1993.
[21] 黄月洁, 等. 图书馆职能新定位 [J]. 科技视野, 2013 (15).
[22] 贾玢, 赵志运. 信息社会 [M]. 呼和浩特：内蒙古教育出版社, 2004.
[23] 柯平. 信息检索与信息素养概论 [M]. 北京：高等教育出版社, 2015.
[24] 雷琴. 网络免费外国专利文献信息资源的检索 [J]. 科技情报开发与经济, 2015 (23).
[25] 冷秀云, 孙孝诗. 农村（社区）图书室服务与管理 [M]. 青岛：中国海洋大学出版社, 2008.
[26] 李湖生. 印刷型文献基本参数的含义及著录 [J]. 科技文献信息管理, 2000 (4).
[27] 李京京. 网络公开课的发展历程及其对高等教育的影响 [J]. 中国电力教育, 2012 (34).
[28] 李明伟. 免费学术数据库——Google Scholar浅析 [J]. 情报探索, 2005 (5).
[29] 李南. 印刷型文献与电子文献的特点分析 [J]. 内江科技, 2004 (6).
[30] 李玉梅, 王沛战. 新媒体环境下大众阅读行为与公共图书馆对策 [M]. 天津：天津人民出版社, 2014.
[31] 林磊, 季春. 移动手机搜索技术的现状与发展趋势 [J]. 情报探索, 2009 (6).
[32] 林雅琳. 移动数字图书馆服务功能及实现途径 [J]. 黑龙江史志, 2015 (11).
[33] 刘昊. 高校机构知识库的运行与发展研究 [D]. 淄博：山东理工大学, 2015.
[34] 刘辉. 开放获取期刊数据库的评价 [J]. 大学图书馆学报, 2007 (1).
[35] 刘丽. 网上免费学术资源开发利用研究综述 [J]. 图书情报工作, 2008 (51).

[36] 刘勇敏. 试比较电子文献和印刷型文献的优劣 [J]. 科技情报开发与经济, 2004 (3).
[37] 罗敏. 现代信息检索与利用 [M]. 重庆: 西南师范大学出版社, 2007.
[38] 罗秀. 高校读者获取免费网络数据库的途径 [J]. 图书馆建设, 2003 (6).
[39] 罗志尧, 胡优新, 张永红. 文献信息检索与利用 [M]. 北京: 科学技术文献出版社, 2003.
[40] 吕世灵. 预印本系统: 国际学术交流的重要平台 [J]. 情报学报, 2004 (5).
[41] 马建玲, 马建霞. 国内外机构知识案例分析 [EB/OL]. (2008-12-01) [2016-06-13]. http://xueshu.baidu.com/s? wd = paperuri% 3A% 2834f1e8715f88ee35ed6d3c228d2ce662% 29&filter = sc_long_sign&tn = SE_xueshusource_2kduw22v&sc_vurl = http% 3A% 2F% 2Fwww.doc88.com% 2Fp-9975241458827.html&ie = utf-8&sc_us = 15748132964390578432.
[42] 马晓光, 陈泰云, 尹戎. 现代文献信息资源检索与利用 [M]. 呼和浩特: 内蒙古人民出版社, 2008.
[43] 潘燕桃. 信息检索通用教程 [M]. 北京: 高等教育出版社, 2009.
[44] 潘寅生. 概论图书馆的产生与发展 [J]. 图书与情报, 1985 (4).
[45] 齐晓晨. 网络工具书的现状和利用 [J]. 图书馆学研究, 2005 (2).
[46] 乔冬梅. e印本文库 (e-print archive) 研究 [J]. 图书情报知识, 2006 (1).
[47] 饶宗政. 现代文献检索与利用 [M]. 北京: 机械工业出版社, 2012.
[48] 山西省图书馆. 农村 (社区) 图书室工作实用手册 [M]. 太原: 山西人民出版社, 2010.
[49] 沈固朝, 储荷婷, 华薇娜. 信息检索教程 [M]. 3版. 北京: 高等教育出版社, 2015.
[50] 沈思. 国内外移动数字图书馆发展综述 [J]. 情报资料工作, 2013 (6).
[51] 寿曼丽. 网络工具书初探 [J]. 中国科技信息, 2013 (6).
[52] 唐雷, 张艳玲. E时代图书馆印刷型文献服务还将长期存在 [J]. 现代企业教育, 2007 (2).
[53] 汪楠, 成鹰. 信息检索技术 [M]. 2版. 北京: 清华大学出版社, 2015.
[54] 汪相楣. 论印刷型文献与网络文献的长期共存 [J]. 合肥工业大学学报 (社会科学版), 2000 (4).
[55] 王安功, 赵长明. 文献信息与当代社会 [M]. 西安: 西安地图出版社, 2007.
[56] 王波. 图书馆学及其左邻右舍 [M]. 北京: 海洋出版社, 2014.
[57] 王海明. 论数字化时代高校图书馆印刷型文献的不可替代性 [J]. 科技情报开发与经济, 2011 (21).
[58] 王鹤群, 马家伟, 李华. 现代文献信息资源编目 [M]. 呼和浩特: 内蒙古人民出版社, 2008.
[59] 王惠君. 基层图书馆公益讲座 [M]. 北京: 国家图书馆出版社, 2011.
[60] 王建行. 现代信息检索技术 [M]. 北京: 人民日报出版社, 2015.
[61] 王立诚. 科技文献检索与利用 [M]. 5版. 南京: 东南大学出版社, 2014.
[62] 王霞. 免费全文数据库HighWire的检索与利用 [J]. 图书馆学研究, 2006 (5).
[63] 王一鸣. 特色图书馆散论 [M]. 武汉: 长江出版社, 2009.
[64] 王瑷. 参考工具书数据库举要及使用 [EB/OL]. (2009-04-15) [2016-05-13]. http://wenku.baidu.com/view/dfc3b4cdda38376baf1faea0.html? re = view.
[65] 那一阵墨香. 网络工具书简介 [EB/OL]. (2013-11-21) [2016-04-18]. http://wenku.baidu.com/link? url = gl-_vspPKgZNTm6tNIKLZUMMMeMnh22NrxgXM9W4iPSOX-LjAMUXhQcbf9ls6PqcFvqvEKxE8xAmkISpILddKI-FYthmjID1pEL1Aq-QPG.
[66] 吴慰慈, 董炎. 图书馆学概论 [M]. 北京: 国家图书馆出版社, 2008.
[67] 吴新博. 现代信息检索简明教程 [M]. 北京: 清华大学出版社, 2006.
[68] 伍雪梅. 信息检索与利用教程 [M]. 2版. 北京: 清华大学出版社, 2014.

[69] 谢发徽. 图书馆电子信息系统应用实践 [M]. 北京：机械工业出版社，2014.

[70] 徐刘靖，陶蕾，俎宇鹏. 国外三大预印本系统对比研究 [J]. 中国索引，2008 (3).

[71] 姚川军. 移动数字图书馆的未来发展研究 [J]. 科技风，2015 (24).

[72] 叶亚林，宋蓉. 浅谈网络环境下印刷型文献的主体地位 [J]. 渝西学院学报（自然科学版），2002 (4).

[73] 叶鹰. 信息检索理论与方法 [M]. 2版. 北京：高等教育出版社，2015.

[74] 尹新强. 网络免费专利信息资源识别与利用 [J]. 山东图书馆学刊，2010 (6).

[75] 于新国. 现代文献信息检索实用教程 [M]. 2版. 北京：石油工业出版社，2012.

[76] 袁守亮，周春宏. 信息检索与利用 [M]. 北京：人民邮电出版社，2015.

[77] 翟春春. 图书馆知识产权保护若干法律问题探讨 [J]. 江苏警官学院学报，2005 (3).

[78] 张爱萍. 简述我国图书馆的发展历史 [J]. 科技情报开发与经济，2003 (9).

[79] 张春红. 新技术、图书馆空间与服务 [M]. 北京：海洋出版社，2014.

[80] 张帆，等. 信息存储与检索 [M]. 北京：高等教育出版社，2003.

[81] 张惠芳，陈红艳. 信息检索与利用 [M]. 武汉：华中科技大学出版社，2015.

[82] 张俊慧. 信息检索与利用 [M]. 2版. 北京：科学出版社，2015.

[83] 张美芳，王者乐. 文献检索与利用 [M]. 上海：上海社会科学院出版社，2000.

[84] 张鹏. 电子出版物与印刷型文献比较研究 [J]. 中国民康医学，2006 (16).

[85] 张小莉. 论开放获取及其社会影响 [D]. 南京：南京理工大学，2008.

[86] 赵晖. 网络免费资源——获取科技文献的一条重要途径 [J]. 科技情报开发与经济，2007 (3).

[87] 赵金海，高伟，王洪杰. 文献检索与利用 [M]. 天津：天津教育出版社，2007.

[88] 赵静. 现代信息查询与利用 [M]. 北京：科学出版社，2008.

[89] 赵秀敏. 学术机构知识库可持续发展影响因素研究 [D]. 天津：天津师范大学，2012.

[90] 中国图书馆学会. 中国图书馆学学科史 [M]. 北京：中国科学技术出版社，2014.

[91] 周洪亮，马燕，等. 信息检索与利用教程 [M]. 2版. 北京：清华大学出版社，2014.

[92] 周昀，雷国樑. 体育信息检索 [M]. 北京：人民体育出版社，2012.